全国高等教育自学考试指定教材

文书学

(2007年版)

（附：文书学自学考试大纲）

组编　全国高等教育自学考试指导委员会
主编　王　健

中国人民大学出版社

图书在版编目（CIP）数据

文书学（2007年版）（附：文书学自学考试大纲）
王健主编：全国高等教育自学考试指导委员会组编
北京：中国人民大学出版社，2007
全国高等教育自学考试指定教材
ISBN 978-7-300-03159-0

Ⅰ．文…
Ⅱ．①王…②全…
Ⅲ．文书学-高等教育-自学考试-教材
Ⅳ．C931.46

中国版本图书馆 CIP 数据核字（2007）第164937号

全国高等教育自学考试指定教材
文书学（2007年版）
（附：文书学自学考试大纲）
组编　全国高等教育自学考试指导委员会
主　　编　王　健

出　　版	中国人民大学出版社		
社　　址	北京中关村大街31号	**邮政编码**	100080
网　　址	http://www.crup.com.cn		
	http://www.1kao.net　（中国1考网）		
印　　刷	北京市鑫霸印务有限公司		
规　　格	148 mm×210 mm　32开本	**版　　次**	2007年11月第1版
印　　张	17.75	**印　　次**	2022年9月第13次印刷
字　　数	507 000	**定　　价**	26.00元

本书如有质量问题，请与教材供应部门联系。

组编前言

21世纪是一个变幻难测的世纪，是一个催人奋进的时代。科学技术飞速发展，知识更替日新月异。希望、困惑、机遇、挑战随时随地都有可能出现在每一个社会成员的生活之中。抓住机遇，寻求发展，迎接挑战，适应变化的制胜法宝就是学习——依靠自己学习，终生学习。

作为我国高等教育组成部分的自学考试，其职责就是在高等教育这个水平上倡导自学、鼓励自学、帮助自学、推动自学，为每一个自学者铺就成才之路。组织编写供读者学习的教材就是履行这个职责的重要环节。毫无疑问，这种教材应当适合自学，应当有利于学习者掌握、了解新知识、新信息，有利于学习者增强创新意识、培养实践能力、形成自学能力，也有利于学习者学以致用，解决实际工作中所遇到的问题。具有如此特点的书，我们虽然沿用了“教材”这个概念，但它与那种仅供教师讲、学生听，教师不讲、学生不懂，以“教”为中心的教科书相比，已经在内容安排、形式体例、行文风格等方面都大不相同了。希望读者对此有所了解，以便从一开始就树立起依靠自己学习的坚定信念，不断探索适合自己的学习方法，充分利用已有的知识基础和实际工作经验，最大限度地发挥自己的潜能，达到学习的目标。

欢迎读者提出意见和建议。

祝每一位读者自学成功。

全国高等教育自学考试指导委员会

2007年8月

编者前言

《文书学》(2007 年版，含大纲) 依据全国高等教育自学考试指导委员会的要求编写而成。具有以下三个特点：

一、全面更新，与时俱进

在保留《文书学》(1999 年版) 传统精华的基础上，增添新视角、新框架、新内容、新文例；突出信息时代文秘、档案、行政管理人才的培养需求，反映新理论，增加新技能；突出实用性的学科特点，突出传统精华，突出新环境中的新要求。

二、内容实用，多重兼顾

反映理论与实践同步升级、与时俱进的新形势、新内容；兼顾传统办公环境和网络平台；在教材中充分考虑知识的完整性，充分考虑到当代复合型人才的知识结构与培养需求，同时在大纲中明确学习重点、考核要求、认知层次。

三、便于自学，便于考试

针对自学考试学习特点，每章的章首列出“学习要点”、章末附“思考与练习”、书后附“思考与练习答案要点”，方便考生掌握要点、自测知识掌握程度。

根据多年题库建设和试卷分析的结果，同步完善教材内容与大纲要求，力争做到便于出题、便于拟写答案、便于赋分，正确把握考点、重点。

本教材编写人员全部为多年教授“文书学”课程、多次参与该课程自考教材、大纲编写和题库建设的一线高校骨干教师，有 10 年以上的良好合作和优势组合经历。教材编写人员为 1999 年版《文书学》的作者队伍，对《文书学》教材公认的体系结构、传统精华有较好的把握和承接，对现代办公环境中的文件管理理论和方法有较深的了解和研究。教材以各位老师的多项国家级、省部级前沿科研成果为依托，以国际化视野和对我国实际工作的多年调研为基点，以多部相关教材编写经历为基础，全面打造新教材和新大纲。力争做到在保持“文书学”精华的基础上与时俱进，符合考生的学习需求和自考要求。教材如有不当之处，欢迎大家提出宝贵意见，以便进一步升级完善。

编者

2007 年 8 月

目　录

文书学（2007年版）

基础篇

写作篇

处理篇

归档篇

附　　录

附：文书学自学考试大纲

文书学

（2007 年版）

基础篇

第一章　绪　论

学习要点

文书学是研究文书和文书工作的学问。通过本章的学习，应该明确文书学的研究对象，理解文书及其相关概念的含义，熟悉我国历朝文书、文书工作和文书学产生与发展的演化历史，掌握文书学的研究意义和方法。目的是为后续各章的学习做基本认知的铺垫，重点是对文书学基本概念与文书工作基本史实的把握。

第一节　文书学的研究对象

作为一门学科，能否确立的首要条件，就在于它是否有特定的研究对象。文书及文书工作是一种普遍存在的社会现象，对于这种特定对象的研究，就必然成为文书学的逻辑起点。

一、文书的形成

人类社会自形成之日起，就有为特定的目的而交流的需要。据史书记载和考古发掘证实，这种交流最早是依靠“结绳”和“刻契”来实现的。这种交流方式的原始性，是由当时的社会及人类自身的条件决定的，比如：人类的语言功能还不发达，没有完整的记录符号；社会还处于相对无序状态，没有明确的分工和组织等等。随着人类社会的发展，那些制约着交流的条件逐步被改变，作为一种更加完善的交流方式，文书遂成为这种交流方式的物质承担者。由此可见，正是那些被改变的、制约人类社会交流的条件，构成了文书产生的基本前提。

（一）文字的形成是文书产生的必要条件

文书区别于其他交流载体的首要特征就在于它有准确的信息内

容，这种准确的“信息内容”是文字所赋予的。一方面，人类社会的发展需要一种较为完善的交流方式；另一方面，人类社会的发展又产生了一种有特定含义的书写符号——文字。于是，人们根据自己的需要，将这种有特定含义的书写符号或镂于甲骨，或刻于石鼓，或铸于金鼎，或书于缣帛，乃至后来的纸张、磁带、光盘等。后世的学者明确指出，自有文字后，文书也就逐渐产生。根据考古发现，我国距今六千多年前的仰韶文化时期，已有文字的萌芽。至今三千多年前的殷商时代已有了成熟的文字。文书的创制自然是为了记录事情和表达思想的。可以想象，文字从萌芽、创制、演进到成熟的几千年中，也应当同时逐渐产生和使用着原始文书。①

（二）社会组织的形成是文书产生的充分条件

文书的另一个区别于其他交流载体的特征就在于它是带有一定策令性的信息。无论是早期的殷墟甲骨，还是当今文书的主流——公文，都不容否认地带有一种影响力，而这种影响力是由制作文书的社会组织的权威性赋予的。随着社会生产力的发展，形成了不同利益群体。不同的利益群体为了巩固自身的利益和地位，就需要建立强化群体利益的组织，以至于最终形成阶级和国家。国家作为社会组织的最完备形式，面临着日趋复杂的社会事务，它必须找到一种能够克服时空界限的管理工具，行使自身的权力，表达自己的意志。于是，文书便应运而生。我国的史书经典《尚书》，成书于春秋战国时代，收入这部经典的，是从尧舜到秦穆公期间的下行文书，即所谓“书者，古之号令”。可见，文书作为一种国家管理工具，其使用已具有相当规模。

斯大林在《马克思主义与语言学问题》中指出，生产往前发展，出现了阶级，出现了文字，出现了国家的萌芽，国家进行管理工作需要比较有条理的文书……徐望之在《公牍通论》中写道，“人类有政治之组织，即有法令；有文字之法令，即有公牍”。中外学者在文书产生问题上的论述，不能说仅仅是一种巧合，其中包含着某些规律性的认识，即文字的出现使文书的产生成为可能，而社

① 参见梁毓阶：《文书学》，9页，北京，中国档案出版社，1985。

会组织的出现（包括阶级、国家）则使这种可能成为现实。这些科学结论的积极意义在于帮助后人进一步认识文书的起源和由起源所决定的基本特征。

二、文书、文件与公文

上述对文书形成和发展过程的分析，勾勒出这种社会现象的外部轮廓。深入其中，还必须对这门学科的逻辑起点予以科学的界定，并对与文书相关的概念加以辨析。

（一）文书

一般认为，文书是人们在社会实践活动中为处理各种事情的需要，以文字的方式，在特定载体上形成的具有一定效用的信息记录。这一定义包括以下几项基本内容：

第一，文书是人类社会实践中形成的。其形成主体可以是各种社会组织，也可以是个人。

第二，文书是出于人类主观意图而形成的。其形成必然出于特定的目的，服从一定的需要，而不是随意的客观记录。

第三，文书是用文字的形式表达并附着于一定载体的信息记录。文书的基本信息记录形式是文字，同时又是以一定的载体形式存在的，而不是仅存于人们头脑中的观点。

（二）公文

公文是公务文书的简称，现代公文是指社会组织在公务活动中形成的具有法定效力和规范体式的凭证性信息记录。一般而言，现代公文是文件管理的主要对象。《国家行政机关公文处理办法》（以下均简称《办法》）第 2 条明确规定：行政机关的公文（包括电报，下同），是行政机关在行政管理过程中所形成的具有法定效力和规范体式的文书，是依法行政和进行公务活动的重要依据。《中国共产党机关公文处理条例》（以下均简称《条例》）第 2 条明确规定：党的机关的公文，是党的机关实施领导、处理公务的具有特定效力和规范格式的文书，是传达贯彻党的路线、方针、政策，指导、布置和商洽工作，请示和答复问题，报告和交流情况的工具。《办法》是国务院颁发的，是关于我国行政机关公文工作的最高规范，《条例》是中共中央办公厅发布的，是关于中国共产党各级机关公文工作的最高规范，这两份文件对“公文”的定义表明了现阶段我国党政部门对党政机关公文的定位和定义。二者虽然在表述方式上有所不同，但其本质上是一致的。其共同本质主要表现在：(1) 无论是行政机关公文还是党的机关公文，均是党政机关在党务政务管理活动过程中形成的；(2) 二者均强调公文效力的法定性和权威性；(3) 二者均强调公文体式的规范性和严肃性；(4) 二者均指出了公文的特殊作用，是党政机关实施领导、依法行政和进行公务活动的重要依据。

学术界和理论界对公文的定义与我国党政部门对党政机关公文的定义大不一样。比如，苗枫林先生在《中国公文学》一书中指出：公文，是按一定程式表述社会政治集团意志的文书。他认为，在内容本质上，公文体现了一定社会政治集团的意志；从形式特征上看，公文是具有一定程式的文书。周森甲先生在《中国现代公文写作原理与方法》一书中认为：《办法》和《条例》的两个定义“主要只适用于我国，还称不上是公文的科学定义。”并进而从以下三个不同角度给出了公文的科学定义：(1) 从公文的内涵要素出发，公文，是法定的组织和个人，在从事公务活动中为向特定对象表述自己的意志，依据特定的规则、程序、格式撰制出来，在确定的范围内固定使用并直接发挥社会管理效能的文书。(2) 从公文的特征效用来看，公文，是法定的组织或个人用来指导、制约社会管理工作，以不间断地发挥其使整个社会及其各组成部分有序化运行的规范、纽带与关键作用的文书。(3) 从公文的抽象本质来看，公文，是人类用以管理社会，使社会有序化运行、发展的文书。显然，学术界和理论界在探索公文的本质的过程中，常常从公文的发展历史和社会职能入手，力求概括出公文最根本的内涵与外延。

应该说上述定义从不同的角度揭示了现代公文的本质和属性，有助于提高我们对现代公文基本内涵的正确认识：从来源上看，现代公文出自法定作者；从作用上看，现代公文是一种管理工具；从性质上看，现代公文具有法定权威和现行效用；从形成过程上看，现代公文有着严格的处理程序；从内在结构上看，现代公文有着规范的体式。

（三）文件

文件有狭义、广义之分。

狭义型的文件定义又称为专指型的定义，通常有两种限定角度。一种是专指公务文件，将文件的形成者限定为“政府部门”或“公共机构”，将私人文件排除在外；强调文件的法律约束力，强调文件的“证据效力”或“行政效力”。另一种是专指现行文件，将文件限定在整个文件生命周期中的第一阶段，即发挥现行效用的阶段，将其后续的档案阶段摒除在外。1993 年出版的《中国大百科全书·档案学分册》将文件界定为“国家机关、社会组织、企事业单位或个人在社会活动中为处理事务、交流信息而使用各种载体的文字、图表、声像等记录材料。它是人们社会交往的工具，也是档案的前身。”

广义型的文件定义又称为泛指型的定义，文件的形成者不再局限于特定的范畴，涵盖了所有的公私机构、组织和个人；文件外延覆盖了文件的整个生命周期，既包括现行文件也包括已转化为档案的历史文件；文件的类型和载体几乎无所不包，表述更为抽象、概括；文件定义的属性概念大多采用“信息”或“信息记录”，突出文件的信息属性，将文件管理纳入更为广泛的信息管理领域。

我国 20 世纪 90 年代以后出版的一系列文书学教材和专著大多对文件给予了广义的解释：既包括现行文件，又包括转化为档案的历史文件。但从研究的角度而言，研究对象大多针对文件家庭中最重要的组成部分——公务活动中产生的文件，即公文。

（四）三者关系

由以上分析可见，文书、公文和文件三者在内涵上没有本质的区别，都是人类社会实践活动中为处理某种事务的需要而直接形成的信息记录。但是，三者在外延上有一定的区分，按从大到小的顺序排列应该是：广义文件＞文书＞公文＞狭义文件。此外，文书、公文、文件概念的形成还源于历史和习惯两个因素。比如，我国清代以前没有“文件”的概念，人们把历史上形成的文件称为文书；而目前在国际上“文件”是一个通用的概念，因此，人们又把当代的文书称为文件。此外，正是由于历史和习惯的原因，造成文书和文件存在着一些细微的差别：由于文书的概念形成较早，人们在使用过程中，赋予了它一些引申的含义。比如，文书除了特指一种信息记录外，还可以指从事此项工作的职业和人，在我国的军队系统中至今仍沿用文书这种职业称谓。而文件则不具备这种含义。

需要指出的是，公文概念的提出主要是为了区别于私人文书。同时，我们还应该认识到，公文是文书的主流，是文书学研究的主要内容。无论是从文书的起源、发展上看，还是从文书的现实功能去分析，公文都在文书群体中起着骨干和主流的作用。换句话说，离开了对公文的研究，文书学就会成为无源之水，无本之木。正是基于上述现实，有学者认为，我国的文书学即公务文书学，或简称公文学。

三、文书的特点和作用

对文书概念的表述，其根本目的就在于揭示文书这一社会现象与其他事物的区别，更确切地说，就是反映文书的基本特点。而恰恰是文书本身有别于其他事物的特点，决定了文书在人类社会中不可替代的作用。

（一）文书的特点

由于文书是人们在社会活动中为处理各种事务而形成的、具有特定效用的信息记录。因此，就一般意义而言，文书具有记录性和传递性。

1. 文书的记录性

文书的记录性是指文书内容对社会现象的反映状态，它是由文书的形成过程及其结果决定的。

首先，从文书的形成过程看，文书是人类社会活动的直接记录，它真实客观地记录了形成者在特定时空内的所思所想、所作所为，而不是人们在事后根据某种意图收集和编写的。因此，文书保留着人类社会活动的真实面貌，如当事人的手迹、签字等。这是其他信息载体不能替代的。

其次，从文书的形成结果看，文书是人类社会发展到一定阶段的产物，它是以文字的产生和社会组织的存在为前提的。文书以文字为基本信息记录方式，这就克服了其他的信息表达形式，如体态、语言等在存储方面的某些弱点，更加准确、规范地表达和记录人们的思想、意图与活动方式。而社会组织需要管理日趋复杂的社会事务，需要传达某些带有权威性影响力的信息，这就需要凭借记录了权威性、凭证性信息的文书，文书也由此而成为真实记录组织行为的基本方式之一。

2. 文书的传递性

文书的传递性是指文书实体作为信息形式的运行状态，它是由文书的制作目的决定的。在人类社会实践中直接形成的事物或现象多种多样，如雕塑、公路等，它们分别服务于人类的特定需要。而文书的形成，就其制作主体的直接目的而言，是为了向受文者传递某种信息。文书的传递性以克服时空的界限为极致。

文书是记录性和传递性的统一体。记录性是传递性的条件，没有文书的记录性，没有真实的社会活动记录，文书就失去了传递的必要。而传递性是记录性的目的，没有文书的传递性，没有文书传递性充分的社会效果，文书就没有记录的必要。因此，文书的记录性和传递性既是相辅相成的，又互为因果，共同构成文书的基本特征。

需要说明的是，文书是一种复杂的“群体”，它是由不同门类、不同用途的具体文书构成的。因此，文书的特点有层次之分。文书的记录性和传递性，是文书“群体”的基本特征，不同种类的文书又基于其作用领域的不同，衍生出一些具体特点。其中，以公务文书的特点最具代表性。比如，公务文书为了深化其传递的有效性，就必须具备由法定作者制发和现行效用等特点；为了保证其记录的权威性，就必须有特定的规范体式和处理程序等特点。这些都是文书基本特征的具体化，并从另一个角度印证了文书的基本特征。

（二）文书的作用

文书的作用是指文书作为一种信息记录，在人类社会实践活动中独立承担的功能。一方面，文书的作用是由文书的基本特征决定的，它是文书内在属性的外化形式；另一方面，文书的作用又是一种相对独立的形式，是其他信息载体不可替代的。

1. 传播信息作用

文书作为一种信息的载体，其首要作用在于传播信息，这是由文书的形成特点决定的。人们制作文书的目的，就是要把一定的信息传递给受文者。如果文书失去了传播这一运动形式和基本功能，文书的“生命”就终止了。但是，文书信息的传播又不完全等同于其他信息载体的传播，它有着自身独特的规则，如行文的方向、行文的程序等。因此，文书传播作用的结果，往往不是形成系统的理论知识，而是一种真实的实践过程。

2. 凭证依据作用

文书作为一种信息载体，同其他载体的显著区别就在于其记录性和真实性。文书的凭证依据作用，取决于文书的形成主体和文书内容的权威性。就文书的形成主体而言，是社会组织或个人，其身份是真实的、合法的；就文书的内容而言，是人类社会实践的直接记录，其成分是原始的、可靠的。因此，文书成为人们从事现实活动的依据，继而成为人们追溯历史的凭证。

此外，不同的文书种类，由于其记录信息内容的差异，其传播信息作用和凭证依据作用还会表现在法律、教育、管理等不同的领域，并存在质、量的差别。

四、文书与文书工作的演化历史

文书是一种社会现象，是人类行为的结果。围绕着文书的形成、传递、处理和管理，必然会产生一系列工作活动，这就是通常意义上的文书工作。同样，作为一种社会现象，作为社会组织进行管理的、有准确信息内容的工具，文书工作也必然随着社会的发展而不断发展、进化，并呈现出各自的特色。

（一）初创期——先秦

1. 夏朝

早在夏朝，公务文书由太史令负责拟制和管理。最早的公文汇编《尚书》中关于商汤讨伐夏桀时所作的《汤誓》，其格式为“谴责对方—宣扬己方—激励将士”，标志着“誓”已经作为一种文体初步固定下来。

2. 商朝

在商朝，史官分工明确化，出现占卜史官、祭祀史官、作册史官和记事史；文书机构专门化，太史寮成为我国最早的专门化的国家文书机构；文书形式多样化，出现了甲骨文书、钟鼎文书、简牍文书等；文种表达复杂化，出现了誓（公布性）、诰、命（下行文）、训（上行文）等新文种；形成过程制度化，如甲骨文由前辞、命辞、占辞与验辞构成，结构完整，还开始形成严格的签名制度（签名既意味着权限又意味着责任）。

3. 西周

在西周，出现了新的文书机构和文书人员，如太史、小史、内史、外史、御史等"五史"各司其职；文书种类更丰富，如事书（请示报告）、丁籍（诸侯国的人口、户数、土地、收入等）、盟书、谱牒（王室世系）、约剂（法律法规）、丹书（奴籍文书）、版图（人口土地）等；初步形成了正副本制度（交由天府保管）、公文拟制制度等文书制度。

4. 春秋战国

在春秋战国时期，文书种类方面，出现了檄文、移书、令（秦国商鞅的《变法令》）、上书（陈述自己的政治见解和主张，在游说之辞的基础上形成，如乐毅的《报燕王书》）、揭贴（公开张贴、以陈己见）、计书（会计文书）、债契（契约文书）等；在文书制度方面，拟文制度、用印（封泥）制度、职官制度、公文传递制度等；文书制成材料上，缣帛文书、石刻文书等陆续出现。

（二）确立期——秦汉

1. 文书机构

秦朝中央设丞相府，有丞相、长史、主簿等，御史大夫主管机要文书，地方各郡县，设有主簿、记室令史等；东汉光武帝时，尚书台成为国家核心文书机构。

2. 文书制度

有了严格的文书体式，如固定格式、严格程序、专用语等；抬头和避讳制度，开始为尊者讳、为贤者讳；用印制度，如皇帝有六玺（皇帝行玺、皇帝之玺、皇帝信玺、天子行玺、天子之玺、天子信玺），百官有印，并系绶带；未加盖印玺或加盖假印玺为"伪书"；校勘制度；传递制度，如秦始皇首先实行书同文、车同轨的政策，开辟四通八达的交通网，在交通线上，五里设邮，十里设亭，三十里设驿站，各县衙设“传舍”（舍馆）。

3．文书种类

下行文有：制，用于皇帝颁布重大制度，如《史记·秦皇本纪》中的《除谥法制》；诏，用于颁发一般性命令，取昭示、昭告使天下知之的意思；策书，用于皇帝册封、任免诸侯王、三公等人的王命文书；戒书，也称敕、敕戒，是汉朝皇帝教训百官公卿所用的警示性公文；教，公侯官员发布的下行文书，教即仿效、照办的意思。

上行文有：上书，如丞相李斯《谏逐客书》、公子扶苏《谏始皇书》；奏（疏），譬如司马相如、贾谊、晁错、班昭等名家奏疏类文书的典范之作；章，又称谢章，指百官受封和受赏赐后向皇帝谢恩的文书；表，大臣向皇帝陈述事情的文书，凡向皇帝推荐、庆贺、进献、劝请、陈乞、弹劾均可用表，故刘勰有“表体多包”之说；议，又称驳议，用于大臣向皇帝陈述不同意见，如西汉侯应《罢边备议》；状，用于官员向皇帝报告情况，如察举官吏时列举其罪状或才能。

专用文有：效（校），用于检验、奖惩官员；爰书，即审讯犯人的供词、审理记录、报告等；封事，亦称封章，即密封的奏章，是保密文书；露布，亦称露板、露版，是公告类文书。

4．文书材料

出现了郑重、珍贵、便于长久保存的铁质文书，《汉书·高祖纪下》记载：“（高祖）又与功臣剖符作誓，丹书铁契，金匮石室，藏之宗庙。”

革命性的变化还在于西汉初年出现麻纸、絮纸，东汉蔡伦改进造纸术，纸张开始逐步成为主要的文书材料。

（三）文书的发展期——魏晋南北朝

1．文书机构的变迁

魏晋南北朝是中国封建官制承前启后的重要转折时期，原有的三公九卿制逐步向三省六部制过渡，曹魏时，文书机构尚书台逐渐为中书省所取代，两晋时，门下省也分掌部分文书工作。

2．文书理论的成熟

第一，出现了明显的“文”、“笔”之分。所谓“文”，即文艺类文章，要求有声韵文采之美，如散文、诗赋等，以欣赏为主；所谓“笔”，即应用类文章，要求叙事清楚、语言简洁，如章表、奏议等，以实用为主。

第二，出现了一批专门写作公文的人，擅长者称“大手笔”，如南北朝时并称“沈诗任笔”中的任昉。

第三，首次出现了公文写作理论总结。如，曹丕在其著名的理论文章《典论·论文》中首次明确提出公文写作的重大社会价值，“盖文章，经国之大业，不朽之盛事”。同时，他还对各种文体进行了分类概括，指出了文章的共同本质及其各自的基本特征。然而，最系统、精深的研究公文理论著述当推刘勰的《文心雕龙》，它是我国历史上第一部系统研究公文起源、发展、文种变迁及写作规律的学术著作。它系统探究了章、表、奏、议、檄、移、诏、策等多种公文的起源、发展、演变的情况，对公文进行了较为科学的分类与界定，对不同文种进行了辨析，对各类文种的写作要求与规律进行了概括，提出了一些精辟见解。如，《奏启》论奏：夫奏之为笔，固以明允笃诚为本，辨析疏通为首。强志足以成务，博见足以穷理，酌古御今，治繁点要，此其体也。

3. 文种的变化

下行文：令，用于直属上级对下级，如曹操的《举贤勿拘品行令》、《置屯田令》；符，用于不相隶属的上下级机关之间告知事项；教，告谕类公文。

上行文：启，用于大臣对皇帝陈述事情，是表奏的一个分支；笺，类似于表；牒，下级官府呈送上级官府的公文。

平行文：移，正式作为平行文使用从三国开始，特点是“言约而事显”；刺，汉朝用于下属向上级禀报事项，魏晋以后也用作平行文。

专用文书：谱牒，记录家世、族系，表明门第高低。

4. 书写材料的变化

东晋初年，大量质优价廉的纸用于书写，桓温称帝后，下令以纸张代替使用长达近千年的简牍，纸张从此成为唯一的书写材料。毛笔亦随之成为主要书写工具。字体由隶书而形成楷书，进而产生草书。

5. 文书制度的演变

卷轴制度。始于缣帛而非纸张，但是在纸张应用后得以普及，以便于阅读、携带和收藏。

用印制度。简牍文书是以封泥盖印，使用纸张后，则改为朱色水印，印迹清晰、经久耐用、卷面美观、使用方便。

骑缝、押缝制度。骑缝是指在两张粘连的公文纸的连接处加盖印章，押缝是指在两张公文纸的粘连处或公文末尾署名，又称押字、押尾，它们来源于书法的题名（在首尾纸缝间），起到了防止公文伪造的作用。

连署制度。也称联署制度，即几位官员同时在公文上联合签署姓名，以表示对该公文内容共同负责。文书写作程式也有了一些更为详细和严格的规定。

6. 文体的演变

先秦至两汉，公文多以散文体为主。而发端于两汉的骈体，经魏晋，至南北朝时兴盛，成为公文写作的主流。这一时期的公文写作名家，均为骈体文大家，如任昉、沈约、徐陵、庾信等。连体大虑深的文章理论巨著——刘勰的《文心雕龙》也是由骈体文写成的。骈体文讲究对偶、辞采、句式的整齐和音律的和谐，追求文章的形式美，是有进步意义的，尤其是对于文学作品。但不顾内容过分追求形式，就导致了注重形式的浮华文风。

（四）成熟期——隋唐

1. 文书工作与档案工作开始相分离

在唐朝以前的各朝，文书和档案工作一直是混为一体的，如秦代的尚书和汉代的兰台令史，都是既兼制诏之职，又负责保管重要档案。唐代，始创专门的档案库——甲库，存藏人事档案，长官为甲库令史，只负责抄录和收藏档案，是单纯的档案人员，从此文书作为档案源头，档案作为文书的归宿这一界限明显了，它同时也标志着档案工作和文书工作的成熟。

2. 文书机构的设置

隋朝统一中国后，在中央政府设中书、门下、尚书三省。具体是中书省负责草拟国家军政命令，门下省负责文书的审议，最后经皇帝批准，由尚书省转发执行。三省的主要文书官员分别是中书省的中书舍人，唐朝设六人，最尊长者为“阁老”；门下省的门下侍郎、给事中等；尚书省的左右尚书、仆射。这样，国家的重要文件的制作就由草拟、审核、执行三个独立的机构共同完成。三者相互制约，防止了文书机构的扩大对皇权形成威胁。所以，我们把这一时期称为文书工作的成熟期。为限制三省文书官员的作用，皇帝又开始启用了新的文书人员——翰林学士。唐太宗时，就开始选拔一批有文学才华的名儒学士，侍从皇帝左右，有时为皇帝草拟公文，但并无什么名号和说法。著名诗人李白就担任过玄宗的翰林学士，很受宠爱。不仅如此，通过翰林学士而进身宰相者大有人在，从翰林学士中选拔宰相也成为唐代的一项制度，一直延续到明代朱元璋废除宰相为止。故翰林学士在唐代极受尊敬和仰慕，时人称之为“内相”。

3．文书种类

唐代的正式公文有十五种，在《唐六典》中规定：皇帝颁发的下行文用册、制、敕等，其他下行文用令、教、符等，上行文用辞（原为一种文章体裁，唐朝时用作下级官府向上级汇报、请示的文书）等，平行文用关（唐代关用于尚书各部之间的来往公文）等。

4．文书制度

进一步确立并健全了用纸制度、一文一事制度、文书折叠制度、文书的拟制和誊写制度、公文的贴黄制度、公文的签押判署制度、公文的封装和编号制度、公文的移交制度、公文的收发登记和催办制度等一系列制度。

（五）进一步发展——宋元明清

最大的特点是文书工作制度更加健全。主要有：

1．文书工作与档案工作的全面分离

北宋崇宁年间，首先在尚书省设立了专门化的档案房——架阁库。架阁库的设立，表明了文书工作和档案工作在唐代的基础上，进一步全面分离，它也成为宋代文书工作和档案工作成熟的标志之一。

2. 明确提出一文一事制度

此制度唐代虽已提出，但只能说是习惯做法，到宋代巩固为制度，南宋《庆元条法事类·卷十六·文书门》规定：群臣“奏陈公事皆直述事状，若名件不同，应分送所属，而非一宗事者，不得同为一状”。此制度一直为后世所沿用。

3. 赋予贴黄制度的新含义

宋代的贴黄制度沿用唐代，但含义有所不同。唐代贴黄是一种公文纠错更改制度，而宋代是指臣子在上呈皇帝的札子、奏状写完后意犹未尽，需要补充或说明时，以黄纸附言，贴于正文之后，称为“贴黄”。

4. 形成了引黄制度

即把章、奏、表等文书的内容要点，日、月、内容概要书写于公文的封面或文首，称为引黄，有摘引之意。这是公文摘引制度的开始，它使公文的收受、批阅者对公文的内容一目了然，使他们能分别轻重缓急予以适当处理，提高了公文处理效率。

5. 健全了公文的保密制度

宋代创造了实封制度，即官员奏呈的札子和表状，如果事关机密、灾异、狱案、军事等，皆须将札子、表状的封皮折角重封，两端盖印，无印者书官员名，封面不准贴黄。在外奏者，只贴“事机密”或“急速”字样。如违反此制度，主管官员要受罚。需要指出的是，随着文书机构的膨胀，文书人员的增多和文书工作的发达，文牍主义的泛滥也在宋代相伴而生，这是文书工作进一步发展和成熟的负面结果。到明清时期，这种文牍主义之风就愈演愈烈了。

6. 元代制定了严格的文书工作官吏选拔制度

其标准是：“首论行止，次选吏能，又次计日月多者为优。”（《元典章·吏部》）初级文书人员必须具备廉洁公正、品行良好、熟悉业务的条件，还要有人担保，最后经审查合格后，方可任用。元代统治者实行严格的民族统治，较少选用汉人担任书吏。

7. 首创照刷、磨勘制度

这是一种监督检查公文处理过程的方法，为元代首创，对后代影响很大。元代监察官检查官府公文文卷称为“照刷”，主要看公文是否有稽迟、失误、遗漏、规避、埋没、违枉等。“磨勘”是在照刷之后，再做一次检查，看其中的错误是否已经更正。检查过的公文，分别按其质量在刷尾标明“稽迟”、“违错”、“未绝”、“已绝”等字样。按规定“已绝”（指已检查处理完毕没有错误）的公文才能送交架阁库（档案库）保存。这一制度为防止和纠正文书处理中的各种错误、疏忽，提高公文质量，同时防止各级官员在处理公文中的渎职现象起了积极的作用。它是元代最具特色的文书工作制度。

8. 完善公文传递制度

驿传制度，在我国历史悠久，它起于先秦，几乎贯穿了整个封建社会。但元代的驿传制度无疑最为发达，“驿站”一词即始于元代。驿站之外，元代另设“急递铺”专门传递紧急公文。紧急重要公文分为“最速”、“次速”、“平常”三个等级，分别要求日行 450 里、350 里和 300 里。元代的驿站和急递铺制度，是为了适应蒙古统治者的军事和政治需要建立起来的，它有效地提高了公文传递制度，使中央与地方信息渠道畅通，为统治者加强对广大地区的统治起到了重要的保障作用。

五、现代文书工作的变革与发展

（一）中华民国时期的文书工作变革

辛亥革命推翻了旧的国家制度，结束了两千多年的封建社会。从中华民国成立，到其被中华人民共和国所取代的短暂的三十多年中，由于社会性质和管理体制等多方面的原因，文书工作发生了一些重要的变革。主要表现在以下方面：

1. 颁布和修订了公文程式条例

为适应资产阶级的改革要求和处理政务的需要，南京临时政府于 1912 年发起了文书、档案改革运动，废除了封建朝代的公文程式，规定了新的文种，并赋予其新的内容和用法。首次颁布的公文程式条例，除了其反封建的积极意义之外，还在于使文书工作同行政管理的联系更为密切。此后，随着统治者的更替，公文程式又先后八次被修订，虽然使文种和用法发生了一些变化，但都在不同程度上强化了文书工作的行政管理功能。

2. 对文书工作进行改革

仅仅制订和修改公文程式，还不足以形成对文书工作的变革。当时的政府为维护自身的统治，进一步提高行政效率，曾对文书工作进行了多项改革。包括颁布一系列有关文书工作的条令和办法、推行文书档案连锁法，以及拟定和实施以文书工作为主要环节的《行政三联制大纲》等等。这些对文书工作的改革措施，无论是从组织和内容上去观察，还是从客观和结果方面去分析，都是以往任何时期所不能比拟的。也正是这些文书工作的改革，促进了文书学的形成。

（二）新中国文书工作的发展

中华人民共和国的成立开辟了历史的新纪元，同时，也使文书工作的全面发展和振兴变为现实。由于文书工作主体性质的改变，使其能够突破阶级的局限性，更好地为国家和社会管理以及人民大众服务。主要表现为以下特点和趋势：

1. 完善文书管理制度

1951 年，政务院通过并颁布了《公文处理暂行办法》等文件，对文书工作提出了较为全面、系统的要求，奠定了国家机关文书工作的基础。

2. 组建文书工作体系

党和国家通过颁布一系列的政策和法规，建立了各级文书工作机构，全面推行文书处理部门立卷，逐步形成了系统的文书工作网络。

3. 研究文书工作规律

党和国家通过有效组织，包括召开会议、建立学术及教育机构，制定方针政策，使具有中国特色的文书学研究取得了长足的发展。

六、文书工作演化发展规律

通过发展演化的过程分析可以发现，文书与文书工作的演进特点主要表现在两个方面：

（一）文书制成材料的改进

文书的制成材料是文书信息内容的记述载体和物质承担者。早期文书的命名方式就是由其载体的差异形成的，如刻在甲骨上的文书被称为甲骨文书等等。从世界范围看，文书的制成材料大体上包括甲骨、金属、竹木、石材、缣帛、泥土、纸草、兽皮、树叶和纸张等多种形式。文书制成材料的变化，在一定程度上是同生产力的发展和民族习惯相联系的，但更重要的是取决于文书制作者对文书功能的认识。比如，希望文书的内容能流传千古，就将其刻于山石；希望文书的内容尽快传递，便将其刻于木牌等等。

研究文书制成材料的特点，以及与不同文书功能相适应的选材要求，不仅关系到文书的寿命，而且反映了文书的形成及其规律。这是文书学研究中的一个有待开发的领域。尤其是电子时代，新型文书载体材料的出现，导致电子文件的形成，以电子文件传输、管理、归档、保存为重点，文书学的研究对象及其具体领域必将大大得到拓展。

（二）文书种类、用途和制度的变迁

文书用途的变化，实际上是文书所记录的信息内容变化的反映。这种变化集中地反映在文书的名称、格式以及传递方向等方面。随着人们交流形式的增加，文书从公务领域伸展至私人交往活动，于是就有了区别于公务文书的私人文书；随着社会组织功能的拓展，文书从公共事务逐渐向专业领域发展，于是就有了区别于通用文种的专用文种；随着管理内容的复杂化，文书从较为单一的传递向多种传递方向发展，于是就有了区别于上行文书和下行文书的平行文书及其公布形式；随着管理方式的规范化，文书的格式也日趋固定。文书用途的变化结果，则是产生用以区别其用途的文书名称；其数量或简或繁，呈现出一定的周期性。以我国为例，文书就是从先秦时期的十多种，到清代的上百种，再到辛亥革命时期的五种。这种文书种类的周期性变化，是与人类社会的管理体制及其运行方式紧密联系的。

总之，文书与文书工作的发展变化，是同社会发展相联系的。从总体上看，人类社会的发展，需要文书这样一种信息交流的方式；从具体形式上看，文书的种类、用途、载体和制度的变化，又是各种信息交流方式的表现，它必须服从和服务于社会管理方式的需要。

第二节　文书学的产生和发展

文书学以文书及文书工作为研究对象。作为一种社会现象，文书及文书工作已经有了几千年存在和发展的历史，其客观性是不容否认的。但是，仅仅有特定的研究对象，还不能构成一门学科。特定的研究对象只是一门学科确立的必要条件，而究竟能否构成一门相对独立的学科，还取决于是否已经形成了自身的知识体系。

一、文书学的形成

任何客观事物都有其发生和发展的过程，人们对客观事物的认识也有一个逐步深化的过程。文书学作为一种对客观事物发展规律系统化的认识，也必然遵循认识论的基本规律。具体地说，文书学是随着文书及文书工作的演化和发展而逐步形成的，其中也包含着量的积累和质的飞跃。纵观文书学的发展历程，大体上可以划分为三个阶段。

（一）文书学的酝酿阶段

自文书及文书工作的形成到20世纪初的漫长历史过程中，由于文书及文书工作处于相沿成习、专任封闭的状态，所以文书学的研究只能处于酝酿阶段。其主要特点为：人们只是出于某一方面的需要，就文书、文书工作的特定领域进行论述，还没有把文书学作为一门系统的科学进行研究。这一阶段的文书学研究体现在三个方面：

1. 汇集文书的资料

其中最有代表性的成果，即作为“六经”之一的《尚书》。它收录了虞、夏、商、周四个历史时期的28篇文献，包括各类文告、刑律条例、战争讨伐动员令、统治者的讲话记录等，其内容多数属于公文的范围。此外，《唐大诏令集》、《宋大诏令集》也具有类似的性质。这些文书汇集的形成，客观上使文书工作的成果得以保存、流传，起到了为文书学的研究积累资料的作用。而资料的积累，恰恰是学科建立不可缺少的环节。

2. 研究文书的撰制

《论语·宪问》记载："子曰：为命，裨谌草创之，世叔讨论之，行人子羽修饰之，东里子产润色之。"生动准确地描述了一份文书的形成，要经过"草创、讨论、修饰、润色"四个阶段。此后，在《典论》和《文心雕龙》等文献中，都有对文书的撰制标准和过程的详细论述。这些对文书工作带有规律性的认识，无疑为日后文书学的形成奠定了坚实的基础。

3. 制定文书工作规则

随着中央集权国家的确立，形成了一套较为完整的管理机构。出于管理活动的需要，各个机构都有一些关于文书的体式、撰拟、判行、处理、移交等方面的制度。如唐《翰林学士旧规》中就有"文书格式"的记载，南宋《庆元条法事类》中则专门列有"文书门"，这说明当时的人们已经有意识地把文书工作纳入制度化的轨道。

（二）文书学的形成阶段

从20世纪初至20世纪40年代末，随着封建社会的解体，新生的政权出于管理国家事务和提高行政效率的需要，多次对文书工作进行改革。这就从主观上促使人们对文书及文书工作进行较为深入的了解和分析，相应地在客观上形成了较为系统的文书工作知识成果，初步形成文书学理论专著，较为系统的文书工作知识成果的出现标志着文书学的形成。但当时的文书学重在从解决实际问题入手指导文书工作，尚未形成自己独立的、严密的、完备的理论体系。典型事件有：

1911年6月，由直隶自治总局同宝廉编写的《公文式》一书问世，是以专著的形式传播文书工作知识的开端。该书从公文的性质、效力、体例、种类、收发、庋置和辑要七个方面对文书工作进行了较为全面的研究。

1912年南京临时政府发起公文程式改革，废除了制、诏、敕、题、奏等文种，规定了令、咨、呈、示、状五种新公文名称。20世纪30年代国民党政府发起了以文书档案改革为主要内容的"行政效率运动"；在学校开始开设公文学课程，开始有人专门从事公文和公文工作研究，例如直隶法政专门学校就开设了专门的课程《公文程式讲义》。形成了一批有代表性的论著成果。如徐望之的《公牍通论》，许同莘的《公牍学史》，周连宽的《公文处理法》，陈国琛的《文书之简化与管理》等等。其中，《公牍通论》对公文的发展历史以及当时的公文管理和技术，作了相当系统的阐述；《公牍学史》则着重评述了历史上公文写作的优劣得失。这些著作至今对文书学的研究仍有重要的参考价值。

（三）文书学的发展阶段

从20世纪50年代开始，我国的文书学研究在政府的推动下，借鉴其他国家文书学的研究成果，批判地吸取历代文书工作的经验，开创了文书学研究的新阶段。其主要标志为：

1. 设立专门的文书学研究机构

20世纪50年代中期，在中国人民大学历史档案系成立了文书学教研室，把文书学的教学同研究结合起来，使文书学的研究第一次有了专门的组织实体。20世纪80年代末，我国又成立了中国公文写作研究会（并附设研究所），使文书学的研究有了相对广泛的社会基础。

2. 出版大量的文书学专著

1961年中国人民大学出版社出版了由潘嘉主编的《文书学讲义》（后更名为《文书学纲要》），对文书和文书工作的发展历史，以及文书工作的理论和实践作了系统的研究。进入20世纪80年代之后，我国文书学的研究空前繁荣，出现了一大批具有一定水平的文书学专著。如潘嘉的《文书学纲要》（1961）、松世勤的《文书学基础》（1984）、梁毓阶的《文书学》（1985）、郑崇田的《文书学入门》（1981）、曹润芳的《机关文件管理》（1989）、苗枫林的《中国公文学》（1988）、王铭的《文书学理论与文书工作》（1988）、王光宇的《文书学研究与应用》（1991）、张林华的《文书学概论》（1998）、周振华的《文件学概论》（2005）、郭建平的《现代文书学》（2005）、王健的《文书学》（2005）等，逐步形成了比较成熟的文书学理论体系。

二、文书学的体系及特征

文书学学科体系的形成是文书学成熟的重要标志之一。一方面，文书学的学科体系是为文书学的功能服务的，即在整体上揭示文书和文书工作的基本规律；另一方面，文书学的学科体系又受到文书学的形成过程的影响，即在客观上反映文书学的研究状况。

（一）文书学的学科体系

目前，我国文书学的学科体系已发展成为四个较为成熟的科目，① 即文书工作发展史、古文书学、机关文书处理和专门文书处理，它们共同构成文书学的骨干内容。

1. 文书工作发展史

文书工作发展史是研究历代文书工作的产生及其组织、制度、任务、作用与发展过程的学科。其功能是总结历代文书工作的发展规律，为改进现行机关文书工作提供历史借鉴。其代表著作为潘嘉主编的《中国文书工作史纲要》。

2. 古文书学

古文书学是研究文书的起源及历代文书的称谓、种类、体式、用语和制作材料发展演变的学科。其功能是从本源上探求文书的发展规律，继承优秀的文化遗产。其代表著作为张我德主编的《清代文书》。

3. 机关文书处理

机关文书处理是研究通用于现行机关和其他社会组织的文书的概念、种类、体式、作用和撰写要求，以及文书工作的组织与任务、理论与原则、制度与方法的学科。其功能是探索现行文书及文书工作的发展趋势，为提高社会组织的管理效率服务。其代表著作为曹润芳主编的《机关文件管理》。

4. 专门文书处理

专门文书处理是研究各个专业领域内产生的文书材料所特有的名称、格式、撰写要求及其管理原则和方法的学科。其功能是总结各个特定领域的专用文书及其工作经验，以适应社会分工和管理的需要。主要著作有：《司法文书》、《商业应用文写作知识》、《财经应用文》和《科技文件材料管理》等。

---

① 参见王光宇：《文书学研究与应用》，1版，北京，中国档案出版社，1991。

（二）文书学的基本特征

文书学作为一门相对独立的学科，不仅具有自身的学科体系，而且具有由其研究对象和学科体系决定的基本特征。其主要特征如下：

1. 应用性与理论性的统一

文书学的研究对象来自广泛的社会实践，其总结的经验和原则、程序、方法等具有很强的实践性和操作性，并伴随着社会实践的发展而发展。同时，文书学作为一门独立的学科，它是对社会实践规律性的总结，而不仅仅是客观现象的描述。因此，文书学有着自身的范畴、原则和基本原理，具有较强的理论性。

2. 综合性与独立性的统一

文书及文书工作所记述和服务的对象是社会管理事务，所涉及的专业和学科领域十分广泛，这就决定了文书学在学科结构和内容上必然融合史学、法学、管理学、语言学和文章学等学科的相关知识，表现为一定的综合性。同时，文书学又不是上述学科的简单相加，它有着自身特定的研究对象和相对独立的学科体系，是其他学科不能包容和替代的，具有很强的独立性。

三、文书学的发展趋势

作为文书学研究对象的文书及文书工作，是一种社会现象，它们必将随着人类社会的进步而发展、变化，而对这种发展、变化的理论归纳，则是文书学的生命所在。虽然分析文书学的发展趋势带有一定的理想主义色彩，但对构筑文书学“大厦”具有十分重要的现实意义。

（一）文书学发展的前提条件

文书学的研究对象及学科特征决定了文书学的发展需要满足理论、实践和主体三个条件。

1. 文书学发展的理论条件

文书学的发展取决于与其相关的基础学科的发展和成熟程度，如行政学、管理学、写作学等。没有基础学科的发展，文书学的一些基本原理就很难得到科学理论的支持，从而囿于对实践过程的描述，使其无法摆脱“只知其然，而不知其所以然”的窘况。

2. 文书学发展的实践条件

就文书学的基本内容而言，它是一门实践性较强的应用学科；文书学的基本功能就是服务于社会实践。因此，文书工作这一实践的状况对文书学的发展具有决定意义。文书学不可能，也没有必要去塑造脱离实践的“空中楼阁”；它只能从社会实践中去汲取营养来发展自己，并在一定程度上指导实际工作的开展。

3. 文书学发展的主体条件

同其他学科一样，文书学也是人类有意识思维活动的结果；其研究主体的状况，即文书学的研究人员的理论修养、实践能力和献身精神，对文书学的发展具有重要作用。文书学的历史已经证明，它的每个发展阶段和分支学科的构筑，是同一些代表著作及其作者联系在一起的；文书学的发展也将再一次证明这一点。

（二）文书学的发展线索

影响文书学发展的三个基本条件是不断发展、变化的，它们可能在不同的历史时期采取不同的组合方式和排列顺序。这种排列组合的结果就形成了文书学的发展线索，即促使文书学沿着理论和应用两个方向发展。在理论研究方面，一部分学者依据自身的理论优势，从文书学的基本原则、原理、规律及其学说演化入手，侧重研究并构筑文书学原理等基础学科；在应用研究方面，另一部分学者则凭借自身的实践经验，从文书工作的管理环节入手，侧重研究并构筑文书写作、文书处理、文书管理等应用学科。但是，不论文书学的具体发展状况如何，文书学的理论研究和应用研究最终将是相互融合的，它们都以履行文书学的基本功能，即能否有效地服务于社会管理实践为基本尺度和标准。

此外，文书学的发展也是传统体系结合时代特征和社会需求的产物。一方面，随着文件数量的激增，从对文件中心的理论解释入手，文件生命周期理论、文件连续体理论的形成，为文件管理奠定了理论基础。另一方面，在办公自动化环境下，文书学的发展更加注重与社会发展的同步，管理科学、信息科学和计算机技术等现代科学与技术日益融合、渗透到文书学研究领域。

第三节　文书学的学习及研究方法

文书学是以文书和文书工作为研究对象的系统学科，其形成和发展有着特定的历史背景，沿袭着特定的方法。揭示文书学研究的内在价值和研究方法，对于发展和完善文书学具有重要作用。

一、学习和研究文书学的意义

文书学的研究对象及其学科特征决定了文书学的历史地位，同时也决定了学习和研究文书学的重要意义。

（一）有利于提高公务人员的基本技能

文书学是一门实践性很强的学科，其基本功能在于应用。因此，历史上就有"未谙治理，先学公文"的说法，把草拟文书的能力作为取官的基本条件。当代各国的公务员制度，实际上无一例外地吸取了中国古代科举制度的合理成分。其中之一，就是把文书的写作与处理作为公务员考试、考核的重要内容。当然，考试只是检验公务人员技能的一种形式，其目的在于使公务人员具备管理活动所要求的基本技能。

（二）有利于总结管理活动的经验

文书的主流是公务文书，它是社会组织从事管理活动的产物，是一种沟通手段和管理工具。因此，探讨文书及文书工作的理论、原则，吸收古今中外文书工作的合理成分，推动文书工作的规范化和科学化，其根本目的在于总结管理活动的经验，并将这些经验应用于现实工作，提高管理活动的效率。

（三）有利于继承优秀的文化遗产

文书作为一种社会现象，产生于社会实践，是人类社会发展的真实记录。从文书的记录内容到其基本形式，都客观地反映了人类历史的发展过程。而人类社会的发展，从某种意义上讲，是一种沿袭和扬弃的过程，表现为一定的继承性。文书则是这种继承性的结果，是不可多得的文化遗产。因此，学习和研究文书学的过程，实际上就是对文化遗产的发掘和保护的过程，是继承文化遗产的过程。

二、文书学的研究方法

文书学的研究方法是文书学发展的重要途径和工具。研究方法的改进和提高，在科学发展史上有着不可替代的突出地位。有时，一种新的研究方法的发现，可以给某一学科带来质的飞跃。因此，发掘和探讨文书学的研究方法，是文书学研究本身不可或缺的重要领域。

（一）文书学的研究方法体系

根据文书学目前的研究状况，文书学的研究方法体系可以分为三个层次，即文书学研究的方法论，文书学的研究方式，以及文书学研究的具体方法。文书学研究的方法论是指如何认识并运用研究方式和研究方法的基本理论和指导原则，这是开展文书学研究活动所遵循的认识路线。辩证唯物主义是科学的世界观和方法论，也是文书学研究的理论基础和根本方式。文书学的研究方式是指文书学研究的基本形式和途径，它是由文书学的学科特征决定的，大体可以分为理论分析和实验模拟两种方式，并随着研究、客体和环境的变化，而相互浸透和不断更新，尤其是在电子政务环境下，办公自动化与信息化的条件，要求文书学的研究更加切合现代文件管理实际。文书学研究的具体方法是指文书学研究方式的具体化，即在特定条件下，文书学研究的具体程序和技术，这是文书学研究最终的落脚点。

（二）文书学研究的具体方法

文书学研究的具体方法是文书学研究的方法论和研究方式的具体体现，主要包括：

1. 比较研究法

比较研究的目的在于寻求异同、权衡利弊、取长补短；可以横向比较或纵向比较，也可以全面比较和单项比较。将比较的方法运用于文书学的研究，可以把不同时期、不同区域的文书及文书工作状况进行比较，从中发现规律性的东西。

2. 案例研究法

案例研究就是把特定的文书工作作为范本，分析其发展的过程，从中提炼、归纳出文书学的理论的方法。它具有生动、直观、易于理解等特点，合乎文书工作和文书学研究的实际状况。案例研究的应用，有助于提高人们思考和解决问题的能力，促进文书学的发展。但这种方法有一定的局限性。

3. 模拟法

模拟法主要是通过制造文书工作的“仿真”环境，再现文书工作的一些基本过程。比如，根据特定的事例和要求撰拟公文，设置文书处理流程等等。我国自古就有通过“相摹而作”，培养人们实践能力的方法。这种方法实际上是对文书学实践性的一种强化，它既可以提高研究人员的操作能力，又可以克服实际工作中的一些干扰因素；但对“仿真”环境的创造要求较高。

思考与练习

1. 如何理解文书的形成条件？
2. 如何理解文书、公文与文件的相互关系？
3. 简述文书学的学科体系构成。
4. 简述商朝文书工作特色。

第二章　公务文书

学习要点

通过本章的学习，能够深刻理解公务文书的特点；了解公文的基本功能和具体作用；明确公文的效用；认识公文的不同种类及分类对于文书工作的实际指导意义；了解正确选用文种的意义，熟练掌握文种的选用规则，明确通用公文文种的适用范围。掌握各种公文稿本的形式、作用和价值。

第一节　公务文书的特点与功能

公文的广泛利用是现代社会的一个特征。公文的特点和功能使公文明显区别于图书、情报、档案等其他文献形式，体现出公文的基本属性和不可替代的社会功能。

一、公务文书的特点

（一）由法定作者制发

公文的法定作者，指依法成立并能以自己的名义行使权力和承担义务的国家机构与其他社会组织（以下统称“机关”）或其法定代表人。所谓机关应是依法建立或经法定程序批准建立的组织。“法定作者”，即符合组织法、组织章程，上级批准成立，以及通过法人登记等法定程序和手续成立和合法存在的组织，都可以根据自己的职权范围制发公文。法定作者主要包括：国家机关、企事业单位、人民团体及其负责人。

（二）具有法定权威和现实执行效用

各级各类社会组织是根据法律授权进行公务活动。在公务活动过程中，每一个机构都依法享有一定的职权，并需要承担一定的义务。因此，在公务活动中制发公文，都是各类社会组织在其职权范围内行使法定职权的体现，具有各自权限的法定权威。主要体现在：公文在法定的时间与空间范围内能够对受文者的行为产生强制性影响，具有约束力；公文在特定范围的公务活动中针对特定对象产生的执行力和凭证功能，具有法律认可的其他任何文献形式所无法替代的权威；上级机关公文的权威性大于下级机关的权威性。

公文的现行效用又称现实执行效用或时效，是其法定权威性的作用形式，指直接形成于其内容所针对的现行公务活动中并直接发挥实际效用。在发挥现行效用期间，公文传递了发文机关的意图，是收文机关办事的依据。详见本章第二节。

（三）具有规范体式

体式是文体与格式的总称。公文必须具备国家统一规定的规范的体式，用以维护公文的严肃性、权威性、准确性与有效性，便于公文的写作与处理，这是公文区别于其他文献形式的明显标志。公文的规范体式是公文合法性的象征，各类社会组织在撰制公文时必须遵守，不得各行其事。详见本书第四章。

（四）具有特定处理程序

公务活动的组织与运行和公文的形成与处理具有各自的规律与特点，其产生和运行状态，直接关系到社会组织开展工作的质量和效率。为此，国家有关部门制发了统一规定，各单位建立了公文处理与管理系统与秩序，以保证公文处理程序的有效运行。例如，审核在签发之前，催办有内外之分；规范性文件必须公布，联合行文须经会签；有的公文经过领导人签发才能生效，有的公文经过法定的会议讨论通过方可发布施行等。详见本书第八章。

上述公文特点之间的关系可以归纳如下：

——法定权威和现行效用是公文最本质的特点；

——法定作者是公文具有法定权威和现行效用的前提；

——规范体式是公文具有法定权威和现行效用的象征；

——特定处理程序是公文具有法定权威和现行效用的保障。

二、公务文书的功能

（一）公文的基本功能

功能，即事物或方法所发挥的有利作用。公文产生、作用于公务活动，公文的功能就是指公文在公务活动中所发挥的有利作用。与其他文献形式的信息记录相比较，公文功能的最大优势在于突破了管理活动的地域、层次和时间的限制，有效记录、传递和存储具有权威性、凭证性的公务信息。这也是公文的基本功能。正确认识公文的功能有助于我们在实践中充分发挥公文的效用，扬长避短。

所谓权威性信息，即对受者的行为具有强制性影响的信息；所谓凭证性信息，即从法律意义上能对有关事物的性质、状态提供有效证据的信息。正是由于公文具有法定作者，其记录、传递和存储的信息具有法定的权威和效用，以特定的形式（规范格式、印章或签署、履行法定的程序和手续）证实作者的合法身份，因此用公文记录、传递和存储权威性信息的优势是其他信息记录所无法媲美的。同时公文的法定作者必须为公文内容的真实性承担法律责任，公文的法定效力对其信息的真实可靠性提供了保障，因此，用公文记录、传递和存储凭证性信息比其他信息记录更为有效。

公文的基本功能表现为以下两个方面。

1. 公务管理的工具

公文的首要功能是作为一种公务管理的工具。管理是指一定组织中的管理者，通过实施计划、组织、人员配备、指导与领导、控制等职能来协调他人的活动，以共同实现既定目标。任何公文制作者的主观愿望，都是将公文作为自己的代言工具；任何社会组织制作公文，其根本目的都在于传递公务管理信息；公文工作的有效组织与控制，是为了实施对公务管理活动的组织与控制。所以，公文内容、公文运转以及行文规则，都是管理理论和原则的具体应用。脱离公务管理，背离了管理活动原则，公文的存在就没有了意义。

2. 社会沟通的手段

公文在上传下达、左右沟通、实现公务管理工具效用的同时，在客观上成为社会组织之间、社会组织与民众之间相互沟通的手段。公文作为信息载体的本原性，决定了它成为沟通手段的必然性。

（二）公文的具体作用

公文的基本功能是通过每一份公文，在特定公务管理活动中发挥各自的具体作用得以实现的。由于内容以及作用领域不同，公文具体作用的表现形式亦不相同。

1. 行为规范作用

我国各种法律、法规和规章以及其他的规范性文件本身就属于公文的一类，国家机关下达的公文中还有相当部分作为发布法律、法规、规章和行政措施的载体，这些公文一经制定发布生效，就成为社会生活中具有法律规范或行为规范的体现形式。在其有效期和实施范围内，国家或特定主体强制力保护其权威，违者要追究法律责任或受到行政处分。

2. 书面领导与指导作用

各级具有领导及管理职能的社会组织，经常通过制发公文将党和国家的方针、政策，把系统、行业或机构的决策意图和要求，传递给受文者，组织与领导、指导各地区、各部门工作。

3. 联系与处理公务作用

公文既在上下级组织之间上传下达、协调沟通，也在平级和不相隶属的组织之间交流信息、通报情况、商洽事务、取得配合，可见公文是各级机关组织处理公务的工具和沟通的纽带。

4. 宣传教育作用

为了保证党和国家的方针、政策、法律、法规的贯彻实施，各级社会组织经常制发一些旨在对干部、职工或公众进行思想教育的公文，以便共同提高认识。

5. 凭证依据作用

一些特定的公文具有突出的凭据作用，如协议、合同以及各种证明性文件。除此之外，各种公文也都具有凭证与依据作用。不仅在现行工作中作为工作依据，在完成现行作用之后大多又转化为档案，作为这项工作真实的历史记录供后人查考。所以，公文在其生命周期的各个阶段，都在发挥着凭证作用。一份“不足为凭”的公文，不可能具有法定权威，更不可能具有其他方面的作用。凭证依据作用是公文最突出最宝贵的作用，也是公文能够转化成为档案保存利用的重要依据。

需要说明的是，公文的上述具体作用并不是孤立的，而是相互依存、彼此联系的。一般情况下，一篇公文往往同时具有几个方面的作用，从不同方面显示出公文的基本功能。

第二节　公务文书的效用

公文的功能使得公文能够产生有利的作用，公文的效用是指在实现这种有利作用的过程中对特定对象所产生的实际效力与功用。功能为所有公文所共有，而效用却不尽相同。每类公文效用等级不同，效用范围不同，产生效用的条件也有所分别；同一文件在生命周期的不同阶段效用性质也不尽相同。

一、公文的行政效用与历史效用

从总体上讲，公文一般在其生命周期中要经历形成制作、发挥时效、暂时保存、永久保存四个阶段，而对具体每一份公文而言，视其实际价值的不同，有可能完整地经历四个阶段，也可能只经历其中的两个或三个阶段。之所以如此，主要是由于一部分公文既具有现行效用又具有历史效用，而另外一部分公文只有现行效用而无历史效用。

公文的现行效用，又称现实执行效用或时效，是指公文直接形成于其内容所针对的现行公务活动中并直接发挥实际效用。具体来说，是指公文在一定的时间、空间、机构和人员范围内，对机构或个人行文产生的约束力、强制执行力和其他强制性影响。对于规范性文书、领导指导性文书和一部分公布性文书来说，这种强制性影响主要表现为在作者法定权限所及范围内强制执行。对于公文中的陈述呈请性文书、商洽性文书来说，这种强制力主要表现为强制阅读、了解确认或复文等。

公文的现行效用是法定的。公文对相关机构和人员行为的强制性影响均为各种法律、法规、规章和其他具有强制力的成文或不成文的“法”所规定，有关机构或人员既受其约束又受其保护。规定范围内的机构或个人不遵守公文的约束，不执行公文的内容，拒不接受公文的强制性影响，都将是违法的，作者或其他有关机构可以依法采取各种强制性措施或请司法机构采取司法强制措施强制其遵守、执行。

公文的历史效用是指其对印证历史事实、反映历史发展过程所产生的权威性影响。公文是在其所反映的社会活动中为处理各种事务的需要，并作为这项活动的“副产品”而直接形成的，它对这些活动产生过强制性的影响，因而是历史发展的真实记录，对印证历史事实有令人高度信服的凭据价值，对反映历史发展的情况及规律性有广泛而可靠的原始情报价值。很多公文都具有历史效用，因而这些公文在处置完毕后均可经整理立卷归档转化为档案，其中一部分还因其具有永久留存价值而作为重要的历史文化财富由档案机构永久保存。由此可见，公文的历史效用是其转化为档案的内在依据。

公文的历史效用也是法定的，《档案法》以及国家有关机构以法规或规章形式确定的“公文立卷归档范围”、“机关档案保管期限的规定”就有对相关公文历史效用的明确认定。

二、公文现行效用的范围界定

真正的公文都有现行效用，但任何公文都只能在特定时间、空间、机构和人员范围内产生这种效用。

（一）公文现行效用的时间范围

公文现行效用的时间范围是指公文有效的时间限度。这一限度是由公文生效时间和公文失效时间规定的。

1. 公文的生效时间

公文的生效时间即公文现行效用时间范围的起点，通常有如下几种情况：

(1) 公文自形成之日起生效。即以公文上标注的成文时间为准，多数公文和私文均如此。

(2) 公文自通过或批准日起生效。即以公文上标注的法定机构讨论通过或核准批示为准。

(3) 公文自公布日起生效。多数规范性公文均如此。

(4) 以公文自身规定的时间为生效时间。一些需要在实施前做广泛解释宣传或需要准备其他各种条件的，或因多种原因发布之日后一段时间内难以为有关组织、个人知晓的规范性公文常采用这种形式。

(5) 以其他公文规定的时间为生效时间。一些需以特殊形式履行、受社会有关方面公平监督确认程序的公文，常采用这种形式。

(6) 以公文送达规定受文者的时间为生效时间。采用这种形式常出于维护受文者特殊法定权益的目的。

需要说明的是，在确定公文生效时间时需处理好公文效用在时间方面的溯及力问题，即公文中的各种约束是否溯及既往；是否对公文生效前的事项予以追溯。对规范性公文而言，一般实行不溯及既往的原则。这项原则的含义一是指对公文生效前的事项不得追溯，二是指新公文未生效前公民已取得合法权益或有为当时规定不受处罚的行为，不会因施行新公文而丧失或变更。但若公文中明文规定溯及既往，则公文就具有溯及既往的效用。对规范性公文以外的其他公文而言，除在文中指明不溯及既往外，均溯及既往，许多领导指导性公文的重要使命就是要纠正公文制发前的各种“偏向”。

2. 公文的失效时间

公文的失效时间即公文现行效用时间范围的终点，通常有如下几种情况：

(1) 公文本身规定了停止生效的日期，到期自行终止。

(2) 由其他合法公文规定公文现行效用的终止日期。

(3) 效力等级高的有效公文生效后，与之相抵触的效力等级低的公文一律即行失效。

(4) 公文被具有法定权利的机关依法定程序明令废止、撤销而失效。

(5) 公文随相应新公文依法生效而全部失效或部分失效。

(6) 公文针对的事物本身具有明确的有效期限，逾期公文自然失效。如国家规定的高等学校年度招生办法只在处理该年度招生问题时生效。

(7) 公文针对的社会事实已完全消灭或公文规定的任务已完

成，公文自然失效。

（8）公文制发机关不复存在，又无其他合法机构继承其相应职能的，机关被撤销之日起公文失效。

（9）不具备反复适用性质的公文（除规范性公文外，多数公文均不具备这种性质），其所针对的事务已一次性处置完毕，除法律、法规或其他有效公文有专门规定外，公文不再适用于处置同类事务，自行失效。

（10）不同作者就同一事项前后制发有不同规范性内容的公文，除法律法规有特别规定外，效用等级低的公文全部或部分失效。若公文的效用等级完全相同，一般由双方作者共同的上级机关或司法机关作出裁断，撤销、废止公文或纠正其中不一致的内容。

（二）公文现行效用的空间范围

公文现行效用的空间范围是指公文有效的作用领域范围。对于公文总体而言，其有效的空间范围就是其作者受法律约束和保护的权利、利益、义务、责任所及的空间领域。在我国国内通常有如下具体情况：

（1）宪法、法律、行政法规和由国务院各部门制定的规章等和其他由中央国家机关及其部门制发的带有规范性的公文在全国范围内生效，但另有规定的例外（如有些法律的效力范围可超出国家管理的领域之外，也可以仅限定于特定区域内）；地方性法规和地方规章和其他由地方国家机关及其部门制发的带有规范性的公文在本行政区域内生效；民族自治地方的自治条例在本自治区域内生效。

（2）由公文本身依法明确规定。多数领导指导性公文即如此。

（3）由有关法律、法规和规章予以明确规定。大部分私文即如此。

（4）由有关法定机构依法予以认定，如一些证明类、记录类私文。

（5）以公文内容针对对象的法定责任、义务、权利所及的范围为准。如一部分领导指导性公文以及部分私文在不言自明的情况下常采用这种方式处理。

（三）公文现行效用的机构范围

公文现行效用的机构范围是指公文现行效用所及包括哪些国家机关、企事业组织、人民团体和其他社会组织。在我国国内通常有如下具体情况：

（1）宪法、法律对一切国家机构和社会组织产生效力。

（2）行政立法性的规范性的公文对作为行政相对方的一切社会组织发生效力。对行政机关本身及其上级和下级、同级机关均有效力（上级机关依法予以撤销者为例外）；对其他国家机构如国家权力机关、检察机关、审判机关在其未因违法、失当而依法予以撤销或宣布不适用不执行的情况下也产生效力；任何企事业组织、人民团体等都必须遵守行政立法。

（3）公文本身依法予以明确规定。

（4）以公文本身依法正确标明的主送机关为准。

（5）以公文本身依法正确标明的一切受文者（包括主送对象和抄送对象在内）为准。

（6）以法律、法规和其他效用等级高的文件中的规定为准。

（7）以依法应为作者实现或保护法定权益的机关为准。如证明类、记录类私文等。

（四）公文现行效用的人员范围

公文现行效用的人员范围，即公文现行效用所及包括有哪些个人。在我国国内通常有如下具体情况：

（1）宪法、法律、行政法规和由国务院各部门制定的规章效用所及包括全国公民及处于本国境内的外国人和无国籍人。

（2）地方性法规和规章效用所及只包括该地方的个人。

（3）各国家机构和社会组织内部制发的基本规范性公文效用所及包括该机构组织的全体组成人员。

（4）由公文本身依法予以明确规定。

（5）由法律、法规和其他效用等级高的公文予以规定。

三、公文现行效用的等级划分

不同作者制发的公文，其现行效用在层次上也是有高低之别的。低等级公文的效用大都源生于高等级公文，因此，无论其内容还是形式均不得与高等级公文抵触。在不同效用等级的公文规范性内容不一致时，除特例外，应适用和执行效用等级高的。

在规范性公文中，效用等级最高的是全国人民代表大会制定的宪法，其次是全国人民代表大会及其常委会制定的法律，再次是由国务院制定的行政法规等，再其次是由国务院各部门制定的规章等，接着是省级权力机关（人民代表大会）制定的地方性法规、自治条例等，然后是省级人民政府制定或批准的规章等。其后依此类推，按统辖权的大小排列公文效用等级，依次为：省辖市（州、区、地）、县（旗、市）、乡镇（区）。同一辖区内权力机关的规范性公文的效用等级高于同级人民政府的规范性公文。

国家机构以外的其他社会组织制定的规范性公文的效用等级一般均低于国家机构制定的规范性公文。在这些社会组织内部，按其法定的组织序列排列的不同级别，组织制定的规范性公文的效用等级是，同级组织中权力机构（或类似性质的，如代表大会、职工大会、董事会等）制定的规范性公文的效用等级高于执行机构制定的。

规范性公文之外的其他通用公文，按作者组织系统或专业系统的归属及法定级别和权限确定现行效用的等级。在同一组织系统或专业系统内部，作者级别越高公文效用等级越高。在组织系统、专业系统外部，公文效用等级主要决定于作者的法定权限，权限高的效用等级高。

专用公文的效用等级大都由权威性机构以法规规章的形式予以明确规定，有的则需要遵从本领域内公认的习惯、惯例。

私文的效用等级有些需依照法律法规的明确规定确认，有些则也需遵从公认的习惯、惯例。多数情况下，由公务机关颁发的公文的效用等级要高于个人、家庭、宗族形成的；由公务机关认定的公文要高于未经其认定的；有生效标志和真迹的公文要高于没有生效标志和真迹的；群体共同形成的公文要高于个体单位形成的；形成的程序手续正规的要高于不够正规的；能为有关事实提供直接合法证据的要高于只能提供间接证据的；在法律意义上能作为特定书证（其内容记载了事实并具有法律规定的形式）的高于只能作为一般书证（其内容记载了事实但未具有特定形式）的；能作为处分书证（所记载的内容是以发生、变更或消灭一定法律关系为目的的，如合同、遗嘱、委托书）的高于能作为报告书证（所记载内容不以产生一定法律后果为目的，只在报道作者了解的有法律意义的事实，如日记、私函等）的。

必须说明的是，在我国由中国共产党各级组织制发的公文在效用等级方面具有一定的特殊性：其所制发的规范性公文分别是全党和党内不同级别的具体组织内部全体党员的行为准则和规范；其所制发的以执政党法定地位为支持的表明其各项方针政策原则的领导指导性公文则不仅对党内，而且对全国各项事业、各项工作有法定的决定性影响。同级党组织在法定范围内制发的此类公文的效用等级要高于同级国家机构和其他社会组织制发的领导指导性公文。中国共产党同样必须在宪法和法律范围内活动。

四、公文现行效用的生成条件

公文现行效用的生成不是任意的，必须具备一定的必要条件。一般说来分为实质要件和形式要件两个方面。

（一）公文生效的实质要件

（1）公文的作者必须依法存在，享有与公文内容相一致的法定权利，能以自己的名义和行为享有、承担、履行同公文产生的实际后果相适应的法定权利、责任和义务。

（2）公文的内容必须合法，不得与宪法、法律和其他效用等级高的公文相抵触，应与相同效用等级的公文协调一致。

（3）公文的内容必须限于作者的法定权限范围内，越权无效。

（4）公文内容必须为作者真实意思的表示。

（二）公文生效的形式要件

（1）公文的形成或处理必须履行法定的程序手续，符合法定的时限规定。

（2）公文的体式应规范、完整、正确，有法定体式的必须按其制作。

（3）公文中必须有能对作者合法性、真实性、权利范围以及对作者意思表示和公文形成过程的真实性提供证据的内容或标记符号。

（4）公文中必须有准确反映公文现行效用时间范围的标记，至少应反映出公文的生效时间。

第三节　公务文书的类别

公文形成并作用于各类社会组织的不同管理层次，内容差异大，使用范围广，处理要求各异，数量相差悬殊。为满足实际工作和研究问题的需要，需要从不同的侧面或角度将公文划分为不同类别，便于分别处理、管理与保管。同时，公文种类的划分只是相对的而不是绝对的，从不同的侧面和角度入手，可将其划分为不同类别，类别归属并不会影响公文本身的性质和作用。本节介绍几组具有实际意义的常用公文分类概念。同时择其重点，对于其中的电子文件、规范类文书和会议文件作比较详尽的介绍。

一、按应用领域分类

按应用领域分类可以分为正式通用公文、内部通用公文和专用公文三种。

（一）正式通用公文

即根据有关规定在各类社会组织共同使用的正式公文，具有法定性、规范性和通用性特点。

法定性体现在公文文种按照国家或系统的相关规定正确使用。近年来，依法治国、依法行文成为共识，各类国家机关相继制定和发布了一批关于本系统公文处理的规范性文件，规定了正式通用文种及其适用范围，使这部分公文文种的使用具有了法定依据。

规范性体现在严格限定制发主体的法定资格和法定作者的规范撰写，明确完整的内容要件与形式要件，文种应有规范的名称、规范的格式、规范的行文程序与规则。

通用性即由不同性质领导机关制定发布施行的正式公文文种，其种类、名称、用途大同小异。如决定、通知、请示、报告、批复、函、通报、会议纪要等在名称和适用范围上均具有全国通用性。正式通用文种是公文文种主体，它的规范使用对于形成整个文种使用规范化的大环境起着举足轻重的引导作用。

对于《国家行政机关公文处理办法》中已经规范、科学地界定了适用范围的行政公文文种，企事业单位行政公文可以参照使用。

（二）内部通用公文

简称内部文书，即在社会组织内部通用的公文，具有复杂性、内部性和灵活性的特点。

复杂性主要体现在内部文件数量大，种类多，使用范围、效力等级差异较大。按照目前公认的划分标准，除部分可在社会组织内部使用的通用公文文种之外，其余还包括：（1）规范类文书：含规定、办法、章程、制度、规则、须知、规程、守则、准则、细则等文种（此处没有包括法律法规文件的专用文种，如法、条例等）；（2）会议文书：含各类会议报告、讲话、致辞、提案、记录以及会议组织工作中形成的会议指南、日程议程等；（3）计划与信息反馈文书：含计划、规划、纲要、工作要点、方案、设想、预测报告、调查报告、签报、信访摘报、信访分析报告、总结、信息、简报等；（4）其他事务文书：含各类书信、条据等文种。

内部性主要体现在内部文书一般不能用于正式对外行文，如果需要对外行文应以正式通用文件作为其载体。从制发主体来看，除了合法主体，机关内设机构或个人均可在行文时使用内部文种；从格式来看，虽多数内部文种具有约定俗成的固定格式，但并非法定；从效力来看，多在机关内部和特定的工作阶段和非正式场合使用，如在部门之间、机关内上司与下级负责人之间、会议期间、公务未决阶段需要磋商、调研、陈述、征询意见、协调会商、通报信息时使用。

灵活性主要体现在内部文种未被正式纳入有关公文处理的硬性规范。这一特点使得内部文种适用范围宽泛，使用程序和手续便捷，可适应公务活动复杂多样的需求。

内部文种的这些特点常被使用者忽视，因此当前文种使用中常常出现将内部文种混同于正式通用文种的不规范现象。

（三）专用公文

亦称专门文书，是某一业务系统、某一行业根据专门工作的特殊需要而使用的，具有该业务系统或该行业特定内容和体式的公务文书，使用范围具有极强的专门性和限制性。如外交文书（国书、照会）、纪检监察文书、财务文书（发票、账簿、报表）、保险文书、税收文书、计划文书、司法文书、行政处罚文书（处罚决定书）、人事工作文书（人员登记表）等等。

各机关在履行自身专门职能或业务工作中使用的一些公文也可归入本类，如××省财政厅规定“除正式文件外，我厅在行政过程中出具的检查结论、整改意见、处理决定、移送处理意见书、承诺书等特殊文件继续保留”。

近年来由于各项专业管理工作的发展，以及各级政府行政执法力度的加强，专用文书的使用领域不断拓宽，专用文种也在不断增加，其使用规范化的施行由各专业主管部门负责统筹安排最为合理和可行。

二、按物质载体分类

按物质载体分类可以分为纸质文书、感光介质文件、磁介质文件和电子文件等。具有不同载体特征的文件，其制作方式、处理方法和保管要求各不相同，需要根据各自的特点和要求区别对待。

纸质文书：以纸张为物质载体的文件。纸质文书是目前公文处理工作中使用最为普遍、使用频率最高的。

感光介质文件：以感光胶片、相纸等感光材料为物质载体的文件。如照片文件、缩微胶片文件、显微照片文件等。

磁介质文件：以磁带、磁盘、磁鼓等磁性材料为物质载体的文件。如录音文件、录像文件和磁盘文件以及磁光盘文件等。

电子文件：指在数字设备及环境中生成，以数码形式存储于磁带、磁盘、光盘等载体，依赖计算机等数字设备阅读、处理，并可在通信网络上传送的文件。具体内容见下面的重点介绍。

在本分类法中，重点介绍文件家族中的新成员——电子文件。①

（一）电子文件的三要素

完整的电子文件包括以下三个要素，缺一不可：

---

① 参见王健：《文书学》，17页～20页，北京，中国人民大学出版社，2005。

内容信息：文件中所包含的表达作者意图的信息。

结构信息：文件内容信息的组织表达方式，如：文字的段落安排，电子文件所使用的代码、格式，以及载体、附件等方面的信息。

背景信息：能够证明文件形成过程和文件之间相互关系的信息，包括表示文件来源和传送目的地的信息、与内容信息相关的其他信息，如发文者、签署人、文件生成日期、收文者等。

电子文件究其实质仍是文件家族中的成员，具备文件的本质属性，也同样具有法定的权威性和现行效用，具有特定的处理程序，随之转化而来的电子档案也同样应具备真实的历史记录的特性。不同的是，电子文件处于高科技平台上，具有诸多传统载体文件所不具备的表现形态和技术特性。

（二）电子文件的特点

电子文件的特点主要表现在编码形式和载体特征两个方面。

1. 编码形式特点

（1）非人工识读性

电子文件的信息内容皆以二进制代码的形式存在，是一种纯粹的数字化信息。人类无法凭借自身的器官识别这些构成电子文件的代码序列，只有通过特殊的程序解码，使之转化为文字、声音、图形、图像等能为人类眼、耳等器官识别的信息编码形式，呈现在电脑屏幕上或将其输出，人才能够识读。

（2）对系统的依赖性

电子文件的生成、处理直至归档保存都是在计算机软硬件平台的支持下实现的，电子文件信息内容的存、取均须借助于计算机的编码、解码技术，离开了计算机系统，电子文件便失去了“生存”的空间和基础。

（3）多媒体集成性

电子文件的信息表现形式和存储格式往往呈现出复合的形态，可以包含文本、图形、图像等两种或两种以上信息记录形式。采用多媒体技术加以集成，使得电子文件看起来“丰富多彩”。

（4）信息的集散性

电子文件的生成过程通常是运用多元信息的集成性，将分散于不同数据库、不同系统平台的文件要素予以集合之后生成完整的文件。电子文件信息的集散性主要表现在：单份电子文件以及一项活动中形成的文件组合体往往集成于分散生成和分散存储的各个组成部分，可以由多种媒体或不同类型的文件集合而成。

(5) 信息的易更改性

与传统的纸质文件不同，增删更改电子文件的信息内容不仅十分容易，而且可以不留痕迹，人们可以对文件轻而易举地实现各种操作指令；在动态文档中，信息内容不断更改，甚至转瞬即逝；当信息内容转换至其他载体或感染病毒时，都存在着发生变动的可能性，使其不同于"原件"。

2. 载体特点

(1) 信息的可转载性

电子文件的信息内容与其载体可以或经常出现分离的状况，文件的信息内容可以"寄存"于计算机硬盘上或脱机保存在磁盘、光盘之中，可以从一个系统迁移至另一个系统，还可在网络上"穿梭"于发送者和接收者之间，同一份文件的各个部分甚至可以存放在不同的数据库里，这一点与载体和信息"生死与共"的纸质文件截然不同。

(2) 载体的不稳定性

电子文件的载体远不如传统的文件载体"长寿"、稳定，且对环境的温湿度、防磁性能等要求较高，因而比较脆弱；此外，载体本身及读取设备的更新换代、兼容性的不稳定等都有可能导致信息内容的丢失、损坏、不能读取，甚至造成信息的全部损毁。

正是因为电子文件诞生于高科技平台，生存、传输、存储于"动荡的"网络环境，具有许多传统载体文件所不具备的表现形态和技术特点，比传统载体文件更加活跃，也更加易于损毁、消失，因此必须采用全新的管理理念和方法实施全程管理。

(三) 电子文件的主要种类

从不同的角度可以对电子文件进行不同的划分。从信息表现形式和存储格式的角度来看，对电子文件可作如下划分：

文本文件（Text）：指使用文字处理软件（如 WPS、Word

等）生成的文件，常用的文件格式有 WPS、DOC 等。纯文本文件不包含格式代码，常用的格式有 TXT 等。文本文件以 XML、RTF、TXT 为通用格式。

图形文件（Graphic）：指用计算机辅助设计或绘图软件等获得的图形文件，常用格式为 EPS 等。如：计算机辅助设计（CAD）、地理信息系统（GIS）或绘图系统中产生的设计模型、图纸、图画等。

图像文件（Image）：指使用扫描仪、数码相机等数字设备采集或制作的图像文件，常用的文件格式有 JPG、TIF 等。如：用扫描仪扫描的各种原件画面，用数码相机拍摄的照片等。

影像文件（Video）：指使用数码摄像机等视频设备或动画软件等生成的动态影像文件，主要格式有 MPEG、AVI 等。如：数码影片、Flash 动态画面等。

声音文件（Audio）：指用数码录音机等音频设备录入或用编曲软件生成的文件，主要格式有 WAV、MP3 等。如：MP3、数码录音文件等。

多媒体文件（Multimedia）：指包含文字、图形、图像、影像、声音等两种或两种以上的复合信息记录形式，采用多媒体技术制作的文件。如：PPT 幻灯片、数码影视片等。

超文本文件（Hypertext）：指包含信息链接功能、采用 Web 技术制作的浏览器文件，目前主要采用 HTML 格式。如：网页上使用超文本技术制作的链接文件。

程序文件（Program）：指用计算机语言编写的系统软件、应用软件以及相关的资源、支撑软件等。

数据文件（Data）：指用计算机系统进行信息处理形成的各种参数、管理数据等。如：Excel 软件制作的数据表。

数据库文件（Database）：指用数据库系统制作和存储的文件。如：政策法规数据库、学生成绩数据库等。

三、按内容性质分类

按内容性质分类可以分为规范类文书、领导指导类文书、报请类文书、知照类文书、契约类文书、会议文书等。对内容性质不同的文书，应注意把握其不同的写作特点和不同的处理方式。

规范类文书：由各类社会组织在其职权范围内制定的公开发布并反复适用，用以规范行为、具有普遍约束力的文件。

领导指导类文书：由各级领导、指导机关及其领导人制发的用于颁布政令、部署工作、批复事项的文件。如命令、决定、指示、批复等。

报请类文书：由被领导、指导机关向有关上级机关汇报工作、反映情况、答复询问、提出建议、请求指示或批准时使用的文件。如请示、报告等。

知照类文书：面向社会或特定范围（各类社会组织之间或在其内部范围内）为公布、通知有关事项、通报情况、联系工作、商洽事宜、交流信息而制发的文件。如通告、公告、通知、通报、公函等。

契约类文书：由双方或数方为实现一定目的、明确双方权利、责任、义务而签订的作为工作依据或法律凭证的文件。如合同、协议书等。

会议文书：是各类社会组织在其职权范围内制定的公开发布并反复适用，用以规范行为、具有普遍约束力的文件。

在本分类法中，重点介绍两类特殊类型文书：规范类文书和会议文书。

（一）规范类文书

随着我国社会主义市场经济体制的建立，依法治国方略的实施，法规规章及其他规范类文书在管理中发挥着日益重要的作用。

规范类文书是一个统称，可以从其制发主体、法定效力、适用范围、文种使用等不同角度对其分出不同类别。分类的意义在于，一是明确界定其不同的制发主体；二是便于按不同技术特点制发；三是按照不同效力等级发挥效用。

按照制发主体的立法权限、职责权限和法定效力的不同等级，通常对规范类文书作如下划分。

1. 法律法规性文件

即通常所称的“法”，是我国目前具有法律法规效力的文书的总称。由宪法、法律、行政法规、地方性法规、自治条例和单行条例、规章等层次组成。①

宪法：是我国的根本大法，是国家一切法律法规的立法基础。

法律：是国家立法机关依照立法程序制定、由国家强制力保证实施的行为规范，包括全国人民代表大会制定的基本法律和全国人民代表大会常务委员会制定的其他法律。如《中华人民共和国立法法》（2000 年 3 月 15 日）、《中华人民共和国公务员法》（2005 年 4 月 27 日）等。

行政法规：是国务院为执行法律的规定，或宪法规定的国务院行政管理职权的事项，根据宪法和法律，并按照《行政法规制定程序条例》（2001 年 11 月 16 日）的有关规定，制定的政治、经济、教育、科技、文化、外事等各类法规的总称。一般称“条例”，也可以称“规定”和“办法”等；其在全国范围内具有强制性和约束力，一切社会组织及公民均须遵守。如国务院制定并发布的《互联网上网服务营业场所管理条例》（2002 年 9 月 29 日）、《信访条例》（2005 年 1 月 10 日）等。

地方性法规：是省、自治区、直辖市和国务院批准的较大的市（“较大的市”专指省、自治区政府所在的市、经济特区所在地的市和经国务院批准的较大的市，下同）的人民代表大会及其常务委员会，为执行法律、行政法规的规定，或地方性事务的需要，根据本行政区域的实际情况，在不与宪法、法律、行政法规相抵触的前提下制定的法规。如《甘肃省预防职务犯罪工作条例》（2007 年 4 月 24 日）等。

自治条例和单行条例：是民族自治州、自治县的人民代表大会，依照当地民族的政治、经济和文化特点，在不违背法律法规的原则下，依照法定职权和程序制定的法规。属于我国地方立法的一种特殊形式。如《 云南省玉龙纳西族自治县自治条例》（2006 年 3 月 1 日）、《黔东南苗族侗族自治州城镇建设管理条例》（2005 年 8 月 29 日）等。

---

① 《中华人民共和国立法法》（2000 年 3 月 15 日）第 2 条。

国务院部门规章：是国务院各部门（包括各部、委员会、中国人民银行、审计署和具有行政管理职能的直属机构）为执行法律和国务院的行政法规、决定、命令，根据法律和国务院的行政法规、决定、命令，在本部门的权限范围内，依照《规章制定程序条例》（2001 年 11 月 16 日）制定的规范类文书。如《台湾香港澳门居民在内地就业管理规定》（2005 年 6 月 14 日）等。

地方政府规章：是省、自治区、直辖市和国务院规定的较大的市的政府，为执行法律、法规的需要，涉及本行政区域具体行政管理事项，根据法律法规，依照《规章制定程序条例》制定的规范性文书。规章的名称一般称“规定”、“办法”，但不得称“条例”。如《广州市行政规范性文件管理规定》（2004 年 4 月 1 日）等。

2. 行政规范性文件

俗称“红头文件”。广义的行政规范性文件是指所有国家行政机关依法制定的具有普遍约束力的文件，包括行政法规和规章在内。狭义的行政规范性文件是指除行政法规、政府规章外，国家行政机关为执行法律法规和规章，对社会实施管理，在其职权范围内依照法定程序制定、公开发布的具有普遍约束力、可反复适用的决定、命令和行政措施等行政文件。本教材使用狭义概念。

以“行政规范性文件”的定义为例，当前各地有不同规定，但都具有以下共同点：制定主体广泛；具有相应的规范性和强制性（行政责任追究）；具有普遍约束力；可以反复适用。

3. 其他规章制度性文件

是各级各类机关、团体、企事业单位、组织，根据法律、法规、规章和上级机关有关规定，为满足实施管理和规范工作的需要，在其职权范围内制发的具有行政、纪律或道德约束力，并要求管理权限范围以及本组织内有关机构、人员共同遵守执行的规范类文书。包括中国共产党组织的规章制度，分为党内法规和党内制度两个层次。

党内法规：是共产党的中央组织、中央各部门、中央军委总政治部和各省、自治区、直辖市党委制定的用以规范党组织的工作、活动和党员的行为的党内各类规章制度的总称。① 党内法规是成文制度，其制定主体是省级以上党组织，党章、准则、条例由党的全国代表大会、党中央制定和发布，规定、细则等由中央纪委、中央各部门或省一级党委制定；其名称分别为党章、准则、条例、规则、规定、办法和细则。

党内制度：是党的各级组织“制定的用以规范党组织的工作、活动和党员的行为的党内各类规章制度的总称。”党内制度的外延要大于党内法规的外延，一是非成文制度不属于党内法规，而在党内制度中有些是“形成”的而不是“制定”的，并无成文的形式；二是省和直辖市以下党组织尤其是基层党组织制定的规章制度因其约束范围较小，也不属于党内法规的范畴；三是党内制度范畴中的体制、机制问题也不属于党内法规的范围。② 如《中共××市地方税务局机关委员会关于推行发展党员公示制的试行办法》、《中共××县委关于防止和纠正干部选拔任用工作中不正之风的若干规定》等。

其他社会组织所制定的规章制度：指各级社会组织为满足社会管理和内部管理的双重需要，在其自身范围内制定发布的具有行政、纪律或道德约束力，并要求管理职权所涉及的范围以及本组织范围内有关人员共同遵守执行的规范类文书。如《财政部国家秘密文件、资料和其他物品的保密规定》、《××省省级机关机要文件交

---

① 1990年7月31日，中共中央印发《中国共产党党内法规制定程序暂行条例》，对党内法规的名称、适用范围、层次、原则以及制定修改的主体和具体程序作了明确规定，正式使用了“党内法规”这一概念。《党章》第44条也明确规定：党的各级纪律检查委员会的主要任务是：维护党的章程和其他党内法规。至此，“党内法规”这一概念已经约定俗成，不仅为党的领导人所使用，为中央文件所采纳，而且写入了党的最高章程《党章》之中。

② 参见韩强：《党内法规与党内制度的区别》，载《学习时报》2007-05-02。党内制度的体系则包括三个层面，一是以民主集中制为核心的党的根本制度。二是表现为党的组织体制和活动机制的基本制度，如党的领导体制、党的代表大会制度、党内选举制度、干部制度、党内监督制度等等。三是党的各项具体制度，如党员发展制度、基层党组织“三会一课”制度、干部考察制度、公示制度等等。三个层面由宏观、中观到微观，构成一个完整的体系。

换站工作规则》、《台湾民主自治同盟章程》、《××公园游园须知》等。

规章制度应用广泛，适用于各级各类社会组织，上至最高领导机关，下至基层单位，都可以利用它来规定应遵守的事项、应负的责任和应达到的目标，以保证各项工作和活动有序、正常、协调地进行。

（二）会议文书

会议文书，指在会议活动中形成和使用的文书材料。在现代社会，会议是社会组织及其负责人实施领导职能、开展工作、进行管理和交际活动的基本方式。筹备、组织和召开会议，记载反映会议进程和传达贯彻会议精神和议定事项，都需要以文书为辅助手段。因此，会议文书的撰写与处理成为会议成败的关键。所以，要高度重视会议文书的撰制与处理。

会议文书的种类很多，但并非每次会议都会形成所有种类的会议文书，有的会议可能仅有讲话（不一定成稿）和录音，甚至只有一份会议记录。所以，会议文书种类的多少取决于具体会议。

按照会议活动进程，会议文书可作如下分类：

1. 会务管理文书

指从会议的筹备到善后的一系列活动中形成和使用的文书。主要包括：

（1）全年会议计划：根据全面的工作、主要职能和中心工作，制订出的全年重要会议计划，以使一年中的历次会议疏密相宜，达到预期效果。

（2）会议安排：参照当前或今后某一阶段工作的主导面和侧重点，通常以月（周）为单位，对会议活动所作的书面安排。

（3）会议通知：用于会前向与会者告之有关事项。一般以定向传递或张贴的方式发出、公布。

（4）会议议程：按事理逻辑对会议议题的顺序所作的安排，一般适用于会期较长，议题较多，内容较为重要的会议。

（5）会议程序：按先后顺序对会议各项活动（如仪式、讲话等）步骤所作的安排。

（6）会议日程：根据会议计划和进程，对会议活动逐日列出的安排。

（7）会议须知：针对会议中后勤保障、安全保卫及其他各方面应知事项所作的规定。

（8）会议指南：新近出现的一种会议文书。即将一次会议的会务管理类文书集于一册，包括会议议程、日程安排、与会人员名单、会议须知等内容，方便与会人员使用。

此外还有主席团名单、与会人员名单、选举表决办法、签到册（簿）以及各类证件（如代表证、采访证、住宿证、通行证）等。

2. 会议主旨文书

指体现会议主要议题，阐明会议宗旨、任务和要求的文书。主要包括：

（1）开幕词：指大型会议开幕式上有关领导人的讲话，用于宣布会议正式开始，并阐明大会的宗旨、召开背景、中心任务、议程、要求等。

（2）闭幕词：指大型会议闭幕式上有关领导人的讲话，用于总结和评价大会的成果，并对贯彻执行大会精神提出要求，宣布大会结束。

（3）会议工作报告：是机关、单位、团体主要负责人代表领导机构或会议主办单位，在重要的代表会议、全体会议或工作会议上所作的总结工作状况、布置工作任务、研究重要工作事项的书面报告。

（4）专题讲话（包括座谈会、讨论会发言）：在各种会议上有关领导或来宾就与议题有关的某一专门问题、某方面（某项）工作所作的介绍性、指导性乃至预测性的讲话；以及围绕会议主旨的讨论发言、介绍情况或经验的讲话等。

（5）会议决定、决议：用于会议对重要问题、重大事项或重大行动作出安排与决策。

（6）会议纪要：用于记载和传达会议的主要精神、议定事项和有关情况。

（7）会议公报：将会议召开的主要情况、主要议题、重大结果和重要精神公布于众的公布性文书。

（8）会议决定事项摘要、催办登记簿：为全面贯彻会议决定的重大事项，明确各承办单位（部门）的办理责任和要求，对需承办、催办的会议决定事项进行登记的表格式文书。

3. 会议提议审批文书

指通常用于提交各种法定会议（代表会议、代表大会、委员会）审议批准的文书的草案或报批稿，需经与会代表讨论、完善结论、充实材料、润色文字，最终将修正草案提交会议通过。主要包括：

（1）提案：泛指各类代表会议的代表按规定人数联名提交大会讨论决定的书面意见与建议。特定情况下也特指政协提案。

（2）议案：一般指列入会议议程的提案，也特指依法提出的各项议案，即：各级人民代表按法律程序向同级人民代表大会或其常务委员会提请审议事项。

（3）建议：用于人民代表针对各方面工作以个人名义或联名提出建议、批评、意见；此外议案草案不被列为会议议案的，也改为按建议或意见处理。

4. 会议动态文书

指如实记录、反映会议过程中的动态信息的文书。分为两类：

（1）会议记录：包括大会记录、分组记录、汇报记录、小型会议记录。按记录方式可分为文字记录、录音记录等。

（2）会议简报，包括综合性简报、专题简报、动态简报、会议信息等。

5. 会议参考文书

指会议筹备、召开过程中收集、使用的参考性文书。分为两类：

（1）与会议议题有关的参考材料。如统计数据、典型事例调查报告、情况报道等。

（2）与会议有关的各种背景材料。如历史资料、档案材料、有关法律、法规、规章和政策性文件的汇编以及其他有关书籍报刊。

6. 会议宣传礼仪文书

指为保证会议达到预期效果而进行的必要的宣传礼仪活动中形成和使用的文书材料，如贺信（电）、祝词、讲演词，有关会议的消息报道（新闻通稿底稿）、宣传提纲、会议口号等。

四、按涉密程度分类

按照国家质量监督检验检疫总局颁发的国家标准《文献保密等级代码与标识》（GB/T 7156—2003），可将公文的涉密程度分为绝密、机密、秘密、内部、限国内公开和对外公开六个等级。保守国家秘密是每个公民应尽的义务，作为机关行文，更应如此。行文中的保密工作一旦有失，贻害无穷，必须慎之又慎。

（1）绝密级文件：又称绝密件，指涉及党和国家最核心的机密的文件，一旦泄露会使国家的安全和利益遭受特别严重的损害。

（2）机密级文件：又称机密件，指涉及党和国家重要机密的文件，一旦泄露会使国家的安全和利益遭受较大的损害。

（3）秘密级文件：又称秘密件，指涉及党和国家一般机密的文件，一旦泄露会使国家的安全和利益遭受一定的损害。

（4）内部文件：指限于党和国家机关内部或专业系统范围内使用的文件，内容虽不涉密，但不必或不宜向社会公开。

（5）限国内公开的文件：指内容虽不涉密，但不宜向国外公布而仅在国内公布的文件。

（6）对外公开的文件：又称公开性文件，指内容不涉及任何秘密，可直接对国内外公开发布的文件。

五、按行文方向分类

按行文方向分类可以分为上行文、平行文和下行文三类公文。这三类行文反映了社会组织之间不同的工作关系和行文关系，其价值及其产生的效用亦不相同，在撰写和处理过程中应加以区别，如应选择适当的文种、使用不同的格式、使用相应的用语。

上行文：指下级组织向所属的上级组织报送的公文。如北京大学上报给教育部的报告；××省卫生厅上报给卫生部的请示。

平行文：指同级或不相隶属的社会组织之间往来的公文。如国务院各部委之间的行文。

下行文：指上级领导、指导机关向所属下级机关发送的公文。如国务院向云南省政府下发批复，××大学向本校各单位下发的通知等。

六、按办理时限分类

按办理时限分类可以分为特急件、急件、平件三种。凡有办理时限要求的公文，应将紧急程度的标记标识于文面和封套之上，如期办理；没有特别时限要求的公文也应抓紧时间办理，确保时效。

特急件：内容至关重要且特别紧急，必须在最短的时间内以最快的速度优先传递、处理的文件。

急件：内容重要且紧急，要求打破工作常规迅速传递、处理或在规定的时限内办理完毕的文书。

平件：无保密和时限方面的特殊要求，按工作常规传递、处理的文件。

公文的办理时限应该有具体规定，例如《××省财政厅公文处理办法》规定："办理公文的时限，属原文转发、分配指标、一般问题解答、会议通知等文件，主办处（室）应在3个工作日内办结；一般政策规定、专题报告、情况反映、请示建议等文件，应在7个工作日内办结；重要政策、规章、综合性报告、工作总结一般不超过10个工作日；如有特殊情况，在规定时间内处理不完时，应及时向办公室主任或主管厅领导说明情况。"

七、按授受活动分类

按授受活动分类可以分为发文（内部发文、对外发文）和收文。

发文：指本机关制发的公文，发往其他机关，或只发至机关内部机构。

收文：指本机关收到的其他机关制发的公文。

收发文各自有不同的处理程序；可以相互转化，收文可以通过批转、转发性通知转为发文。内部发文可以通过通知下发、函件送达、报告上报转为正式对外发文。相对而言，它们的保存价值也不相同，一般来说，各机关主要保存本机关制发的公文。

八、按处理方式分类

按处理方式分类可以分为阅知件（阅件）、阅办件（办件）。根据这种分类，机关可以对收到的公文进行分流处理，以提高办文效率。

阅办件（办件）：需要办理或答复的公文。

阅知件（阅件）：不需要办理或答复的公文。

九、按公文稿本分类

一份公文在撰制、处理和使用过程中，会形成不同文稿与文本。各种稿本在形式、作用和价值上存在一定差异，处理、使用中需要明确各个稿本之间的区别和联系，确保在公文的整个生命周期中正确发挥各种稿本的功效。

从性质和作用方面看，目前机关公文的主要稿本包括：

（一）草稿

草稿是文书撰拟过程中最初期的非正式、无执行效力的原始文稿，供机关内部对公文稿讨论、修改、审批、征求意见之用，故根据形成处理环节及工作需要分别称之为讨论稿、报批稿、征求意见稿、代拟稿等等。其格式在《发文稿纸格式》（GB826—1989）中有明确规定。它不属于正式公文，不具备现实执行效用，除少数用于征求意见之外，草稿一般不向外发出，也无需归档保存。对于某些特别重要的文件，经反复修改而产生多次草稿，或带有领导人重要批示的草稿，反映了公文的形成过程，具有参考价值，可归档保存。

一些重要公文、法规性文件草稿拟就后需要提交法定机关或会议批准通过，在此之前称之为“草案”。

（二）定稿

又称原稿、底稿，是经领导人审阅签发或经会议讨论通过的最后完成稿，是缮印正本的依据。草稿一旦经过领导人签发或法定会议批准通过，便履行了法定的生效程序成为定稿，不经同意不得再作任何修改更动。定稿反映了公文撰拟、审核、签发的全过程，已经具有正式效用，也具有重要的参考价值和凭证价值。因此，归档公文的定稿亦应予保存。多数定稿由草稿直接转化而成，所以定稿格式除特有的签发标记或会议通过标记外，其余均同于草稿。

（三）正本

根据定稿缮印的、供受文者使用的具有法定效用的正式文本。

除内部文件外，公文正本一般是具有规范格式和生效标志的主送件，具有法定效力，其证据价值得到法律的认可和保护。在实际工作中，根据内容的成熟程度和生效期限的久暂，正本还有以下三种特殊形式：

（1）试行本：指发文机关认为规范类文书的内容尚不成熟，日后需根据实践的检验情况予以修订时，先行发布的试行文本，在试行期内具有法定效力。用圆括号在标题文种前后注明“试行”字样。如《广州市事业单位公开招聘人员（试行）办法》、《公务员考核规定（试行）》。

（2）暂行本：指发文机关未及制定供长期执行的内容完善的规范类文书时，暂且制发的文本，在暂行期内具有法定效力。应在标题中或标题后注明“暂行”字样，如《企业国有资产监督管理暂行条例》、《××大学跨校副（辅）修专业学士学位学籍管理办法（暂行）》。

（3）修订本：指对已发布生效的规范类文书，经实践检验重新予以修改补充后再行发布的文本。自修订本发布之日起，原文本即行失效。修订本常在标题后用圆括号注明“修订本”或“××年××月××日修订”等字样，如《中华人民共和国中外合资经营企业所得税法（修订本）》。

（四）副本

指再现公文正本内容及全部或部分外形特征的复份或复制本，代替正本和定稿供制作、抄送、传阅、参考和存档之用。包括三种形式：

（1）存本：内容同于定稿，外形同于正本，并与发文定稿一同立卷归档备查的文本。

（2）复制本：为工作需要或其他目的以正本为蓝本派生出来的公文副本。这类副本在多数情况下无需归档保存，但在特定情况下，亦可代替正本具有法定效用，如下级机关收到直属机关上级翻印下发的更上一级机关的公文，原件批回的复印文件等，这类副本如经过认证（翻印机关加相应认证标记、复印机关盖章），效用等同于正本。

（3）复本：指根据定稿与正本同时制作的副本，包括抄送件、主送的多份公文、留发文机关供催办、备查的公文（存本除外），以及代替定稿供打字排版用的公文样本等。只要定稿或正本在，这类副本一般不能作为勘误或执行的标准稿本。

（五）不同文字的稿本

指同一份文书根据需要而采用两种或两种以上语言文字的文稿和文本。当涉外文书中使用中文与外文，或国内民族自治地区公文使用汉文与少数民族文字时，会形成不同文字的稿本。一般来说，不同文字的稿本具有同等效用。必要时，需作特殊规定。如文字解释发生争议，则以其中某种文字或第三种文字稿本为准，其使用方式和生效程度应在有关规定中作出具有法定意义的认定。

第四节　公务文书的文种

文种指文书的名称，即为概括表明文书的特性与使用范围而赋予每种公文的统一、规范的名称。

一、建国后行政公文文种的发展

迄今为止行政公文文种的发展已经经历了六个阶段：

第一阶段：1951年9月29日，我国政务院颁布了《公文处理暂行办法》，规定我国行政机关的公文种类为7类12种。（1）报告、签报；（2）命令；（3）指示；（4）批复；（5）通报、通知；（6）布告、公告、通告；（7）公函、便函。此时建国刚刚两年，百废待兴，这一办法的颁布可见国家对于公文处理工作的重视。由于缺乏经验，该办法对于公文种类的概括不全，且对于各个文种的具体特点、制发使用范围和用途均未确定，如将“对上级陈述或请示事项”均用于“报告”；同时“命令”、“指示”等下行文种的广泛应用范围（与现在相比较）也体现出建国初期政权建立情况的特点。

第二阶段：1957年10月，国务院秘书厅印发了《关于对公文名称和体式问题的几点意见（稿）》，虽为“稿”，但公开刊登在当时《档案工作》杂志1957年7期上面，产生很大影响，不少单位已视其为正式规定遵照执行。其中规定国家机关通常使用的公文名称为 7 类 12 种：(1) 命令、令；(2) 指示；(3) 报告、请示；(4) 批复、批示；(5) 通知、通报；(6) 布告、通告；(7) 函。与 1951 年的办法相比较，主要特点是：第一，明确提出文种使用"应当简化、确切和便利工作为原则"；第二，根据建国后七八年实际工作的经验教训，详细阐述了每一个文种的意义与作用，为文种正确科学使用创造了条件；第三，将机关不常用的公报、签报、便函等定为非正式文种，另外增加了令、请示和批示三个正式文种，使整个机关工作所需的各种功能的文种体系趋向完备；第四，在强调文种使用的统一规定同时仍不失其灵活性。如提出外交、司法、工矿企业以及军事机关和群众团体等部门所用文种可由各单位根据工作需要自行规定；正式文种除布告、通告和函外，均适用于电报；公告、公报等不常用文种虽未列入，工作需要时仍可使用；决议、决定、规定虽为法规名称，也是公文名称，可用命令或通知发布，也可直接下发。这些进一步的说明和解释，对公文处理的规范性实施实在很有必要。

第三阶段：1981 年 2 月 27 日，国务院办公厅发布《国家行政机关公文处理暂行办法》，在经过十年浩劫之后，党的十一届三中全会拨乱反正，党和国家的工作重点转为经济建设，迫切需要行政机关加强公文处理工作，提高公文质量。该办法规定了 9 类 15 种公文文种：(1) 命令、令、指令；(2) 决定、决议；(3) 指示；(4) 布告、公告、通告；(5) 通知；(6) 通报；(7) 报告、请示；(8) 批复；(9) 函。主要特点是：第一，将指令、决定、决议列为正式文种，增加了规范性公文种类；第二，恢复了"公告"；第三，取消了"批示"，将其所具有的批转、转发作用归入"通知"，体现出在经济建设中需要充分发挥各级各部门主观能动性和公务活动信息广泛交流和反馈的实际需要。

第四阶段：1987 年 2 月 18 日，国务院办公厅发布《国家行政机关公文处理办法》，是在我国各项改革事业深入发展，公文工作面临实现规范化、制度化管理的新形势下发布的。该办法规定了 10 类 15 种公文文种：(1) 命令（令）、指令；(2) 决定、决议；

(3) 指示；(4) 布告、公告、通告；(5) 通知；(6) 通报；(7) 报告、请示；(8) 批复；(9) 函；(10) 会议纪要。主要特点是：第一，调整了公文的主要种类，命令和令合二为一，增加了使用范围越来越广泛的“会议纪要”；第二，修改了一些文种的使用范围，使条文更加简明、准确，更加符合宪法有关规定的精神。

第五阶段：随着社会主义市场经济体制的逐步建立，各级政府职能的转变和国家公务员制度的试点推行，国务院办公厅于1993年11月21日修订并重新发布了《国家行政机关公文处理办法（修订本)》，确定公文文种12类13种，包括：(1) 命令（令）；(2) 议案；(3) 决定；(4) 指示；(5) 公告、通告；(6) 通知；(7) 通报；(8) 报告；(9) 请示；(10) 批复；(11) 函；(12) 会议纪要。主要特点是：第一，根据实际需要增删文种。增加了“议案”，用于各级政府向同级人民代表大会或人民代表大会常务委员会提请审议事项，体现了我国民主与法制建设的需要；取消了近年来用得很少的“指令”；“决议”、“布告”由于分别可用“会议纪要”、“通告”代替，也予取消。第二，调整了文种分类。将同为一类的“请示”与“报告”分为两类，以明确区分使用。第三，修改确定“命令”、“公告”、“通知”、“报告”、“批复”、“会议纪要”等使用频率较高的文种的适用范围和使用方式，增强其可操作性。

第六阶段：2000年8月24日，国务院重新发布了《国家行政机关公文处理办法》，并从2001年1月1日施行。这一阶段的公文文种设置更加合理，分类更加科学，使用范围更加明确，文种界定的措辞更加精确和规范（详见以下各条具体分析)。随着我国市场经济体制的建立健全，政府职能的转变，社会政治民主化的推进，对外开放，加入WTO，面对应接不暇、变化多端的新形势、新事物，我国公文文种的使用也发生了变化：如函、意见、会议纪要等体现平等性、民主性的文种的使用呈扩大化趋势；指示、决议、布告、指令等指令性、命令性文种的使用在不断萎缩甚至被淘汰；在强调依法治国、依法行文背景下，规范性文件大量使用并发挥着越来越重要的作用，条例、规定和办法以及其他规范性文种的效力等级、适用范围急需准确界定。

一、公文文种及其选用规则

（一）正确选用公文文种的意义

文种是公文的名称。以各种标准划分的各类公文，其各大类下都包含着若干性质和用途各异的文种；具体到每一个文种也还有各自不同的适用范围和写作规范。实践证实，公文文种不可错用、混用和滥用。那种认为文种选用不过是雕虫小技，无关紧要的想法和做法，会给公文处理工作带来不利影响。因为正确选用公文文种，对于公文处理工作具有重要意义。

（1）正确选择文种，有助于促进公文写作的规范化。不同的文种具有不同的写作特点和写作要求，选择适当文种，就可遵循其写作模式和规范，提高写作效率，优化公文质量。例如：上行文种（请示、报告等）与下行文种（批复、决定等）的写法各不相同，用语、句式和写作模式各具特色，各有规范。同时，有的文种内容宏观、用语精练成型（如命令），有的文种内容具体、用语周详得体（如通知）；有的文种多用规范的文章式结构表述（如大多数通用文种），有的文种则专门使用条款式结构写成（如规范类文书的文种）。

（2）正确选择文种，有助于使公文得到及时妥善的处理。不同的文种揭示了不同的发文意图和不同的处理方式，比如：请求上级领导机关给予指示或批准时应使用请示，如错用为报告，则会贻误公文的办理，得不到批复。通过文种，可以迅速准确地判断和采用合适的处置方式。如介绍信、事务性通知、便函等往往因不具备查考价值而予以销毁。整理归档时也要考虑到文种的因素，如：会议记录、会议纪要、各种统计报表等往往按名称特征组卷，关于同一问题的请示与批复则合并组卷，以便查找和利用。

（3）正确选择文种，有利于维护公文的严肃性、权威性和有效性。不同的文种具有不同的性质和功效，不用、错用或生造文种，都会削弱公文特有的效力。如“决定”这个文种具有很强的行政约束力，要求下级机关必须遵照执行。

（二）文种选用规则

实际工作中，面对种类繁多的文种，应当有一个相对准确、简单易行的规则，用于辨别、甄选恰当文种。正确地选用文种，可以从以下四个方面入手：

1. 根据发文目的选用文种

每份文件都有特定的撰制目的，都是为了实现一定的工作意图和工作目标而制发的，因此需要根据发文目的选择不同文种。请求上级给予指示或批准时，必须选用“请示”，而不能错用“报告”；宣布重大决策时用“决定”，布置具体工作时用“通知”。

2. 根据行文关系选用文种

机关对外行文时，需要根据其与主送机关的工作关系决定行文关系，据此选择恰当的文种，以维护社会组织之间正常的工作关系，达到行文目的。比如：同是具有答复功能的文种，答复上级机关的询问，应该选择上行文种的“报告”；答复平行或不相隶属的机关的询问，应该选择平行文种“函”；答复下级机关的“请示”，只能选用下行文种“批复”。

3. 根据发文权限选用文种

每个机关都有自己特定的职权范围和社会地位，部分文种只限于一定级别或拥有相应职权的机关才能使用，因此社会组织行文时只能根据自身的地位，在自己的权限范围内选择适宜的文种，否则行文无效。如：“条例”是行政法规和地方性法规的专用文种，所以××省人民政府制定规章不得使用“条例”，××大学也不能制发《××大学学生学籍管理条例》。又如一般的企事业单位不能使用“命令”和“公告”，我们经常在报纸上看到的《××律师事务所搬迁公告》、《××公司招聘公告》等都属于越权使用文种。为了维护公文的合法性和权威性，这类乱用文种行为必须得到纠正。

4. 根据国家的统一规定选用文种

我国党政军系统对通用文种作了明确规定和说明，其种类、名称、数量及用途均大同小异，应视为文种规范认真遵循，将文种的选择和使用纳入规范化的轨道。目前国家党政军机关的相关主要规定有：

中国共产党各级机关正式使用的主要公文，在《中国共产党机关公文处理条例》（经中共中央批准，中共中央办公厅1996年5月

3日印发施行）中规定了14个文种：（1）决议；（2）决定；（3）指示；（4）意见；（5）通知；（6）通报；（7）公报；（8）报告；（9）请示；（10）批复；（11）条例；（12）规定；（13）函；（14）会议纪要。

国家行政机关正式使用的主要公文，在《国家行政机关公文处理办法》（国务院2000年8月24日发布，2001年1月1日起施行）中规定了13个文种：（1）命令（令）；（2）决定；（3）公告；（4）通告；（5）通知；（6）通报；（7）议案；（8）报告；（9）请示；（10）批复；（11）意见；（12）函；（13）会议纪要。

全国人大常委会机关正式使用的主要公文，在《人大机关公文处理办法》（全国人大常委会办公厅2000年1月15日修订印发、施行）中规定了14类19种：（1）公告；（2）决议；（3）决定；（4）法、条例、规则、实施办法；（5）议案；（6）意见、批评和建议；（7）请示；（8）批复；（9）报告；（10）通知；（11）通报；（12）函；（13）意见；（14）会议纪要。

中国人民解放军机关正式使用的主要公文，在《中国人民解放军机关公文处理条例》（中央军委2005年10月7日颁布，2006年1月1日起施行）中规定了12个文种：（1）命令；（2）通令；（3）决定；（4）指示；（5）通知；（6）通报；（7）报告；（8）请示；（9）批复；（10）函；（11）通告；（12）会议纪要。

人民法院机关正式使用的主要公文，在《人民法院公文处理办法》（最高人民法院1996年4月9日印发，1996年5月1日起施行）中规定了12类13种：（1）命令（令）；（2）议案；（3）报告；（4）决定；（5）规定；（6）公告、通告；（7）通知；（8）通报；（9）批复；（10）请示；（11）函；（12）会议纪要。

三、通用公文文种及其适用范围

通用公文文种的适用范围十分广泛，使用频率高，种类也很多。以行政系统为例，工作中最为常用、业经规范的主要是以下文种。

（一）规范类文书的文种

1. 条例

用于对某一方面的工作比较全面、系统的规定。如：《信访条例》（国务院第 431 号令）、《工伤保险条例》（国务院第 375 号令）。国务院各部门和地方人民政府制定的规章不得称“条例”。

中国共产党的中央组织按照规定可以使用“条例”。

2. 规定

用于对于某一方面的工作作比较具体的规定。如：《全国银行间债券市场做市商管理规定》（中国人民银行公告〔2007〕第 1 号）、《机动车驾驶证申领和使用规定》（公安部第 91 号令）。

3. 办法

用于对于某项工作作具体的规定。如：《上市公司收购管理办法》（中国证券监督管理委员会第 35 号令）、《典当管理办法》（商务部、公安部 2005 年第 8 号令）。

（二）其他通用公文的文种

1. 命令（令）

适用于依照有关法律发布行政法规和规章；宣布施行重大强制性行政措施；嘉奖有关单位及人员。如：《药品广告审查办法》（食品药品监管局第 27 号令）、《中华人民共和国船员条例》（中华人民共和国国务院第 494 号令）。

2. 决定

适用于对重要事项或重大行动做出安排，奖惩有关单位及人员，变更或者撤销下级机关不适当的决定事项。如：《××县人民政府关于从严处理破坏山林事件的决定》、《国务院关于修订〈全民所有制工业企业承包经营责任制暂行条例〉第二十一条的决定》。

3. 公告

适用于向国内外宣布重要事项或者法定事项。通常由国家权力机关、行政机关和司法机关使用。党组织、人民团体、基层单位一般不用。

公布需要国内外周知的事项：如：《国家邮政总局关于禁止在我国标准信封上印制商业广告的公告》。

法定事项公告（含专门公告）：国家机关依据法律、法规、规章向国内外宣布法定专门事项使用。如：人大的选举公告、发布地方性法规的公告等。

4．通告

适用于公布社会各有关方面应当遵守或者周知的事项。

规定性通告：分为两种情况。一是公布具有政策法规性质的事项，只限政府机关依法使用，如：《国家土地管理局关于冻结非农业建设项目占用耕地的通告》；二是向社会公众或有关人员公布应当遵守的具体事项，如：《北京市公安局关于第××届北京国际马拉松比赛活动交通管制的通告》。

知照性通告：各社会组织根据自身职权范围和管理需要所发布的公布性文件，如：《××市地方税务局关于开展个人所得税检查的通告》、《××大学关于加强校园管理的通告》。

5．通知

适用于批转下级机关的公文，转发上级机关和不相隶属机关的公文，传达要求下级机关办理和需要有关单位周知或执行的事项，任免人员。如：《××省人民政府批转省卫生厅关于卫生工作改革问题的报告的通知》。通知用于知照启用印章、任免工作人员、机构设置调整、召开会议等事宜。

6．通报

适用于表彰先进，批评错误，传达重要精神或情况。如：《××县人民政府关于表彰科技扶贫先进集体的通报》、《中共××市纪律检查委员会关于处理×××等人违章建造私房问题的通报》、《建设部关于各地区贯彻落实房地产市场调控政策情况的通报》。

7．报告

适用于向上级机关汇报工作，反映情况，答复上级机关的询问。如：《×××关于全国物价大检查工作的总结报告》、《四川省民政厅关于我省遭受秋冬春夏四连旱的报告》、《××省工商局关于报送2006年办理人大代表建议政协委员提案工作的报告》。

8．请示

适用于向上级机关请求指示、批准。如：《自贡市人民政府关于将自贡盐业历史博物馆更名为中国盐业历史博物馆的请示》、《××省民委关于解决民族地区干部培训经费的请示》。

9. 批复

用于答复下级机关的请示事项。如：《国家税务总局关于生物柴油征收消费税问题的批复》、《北京市人民政府关于〈北京皇城保护规划〉的批复》。

10. 意见

适用于对重要问题提出见解和处理办法。如：《国务院关于进一步做好退耕还林试点工作的若干意见》、《国家旅游局等部门关于进一步发展假日旅游的若干意见》、《××省人民政府参事室关于在种植业结构调整中加快高效特色农业发展的意见》、《省劳动与社会保障厅关于进一步推进全省劳动保障依法行政工作的意见》。

11. 函

适用于不相隶属机关之间商洽工作、询问和答复问题，请求批准和答复审批事项。如：《××市人民政府办公室关于商请在××市设立办事处的函》、《××市经济技术开发区关于区内合资企业享受免税待遇有关问题的函》、《××市国家税务局关于××市经济技术开发区内合资企业享受免税待遇有关问题的复函》。

12. 会议纪要

适用于记载、传达会议精神和议定事项。如：《××大学校长办公会议纪要》、《〈高等院校档案工作规范（试行）〉研讨会纪要》。

思考与练习

1. 简述公务文书的特点。
2. 如何理解公务文书的功能?
3. 简述公务文书现行效用的范围。
4. 简述公务文书的分类方法及主要类别。
5. 简述电子文件的特点。
6. 怎样正确选用公文文种?

第三章　文书工作概述

学习要点

文书工作是文书学研究的主要内容之一。通过本章的学习，明确文书工作的范畴与特性，理解文书工作的组织及人员状况，掌握文书工作的基本原则，熟练运用行文规则。同时，理解文书工作标准化的含义与意义，重点掌握文书工作标准化的特性与原理，理解文书工作现代化的含义与相关要素，明确文书工作现代化的基本模式。

第一节　文书工作的范畴、特性与作用

研究文书工作的范畴及特性，旨在通过对文书工作基本概念的分析，界定文书工作的基本内容，把握文书工作的社会功能，确立文书工作的活动基础。

一、文书工作的范畴

文书工作的范畴是人们对文书工作本质的概括和总体的描述。

（一）文书工作的概念

文书工作是指围绕文书的撰制、传递、处理和管理而展开的一系列活动的总称。从广义上来讲，包括从文书形成直至办理完毕，单位的领导人、文书人员及其他有关的业务人员、秘书人员等都共同参与的一系列工作。如：领导人对文书予以签发、批办，业务人员、秘书人员进行承办、注办、撰拟文稿等。从狭义上来讲，文书工作专指由文书人员所从事的技术性和事务性工作。如：文书的收发登记、分发、催办等。

确立文书工作的概念，既有利于从总体上认识文书工作，也有

利于在实践中正确处理文书工作与其他管理工作的关系。文书工作是围绕着文书的撰制、传递、处理与管理展开的，它的工作对象是明确的和具体的。离开了文书的撰制、传递、处理和管理而展开的其他活动，都不能归入文书工作的范畴。但是，在任何社会组织中，文书工作作为其履行职能的一项重要内容，又是为现实组织目标服务的。文书工作的中心任务要服从社会组织的整体安排，其具体环节也要反映管理者的意图和工作风格。因此，文书工作又必然同其他管理工作，如秘书工作、档案工作等，产生各种各样的联系，甚至出现交叉。这种联系和交叉是以文书工作的独立性为基础的，是文书工作在管理活动中的发展和延伸，是实现组织管理目标的具体体现，但不能作为界定文书工作范畴的依据。

（二）文书工作的基本内容

文书工作的基本内容包括文书的撰制、传递、办理、处置和管理等，具体工作环节有：

1. 文书的撰制

包括拟稿、核稿、签发、缮印、校对、用印（签署）等环节。

2. 文书的传递

包括接收登记、分装、投送及其渠道的选择等环节。

3. 文书的办理

包括拟办、批办、承办、注办等环节。

4. 文书的处置

包括清退、暂存、销毁、立卷归档等环节。

5. 文书的管理

包括加工编辑、组织传阅、催办、查办、各环节的登记以及对文书的日常管理、提供利用等环节。

二、文书工作的特性

文书工作的特性，是文书工作区别于其他社会管理活动的显著标志。只有充分认识文书工作的特性，才能掌握文书工作的基本规律，更好地发挥文书工作的效能。

（一）政治性

文书工作是社会管理活动的组成部分，是国家管理社会事务的工具。从某种意义上讲，文书工作的全过程，实质上就是贯彻统治阶级意志和维护统治阶级利益的过程，它的最终目的是强化国家管理。因此，从文书工作的具体环节，到文书工作的活动规则和组织，乃至文书工作的兴衰都同国家统治阶级的意志联系在一起，表现出鲜明的政治倾向。

（二）技术性

文书工作的技术性，是由文书工作的基本内容决定的。文书工作是通过一系列互相衔接的程序与手续来完成文书的撰制、传递、办理和处置的，而各项具体处理程序又受到严格的活动规则的制约。这些都是文书工作技术性的具体体现。此外，在办公自动化的环境当中，文书工作的技术含量必将越来越高。计算机技术、现代通讯技术、信息技术等高新技术的介入，使得文书工作的技术性日益突出。

（三）服务性

文书工作的服务性是相对于其他管理活动而言的。文书工作的直接目的是为社会组织中的其他管理工作创造条件，它是社会组织实施管理的工具和手段。文书工作的服务性以信息的传递为基本形式，以社会组织管理效率的提高为直接目的；文书工作的社会效果往往不是直接显现出来，而是隐匿在社会组织功能的正常发挥之中。

（四）时效性

文书工作的时效性，是指文书工作的具体活动过程是有时间界限和要求的。即必须根据实际工作的需要与文书本身的时限，在特定的时间范围内完成文书的形成和运转，否则，文书工作就失去了存在的价值。文书工作的时效性，体现在“迅速”和“适时”两个方面。既做到迅速形成和传递文书，又做到恰逢其时，这才是文书工作的真正社会功能所在。

三、文书工作的作用

文书工作的作用，又可以称为文书工作的功能或效果，它是由文书工作的基本特性决定的，同时，它又是其特性在社会活动中的体现。文书工作的作用主要表现在以下方面。

（一）助手作用

在社会组织中，文书工作是党政领导和职能部门不可缺少的助手。领导的意图、决策和措施，大部分是在文书部门提供信息、提出建议的基础上酝酿形成的。在领导的决策和决策实施的过程中，在调查研究、分析综合、追踪反馈等工作环节中，文书工作的助手作用十分明显。此外，相对于社会组织的其他职能部门而言，文书工作具有辅助性和服务性，它是围绕各项业务活动展开的，发挥着助手作用。因此，健全的文书工作，有助于社会组织工作效率的提高，是社会组织管理水平的重要保障。

（二）纽带作用

任何一个社会组织，都不可能孤立地存在和发展，都要同其他组织发生各种各样的联系。传达上级意图，汇报下级情况，沟通平级机关，都离不开有效的文书工作。正是这种联系和沟通，使整个国家的全部社会组织成为一个有机整体，使国家得以正常运转。文书工作就是国家机器正常运转的“传送带”。因此，文书工作对于各个社会组织乃至整个国家的协调和运转，起着至关重要的纽带作用。

（三）积累作用

文书工作以文书的形成、传递、办理和管理为中心内容，而文书又是社会活动的真实记录。文书无论在现实活动中，还是历史进程中，都具有凭证性和依据性，可以反映出人类社会活动的真实面貌。造成这种客观结果的原因，就是文书工作的积累作用。因此，文书工作不仅具有助手作用和纽带作用等现实功能，还具有积累作用这种历史功能，它是人类历史得以延续的重要环节，也是积累人类文化财富的重要渠道。

第二节　文书工作要则

文书工作要则是指贯穿于文书工作的各个具体环节之中，指导文书工作顺利开展的基本准则。它是文书工作实践的科学总结，反映了文书工作的活动规律。文书工作的活动规则是有层次的，有的是适用于全部文书工作的基本原则，有的是针对某些文书处理环节的具体原则。

一、文书工作的基本原则

文书工作的基本原则，是由党和国家统一规定的文书工作的准则。文书工作的基本原则应贯穿于文书工作各个环节之中，用于指导文书工作的顺利开展。

文书工作的基本原则可以概括为准确原则、及时原则、安全原则、精简原则等。它是文书工作实践的科学总结，反映了文书工作的活动规律。

（一）准确原则

准确是对文书工作的质量要求，是文书工作的生命线和基础。文书及文书工作的质量，关系到文书效用的正常发挥，甚至关系到国家及社会组织的根本利益。作为文书工作的基本原则，准确既包括文书本身的质量，也包括文书处理程序各环节的质量。首先，在文书的拟制过程中，要求严格执行党和国家的法律、法规和政策，做到观点正确，格式规范，用语贴切；其次，在文书处理过程中，要体现严肃、认真的工作作风，做到程序完整，方法缜密，手续齐全。

为了确保文书及文书工作的准确，需要建立、健全各项文书工作的活动规则，合理地设计文书处理程序，改进工作人员的工作作风。

（二）及时原则

及时是对文书工作效率的要求，也是文书工作特性的具体体现。随着社会发展节奏的加快，作为管理手段的文书工作也必须提高自身的适应性。从文书工作总体上讲，及时的原则要求视轻重缓急处理文书，加速文书的运转，做到不积压、不拖延、不误时误事。

为此，必须首先明确办文的时限，即规定每个具体工作环节的时间，以确保文书工作的整体效率；其次，要简化办文手续和难度，如提倡“报刊行文”等；最后，要采用现代化的办公手段，以加快办文的速度。

（三）安全原则

安全是对文书工作的管理要求，是文书工作政治性的集中体现。维护文书工作的安全，首先，要保证文书内容的安全，特别是一些涉及国家机密的文书，要严格遵守《中华人民共和国保守国家涉密法》的有关规定，建立完善的拟制、处理和运转管理制度，消除和防范不安全因素，尤其应注意在计算机和网络环境下保证文书内容不被窃取、篡改或销毁；其次，要保证文书实体的安全，确保文书真实、可靠、完整。

确保文书内容的保密，要求文书工作的各个环节都必须注意保密，不允许失密、泄密问题的出现。不能把机密文书的内容告诉不应该知道的人员，不要让与机密文书无关的人接触到此文书；确保文书实体安全，要求使用比较耐久的字迹材料和合乎要求的载体材料，减少文书的各种人为或自然破坏因素，以延长文书的寿命。

（四）精简原则

所谓精简，就是便捷、高效。文书工作要力行简便、讲求实效。这种简便原则主要体现在三个方面：发文少而精、处理文书要方便读者、文书管理要利于使用。

首先，发文少而精。不必事事发文，凡是能够不发的文书一律不发；能够少发文的尽量少发；能够用其他方式解决问题，不必一律要求发文。其次，处理文书要方便读者。能够直接送阅的，不必封装邮寄；能够会议传达的，不必一律人人传阅；能够直接送阅的，不要层层传送。这样才能减少环节、节省时间，有利于文书的传达贯彻。最后，文书管理要便于利用。文书管理要严格，手续要规范，但不能把文书管得太死，否则就会影响文书的使用。管理文书的目的在于方便使用，应当根据这一目的制定文书的管理办法，使其符合精简的原则。

二、行文方向、行文关系与行文方式

（一）行文方向

公文的行文方向是指公文传递、发送的去向。应根据机关之间的工作关系确立行文方向。机关之间的工作关系是决定行文方向的基本要素，它取决于机关各自的组织系统归属和职权范围，主要有四种类型：(1) 同一组织系统中的上下级机关之间属于领导与被领导的隶属关系，如：国务院与各省政府；(2) 同一专业系统中的上下级主管业务部门之间属于业务指导与被指导关系，如：公安部与省公安厅；(3) 同一组织系统中的同级机关之间属于平行关系，如：××市政府下属的工业局与财政局；(4) 非同一系统中的任何机关均属于不相隶属关系，如：国务院办公厅与军委办公厅。

（二）行文关系

公文的行文关系是根据组织系统、公文法定作者的职权范围与行文单位间的隶属关系确立的发文单位与受文单位之间的关系。不同的工作关系决定了相应的行文方向：处于领导、指导地位的上级领导、指导机关向被领导、被指导的下级机关主送下行文；反之，被领导、被指导的下级机关向上级领导、指导机关主送上行文；具有平行关系或不相隶属关系的机关之间互发平行文。

（三）行文方式

行文方式是指文件传递运行的方式。不同的行文方向皆有相应的行文方式。应选择适宜的行文方式，一般不得越级行文。

下行文的行文方式包括：逐级行文——公文逐级下达或只向所属的下一级机关行文；多级行文——同时将公文下发给若干级下级机关或直接下达至基层组织和人民群众。

上行文的行文方式包括：逐级行文——公文逐级上报或只报送直属上级机关；多级行文——向直属的上级机关行文同时报送更高一级的上级机关；越级行文——在特殊或必要的情况下，越过直属上级机关而向更高级别的机关行文。

平行文由于不涉及隶属关系，不受级别限制，故采用直接向对方机关行文的直接行文方式。

按照机关之间的工作关系确定了公文的基本传递方向之后，还要进一步根据组织系统的结构层次划分，结合公文的具体内容、秘密等级、紧急程度和发文目的等诸因素，区分不同情况，选择适宜的行文方式。

为维护正常的领导、指导关系，有直接隶属关系或业务指导关系的机关之间一般应采用逐级行文的方式。

为使公文尽快传递到若干级上级或下级机关，可采用多级行文的方式。该方式用于下行文时，只限于有明确的具体规定而不需下级机关根据各自的情况作补充规定的文件；用于上行文时，只限于问题重大需直接上级机关和更高层次的机关同时了解情况、制定决策的文件。

为维护组织系统或专业系统的合理分工和正常的工作秩序，防止造成工作上的脱节、被动或抵触，一般情况下应避免越级行文。

同级或不相隶属的机关之间互相行文应采用直接行文的方式互发平行文。

三、行文规则

为确保公文运行的畅通无阻，国家有关部门专门制定了旨在控制行文方向、行文方式和行文数量，提高行文效率与效果的有关规定，这就是行文规则，即各社会组织之间文件往来运行所必须遵循的统一规则。行文规则不仅对公文的运转、处理效率具有直接影响，而且也是公文撰写的规范。

遵守行文规则的意义在于：有效控制行文方向，保证公文传递做到准确、快捷；有效控制行文方式，维护正常的工作秩序和公文的有效运转；有效控制行文数量，合理精简公文，简化手续，反对文牍主义。

行文规则的主要内容包括：

（一）根据机关之间的工作关系确立行文方向

机关之间的工作关系是决定行文方向的基本要素，它取决于机关各自的组织系统归属和职权范围，主要有四种类型：（1）同一组织系统中的上下级机关之间属于领导与被领导的隶属关系，如：国务院与各省政府；（2）同一专业系统中的上下级主管业务部门之间属于业务指导与被指导关系，如：公安部与省公安厅；（3）同一组织系统中的同级机关之间属于平行关系，如：××市政府下属的工业局与财政局；（4）非同一系统中的任何机关均属于不相隶属关系，如：国务院办公厅与中央军委办公厅。

不同的工作关系决定了相应的行文方向：处于领导、指导地位的上级领导、指导机关向被领导、被指导的下级机关主送下行文；

反之，被领导，被指导的下级机关向上级领导、指导机关主送上行文；具有平行关系或不相隶属关系的机关之间互发平行文。

（二）选择适宜的行文方式，一般不得越级行文

行文方式是指文件传递运行的方式。不同的行文方向皆有相应的行文方式。应选择适宜的行文方式，一般不得越级行文。

下行文的行文方式包括：逐级行文——公文逐级下达或只向所属的下一级机关行文；多级行文——同时将公文下发给若干级下级机关或直接下达至基层组织和人民群众。

上行文的行文方式包括：逐级行文——公文逐级上报或只报送直属上级机关；多级行文——向直属的上级机关行文同时报送更高一级的上级机关；越级行文——在特殊或必要的情况下，越过直属上级机关而向更高级别的机关行文。

平行文由于不涉及隶属关系，不受级别限制，故采用直接向对方机关行文的直接行文方式。

按照机关之间的工作关系确定了公文的基本传递方向之后，还要进一步根据组织系统的结构层次划分，结合公文的具体内容、秘密等级、紧急程度和发文目的等诸因素，区分不同情况，选择适宜的行文方式。

为维护正常的领导、指导关系，有直接隶属关系或业务指导关系的机关之间一般应采用逐级行文的方式。

为使公文尽快传递到若干级上级或下级机关，可采用多级行文的方式。该方式用于下行文时，只限于有明确的具体规定而不需下级机关根据各自的情况作补充规定的文件；用于上行文时，只限于问题重大需直接上级机关和更高层次的机关同时了解情况、制定决策的文件。

为维护组织系统或专业系统的合理分工和正常的工作秩序，防止造成工作上的脱节、被动或抵触，一般情况下应避免越级行文。

同级或不相隶属的机关之间互相行文应采用直接行文的方式互发平行文。

（三）正确选择主送机关与抄送机关

能否正确选择主送机关，直接关系到公文能否得到及时的处

理。除普发性公文外，通常一份公文只能选择一个主送机关，应避免多头主送贻误公文的处理。除领导直接交办的事项外，不应将公文直接主送领导者个人。

选择抄送机关时，应选择确需了解相关情况或需其予以协作的有关机关作为抄送对象，不得任意扩大抄送范围。下述情况可以抄送：向下级机关的重要发文应同时抄报直接上级机关；受双重领导的机关向其中一个上级机关主送公文的同时，应抄送另一上级机关；向受双重领导的机关行文时同时应抄送另一上级机关；公文内容涉及有关机关的职权范围需其予以配合时，可向该机关实施抄送。下列情况不得抄送：请示不得在上报的同时抄送下级机关；接收抄送文件的机关不得再向其他机关转抄转送；凡与公文办理无关的机关一律不得抄送。

（四）坚持党政文件分开的原则

党政机关应在各自系统内制发文件，尽量减少联合行文。行政机关不能径向党的组织制发领导性、指导性公文，一般也不制发报请类公文；党的组织也不应向行政机关请示、报告工作或直接下达命令、指示。

（五）联合行文时作者应是“同级”机关，并在行文前就有关问题协商一致

如工作需要以两个或两个以上的机关的名义联合行文时，这些机关必须级别相同（或相近）。同级政府之间、政府各部门之间、上级政府部门与下一级政府之间可以联合行文；政府及其部门与同级党委、军队机关及其部门可以联合行文；政府部门与同级人民团体和行使行政职能的事业单位、公司亦可联合行文。

联合行文的方式限于涉及发文机关的职权范围而又必须协调统一的问题。为维护公文的权威性和政令的一致性，凡下行公文的内容涉及其他机关的职权范围时，行文前须就有关问题协商一致，否则一律不得按照各自的意见向下行文，以免造成工作中的混乱，或造成下级机关无所适从。经协商仍不能取得一致意见时，应报请上级解决。如擅自行文，上级机关有权责令纠正或予以撤销。

（六）严格控制公文数量，简化行文手续

行文应注重实效，坚持少而精的原则。一方面，对可发可不发的公文坚决不发；对必须印发的公文应严格控制发文数量与范围，杜绝乱发滥送，避免重复行文。另一方面，还应简化行文手续。为减少行文的中间环节，上、下级业务主管部门应尽量直接对口行文；为缩短公文的传递时间，扩大传递范围，经批准可直接在报刊上发布公文，各方面应视为正式公文依照执行，可不另发文。同时，由发文机关印制少量文本，存档备查。

第三节　文书工作机构与组织形式

文书工作的活动内容及其基本功能需要通过一定的组织形式来实现。文书工作的组织形式是文书工作的载体和外在形式。这种组织形式是文书工作静态机构实体和动态组织行为的统一。正确地选择和确定文书工作的组织形式，对于建立合理的管理秩序，提高文书工作的质量和效率，具有重要的意义。

一、文书工作机构的类型

文书工作机构的类型，实际上是指在社会组织内部全部文书工作的存在方式。从文书工作的活动程序方面划分，在社会组织内部的文书的撰拟、核稿、签发与承办，即与文书内容直接相关的撰制与处理工作，通常是由社会组织的领导者和业务人员承担的；而文书的缮印、登记、分送、清退、立卷，即与文书的形式直接相关的传递与管理工作，通常是由文书人员承担的。根据文书工作的活动程序在社会组织内部的分布状况，文书工作机构基本上可以分为三种类型。

（一）中心机构

文书工作的中心机构，主要指各级各类办公厅（室），它是社会组织内部文书工作的总枢纽。其主要职责为：领导与组织全部文书工作，领导与指导下属机构的文书工作，具体负责以本组织或办公厅（室）名义发文的撰拟、会商、核稿、签发、缮印、校对、用印（签署）、登记、发出、立卷，以及收文的签收、启封、登记、分办、拟办、批办、承办、催办、立卷等工作。由于各级各类办公厅（室）是社会组织内部管理的一个综合辅助机构，实际工作任务比较繁重，掌管文书工作只是其职责的一项内容。因此，在中心机构内部还需要设置相应的工作部门，具体承担文书的制发和管理工作。

（二）专门机构

文书工作的专门机构，是指在社会组织内部专门从事文书工作的部门。专门机构的隶属关系和规模因社会组织的不同情况而异，但其工作职责是固定的，即完成文书的制发和管理。通常各级党政机关文书工作的专门机构有文印室、收发室、保密室以及秘书处等。这些机构分别承担文书的拟制、传递、办理和处置等工作任务。

（三）分支机构

文书工作的分支机构，是相对于中心机构和专门机构而言的，是整个社会组织全部文书工作的一个分支，主要是指社会组织内部的各个职能部门。它们一般都根据自身业务工作的需要，或配备专兼职的文书人员，或设立内部的文书机构，以社会组织名义或本部门名义承担文书的撰拟、承办、登记和立卷等工作。

二、文书工作的组织形式

文书工作的组织形式，是指在社会组织内部围绕着文书工作的活动程序，各部门之间的分工方式。文书工作的质量，不仅取决于其组织实体，即文书工作的机构，而且取决于这些机构之间的关系，即文书工作机构在完成具体文书工作任务时的分工状况。

（一）确定文书工作组织形式的依据

选择和确定文书工作的组织形式，主要取决于中心机构能否直接控制各专门机构和分支机构文书工作的状况。这种状况的维系受到以下因素的制约。

1. 社会组织的规模

大中型社会组织内部机构层次较多，文书承办人员的情况也较为复杂，中心机构难于直接控制整个组织文书工作的具体情况，也不可能与每一位承办人员发生文书的传递关系。因此，宜采取分散的组织形式。而小型社会组织内部机构及文书人员都较少，中心机构有条件直接控制整个组织文书工作的状况，甚至可以直接同具体文书承办人员发生文书传递关系。因此，宜采取集中的组织形式。

2. 社会组织内部机构的驻地状况

社会组织的内部机构驻地分散，中心机构对文书工作的过程难以集中控制，则宜采取分散的文书工作组织形式；社会组织的内部机构驻地集中，中心机构基本上可以实现对文书工作过程的控制，则宜采取集中的文书工作组织形式。

3. 社会组织收发文书的数量

收发文书较多的社会组织，中心机构难以包办全部文书工作，往往采取分散的文书工作组织形式；而收发文书较少的社会组织，中心机构有条件统一管理，则宜采取集中的文书工作组织形式。

（二）文书工作的组织形式

根据我国的现行体制和文书工作的实际情况，目前在各类社会组织中，文书工作基本上采取三种组织形式。

1. 集中式

指一个社会组织的全部文书工作，除部分的撰拟与承办由有关职能部门承担外，其他文书工作的活动程序都集中于中心机构，即办公厅（室）进行。于是，只在办公厅（室）下设文书工作的专门机构，配备专职或兼职的文书人员，具体承担文书的缮印、收发、登记、立卷以及由社会组织办公厅（室）名义发布的文书的撰制和承办工作；社会组织内部各职能部门，则不再设立文书工作的分支机构和专职的文书人员。凡涉及文书工作的活动程序，均由办公厅（室）的文书人员负责分别与党政领导及各职能部门兼做文书工作的承办人员直接联系。这种形式有利于社会组织内部文书工作的统一管理，有利于对文书处理程序的控制，但缺乏灵活性。一般适用于业务职能比较单一、内部机构简单且驻地集中、收发文数量较少的中、小型社会组织。

2. 分散式

指一个社会组织的文书工作，分别由其办公厅（室）与各职能部门及其专兼职文书人员承担。作为社会组织文书工作的中心机构和分支机构，分别负责一部分文书工作的活动程序。分散式又分为两种情况：一种是按照文书内容和涉及范围区分中心机构和分支机构的文书工作职责，如：各社会组织的办公厅（室）和各业务部门的文书科；另一种是按文书处理程序将一部分环节放在中心机构办理，另一部分环节交由分支机构办理。分散式具有较强的灵活性和适应性，有利于提高文书工作的效率，但整体控制力较差。一般适用于业务职能比较杂、内部机构较多且驻地分散、收发文数量较多的大型社会组织。

3．复合式

指在一个社会组织中同时采用集中式与分散式两种组织形式。要么使一部分分支机构成为相对独立的文书工作实体，另一部分则主要负责办理文件；要么使分支机构均获得文书工作的有限独立性，除收发环节及部分重要文件的审核经社会组织中心机构负责外，可完整处理和管理权限范围内的文件，而涉及社会组织整体的文书则由中心机构直接处理。复合式兼有集中式与分散式之长，绝大多数大中型社会组织，特别是办公地点不够集中或文件数量在各分支机构分布不均衡的社会组织，多采用此种形式。

第四节　文书工作人员

文书工作人员是指文书工作的从业人员。这是一个复杂的群体，它包括专门机构中的人员，包括中心机构和分支机构中的专职或兼职文书人员，甚至可以包括从事文书承办、签发等环节的有关业务人员和领导者。因此，合理地确立文书工作人员的层次结构及其素养，直接关系到文书工作的质量和社会功能的实现。

一、文书工作人员的层次

文书工作的主要内容在社会组织内部的分解并不是水平的或均匀的，而是呈现出一定的层次性。也就是说，在社会组织内部参与文书工作的程度上，有的人员责任大一些，有的人员责任小一些，形成一定的职位差别。所谓文书工作人员的层次，是指根据其在文书工作中的责任大小和工作的繁简难易，以及所需能力的高低，划分的业务等级。一般来讲，对于一个社会组织而言，文书工作人员可以划分为三个层次。

(一) 文书工作的控制层

控制层是指在社会组织中对文书工作承担领导责任的中心机构的负责人，如办公厅（室）主任、秘书处处长等。他们对社会组织的文书工作负有全面组织、控制的责任。其职责主要包括：制定本组织内部的各项文书工作制度；划分文书工作中心机构、专门机构以及专兼职文书人员的权限；负责重要文书的签发、批办和承办工作等。

(二) 文书工作的执行层

执行层是指在社会组织中对文书处理程序各环节承担组织和管理责任的专门机构负责人，如文印室、机要室和收发室的主任等。他们对社会组织的文书工作负有直接组织和参与的责任。其职责主要包括：认真执行各项文书工作制度；落实所辖文书工作的岗位责任制；根据分工直接参与文书处理程序等。

(三) 文书工作的操作层

操作层是指在社会组织中直接承担文书工作具体任务的人员，如专门从事文书的收发、传递、承办、催办、缮印等具体工作的人员。他们的工作状况直接关系到文书工作的最终效果。因此，除具备相应的业务知识外，这类人员尤其需要认真负责、一丝不苟的工作态度和默默无闻的奉献精神。

二、文书工作人员的素质要求

文书工作人员的素质，是指文书工作人员在先天禀赋的基础上，通过后天的学习和实践，所获得的思想品德、知识能力和心理体魄等状况的总和。简言之，文书工作人员的素质要求就是其从事文书工作的基本条件。

文书工作人员是文书工作的具体承担者，从总体上讲，其素质要求势必受到文书工作特性的制约，即必须体现出一定的时代性和阶级性。从具体要求方面看，由于文书人员在文书工作中所处的层次不同，以及在社会组织中所处的地位不同，其素质要求势必具有相应的差异性。但是，从文书工作人员的整体出发，根据我国文书工作的实践，文书人员起码应当具备以下基本素质。

（一）思想品德要求

思想品德主要是指对文书人员的思想觉悟和职业道德的要求。其中，思想觉悟是时代赋予文书人员的基本要求，是文书人员的立身之本；而职业道德则是思想觉悟的外化形式。

1. 思想觉悟

主要是指文书人员应当坚持四项基本原则，对党和国家保持忠诚；具体体现在认真贯彻执行党和国家的各项法律、政策，严守国家机密，具有较强的敬业精神。

2. 职业道德

主要是指文书人员在工作活动中应当具备的行为规范，体现文书人员的服务意识和求实精神。具体包括服从组织、恪尽职守、清正廉洁、光明磊落等内容。对文书人员的职业道德要求，一般通过各种守则、公约和规章制度的形式表现出来。

（二）知识能力要求

知识能力主要是指文书人员应当具备与文书工作相适应的系统知识，以及运用其解决实际问题的技能。其中，知识是能力的基础，能力则是展示知识的手段。

1. 系统的知识

从总体上看，文书人员的知识结构显现为“T”型：其中“—”表示横向知识面要宽广，“|”则表示纵向知识要精深，即反映博与约的关系，即取“厚基础、宽口径”复合型人才的含义。在横向知识方面，文书人员应当学习、了解政治、经济、法律和管理等基础学科，以及社会学、心理学等相关学科的知识，以求拓宽视野，提高对不同专业领域的适应力。在纵向知识方面，文书人员不仅应当掌握文书学、行政学和写作学等业务知识，还应当熟悉与工作相关的特定领域的专业知识，以提高文书工作的业务水平。

2. 全面的能力

文书工作的服务性决定了文书人员能力的全面性和复合性。文书人员必须以其综合的能力去适应社会组织管理活动的需要。

（1）观察分析能力。这是指文书人员要具备透过事物的现象洞察其本质的能力。比如，在实践中，文书人员需要充分了解、领会领导意图，开展调查研究，掌握本组织的基本情况等等，这些都离不开一定的观察分析能力。

(2) 表达能力。这是指文书人员把自己的思想或对事物的感受通过口头和书面的形式表达出来的能力。其中，书面表达能力对文书人员来讲尤为重要。文书工作的主要业务环节都需要应用书面表达能力去完成。

(3) 操作能力。这是指文书人员掌握并运用现代技术设备的能力。主要包括打字技术、速记技术、复印技术、微机操作技术、现代通讯技术，以及其他办公自动化手段。具备操作能力不仅是职业活动对文书人员的必然要求，也是提高文书工作效率的重要保证。

此外，文书人员还必须具备健康的心理和体魄，即在体质体能方面适应文书工作的活动特点，逐步养成自信、诚实、谦虚、宽容和坦然的职业风格。

需要指出的是，要形成文书人员思想品德、知识能力和心理体魄“三位一体”的素质要求，除了加强专业教育和职业培训外，还要求文书人员在工作实践中不断地学习，不断地扩充自身的知识和技能。特别是在社会主义市场经济的新形势下，文书人员更要从战略的高度和用发展的眼光，不断缩小职业目标同自身素质的差距，在变化中去求得事业的发展。从目前我国文书工作的实际情况看，文书人员要面临“三种转变”对自身素质的挑战。

一是由技能型向谋略型的转变。即文书人员不能仅仅满足于通晓文书工作的处理程序、基本方法，还要掌握为领导出谋划策、为群众排忧解难的谋略和方法。

二是由静态型向动态型的转变。即文书人员不能仅仅满足于处理文案等社会组织的内部活动，还要利用各种机会投身到社会活动中去，不断开阔眼界，增长知识和才干。

三是由单一型向复合型转变。即文书人员要努力集自然科学、社会科学、思维科学于一身，建立新、博、精、深的知识结构，真正使自己成为适应时代发展需要的“通才”和“杂家”，在社会竞争及优化组合中立于不败之地。

三、文书工作人员的群体结构优化

文书工作不是一种个体行为，它是围绕着文书处理程序而形成的群体行为。因此，文书工作人员的状况，不仅包括文书人员个体的层次和素质要求，还应当包括文书人员群体结构的优化。只有形成一个结构合理、配合良好、工作协调的文书人员群体，才能发挥文书工作的整体效能，并为文书人员个体的发展创造良好的人文环境。

（一）合理的技能结构

这是指根据各层次的文书工作的不同任务，按比例将文书人员群体的能力结构进行科学组合。在一个社会组织内部，既要有以写作见长的“秀才型”的“笔杆子”，又要有能够控制文书处理程序的管理型人才，还要有以提供技术服务为主的技术型人才。这样才能使文书工作人员群体具有较高的整体优势，才能适应文书工作的层次和分工的需要。

（二）互补的性格结构

这是指根据文书工作不同的任务要求，建立起文书人员群体互补的性格结构。不同的文书人员，由于其生活和工作环境的差异，会形成对现实稳固的态度以及与之相适应的活动习性。这些不同的性格特征往往反映在文书人员的行为方式方面。因此，在考虑文书人员的具体分工时，要适当照顾文书人员不同的性格特征，并使之形成合理的结构。比如，让性格较为外向、善于适应不同环境的文书人员多参与一些拟办、催办和查办等工作；让性格较为内向、注意力集中和工作细致的文书人员多承担文书的撰制和处置等工作。

总之，建立优化的文书工作人员的群体结构，其实质在于开发潜能及合理搭配，它一般是沿着与文书人员的个体素质要求相反的方向发展：即文书人员的群体结构优化在于“用人所长”，而文书人员的个体素质要求在于“补人所缺”。两者共同构成文书工作人员的整体特征。

第五节 文书工作的标准化与现代化

文书工作标准化是文书工作现代化的前提和基础，实现文书工作现代化是信息社会文书工作发展的必由之路。本节主要阐述文书工作标准化的含义、意义、特性、原理以及实施策略；分析文书工作现代化的动因、相关要素与基本模式。

文书工作标准化是标准化活动的重要组成部分，也是现代社会文书工作走向规范化、科学化和现代化的标志与基础。

一、文书工作标准化的含义

标准“是对重复性事物和概念所做的统一规定。它以科学、技术和实践经验的综合成果为基础，经有关方面协商一致，由主管机构批准，以特定形式发布，作为共同遵守的准则和依据”（《标准化基本术语》GB3935.1—83）。需要强调的是，只有当概念或事物重复出现、反复运作时，才具备制定标准的必要性。

标准的本质特征是合理的、科学的、有效的统一。不同的范围由相应的标准（如：国际标准、国家标准等）进行统一；不同的工作性质由相应的标准（如：管理标准、技术标准）进行统一；不同的专业领域由相应的标准（如：文书工作标准、档案工作标准等）进行统一。统一是标准得以存在并发挥作用的根基，异中求同，繁中求简，以获得最佳效益和秩序。

标准化的含义是“在经济、技术、科学及管理等社会实践中，对重复性事物和概念，通过制定、发布和实施标准，达到统一，以获得最佳秩序和社会效益”（《标准化基本术语》GB3935.1—83）。标准化是一个相对的概念，也是一个渐进的过程。有一个先易后难、先局部后整体、由浅入深、由分散到集中、逐步深化完善的发展历程，不可能一步到位，一蹴而就。比如文书的格式，可以是规定数据项目及其使用方法，也可以只规定排版形式，或只规定用纸规格。随着实践经验的积累和标准化的不断深入，其内容不断丰富，进而形成文书格式的完整标准。此后在实施过程中还可不断修改、完善、提高、扩展。即使制定了完整的文书格式，也不意味着标准化的目的就达到了，因为只有一项孤立的标准是远远不够的，必须建立标准体系，相互配合，才能收到最佳效果。标准体系的建立和发展过程便是标准化的过程。

基于上述对标准和标准化的基本概念的阐述可以看出，将标准化引入文书工作领域不仅具有可行性，而且是十分必要的。

文书工作中有许多重复出现的事物，如文书格式、文书数据元、文种、文书术语与代码等；也有很多年复一年、循环使用的设备、工具、装具等；同时还有周而复始的文件处理程序，其中的每一个环节及其方法、措施也是不断反复运转或使用的。这些重复出现的概念和事物正是制定标准的对象，使实现文书工作标准化具有可行性。加之文书与文书工作本身对规范性、准确性、权威性、时效性的特殊要求，以及文书管理现代化的发展趋势，更使文书工作标准化成为客观之必然。

综上所述，文书工作标准化是指对文书工作中反复使用的概念、循环往复的处理程序及其他规律性的管理活动，通过制定、实施标准，以获得文书工作的最佳效能的活动过程。

二、文书工作标准化的意义

文书工作标准化是实现文书工作现代化的必由之路。文书工作标准化的意义在于：

（1）通过实现文书工作标准化，简化和减少文书，节省人力、物力，消除混乱，提高工作水平与工作绩效。

（2）文书工作标准化是科学管理文书、提高文书质量的技术保证。

（3）文书工作标准化是实现办公自动化的必要条件。没有文书工作标准化，就没有文书工作现代化。

（4）实现文书工作标准化，有利于引进国际和国内先进标准，迅速提高我国的文书工作水平。在与国际接轨的同时，利于国际间的信息交换。

（5）便于提高文书归档整理质量，为档案工作奠定良好的基础。

可见，实现文书工作标准化，无论对文书工作还是档案工作，无论对现在还是未来，都具有极其重要的意义。

三、文书工作标准化的特性

文书工作标准化是标准化活动的一个分支，除具有标准化的一般属性（政策性、技术性、经济性等）之外，还具有自身的特性：

（一）管理性

文书工作标准化标志着标准化活动扩展到行政管理领域。

文书是党和国家各级各类社会组织行使职能的工具，涉及各行各业。文书工作本身也是政治、经济、军事等各项活动的重要组成部分，具有很强的管理性。文书工作标准化因而也渗透到各个领域，成为加强管理的一种手段。

在 20 世纪 80 年代以前，我国标准化活动基本上限于工农业生产领域，几乎全是技术标准。而文书工作标准化将标准化的触角伸向文书，并随之扩展到各个管理领域，成为管理领域标准化工作的一项新成果。随着电子文件的大量生成和日益普及，对文书工作标准化的要求越来越高，相关国际标准和国内标准以及标准体系正在逐渐生成、不断完善。

（二）广泛性

广泛性是指文书工作标准化分布面极广，参与人员众多。文书工作渗透于党和国家各级机关的各项工作之中，同时也分布于机关的各个部门的各项业务活动之中。几乎每一个机关工作人员都要不同程度地参与文书工作或执行文书工作标准。因此，与其他领域的标准化活动相比，文书工作标准化分布面极广，参与人员众多。

国际性是广泛性的另一突出体现。2001 年，国际标准化组织（英文简称 ISO）颁布了第一个文件管理的国际标准《信息与文献——文件管理》，对文件管理的制度、原则、方法、功能需求，文件系统的设计与实施、功能需求，文件管理的过程及其控制、审计与监控，文件管理人员的培训等予以明确规定。目前，这个国际标准已成为许多国家和机构建立、完善文件管理标准体系和开发系统的指南与准则。

（三）一定的强制性

一定的强制性意味着文书工作标准虽然主要是推荐性标准，但执行中不应各行其是。其一是因为文书是党、政、军各系统、各部门行使职能的工具，国家领导机关要求实施一系列的标准，以确保各工作环节的严谨周密，杜绝疏漏。因此，文书工作标准经常是由主管部门下达贯彻实施文书的指示性文件。在这种情况下，即使是推荐性标准，也具有约束力，必须贯彻实施。其二是指如果不采用标准，则很难与其他单位沟通、交流信息，势必给机关工作带来极大的不便。故而各单位也必须认真贯彻实施标准。

上述文书工作标准化的特性表明，与其他领域的标准化相比，其范围既是限定的，又是无限的。所谓“限定”是指专门针对文书工作范畴，但由于文书工作分布面极广，遍及各行各业、各个层次，因而使得文书工作标准化活动无处不在。从这个意义上来说，它不局限于任何特定的行业或任何一类机构。涉及面之广，更显示出尽快实现文书工作标准化的迫切性与必要性。

四、文书工作标准化的原理

实现文书工作标准化，既要遵循标准化的一般原理，又要结合文书工作的特点。同其他领域的标准化一样，文书工作标准化的原理可以归纳为：简化原理、统一原理、协调原理、优化原理。

（一）简化原理

简化原理是指适当地精简文书的内容、格式、种类、发文数量，简化工作环节，将文书与文书工作的各要素限定在必要的范围之内。

简化的着眼点在于精练，是化繁为简、去劣选优、以少胜多的活动过程。“简化”并非任意的“简单化”，其目的在于使文书与文书工作的各个方面在整体构成上精简合理，达到最佳的功能效果。文书工作中需简化的范畴主要包括：

1. 简化文书种类

即通过对不必要、不合理的文种的简化，压缩数量，使保留下来的文种具有较高的效能。文种繁杂在我国历史上由来已久，封建社会的文种多达上百种。虽历经简化，至今仍存在文种繁多、大量重复或功能相似乃至相同的问题，这成为提高文件撰写、传递、处理效率的一大障碍。因此，有必要通过标准化活动，合理简化文种，采取合并、取消等方式，确定文种的最佳阵容。

2. 简化文书格式

目前，文书格式各异、不规范的现象仍然比较严重，且同一格式本身也时有项目重复、交叉的现象，给文书工作、特别是撰制和传递带来诸多不便，因此需要删繁就简。1999 年我国颁布了《国家行政机关公文格式》(GB/T9704—1999)，旨在对式样纷繁的公文格式予以统一和简化。

3. 简化文书处理程序

我国文书处理工作处于“两极分化”的状况。一方面工作环节不完善、不健全，另一方面有的工作环节较为繁琐。比如登记工作几乎遍布所有的环节，一份文件在处理过程中要履行多道登记手续，费时费事。这种大量重复性的环节势必影响工作效率与质量。因此，必须在建立、健全正常工作秩序的同时，合理简化不必要的环节与手续，提高效能。

（二）统一原理

统一原理是指在一定时期、一定条件下，将文书与文书工作中具有多样性、相关性的诸种概念、事物合而为一或限定在一定范围内的措施。其目的在于消除因不必要的多样性而造成的混乱，为文书工作的正常进行建立共同遵循的规范。统一原理的实质是达到必要的一致性，并将这种一致性以标准的形式确定下来。

统一与简化有着密切的关系，都是为了消除不必要的多样化以获得整体最佳效果。但统一不同于简化，统一着眼于取得一致性，是从个性中提炼共性。文书工作中需要统一的范畴主要包括：

1. 统一概念

文书领域中有许多概念，这是首先需要统一的内容。这些概念（如术语、代码等）是信息交流的通用语言，必须具有尽可能广泛的一致性，在尽可能大的范围内和程度上实现统一，故一般应制定相应的国家标准。

2. 统一文书格式

文书的权威性与通用性决定了文书必须具有统一规范的格式，以便共同遵循，从而提高撰制与处理文书的效率。由于一些专用文种自身的特性，对文书格式的要求也稍有差异。所以，文书的格式也要按不同文书的用途和特点来统一，这是统一的相对性所在。就是说，根据文书工作的实际需要决定统一的广度和深度，做到统而不死。

3. 统一文书数据元的名称及表达规则

为保障文书数据元（记录或识别数据的基本单位）具有广泛的通用性，一方面应统一文书数据元的名称与含义，以免重复、错漏；另一方面应统一文书数据元的表达规则，便于人机共识，赋予文书在不同机关顺利运转的“通行证”。例如：统一公文的文种、用语、各种标记符号的使用规则等。

4. 统一文书管理制度

如果制度不统一，则会妨碍文书工作秩序的建立，妨碍各种关系的协调。在文书工作标准化活动中，首先应统一本机关内部的管理制度，并逐步扩大统一的范围和深度。

5. 统一文书的载体材料及设备用具

对此，既要统一质量要求，又要统一规格、尺寸，特别是设备、装具、工具的接口制式，方便对文书的传递、保管和利用，在办公自动化环境中尤应如此。

（二）协调原理

协调原理是指在一定条件下，应使文书工作的内外相关因素达到相对稳定和相对平衡，以便实现文书工作系统整体功能的最佳效果。

在文书工作标准化系统中，一般要进行以下三个方面的协调：

（1）标准内部诸要素的协调，例如协调行文规则中各部门的发文权限，以免行文混乱。

（2）标准之间的协调，例如对立卷制度、暂存制度、销毁制度进行协调，明确各自的范围界限。

（3）文书工作标准和文献工作等相关领域标准之间的协调，使标准通用于更大的范围，发挥“共享”效用。

在具体运用协调原理时，需注意以下两点：

（1）文书工作标准作为一项社会性活动成果，总的来说是有利于整体利益的。但对某个单位或个人来说，可能出现不习惯、不方便等不利因素。这一方面说明文书工作标准的产生和实施必须进行协调；同时，也应强调整体观念，以整体功能最佳作为协调的出发点和归宿。

(2) 由于科学技术的不断发展和用户要求的不断提高，标准不可能凝固不变。必须适应变化了的条件，把握时机，充分利用协调手段，合理调整标准的内容，使文书工作各个环节始终能相互适应。

（四）优化原理

优化原理是指按照特定的目标，在一定条件下，以科学技术和实践经验的综合成果为基础，对文书工作标准体系的构成要素及相互间的关系进行选择、设计或调整，使之达到最佳的效果。

运用优化原理时一般应遵循以下程序：

(1) 确定目标。工作开始前，先从标准化对象的整体功能出发确定目标，这是优化的出发点。

(2) 明确限制条件。标准要受系统内外和相关因素的制约，只有在条件许可和相关因素协调的基础上，优化的结果才是现实可行的。因而在制定文书工作标准时，不可将目光仅局限于某一特定范围之内。

(3) 分析和决策。即对各种标准化方案进行分析比较，从中选取最佳方案。这就需要集思广益，发动各行政管理部门（特别是文秘机构）、标准化机构与其他有关研究单位，以及各行各业文书工作者共同协调运作，深入调研，认真探讨，制定适合我国国情的文书工作标准及标准体系。

上述简化、统一、协调、优化四条原理是相互依存、相互渗透、相互作用的统一体。其关系可概述为：经过充分协调，通过优化，以实现最佳效果的统一和简化。这是因为采用标准化的方法建立最佳秩序，限制盲目发展，就要进行统一和简化；要实现标准化对象的统一和简化，就需要用科学的方法进行协调和优化。从这个意义上来说，标准化的目标是优选中达到简化，协调基础上实现统一。因此，只有综合地应用四条基本原理，才能达到标准化的目的。

五、文书工作现代化的含义

随着计算机与网络通讯技术广泛运用于文书工作，文书工作的对象、方法、模式、管理思想等不可避免地出现一系列相应的变革，向着现代化的方向迈进。

文书工作现代化是指将处于领先地位的科学管理理念、方法和技术手段应用于文书工作，使文书工作不断达到先进的科学技术水平。

文书工作现代化是一个相对的概念和渐进的过程。随着时代的发展、理念的提升和信息技术的飞跃，文书工作现代化被不断赋予新的内涵，达到新的水平。文书工作现代化也是一项全方位的系统工程，从相关要素来看，不仅涉及现代化技术与设备，更重要的是要采用科学的管理方法与模式，要有掌握现代管理理念、科技知识与技能的复合型人才；从实施的过程看，文书工作现代化的实现离不开标准化，必须从标准化入手，为现代化的快车构建畅通无阻的高速公路。

实现文书工作现代化具有重要的意义。文书工作现代化是文书工作融入现代信息社会，与时代同步发展的标志，对传统文书工作模式来说，更是一场全方位的变革，文书工作现代化是社会发展的必然产物，也是现代办公环境中文书工作的必然趋势。文书工作现代化是档案工作现代化的基础，是实现文件、档案一体化管理的前提。

六、文书工作现代化的动因

文书工作现代化是一个相对的概念和渐进的过程，随着时代的发展和科技的进步，文书工作现代化又不断被赋予新的内涵、提出新的要求、达到新的水平。文书工作现代化也是一项全方位的系统工程，它不仅涉及到现代化技术与设备，而且还涉及到科学的管理方法与模式，涉及到掌握现代科技知识与技能的文书工作人员。文书工作现代化是文书工作发展的必然趋势，其动因主要表现在内外两个方面：

（1）外在动力——信息技术革命。计算机技术、现代通讯技术和网络技术的迅速发展极大地推动了人类的进步和社会的发展，正在从根本上改变人们的工作方式和生活方式。面对新技术浪潮，办公自动化、电子政务应运而生，文书工作现代化势在必行。在信息的社会化与社会的信息化进程中，文件作为机构和社会的核心信息资源具有特殊的效用和价值，文书工作的现代化水平不仅影响到各类组织机构的管理效能，而且也是推动社会信息化进程的关键所在。现代信息社会要求文件信息的采集、加工、利用等一改传统、落后的手工方式，用现代、先进的办公技术来取代，以适应现代社会对文书工作高效、快捷的要求，满足信息社会信息资源共享的需求。文书工作现代化不仅是现代社会的标志之一，也是整个社会现代化的有机构成。新技术革命推动文书工作走向现代化，文书工作现代化反过来促使新技术得以在办公领域全面应用和迅速普及。

(2) 内在需求——提高文书工作效能。在现代办公环境中，文件效用及时、有效的发挥取决于文件生成、传递、处理速度的快慢和质量的高低，这就力求提高包括各工作环节在内的文书工作的整体效能，而最佳捷径便是实现文书工作的现代化，用科学的理念对文书工作进行组织与控制，设计文书工作的最佳模式，采用先进的科学技术，不断使传统手工的工作过程物化于各种先进的技术设备之中，通过人机对话，实施智能管理，节约人力、物力和时间，提高各环节的工作效率，使文书工作的总体效能得以大幅度提高，满足现代社会对快捷、高效办事效率的要求。文书工作只有实现现代化，才能跟上时代的步伐并高效、优质地为各项管理活动服务。

七、文书工作现代化的相关要素

文书工作现代化是一项系统工程，涉及到方方面面的诸种因素，概括起来可归纳为以下三个方面：管理机制、技术设备和人员素质。

(一) 管理机制

文书工作的管理机制是指文书工作的管理体制、方法、手段等构成要素及其功能与相互关系。文书工作现代化作为一个有机整体，其管理机制在其间发挥着组织与控制的作用。

现代办公环境中的文书工作与传统办公环境中的文书工作有许多不同之处。作为信息时代社会发展的必然产物，文书工作现代化对传统的文件管理理论、原则、技术、方法乃至管理体制提出了前所未有的挑战，因而迫切要求尽快确立和实施现代文书工作的管理战略与管理模式，建立完善的管理机制。其主要内容包括：

（1）适应文档一体化管理的发展趋势，从系统论的角度出发，理顺管理体制，完善机构设置，合理设置工作流程，重新规划人、财、物的流向与使用，统筹规划文书工作与档案工作，力求提高效率、避免浪费。

（2）针对现代办公环境中产生的新型载体文书（如：电子文件等）的特点及其技术特征，运用现代管理理念、管理办法和手段，采用全方位的科学管理模式，如：实施前端控制、全程管理等。

（3）全面启动并迅速普及文书工作标准化，将其视为文书工作现代化的前期工程，只有实现标准化，才能实现现代化。

（二）技术设备

技术设备是实现文书工作现代化的“硬件”，科学的管理机制必须辅以现代化的技术手段与设备。

当前，计算机技术、信息技术、网络通讯技术，以及各种凝聚现代科学技术的文件制作设备、传输设备、存贮设备（如：计算机、传真机、复印机、数码照相机、光盘等）已在世界上比较发达的国家和我国办公自动化程度较高的单位广泛应用，一改传统的手工劳作方式，大大提高了文书工作的效率。同时，这些现代技术设备的应用为突破原有的管理机制提供了技术保障，对人员素质提出了更高的要求。

（三）人员素质

人员是文书工作的主体，高素质的专业人员队伍是文书工作现代化的“主力军”。科学的管理机制的建立离不开高素质的人员，现代技术、设备的研制、开发与使用也离不开高素质的人员。

现代办公环境要求文书工作人员首先具备现代管理理念。第一，具有信息意识，努力扩大信息源和信息量，制作公文时注重提高信息的“含金量”，传递、办理公文讲求准确、快捷，存储信息力求“全息保真”，公文信息的加工与提供利用提倡信息资源共享。第二，具有效率意识，适应信息社会追求高效的时代特征，文书人员必须尽快学会运用现代化的技术与设备从事文书工作，提高文书制作、传输、办理、处置等各环节的效率，使公文及时发挥生命周期中各个阶段的最佳功效，力争效益最大化。第三，具有法律意识，特别是在电子文件环境中，其“变幻莫测”的诸种技术特性以及网络的不安全性等对这种新型载体文件的真实性、原始性、可靠性、安全性等提出了前所未有的挑战，稍有疏忽，便有可能导致文件失真、损毁或引发司法纷争，所以现代文书人员必须具备相应的法律意识。第四，具有参与意识，信息社会，文书人员必须打破被动服务的局面。主动收集、加工、反馈信息，为领导决策提供依据；认真研究文件管理系统的功能需求，为软件设计人员提供依据；努力探讨电子文件等新型载体文件的法律保障与法律效力，为有关立法提供依据。

现代办公环境还要求文书工作人员掌握多种技能，即一专多能，需要懂管理、懂专业、懂技术的复合型人才。要求既了解文书工作及档案工作的各个环节与工作规范、方法等，具备对文件的整个生命周期予以有效管理的能力，又要具备运用现代科技手段和操作办公自动化设备的能力。

在实现文书工作现代化的过程中，上述三方面要素相互制约，缺一不可。没有科学的管理机制，就无法充分、有效地利用现代技术设备与人力资源；没有先进的技术设备，文书工作只能仍然停留在手工阶段；没有高素质的文书工作人员，就无从建立科学的管理机制，现代化的技术、设备也只能成为“摆设”。事实上，这三个要素也是实现文书工作现代化的必要前提条件，解决得好，必定加速文书工作现代化的进程；反之，则会成为阻碍文书工作现代化的制约因素。同时，这三个方面也是衡量文书工作是否步入现代化轨道的根本标志。充分认识三要素的重要性，加强三方面的全方位建设，无疑是实现文书工作现代化的根本途径和必由之路。

八、文书工作现代化的基本模式

文书工作现代化是社会发展的产物，是计算机时代文书工作的必然趋势，也是文书工作融入现代信息社会、与时代同步发展的根本标志，对传统的文书工作模式来说，更是一场全方位的变革。在这场变革当中，传统的文书工作的管理方法与技术、手段中的精华将得以延续并发扬光大；同时，面对新的社会需求和信息时代的特征，现代办公环境中的文书工作必须"脱胎"于传统模式而形成具有时代特色的新型模式。主要体现在以下三个方面：

（一）前端控制

现代社会，随着办公自动化的日益普及和电子信息技术的迅速推广，各行各业越来越多的社会活动记录产生于电子环境之中，以电子文件的形式生成、运行和保存，并继而转化为电子档案。针对电子文件自酝酿生成直至归档保存的全过程，电子文件的生命周期可划分为设计、形成和维护三个阶段，其中设计阶段对电子文件的全程管理具有决定作用。所以，为有效地管理电子文件与电子档案，必须实施前端控制，即尽可能把文件在生命周期各个阶段的管理需求融入文件管理系统设计当中，比如：使得电子文件能够按照预先设定的格式和程序自动生成（或合成）符合规范的正式文本，确保电子文件的内容、结构、背景信息三位一体的完整性，自动完成电子信息的收集工作，根据设定的标准定期鉴定电子文件的价值决定其去留存毁等等。前端控制模式尤其强调将电子档案的管理需求提前至电子文件形成之际乃至生成之前的设计阶段，如：在设计阶段便确定电子文件的归档范围以及需保存的稿本，考虑电子文件的利用和检索需求及访问权限的范围与控制措施等。如果不实施前端控制从而在设计阶段便考虑上述需求，则很难实施对电子文件和电子档案的有效管理。如不能防患于未然，很可能导致文件失真、文书工作失控、档案失踪等现象的发生。

前端控制模式不仅仅适用于电子文件和电子档案的管理，对现代办公环境中的传统载体诸如纸质文件、档案等同样适用。这就要求改变过去文书工作与档案工作分段管理的模式，对文件的生命周期予以全程管理，重新规划整个工作流程。

（二）全程管理

如果说前端控制模式侧重于将档案工作的某些环节前移至文书

工作，全程管理则更加强调将文书工作与档案工作统筹兼顾，协同管理，以期发挥各自及总体的最大效能。这一现代管理模式，又称文件、档案一体化管理模式。它不仅要求档案工作者关注文件的形成过程，介入文书工作之中；同时也要求文书人员了解档案工作的特性与需求，在文书工作中协同管理、奠定良好的基础，完成传统手工环境中原本属于档案工作的一些环节（如：著录工作等）。在数字化世界中，电子文件与电子档案的界限不再显而易见，文书人员与档案人员的界限也不再泾渭分明，文书工作与档案工作将实施“一条龙”式的全程管理，以达事半功倍、信息共享之效。

（三）信息共享

前端控制模式与全程管理模式的实施使得公文中的诸多信息可以一次输入、多次输出、反复利用，实现机构或系统内文书工作与档案工作中的信息资源共享。

从系统论的角度来看，文件系统与图书、情报等其他信息系统的子系统也必然顺应现代管理对综合化信息的需求，势必强化文书工作与其他信息工作的联系，实现信息资源共享。

从全社会的角度来看，信息共享是信息化社会的基本特征。飞速发展的信息技术与信息高速公路的建立为其提供了技术保障，人们头脑中信息意识的逐渐深化与参政、议政意识的日益提高使得文件公开、政务信息共享成为现代公众的社会需求之一。同时，政务公开、实现信息化政府也是世纪之交中国政府努力的目标。2007年1月17日国务院第165次常务会议通过的《中华人民共和国政府信息公开条例》已经公布，自2008年5月1日起施行。其中，第3条规定，“各级人民政府应当加强对政府信息公开工作的组织领导。国务院办公厅是全国政府信息公开工作的主管部门，负责推进、指导、协调、监督全国的政府信息公开工作……”。第4条明确指出，“各级人民政府及县级以上人民政府部门应当建立健全本行政机关的政府信息公开工作制度，并指定机构（以下统称政府信息公开工作机构）负责本行政机关政府信息公开的日常工作……”。第17条规定，“行政机关制作的政府信息，由制作该政府信息的行政机关负责公开；行政机关从公民、法人或者其他组织获取的政府信息，由保存该政府信息的行政机关负责公开。法律、法规对政府信息公开的权限另有规定的，从其规定”。

因此，文书工作必须改变过去对外封闭的状态，积极采取各种有效措施，在确保涉密文件安全保密的前提下，满足社会检索、利用公文的需求，使得公文这种具有凭证性和权威性的特殊信息得以发挥更大的效用。

思考与练习

1. 简述文书工作的基本原则。

2. 简述文书工作的概念、特性与作用。

3. 如何理解文书工作的基本内容？

4. 简述行文规则的主要内容。

5. 案例分析：请指出下列公文在行文关系中的错误之处，并分析错误的原因。

××县商业局关于增设社会商业股的请示

党中央、国务院：

为加强对我县副食、饮食、理发、日杂、粮运队等集体企业的领导和管理，经研究，拟增设××县商业局社会商业股，所需人员在本局现有人员中调剂解决。是否可行，请批复。

××县商业局

二〇〇七年六月九日

抄送：××县政府及各乡政府

6. 案例分析：根据行文规则分析××县人民政府的下述做法是否妥当？为什么？

因为突发洪涝灾害，人民生命财产遭受严重威胁，所以××县人民政府直接向国务院紧急报送请示，同时将请示抄送××省人民政府主管农业工作的副省长×××同志。

7. 简述文书工作组织形式的类型与确定依据。
8. 简述文书工作人员的层次与素质要求。
9. 简述文书工作标准化的含义、特性和基本原理。
10. 简述文书工作现代化的含义、动因和基本模式。

写作篇

第四章　公文的体式

学习要点

通过本章的学习了解公文的体式、文体、格式等基本概念，掌握公文的文体特征，把握说明、记叙、议论三种表达方式运用于公文的特殊要求。

了解公文格式的特点和遵循格式规范的重要性，理解遵循公文格式规范是撰写、制作公文的基础，也是保障公文规范化、标准化的重要一环。重点掌握《国家行政机关公文格式》中国家标准格式要素的构成、含义及其标识规范，并学会应用于公文写作实践之中。

公文的体式是文体与格式的统称。公文的特点决定了公文文体与格式的特殊性。

第一节　公文文体

文体是指文章的体裁。不同的文体有不同的表达方式和不同的构词、组句要求。了解公文的文体，掌握公文文体的特殊性，对于正确认知公文、写好公文、发挥公文的最大功效，具有十分重要的意义。

一、公文文体的基本属性

公文是社会组织在公务活动中形成的具有法定效力和规范体式的凭证性信息记录，旨在通过准确快捷的阅文办事效率解决现实工作中存在的问题，使受文者准确理解、贯彻执行或开展某项工作，从而发挥公文的现实效用。这就决定了公文属于应用文体，具备一般应用文的如下基本属性。

（一）实用性

应用文体具有实用性的特点，在政治、经济、科研、生产及日常生活中广泛用于解决各种实际问题。公文同样具有广泛实用性的特点，为国家机关、企事业单位、人民团体及其领导人在公务活动中所广泛使用，成为上通下达、左右沟通、联系公务的重要工具。

（二）针对性

应用文体具有针对性强的特点，针对工作或生活中某一方面的特定内容直接表意，只选取对解决现实具体问题有价值的内容直笔表达，不尚浮华，不事曲笔。公文的针对性更为明显，具有“应事而写、奉命而作”的特点，往往针对某项工作或为解决某个具体问题而制发，其发送范围亦限定于与文件内容有关的单位，且大多直接针对某个特定单位，这种定向传递的特点使得公文表意更加直接，不仅采用简约、朴实、平直的表意方式，甚至在写作时常常采用省略的手法——对文件授受双方都知悉的内容不再浪费笔墨，以达到准确快捷的阅文、办事效应，提高公文撰写与处理的效率。

（三）真实性

应用文体具有真实性的特点，要求全面、客观、准确、如实地反映对象的本质、现象乃至细节，做到用语恰当、确切，不作虚构、夸张等艺术加工。公文特有的凭证依据作用更是要求公文内容做到从本质到现象、从总体到细节、从过程到结果的全面真实。不仅要求公文中所引用的材料和数据等要做到准确无误，而且要特别防止由于故施褒贬、添枝加叶或表述不清、用词不当等主观因素而产生偏差或歧义。失真的公文不仅难以发挥现行效用，转化为档案之后更是贻害无穷。

（四）规范性

应用文的格式具有规范化的特点。通常按照有关规定或约定俗成的习惯，采用一定的规范化格式记录信息，以使其准确、快速地为读者所接收。公文必须由法定作者形成这一特点决定了公文较之其他应用文而言更具严肃性，对格式规范的要求更为严格。为此，我国自 20 世纪 80 年代以来两度制定了专门的行政公文格式国家标准，以保证公文识别标记鲜明，格式要素完整、规范，既方便撰写者掌握写作格式，又使受文者易于阅读、办理，提高工作效率，同时也为文件工作的现代化奠定基础。

二、公文文体的特殊属性

公文不仅属于应用文，而且是一种特殊的应用文。它以语体文为原则，兼用说明、叙述、议论三种基本表达方式，并形成了庄重严谨、质朴平直、简明得体的文风。

（一）公文是以语体文为原则的应用文体

公文被规定以现代汉语的书面形式（语体文）作为必须使用的符号系统。语体文又称白话文，与晦涩难懂的文言文相比，具有表意直接、通俗易懂、语义明确的优点。加之辅以标点符号，更便于作者明确地表达发文意图，易于受文者准确理解、贯彻执行。随着公文的不断简化，除语体文这种用文字书写的自然语言符号系统之外，使用数字、图表等人工语言符号系统的文件比例逐步增加，其简洁明快、精确缜密、一目了然的特点无疑有助于进一步提高公文的时效。

（二）公文兼用说明、叙述、议论三种表达方式

任何文体都必须借助于一定的表达方式，常见的表达方式有叙述、议论、说明、描写等。公文的特殊功用决定了公文在表达上必须事、理结合——既有对有关情况的概括性叙述，又有对客观事物性质、状态、特征等的介绍和说明，同时还需要在此基础上进行科学的分析和评论以表明作者的观点和态度。这就决定了公文区别于其他应用文的特点之一在于兼用叙述、说明、议论三种基本表达方式。比如在一份处理重大事故的通报中，往往以叙述的方式表述事故的原委，以说明的方式解说事故的性质，以议论的方式分析原因、总结教训、提出意见、做出结论。不同文种会因其性质与使用目的不同而在三种表达方式的运用上各有侧重，同时这三种基本表达方式运用在公文中又各有其值得注意的特殊要求。

1. 说明

说明是指对人物、事项或客观事物进行介绍、解说的一种表达方式。说明是公文中基本的表达方式，常用于解释政策规定，说明知照事项，介绍有关人员的基本情况等。在公文中采用说明的手法时，特别强调以下要求：

(1) 用语确切、客观。要求在把握说明对象本质特征的基础

上，准确恰当地反映其本来面目，不得掺杂主观因素，对事实不能人为地夸大或缩小。

（2）表述周全、完整。即将有关事项或内容逐一表述清楚，使受文者对说明的对象有一个完整的了解和清晰的认识。比如：在知照有关事项的通知中，应简洁明白地交代需办理的事项内容、办理时限、办理方法与要求，做到周密全面；在表彰或批评有关人员的通报中，应将有关人员的一般情况、先进事迹或错误事实以及受到的奖励或处分逐一表述清楚。

（3）文笔朴实、简明。说明的目的是使受文者清晰、准确地获知公文信息，因而要求用质朴平实、简洁明了的语言表述有关内容，忌用浮华婉曲或晦涩难懂的词语以及艰深的专业术语。

说明的方法有很多，在公文中经常使用以下几种：

（1）定义法

在公文中介绍有关事物或涉及到某一概念时，为使受文者准确地把握其实质，常常采用下定义的办法，以便将被说明对象的内涵与外延清晰地展示在读者面前。比如：毛主席在谈到“实事求是”的问题时，使用下定义的方法对“实事求是”的含义做了言简意赅的说明：“实事”就是客观存在着的事物，“是”就是客观事物内部的规律性，“求”就是我们去探求。这样“实事求是”的含义便一目了然了。又如：北京市市委书记刘淇同志在谈到“新奥运”的概念时明确指出：“新北京·新奥运”是中国申办 2008 年夏季奥运会的口号，承载着中华民族的百年梦想。“新奥运”是指绿色奥运、高科技奥运、文化奥运。新奥运的“新”英语译为“great”，含有伟大的、赞叹的、歌颂的意思。

（2）举例法

对于某些抽象或鲜见的概念与事物，仅仅借助于下定义的方法很难使人在脑海中形成清晰的认识，这就需要采用举例的方法使之具体化、形象化。需要注意的是：使用举例法一定要选取具有代表性和说服力的典型事例，切不可以偏概全。

（3）比较法

为进一步说明事物的特征或状况，在公文中将具有相同或相反属性的事物进行对比，可以帮助受文者进一步全面、深入地了解说明的对象和事物的本质，提高认识。比如：在谈到我国人口数量时，往往将其与全世界人口总数进行比较，帮助人们真正认识到我国人口众多的严重性和控制人口的紧迫性，以便更好地贯彻执行计划生育的基本国策。

2. 叙述

叙述是指记载和陈述人物、事件以及事物的状况与变化过程的一种表达方式。其基本要素为：时间、地点、人物、事件、原因、结果。叙述在公文中常用于交代问题，说明原委或列举事例。在公文中采用叙述手法时，应遵循如下特殊要求：

（1）以“顺叙”手法为主。在公文中通常采用顺叙的手法，即按照事物发生发展的时间顺序平铺直叙，使叙述的层次与事物的发展过程相一致，便于受文者对该过程及各个环节一目了然。有时也可采用倒叙的方法，即将事情的结局或事物发展过程中某个突出部分提到公文的开头进行叙述，以便引人注目。公文中很少使用平叙的方法，即先后或交叉叙述同时发生的不同事件，避免表述混乱、脉络不清。一般不使用插叙的方法，即中断原来的叙述而插入另一段有关联的叙述，以免导致表述不清或造成理解上的偏差。

（2）通常采用概括叙述的方式。在公文中不仅要叙述事实，更重要的是在此基础上分析情况、解决问题，因此着重采用概括叙述的方式，不作详情描写。例如：在某银行失窃事件的处理通报中，通常不会对错误行为或盗窃手段与方法进行详情描述，而是概括叙述错误事实，将重点放在批评错误、分析原因等方面，发挥教育、警醒的功效。

3. 议论

议论指运用事实材料和逻辑推理的思维形式反映客观事物、分析内在联系、揭示本质与规律、直接阐明作者主张的表达方式。论点、论据和论证是议论的三要素。

议论运用于公文的主要目的在于通过阐明事理进而说明意义、发表意见、提出措施。相对于说明和叙述而言，议论通常居于从属地位，因此在公文中宜采用夹叙夹议或先叙后议的方法，一般不需长篇大论，通常也不作复杂的逻辑推理，要求用语精要、一语中的。采用议论的方法，要求做到论点正确、鲜明，论据充分、可靠，同时还应掌握一定的论证方法，使论点与论据有机地结合起来。撰写公文时，主要采用以下论证方法。

（1）例证法

例证法指以事实为论据证明论点的方法。即通过列举典型事例，从中归纳结论，使论点“站立”起来。运用例证法时必须注意：第一，列举事实的目的是为证明论点，因而事实论据的叙述宜采用简洁、概括的方法，不可着墨太多，以免喧宾夺主、本末倒置。第二，所引事实论据一要可靠，不能道听途说或随意杜撰；二要典型，具有代表性和普遍意义；三要精选，不可毫无选择地任意罗列事实。否则不仅达不到增强论证力度的目的，反而适得其反。

（2）对比法

对比法指列举数据等事实材料加以比较，通过对比得出结论，并以此为论据说明论点的方法。在论证过程中，有时单纯摆出事实或数据并不能说明问题，但通过与另一事实或数据作对比，便使结论昭然若揭。比如：在评估某单位工作人员的素质时，如果仅仅列举 2007 年该单位有本科以上学历××人，大专学历××人，中专以下学历××人等数字并不说明问题。但如果与其他单位现状进行横向比较，或与本单位过去的情况作纵向比较，该单位工作人员素质提高或降低的论点便会在对比中得到有力的论证。

（3）因果法

因果法指通过对事物的剖析，探寻事物发展的前因后果，并以此证明论点的方法。因果法有助于增强论证的科学性与说服力，使议论更加深入透彻。比如在以铲除腐败为主题的公文中便可采用此法，通过对产生、助长腐败的原因的深刻剖析，对其危害的充分论证，从而得出必须铲除腐败这一论点，并在此基础上进一步提出解决的办法和途径。

第二节 公文格式

公文格式是指公文的文面各项要素的构成及其编排规范。为保障公文的严肃性、完整性和有效性，进一步规范并统一公文格式，我国曾两度颁布行政公文格式的国家标准，足以说明推行使用公文格式规范的重要性和力度。由于我国党政军系统公文格式的规定不尽一致，本节以业经颁布的《国家行政机关公文格式》国家标准为依据阐释公文格式规范。

一、公文格式特点

（一）规范性

公文广泛应用于各级各类机关、企事业单位和人民团体，在各个管理层面的各项活动中发挥现行效用，为确保公文的准确、完整、有效，必须由国家有关机关和部门以行政法规、规章和国家标准的形式予以统一规范，并为上述机构共同遵照执行。

标准、规范的公文格式数据项目完整齐备、格式编排划一、识别标记鲜明准确，不仅方便公文的撰拟和制作，而且便于对公文进行处理、管理，有利于公文的立卷归档和提供查阅，更重要的是将公文格式纳入标准化的轨道，以适应现代化管理的需要，为实现办公自动化奠定基础。在电子政务、电子商务环境中，格式统一规范的公文才有可能在传输的过程中畅行无阻，人机共识，为公文的撰写、传递、处理、存贮提供便利。

公文格式标准是公文撰制、处理和管理的规范，必须严格遵守。各单位不得自行其是、各搞一套。

（二）相对的固定性

公文格式要素中，一部分要素为所有通用文种所必备，如：发文机关标识、标题、正文、生效标识、成文时间等；另一部分要素则可视每份文件的具体情况选择使用，根据文种、行文目的、阅读对象以及版面编排的具体需要进行取舍，如：份数序号、密级标识、紧急程度、签发人、附件说明、注释等。

公文的格式具有相对的固定性，还表现在：相同文种的公文，其格式要素的构成大体一致。

（三）稳定性

公文格式标准一经规范，通常在较长时期内保持稳定，各单位应按有关规定共同遵照执行，及时开发或使用公文格式模板，以便高效快捷地生成符合格式规范的公文。

鉴于公文特定的权威和效用，国家采取了一系列措施予以维护和保障其权威和效用，其中一项措施是制定格式规范、颁布并实施关于公文格式的国家标准。了解并遵循格式标准的相关规定，是制作合乎规范的公文、消除我国目前公文格式的混乱局面、防范作伪公文的重要环节之一。

二、公文格式规范

目前我国的公文格式规范主要以国家质量技术监督局 1999 年 12 月正式批准发布的《国家行政机关公文格式》国家标准（GB/T9704—1999，以下简称“新国标”，见附录 3）为代表，该标准于 2000 年 1 月 1 日起开始实施。1988 年国家质量技术监督局发布的《国家机关公文格式》国家标准（GB/T9704—1988，以下简称“原国标”）同时废止。

新国标在公文用纸纸型、幅面尺寸、公文用纸技术指标、装订要求、公文诸要素的字体字号、排布规则等方面作了大幅度调整，旨在规范、统一国家行政机关公文格式，为公文处理现代化奠定基础。由于新国标在《国家行政机关公文处理办法》中被赋予法定执行效用，因而虽为推荐性标准但具有强制性与约束力。

新国标对公文用纸幅面尺寸的规定是：“公文用纸采用 GB/T148 中规定的 A4 型纸，其成品幅面尺寸为：210mm×297mm”。

新国标对公文中各要素的定位采用以汉字的字和行作为横向、纵向坐标来确定公文中各要素的具体位置：“字”（word）是标识公文中横向距离的长度单位，一个字指一个汉字所占空间；“行”（line）是标识公文中纵向距离的长度单位。一个基准行是指 3 号字的高度加 3 号字的 7/8 倍的距离。

新国标对公文中图文颜色的规定是：除发文机关标识、眉首的反线和发文机关印章为红色外，其余部分均为黑色。

新国标对公文的排版规格的要求是：正文用 3 号仿宋体字，一般每面排 22 行，每行排 28 个字（见图 4—1、图 4—2）。

为便于理解和记忆，新国标将组成公文的各要素划分为眉首、主体、版记三个板块。置于公文首页红色反线（宽度同版心即

156mm）以上的各要素统称眉首；置于红色反线（不含）以下至主题词（不含）之间的各要素统称主体；置于主题词以下的各要素统称版记。

眉首要素包括：公文份数序号、秘密等级和保密期限、紧急程度、发文机关标识、发文字号、签发人（见图4—1、图4—2）。

主体要素包括：公文标题、主送机关、正文、附件、成文时间、印章、特殊情况说明、附注（见图4—1、图4—2、图4—3、图4—4、图4—5）。

版记要素包括：主题词、抄送机关、印发机关和印发时间（见图4—3、图4—4、图4—5）。

0000001　　　　机密★一年
特　急

×××××文件

×××〔2000〕1号

关于×××××××通知

××××××××：

××。

×××××××××××××××××××××××××××××××××××××。

×××××××××××××。

××

图4—1　公文首页版式

秘　密
特　急

××××× 文件

签发人：×××
×××

×××〔2000〕×号

×××××请示

××××：

××

图 4—2　上报公文首页版式

×××××××××××××××。

附件：1.××××××××××××××
2.××××××××××××××

二〇〇〇年一月一日

（×××××）

主题词：××　××　××

抄送：××××××××、××××××××、×××××、××××××。

×××××××××　　2000年×月××日印发

图 4—3　公文末页版式

××××××××××××××××。

附件：1.××××××××××××××

2.××××××××××××××

二〇〇〇年一月一日

主题词：××　××　××

抄送：××××××××、××××××××、×××××、××××××。

×××××××××　　2000年×月××日印发

图 4—4　联合行文公文末页版式 1

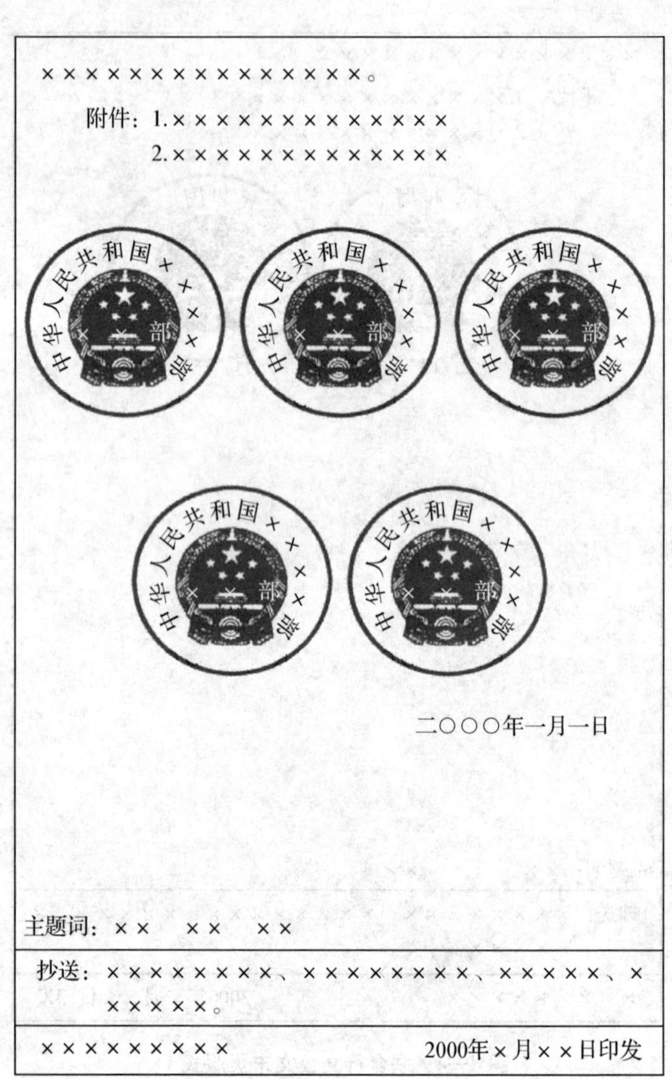

××××××××××××××××。

附件：1.××××××××××××××

2.××××××××××××××

二〇〇〇年一月一日

主题词：×× ×× ××

抄送：××××××××、×××××××××、×××××、××××××。

×××××××××× 2000年×月××日印发

图 4—5 联合行文公文末页版式 2

此外，针对日常工作中常见的公文类型还增加了公文的特定格式（信函式公文格式、命令格式、会议纪要格式）。在公文格式的式样中，增加了联合行文的公文印章标识方法的样式。

三、公文格式的要素及其标识规则

（一）“文件式”公文的格式要素及其标识规则

1. 发文机关标识

发文机关标识是公文作者的标志。作用在于表明公文的责任者，显示公文的权威性与郑重性。

发文机关标识由发文机关全称或规范化简称后加“文件”二字组成，对一些特定的公文可只标识发文机关全称或规范化简称，但通常行政机关的重要公文特别是上报的公文均应加“文件”二字。联合行文时，主办机关名称排列在前。

发文机关标识通常采用两种标识方法。一是作为文头（又称版头），多采用大号字体套红标识于公文首页上端，由发文机关的全称或规范化简称加“文件”二字构成，如“中华人民共和国信息产业部文件”或“信息产业部文件”；二是作为署名，用黑色字体将发文机关的全称或规范化简称标识于公文末页的落款处。若公文以领导人的名义制发，则文头由领导人的职务加文种构成，如“中华人民共和国主席令”，署名时需在姓名之前冠以职务名称，如“中华人民共和国总理温家宝”。根据公文的性质可同时采用上述两种形式或选择其中的一种。

作为文头，发文机关标识推荐使用小标宋体字，用红色标识。字号由发文机关以醒目美观为原则酌定，但一般应小于 22mm×15mm（“国务院文件”的字号），其他各级行政机关标识的字号要小于“国务院文件”。

作为文头的发文机关标识的位置通常有两种。第一种，在平行文或下行文中，发文机关标识上边缘至版心上边缘为 25mm；第二种，仅限于上行文，发文机关标识上边缘至版心上边缘为 80mm，留出空白区域供上级机关批示之用。

联合行文时应使主办机关名称在前，“文件”二字置于发文机关名称右侧，上下居中排布；如联合行文机关过多，必须保证公文首页显示正文。应将部分发文机关名称移到版记中的主题词之下、抄送之上，不能挤占正文位置；也可将发文机关字号缩小，行距缩小，直至确保公文首页显示正文为止。

2. 发文字号

发文字号又称发文编号，指发文机关对其所制发的公文依次编排的顺序代码。作为专指很强的文件代号，发文字号为引用和检索文件提供便利，同时也便于对文件进行统计和管理。

发文字号由发文机关代字、年份和序号组成。发文机关代字不可过长；年份应用四位阿拉伯数码标全称，外用六角括号“〔〕”；序号不编虚位（即 1 不编为 001），不加“第”字。发文字号具有唯一性，不得重复编号或漏编。一份公文只编一个发文字号，联合行文时只标注主办单位的发文字号。

发文字号的标识方法是：位于发文机关标识下空 2 行，用 3 号仿宋体字，居中排布；发文字号下 4mm 处印一条与版心等宽的红色反线。上行文因有签发人标识，则发文字号不再居中，而是居左空 1 字，签发人则右空 1 字，二者同处一行。

3. 签发人

签发人指代表机关最后核查并批准公文向外发出的领导人姓名。作用在于表明机关发文的具体责任者，督导各级领导认真履行职责，提高公文质量，并为直接联系工作、迅速查询有关问题提供方便。

签发人标识只用于上行文，凡上行文均需标识签发人姓名。签发人姓名应平行排列于发文字号右侧，发文字号居左空 1 字，签发人姓名居右空 1 字；签发人用 3 号仿宋体字，签发人后标全角冒号，冒号后用 3 号楷体字标识签发人姓名。

如有多个签发人，主办单位签发人姓名置于第 1 行，其他签发人姓名从第 2 行起在主办单位签发人姓名之下按发文机关顺序依次顺排，下移红色反线，应使发文字号与最后一个签发人姓名处在同一行并使红色反线与之的距离为 4mm。

4. 公文份数序号

公文份数序号是指将同一文稿印制若干份时对每份公文的顺序

编号。份数序号的作用在于为分发、清退、查找公文提供依据，便于对公文进行统计和管理，明确交接责任。

并非所有的公文都需要编制份数序号。新国标规定带有密级的公文编制份数序号。如果发文机关认为有必要，也可对不带密级的公文编制份数序号。

公文份数序号的标识方法是：用阿拉伯数码顶格标识在版心左上角第1行。

5. 秘密等级和保密期限

秘密等级是表明公文保密等级的标识符号。密级通常标为“绝密”、“机密”或“秘密”。保密期限是对公文密级的时效加以规定的说明。二者的作用在于表明公文内容涉及国家秘密的程度及密级时效，规定公文的阅读范围及传递、处理要求，以便将密件与平件分开收发与管理，确保秘密公文的安全。

涉及国家秘密的公文均应标明密级和保密期限，通常按涉密程度分别用汉字标明“秘密”、“机密”、“绝密”等字样。

秘密等级和保密期限的标识方法是：用3号黑体字将秘密等级顶格标识在版心右上角第1行；同时标识秘密等级和保密期限时，用3号黑体字，顶格标识在版心右上角第1行，秘密等级和保密期限之间用“★”隔开。如果不标识保密期限，秘密等级两字之间应空1字距离。

6. 紧急程度

紧急程度是对公文送达和办理的时限要求。作用在于揭示公文、电报传递和处理的时限，以引起重视，并为催办公文提供依据，确保紧急公文得到优先处置，避免延误。

凡紧急公文均应体现紧急的原因，并根据实际需要确定紧急程度。依紧急程度分别用汉字标明“特急”、“急件”，电报应分别标明“特提”、“特急”、“加急”“平急”等字样。

紧急程度用3号黑体字标识，顶格标识在版心右上角第1行，两字之间空1字；如需同时标识秘密等级与紧急程度，秘密等级顶格标识在版心右上角第1行，紧急程度顶格标识在版心右上角第2行。

7. 公文标题

公文标题指概括表明某一文件主要内容的文件名称。标题的主要作用在于概要揭示公文主要内容与行文目的，引导阅读，方便处理。

公文标题的拟写要求是：应当准确、简要地概括公文的主要内容并标明公文种类，一般应当标明发文机关。完整的公文标题一般由发文机关名称、事由、文种三部分构成，其中：发文机关名称要用全称或规范化简称，事由部分应简洁、明了地揭示公文主题，文种的选择要准确、恰当。公文标题中除法规、规章名称加书名号外，其他文种通常不必标注。

公文标题的标识方法是：红色反线下空 2 行，用 2 号小标宋体字标识。可分一行或多行居中排布；回行时，必须整词转行。如果标题所占行数太多，致使将正文挤出首页，可以变通处理，将标题上移。

8. 主送机关

主送机关指公文的主要受理机关，即对公文承担办理或答复责任的机关。作用在于概括表明公文的空间效力范围，明确对公文负法定办理或答复责任的机关，保证公文效用的实现。

主送机关应当使用机构的全称或者规范化简称、统称。

主送机关的标识方法是：标题下空 1 行，左侧顶格用 3 号仿宋体字标识，回行时仍顶格；最后一个主送机关名称后标全角冒号。如主送机关名称过多而使公文首页不能显示正文时，应将主送机关名称移至版记中的主题词之下、抄送之上，标识方法同抄送。

9. 公文正文

正文指公文的主体部分，用于阐述具体内容，表达发文意图，使受文者对文件所传递的信息获得具体、明确的认识。

正文的内容一般要求做到一文一事，正文的结构通常包括开头、主体、结语三部分。

正文的标识方法是：正文标识于主送机关名称下一行，每个自然段左空 2 字，回行顶格。数字、年份不能回行，以免出现差错。

10. 附件与附件说明

附件指附属于公文正件的其他公文或材料，可分为两类：一种是与公文正件具有同等效力的附件，其作用在于进一步补充和完善公文正件的内容；另一种是在公文正件中已申明仅供参考而不具备现实执行效用的附件，其作用在于为受文者正确理解和执行公文正件提供参考数据。

附件说明指为附件所作的标记，用以注明附件的序号、标题、份数等，以便查阅和保护附件，防止附件散乱、丢失。

公文如有附件，应当注明附件顺序和附件名称。附件说明中的附件名称必须与后面所附文件的标题完全一致。

附件说明的标识方法是：在正文下空 1 行左空 2 字用 3 号仿宋体字标识“附件”，后标全角冒号和名称。附件不止一件时，应使用阿拉伯数码标明序号（如“附件：1. ×××××”）；附件名称后不加标点符号。

附件应与公文正文一起装订，并在附件左上角第 1 行顶格标识“附件”，有序号时，标识序号。附件的序号和名称标识应前后一致。如附件与公文正文不能一起装订，应在附件左上角第 1 行顶格标识公文的发文字号并在其后标识附件（或带序号）。

11. 成文时间

成文时间即成文日期，通常指公文生效的时间（某些正文中明确规定具体生效或开始执行日期的规范类文件除外）。

成文时间的编写要求是：通常以领导人签发的日期作为公文的成文日期；联合行文时，以最后签发机关的领导人签发的日期为准；经会议讨论通过的公文以会议通过的日期为准；电报以发出日期为准。

成文时间的标识方法是：成文时间必须使用汉字，应将年、月、日标全，不得用“零”（应为“O”）。由于印章一般要盖在成文时间上，成文时间的标识位置要依印章的位置而定。

12. 公文生效标识

公文生效标识是证明公文效力的表现形式，包括发文机关印章或签署人姓名两种形式。

凡以机关名义的行文必须加盖机关印章，凡以领导人名义的行文必须由领导人亲笔签署或加盖签名章。

公文生效标识的标识方法是：

单一机关制发的公文在落款处不署发文机关名称，只标识成文时间。成文时间右空 4 字；加盖印章应端正、居中，上距正文 2mm～4mm，下压成文时间。印章用红色。

新国标规定了两种印章加盖方式。当印章下弧无文字时，采用下套方式，适用于带有国徽、印章下弧没有文字的印章，即仅以下弧压在成文时间上；当印章下弧有文字时，采用中套方式，即印章中心线压在成文时间上。

当联合行文需加盖两个印章时，应将成文时间拉开，左右各空 7 个字；主办机关印章在前；两个印章均压成文时间，印章用红色。只能采用同种加盖印章方式（均采用下套方式，或均采用中套方式），保证印章排列整齐。两印章间互不相交或相切，相距不超过 3mm。

当联合行文需加盖 3 个以上印章时，为防止出现空白印章，应将各发文机关名称（可用简称）排在发文时间和正文之间。主办机关印章在前，每排最多 3 个印章，两端不得超出版心；最后一排如余一个或两个印章，均居中排布；印章之间互不相交或相切；在最后一排印章之下右空 2 字标识成文时间。

13. 特殊情况说明

特殊情况说明是对印章与正文不能同处一面时不得采取“此页无正文”的标注方式的特别说明。目的是使印章与正文务必同处一页，不留任何空白，堵住变造公文的漏洞。

新国标规定，当公文排版后所剩空白处不能容下印章位置时，应采取调整行距、字距的措施加以解决，务使印章与正文同处一面，不得采取“此页无正文”的方法解决。

14. 附注

附注是对文件内容或有关事项、要求的注解与说明。其作用在于简化公文，方便受文者阅读、理解。为使正文集中表述主要内容，一些不便在正文中直接解释、说明的名词术语或公文的阅读范围、使用方法、联系人及联系电话等，通常置于附注中加以注解。

附注的标识方法是：附注内容用圆括号括入，用 3 号仿宋体字，居左空 2 字加圆括号标识在成文时间下一行。

15. 主题词

主题词是揭示公文内容并经规范化处理的词与词组。其作用在于与标题相配合进一步简要而精确地揭示公文内容，为主题检索提供标识，为公文处理的标准化、现代化奠定基础。通常适用于有检索价值的公文。

主题词的标引次序一般根据主题词的含义由小到大排列，以公文内容为特征的主题词在先、表明文种的主题词在后。每份公文一般标注 2～5 个主题词，通常不超过 7 个。主题词通常应从本系统或本单位制定的主题词表中选用，不宜随意标注。

主题词的标识方法是："主题词"用 3 号黑体字，居左顶格标识，后标全角冒号；词目用 3 号小标宋体字；词目之间空 1 字。

16. 抄送机关

抄送机关指除主送机关以外需要执行或知晓公文的其他机关。其作用在于明确公文的抄送范围，使有关机关及时了解公文内容，以便必要时予以协助、配合。

抄送机关应使用全称或规范化简称、统称。抄送机关仅限于确需了解公文内容或需得到其协助的单位，不得乱抄滥送。

抄送机关的标识方法是：在主题词下 1 行；左空 1 字用 3 号仿宋体字标识"抄送"，后标全角冒号；抄送机关用顿号隔开，回行时与冒号后的抄送机关对齐；在最后一个抄送机关后标句号，防止在抄送机关之后私自加入其他的抄送机关变造公文。

17. 印发机关和印发时间

印发机关是指公文的印制主管部门。标识印发时间是为了准确反映公文的生成时效。一般来说，公文在领导签发之后，往往需要经过打字、校对、复核等环节。新国标规定印发时间以公文付印的时间为准，旨在通过显示生效时间与印发时间的时间差，促使发文机关提高制发公文的效率，同时有助于收文机关掌握公文的传递时间，加快公文办理的速度。

印发机关和印发时间的标识方法是：位于抄送机关之下（无抄送机关在主题词之下）占 1 行位置；用 3 号仿宋体字。印发机关左空 1 字，印发时间右空 1 字。印发时间用阿拉伯数码标识。

此外，每页有图文的公文页面均应标注页码。新国标规定页码分别置于公文左下角或右下角（单页码居右空 1 字，双页码居左空 1 字），并在页码左右各放一条 4 号一字线，方便阅读。公文页码用 4 号半角白体阿拉伯数码标识。置于版心下边缘之下一行。空白页不标识页码，防止在空白页擅加文字。

（以上为公文格式版记要素）

（二）公文中表格的标识方法

为使公文中的表格排版美观、方便阅读，新国标对表格作如下规定：

对于横排 A4 表格的页码，应将页码放在横表的左侧，单页码置于表的左下角，双页码置于表的左上角，单页码横表表头在订口一边，双页码横表表头在切口一边。这样放置可保证连续编排的表格可以依次顺序阅读，不必反复颠倒。

公文如需附 A3 表格（开本较大），而且是作为公文正文的最后一页时，为避免表格脱落，应使表格处于封三之前位置，而不应将表格贴在文件最后一页（封四）上。

（三）信函式公文格式要素及其标识规则

在日常工作中，经常会看到一种只标识发文机关名称而不标识“文件”二字的“信函式”公文，用于处理日常事务的平行文或下行文，而且使用频率很高。这种公文除了不标识签发人以外，其他各要素均与“文件式”公文相同。新国标对这种“信函式”公文格式的规定为：

发文机关名称上边缘距上页边 30mm，之下标识发文机关名称。由于不加“文件”二字，发文机关名称一般不用简称。

在发文机关名称 4mm 之下印一条武文线（上粗下细），在距下页边 20mm 处印一条文武线（上细下粗），线的长度为 170mm。旨在保证“信函式”公文与“文件式”公文的版心基本一致，只不过将发文机关标识移出了版心。

发文机关名称及双线均印红色，其他各要素的标识方法均同“文件式”公文格式。

(四) 命令的格式要素及其标识规则

新国标对命令（令）格式的规定是：

命令标识由发文机关名称加“命令”或“令”组成，用红色小标宋体字，字号由发文机关酌定，但不宜超过上级机关的字号。

命令标识上边缘距版心上边缘 20mm，下边缘空 2 行居中标识令号；令号下空 2 行标识正文；正文下一行右空 4 字标识签发人签名章，签名章左空 2 字标识签发人职务；联合发布的命令或令的签发人职务应标识全称。在签发人签名章下一行右空 2 字标识成文时间。分送机关标识方法同抄送机关。其他各要素的标识方法均同“文件式”公文格式。

需要注意的是，命令（令）不分“主送”、“抄送”，而用“分送”这一特定形式。

(五) 会议纪要的格式要素及其标识规则

会议纪要标识由“××××××会议纪要”组成。其标识位置同发文机关标识，用红色小标宋体字，字号由发文机关酌定。会议纪要通常不单独对外发出，所以不加盖印章。其他各要素的标识方法均同“文件式”公文格式。

应当说明的是，在 OA（办公自动化）系统中应制作统一规范的公文格式模板，防止自行其是、各搞一套。各机构应依据不同的公文类别、性质、行文关系、紧急程度、密级要求以及格式规范等制作相应的文件格式模板，公文起草人员只需在相应项目（如：标题、收文机关、正文等）中输入内容，便可自动生成一份具有标准规范格式的公文，不仅有助于规范公文的版面，保证权威性、有效性和严肃性，而且有助于提高公文的制作效率。

思考与练习

1. 如何理解公文是一种特殊的应用文体？
2. 如何理解公文格式的含义及其特点？
3. 公文格式中各要素是如何划分的？分别包括哪些要素？

4. 案例分析：请指出下述做法是否正确，并说明理由。

韩秘书在对一份发文进行排版时，发现公文正文结束后已不能容下印章的位置，只能在下一页盖章。为保证公文的完整性、有效性，韩秘书在加盖公章的页面左上角标注“（此页无正文）”。

5. 格式设计：××市政府 2007 年制发的第一份公文是就××问题向××省政府报送的请示，请为这份公文设计首页格式（题目中未给出的具体内容可用“×××”代替）。

第五章 公务文书撰拟通则

学习要点

公务文书撰拟制作是文书工作的重要内容。通过本章的学习，应该明确公文撰拟的要求与步骤，理解公文的主旨及表达手法，掌握公文的结构安排要求及语言的运用技巧。学习本章的目的在于了解公文撰拟的要求与规律，重点掌握公文表达的要求、公文语言的运用规则与技巧。

第一节 公文撰拟的要求与步骤

公文撰拟的基本要求，是指在公文撰拟过程中必须遵循的基本准则；公文撰拟的步骤，则是实现这些准则的顺序和方式。公文撰拟的基本要求要通过公文撰拟的步骤来实现，否则，再好的准则也只能是“空中楼阁”；同样，公文撰拟的步骤必须以公文撰拟的要求为依据，没有公文撰拟的要求，再完善的步骤也只能是“没有航标的河流”。从理论上讲，公文撰拟的要求与步骤是一个问题的两个方面；从实践中看，它们则表现为以下内容。

一、内容要求

公文是由法定作者形成的，具有特定的权威性和效用。这种权威性和效用是通过准确无误、讲求实效的公文内容得以体现的；而公文的内容是公文撰拟的结果。因此，在公文撰拟过程中要力求做到内容准确无误、讲求实效。

（一）准确无误

公文内容的准确无误，是指公文撰拟的指导思想、目的、依据必须符合党和国家的政策、法律，符合发文机关的职权范围和整体利益。即公文的观点必须合法、合理和全面。

所谓合法，是指公文的观点，其理论依据必须正确，即必须符合党和国家的政策和法律，符合上级的指示和精神，而不能与之相违背。所谓合理，是指公文的观点要合乎发文机关的状况和办事程序，其基本出发点是为了解决实际工作中的问题，其措施、办法不得超出发文机关的职权范围。所谓全面，是指公文的观点要顾及全局利益，即公文中表述的观点，既要考虑上下级之间的纵向关系，又要顾及左邻右舍的横向关系；要加强社会组织之间在公文内容方面的协调和协商，力戒各行其是或互相扯皮。

（二）讲求实效

公文内容的讲求实效，是指公文撰拟的动机和结果必须切合实际，并且准确把握公文的制发时机。即公文的内容必须真实、可行和注重时效。

所谓真实，是指公文中反映的实际情况必须真实。撰拟公文的目的是为了解决公务活动中的实际问题。只有客观、真实地反映实际情况，不唯上，不唯书，只唯实，才能为科学决策提供依据，才能从根本上解决问题。所谓可行，是指公文中制定的措施必须具有可操作性。公文中提出的措施能否顺利实施，是检验公文质量的重要标准。这就要求在公文撰拟过程中，充分考虑各种实践因素，以能够取得实际效果为客观尺度，以解决实际问题为行文目的，最大限度地发挥公文的作用。所谓注重时效，是指要恰当把握行文的最佳时机。公文的撰拟要力求同社会组织的管理活动同步，适应现代社会高效运转的节奏，提高公文撰拟本身的针对性和工作效率，以期发挥公文的最佳效益。

二、语言要求

公文语言是公文的基本要素，它属于一种较为典型的应用型语言。与文学语言不同，公文语言更为强调与反映对象的一致性。因此，在公文撰拟过程中，更要求语言的表述做到严谨周密、简明精练和庄重得体。

（一）严谨周密

公文语言的严谨周密是指用语准确、贴切、不生歧义，主要包括两方面的内容，其一是要求语言本身符合逻辑、语法和修辞规则；其二是要求语言符合公文的特殊表达方式。

所谓符合逻辑，是指公文中出现的概念应当明确，判断必须恰当，推理要具有逻辑性，论证要有说服力。具体地说，公文中出现的概念，其内涵和外延必须确定而不得自相矛盾。比如，不得将“三季度结束之前”写成“三季度前”。此外，由于公文中的概念是构成判断和推理的基本单元，所以对事件的状态、观点和性质必须严格限定，不得出现词义模糊及模棱两可的情况。比如，在我国的不同的历史时期，“人民”是一个不断变动的概念，抗日战争时期的“人民”同改革开放时期的“人民”是存在一定差别的，在公文中一定要特别注意。

所谓符合语法和修辞规则，是指公文应正确使用语法成分，恰当采用修辞手法。简单地说，语法就是用语、造句的方式，符合语法规则的目的则是使公文结构合理、通顺。为此，要注意公文中句子成分和词语搭配，避免成分残缺和搭配不当的“低级错误”。而公文的修辞是指选择最恰当的语言形式来加强公文的表达效果，其目的是使公文更有气势和风采。为此，要在符合语言规则和公文特点的前提下，正确、恰当地使用引用、比喻、对偶、排比、借代等修辞手法。

所谓符合公文的特殊表达方式，是指公文中出现的时间、数字、地名等，应严格执行国家关于正式出版物及公文处理的各项规定。比如，时间应使用准确的公元纪年，不得使用“今年”、“去年”等记述方式；数字除特殊要求外，应尽量使用阿拉伯数字；地名则要以国家地名委员会正式公布的地名全称或简称为准。

（二）简明精练

简练的公文语言是公文的基本特性所要求的。即：为了加快阅文和办事的速度，公文必须提高信息的含量和精度，使受文者在较短的时间内就能够深刻领会公文的基本用意。为此，公文语言的表达要力争做到直接叙述、词约事丰和字斟句酌。

所谓直接叙述，是指公文的语言应当简洁明了地表达发文意图，开宗明文、直截了当；尽量避免“穿靴戴帽”和过分渲染。所谓词约事丰，是指公文的语言表达应力求概括、言简意赅，充分利用一些程式化的公文专用词语以及附件、表格等文章成分压缩篇幅，提高公文的信息量。所谓字斟句酌，是指公文语言需要经过反复锤炼和修改，以期“锦上添花”。

（三）庄重得体

公文语言的庄重得体，是指公文中的用语必须符合作者的身份、地位和发文目的，并做到通俗、庄严、郑重。

符合作者的身份和地位，是指公文语言要准确地反映发文者与受文者之间的社会关系及工作关系。力争做到上行文恭而不卑，下行文严而不酷，平行文谦而有度。

符合发文目的，是指公文的用语必须与发文的意图及文种相吻合。如：命令用语的严肃、准确；公函用语的委婉、谦和等等。

此外，公文语言的庄重得体，还应当包括正确地使用书面语言，忌用口语、方言、不规范的简称与“行话”等，确保公文的权威性与准确性。

三、文面要求

文面是公文的外观形态，包括公文用纸、字迹符号、行款格式等要素。阅读公文时，首先映入人眼帘的便是公文的一系列外在形式，文面的好坏往往给人以第一印象。清晰整洁、美观大方的文面不仅体现出公文撰制人员的素养和发文机关制作公文的水平，而且也是高质量公文的外在表现形式。庄重、严肃、整洁、规范的文面有利于对公文的审核、印制、办理和保管。因此，撰制公文时应遵循下述文面规范：

（一）用纸规整划一

撰拟（包括打印）文稿时应遵循统一、规范的《发文稿纸格式》（见图 5—1），正本应缮印在符合国家机关公文格式标准的公文用纸上。所有文字、图形、符号必须书于规定的图文区内，不得将稿纸接长、截短或加贴浮签。

<table>
<tr><td colspan="3">××部发文稿纸</td></tr>
<tr><td>××〔××××〕××号</td><td>缓急</td><td>密级</td></tr>
<tr><td>签发</td><td colspan="2">会签</td></tr>
<tr><td colspan="3">主送</td></tr>
<tr><td colspan="3">抄送</td></tr>
<tr><td>拟稿单位</td><td>拟稿</td><td>核稿</td></tr>
<tr><td>印刷</td><td>校对</td><td>份数</td></tr>
<tr><td colspan="3">附件</td></tr>
<tr><td colspan="3">主题词</td></tr>
<tr><td colspan="3">标题</td></tr>
<tr><td colspan="3">（正文）</td></tr>
</table>

图 5—1　发文稿纸格式

（二）字迹清晰规范

中文字体手书时须工整清楚，不得潦草；打印稿应确保字迹的清晰度，不宜过重或过淡，忌重影、模糊不清。切勿出现错字、别字，忌用异体字、复合字与不规范的简化字，一般不用繁体字。

外文字母应采用标准的印刷体或工整的手写体，书写时要分清正斜体、大小写和上下角码。

如书写出现错误，应使用修改标记勾画清楚。删节的字句应涂抹彻底；恢复被删改的字句应用同样的稿纸重新缮写；添改的字句应写在原字句上方行间；大段添加字句或勾画较多时应重新抄写或打印。

（三）标点符号正确

应按国家统一规定正确使用标点符号。标点符号要规范地标在字行中正确的位置上。忌误用、错标、混乱不清。

（四）排版格式统一

标题：大、小标题均应在稿纸行间居中书写；需转行时不得将完整的词分置于两行。

段落：每段起首空两格，回行顶格。

序号：公文层次的序号一般按层级依次为：一、二、三……(一)、(二)、(三)……1.、2.、3……（1）、(2)、(3)……

页码：凡有图、文的公文稿纸均须依次用阿拉伯数字标注连续页码，位置在每页公文图文区的右下角或公文纸背面的左下角，没有文字符号的空白页面不编页码。

注释：简短的注释用“夹文注”的方式，外加圆括号；注释数量多或内容复杂者可采用“文末注”的方式，在注释栏中标注。

引文：简短者夹在正文中间。如为原话，加冒号、引号；如是转述，只加冒号。引文出处可直接注在引文后面，也可采用“文末注”的方式。

公式：公文中的各种公式应居中书写。有序号的公式，序号标于公式右侧（外加圆括号)。较长的公式应选在等号或乘、除、加、减号处转行。

（五）行距、字距适中

行距与字距的确定主要以公文版面美观大方为基准。行距应大于字距，版头、标题、重要标记符号的行距、字距应大于正文的行距与字距。标题与正文之间的行距可稍宽；正文之间的行距与字距根据文字多少与篇幅长短适当掌握，以版面匀称、美观为基准。

（六）字体、字号适宜

公文中常用字体为黑体、宋体和仿宋体。黑体字一般用于版头、秘密等级、紧急程度和各标记字符或其他重点字句；宋体字一般用于标题和主题词；仿宋体字一般用于发文字号、主送机关、正文、正文说明、附件说明、发文机关、成文日期、附注、抄送机关、印发说明等。

公文印刷中字号的选用一般按文头、大标题、小标题、标识字符、正文及注释说明文字等顺序从大到小地加以选用。

总之，公文中所用字体、字号种类不宜过多，同类公文字体、字号的选用应基本一致；一份公文中，同级标题以及正文的字体、字号应前后一致。

四、撰拟步骤

公文的撰拟步骤，是指在一般写作活动规律指导下，按照公务活动的客观要求，完成公文撰拟的过程。它是实现公文撰拟要求的顺序和方式。在实际工作中，公文的撰拟步骤一般包括明确要求、确定文种、撰写提纲、选择材料、草拟文稿和修改润色等环节。

（一）明确要求

明确要求就是确立公文主旨的过程。公文的撰拟与一般写作，如文学创作、论文著述的显著区别在于，它在很大程度上不是取决于个人的意图，而是按照上级组织或领导的授意办事，即遵命执笔。因此，在撰拟公文之前，就要深刻领会上级文件精神，反复推敲有关领导同志的发文意图，细心检查组织内部的工作状况；并由此提炼出公文的主要观点，经过一定的审批程序，落实为公文的主旨。

（二）确定文种

确定文种，就是确定公文的名称，它集中反映在公文的标题当中。

（三）撰写提纲

撰写提纲，就是设计一篇公文的框架和轮廓，即确定公文的结构。如怎样开头，如何结尾，中间使用哪些过渡方式等。提纲的粗略、详细完全取决于撰拟者的写作习惯、实际水平和具体文种。

（四）选择材料

选择材料就是围绕着公文的主要观点而收集、筛选素材。这些材料主要是通过公文的撰拟者亲身感受和调查研究，以及他人的感受和调查研究，即直接和间接两种方式获得。然后将其经过去粗取精、去伪存真等过程，融入公文的整体之中。

（五）草拟文稿

草拟文稿是指撰拟者实际写作公文的过程，它是公文撰拟的中心环节。无论是公文的主旨，还是公文的材料；无论是领导的意图，还是撰拟者本人的思想，都要通过草拟文稿这一环节进行加工和转化。因此，必须集思想性与技术性于一体。公文撰拟的其他环节，实际上都是为草拟文稿服务的。需要指出的是，真正掌握草拟文稿的方法和技术，写出高质量的公文，是一个漫长的实践过程，需要不断探索和磨练。

（六）修改润色

公文的修改润色，是对公文进一步完善的过程。它可以分为两种方式进行：其一是融入整个公文的撰拟阶段，即在确定标题、安排结构、选择表达方式的过程中，就包含着反复推敲、论证和修改的工作；其二是在草拟公文之后，对已经基本成型的文稿，进行完善、加工和润色的过程。通常所说的公文修改，一般是指后一种情况。

1. 公文修改的范围

公文的修改实际上是公文的撰拟者对文稿再认识的过程，因此，公文的修改范围基本上是重复行文阶段的主要环节。

（1）审改主旨。修改文稿首先要从公文的主旨入手。主要是以党和国家的各项法律、法规和政策以及领导意图为依据，检查公文的主旨是否正确，主旨的表达是否鲜明、深刻。如果公文的主旨不够准确，与上级的指示精神和实际情况尚有距离，就应当加以修改或纠正；如果公文主旨的表达缺乏新意，就需要进一步挖掘和提炼，以保证公文主旨的正确、集中和鲜明。

（2）修改观点。就是要看文稿中的一些基本提法能否经得起推敲和实践检验；文稿中的概念、判断和推理是否合乎逻辑，前后是否一致等。凡是文稿中存在上述问题，都必须进行认真修改，使其符合公文主旨的需要。

（3）核对材料。即对文稿中所使用的各种材料，包括数字、事例、引文等逐个进行核实。如果材料和主旨不统一，就应该重新选择材料；如果文稿使用材料过多，冲淡了观点，就应该加以挑选和剪裁；如果文稿有言之无物之处，就要补充必要的材料，使文稿更加充实。

（4）调整结构。要检查文稿的总体结构是否紧凑，层次是否分明，分段是否得当，上下过渡是否自然、顺畅，叙述表达是否准确和详略有致等。如果发现结构问题，就要采取浓缩、“搬串”和增删等办法加以解决。

（5）精雕语言。凡是文稿中的语言不符合公文文体及文法要求的，都要予以纠正；力求使公文语言精确、简练、得体。

（6）矫正标点。在修改文稿时，不要忽视标点符号的矫正，力求减少和防止标点使用错误，进而提高公文的质量。

2. 公文的修改方法

公文的修改有时由个人完成，有时需集体修改（集体讨论，一人执笔），有时在广泛征求意见之后予以修改。具体修改方法有很多，往往因人、因地、因文而不同。但从总体上讲，包括“增”、“删”、“改”、“调”四个方面。

（1）“增”即增加、补充。凡是在文稿的主旨、观点、材料、表达上存在疏漏的，均须予以增补，进而使文稿更为准确、完善，增强行文的鲜明性和完整性。这种方法主要包括增补观点、增补材料和增补文字。

（2）“删”即删节、抹去。凡是文稿存在重复、啰嗦的观点或材料，均须予以删节，进而使文稿重点突出、主次分明、语言精练。这种方法主要包括删削观点、删削段落、删削材料和删削字句。

（3）“改”即更改、变动。凡是文稿内容、表达存在不正确、不周严、不全面的情况，均须予以改动，进而使文稿更加准确和严谨。这种方法主要包括修改主旨、改动结构和修饰文字。

（4）“调”即调动、调整。即在文稿原有内容、文字的范围内，对语言层次的合理调整，进而使行文逻辑严密，文意贯通，语言运用合乎语法规则。这种方法主要包括调整段落和文字等。

第二节　公文的主旨

公文作为一种社会管理的手段和工具，必须明确地表达其作者的思想和观点，以及对受文者的要求。这种思想、观点和要求就构成了公文的主旨。准确地讲，公文的主旨，是指公文中表达的基本观点或中心思想，它贯穿于文件的全部内容，集中地表现了对客观事物的感受、认识和理解。因此，公文的主旨是一篇公文的统帅和灵魂，只有明确了公文的主旨，才能够收集和选定材料；只有明确了公文的主旨，才能够安排公文的结构；只有明确了公文的主旨，才能够进一步确定公文的表达方式。

一、公文主旨的基本特征

公文主旨的基本特征，是指公文的主旨区别于其他应用文种，乃至文学作品的主要差异和属性。这种差异和属性表现在公文主旨的特点、确立要求和形成依据等方面。

（一）公文主旨的特点

公文主旨的形成有其自身的固有特点。

（1）从产生过程看，公文主旨的酝酿时间比较短，形成过程也比较单纯；除《政府工作报告》等特殊文件外，其成熟的周期较为短暂。

（2）从包含的基本内容看，公文主旨大体包括撰拟目的、说明和主张三个要素，并采用“第一人称”的方式直陈文中，表露于外。

（3）从表现形式看，公文的主旨受行文规则的约束，紧密联系公务活动实际，反映行政管理规律，无法采用文学主题那种自由、灵活的方式。

（4）从与标题的关系看，公文的主旨与标题关系紧密，公文的标题必须直接揭示主旨，而不能隐含或曲笔。

（5）从作者看，公文的主旨是公文撰拟者、社会组织的领导以及上级精神、下级情况的汇合和结晶，其作者比较固定和单一，没有其他作品的作者那样宽泛。

（二）公文主旨的确立要求

公文主旨的确立要求是其特点的集中体现，具体表现在以下三个方面。

1. 公文的主旨必须正确

主旨正确，是指公文的主旨必须符合党的路线、方针和政策，符合国家的法律、法规，符合公务活动的实际情况，经得起实践的检验。以便使公文的基本观点合法、合理，公文中提出的方法、措施行之有效。

2. 公文的主旨必须集中

主旨集中，是指公文的主旨应当单一，在一篇公文中只有一个中心思想或基本观点；不要出现两个以上的中心，或塞进与主旨无关的材料及情节。为此，应当坚持“一文一事”的原则，以防主旨分散。

3. 公文的主旨必须鲜明

主旨鲜明，是指公文的主旨应当突出、深刻和新颖。即：能够抓住问题的实质；提出的措施、方法符合事物的发展规律，有独到之处；态度应十分明确，提倡什么，反对什么，应该做什么，不要做什么，直白显露，有一定的针对性。

（三）公文主旨的形成依据

在实际工作中，确立公文的主旨要严格依据以下三方面的内容。

（1）党的路线、方针、政策和国家的法律、法规，以及上级组织的有关文件精神——保证主旨观点的正确性，即公文主旨要立足于法。

（2）公务活动的实际情况——保证主旨内容的针对性和可行性，即公文主旨要立足于行。

（3）发文单位的领导意图，即领导者制定政策、部署工作、处理问题的基本思路——保证主旨功能的策令性，即公文主旨要立足于治。

公文是在公务活动中产生的，从根本上讲是统治阶级意志的体现。所以，公文主旨必须立足于法、立足于行，这是确立公文主旨的基础和前提。同时，公文又是由法定作者制发的，是社会组织实现功能的工具，而领导意图又是组织功能的集中体现。因此，公文的主旨必须立足于治，适应具体管理的需要，这是确立公文主旨的实际来源。

二、公文主旨的作用

公文主旨的作用，是指公文主旨在一篇公文中具有的实际功能和效用。这种功能和效用主要表现在以下几个方面。

（一）公文的主旨决定着公文的价值

一篇公文是否能够在社会实践中发挥自身的价值，最终取决于公文本身的质量；而公文质量的核心内容是看其观点是否正确，剖析问题是否深刻，能否真正解决实际问题。这些内容都是由公文的主旨决定的。从这个意义上讲，公文的主旨是公文的灵魂。

（二）公文的主旨影响着公文的材料

公文材料的详略、取舍必须按照公文主旨的需要来确定。也就是说，只有依据公文主旨的要求，才能赋予公文材料以新的生命力；才能使原本处于相对分散、零乱的材料，围绕着一个鲜明的主题彼此联系起来，形成新的活力。反之，即使再生动、典型的材料，只要有悖于公文的主旨，也要坚决予以舍弃。

（三）公文的主旨制约着公文的表达

一篇公文采用何种篇章结构，运用哪些修辞手法，都要服从和服务于公文的主旨。换句话说，每一种特定的公文的主旨都要有一些相应的表达方式与之适应；公文主旨的变化必然会引起公文结构、语言的变化。比如同是上行文的请示和报告，由于主旨不同，其表达方式亦不相同。

三、公文主旨的表达

公文主旨的表达，是指公文的主旨从撰文者的观念转化为公文实体的过程。从公文撰拟的过程上看，公文主旨的表达包含着确定公文标题，选择公文材料和语言等业务内容；从公文撰拟的结果上看，公文主旨的表达则通过公文的结构形式固定下来。从这个意义上讲，公文主旨的表达，是其表达过程和表达形式的统一。

（一）公文主旨的表达过程

在实际工作中，公文主旨的表达过程包括从确定主旨到公文撰拟结束的全部工作，如：确定公文的标题、谋划公文的结构、选择公文的材料和语言等内容。鉴于公文语言的复杂性，本章将在第四节专门阐述公文语言运用的基本要求；在本章第三节中专门讲授公文的结构安排。本单元主要从公文标题的确定和公文材料的选择两个方面扼要说明公文主旨的表达过程。

1. 拟写公文标题

公文的标题是公文主旨的集中体现，整篇文章都要围绕着标题来展开。因此，标题是公文的“眉目”，有很强的提示和导向作用，必须予以高度重视。从总体上讲，公文的标题要做到显旨、简洁、得体。

所谓“显旨”，即公文的标题应反映公文的基本内容，集中表现公文的基本观点，方便受文者通过标题了解公文内容。

所谓“简洁”，即公文的标题不宜过长，应言简意赅、高度概括。即用最少的文字表达最丰富的内容。但不能片面强调“字少”而损害公文标题的含义和要求。

所谓“得体”，即公文的标题要符合公文体式的要求，符合特定文种的需要。一般情况下，应当包括发文机关名称、事由和文种三部分内容，不得随意发挥和变更，也不宜采用文学作品的标题写作手法。

公文标题通常由发文机关名称、事由和文种组成，位于发文字号下方，可占一行或多行居中排布，回行时做到整词转行，排列对称，间距恰当。新国标规定：公文标题，应当准确简要概括公文的主要的内容并标明公文种类，一般应当标明发文机关。公文标题中除法规、规章名称加书名号外，一般不用标点符号。公文标题结构的表现形式一般有以下八种情形。

（1）“标准式”标题。即由发文机关名称、事由和文种构成，这是最常见的公文标题结构。如：《中共中央关于加强党的执政能力建设的决定》。

（2）由发文机关名称和文种构成。如：《中华人民共和国主席令》。

（3）由公文主题（事由）和文种构成。如：《关于×××、×××职务任免的通知》。

（4）只标明文种。如：《公告》、《通告》等。

（5）题注式标题（附加括号式标题）。即在标准式的公文标题下面正中位置处加圆括号，括号内标以“××××年×月×日××会议通过”或“××××年×月×日××会议批准”等字样，用来

“注明法规性文件或会议讨论通过的文件产生的法定程序和文件产生时间、地点”。故这类标题主要适用于决定、章程、决议、条例、规定、制度等法规性文件。如：《中国共产党章程（中国共产党第十二次全国代表大会一九八二年九月六日通过）》；又如：《中国共产党章程（中国共产党第十五次全国代表大会部分修改，1997 年 9 月 18 日通过）》。

（6）由发文机关和被批转（转发、印发）文件的标题和文种构成。如：《国务院批转财政部关于完善省以下财政管理体制有关问题意见的通知》。

（7）由会议名称和文种组成。多用于会议纪要。因为会议纪要的制发者就是会议本身，故不存在一般意义上的发文机关，加之会议名称一般均反映了会议的主题内容，所以标题中没必要重复事由。如：《中国内地、台湾、香港、澳门应用文研讨会会议纪要》。

需要说明的是，由于会议纪要有时没有落款，故成文时间应以题注形式置于标题下面，这是特殊情形。

（8）新闻式标题。主要用于简报、调查报告、讲话稿等常用文种。这类标题表现得相对比较“随意”，文字也较活泼，有时设正副两个标题，正标题用于揭示主题，副标题用于说明具体事件。如：《可喜的三个百分比——湖南省发展高等职业技术教育的调查》。

由于结构表现形式的多样化及其语法结构的复杂性，不少人在拟制标题时往往出现或多或少的错误。概括起来，公文标题的常见错误主要表现为以下六种情形。

（1）发文机关名称不准确。如：《中共××厂党委关于认真学习〈××省档案管理条例〉的通知》，发文机关“中共××厂党委”应改为“中国共产党××厂委员会”或“中共××厂委员会”，因为发文机关名称必须用全称或规范化简称。

（2）不合文法结构。如：《××省人民政府办公厅关于印发××副省长就乡镇企业整顿问题的来信》，该标题缺少公文标题的必备的基本要素——文种，应改为《××省人民政府办公厅关于印发××副省长就乡镇企业整顿问题来信的通知》。再如：《××省档案局关于〈中华人民共和国档案法〉宣传贯彻执行情况的会议纪要》，应改为《〈中华人民共和国档案法〉宣传贯彻会议纪要》。会议纪要的标题格式一般为“会议名称 ＋ 纪要”或“会议主题 ＋ 会议纪要”。在此之前还加一个发文机关未免有画蛇添足之嫌。

(3) 主题概括不准确、不精炼，甚至产生歧义。如：《中共××铁路分局纪委×××播放淫秽录像、买卖淫秽物品错误处理的通报》，应改为《中共××铁路分局纪委关于处理×××播放淫秽录像、买卖淫秽物品所犯错误的通报》，以免导致歧义。

(4) 文种选用不恰当。如：《××市人民政府批转××市民政局关于做好拥军优属工作的意见的函》，应改为《××市人民政府批转××市民政局关于做好拥军优属工作的意见的通知》，因为该文件属于“批转性通知”。

(5) 滥用标点符号。如：《中共××省委批转〈中共××市委关于文明村镇建设的报告〉的通知》，应该去掉单书名号“〈 〉”，因为新国标规定，“标题中除法规、规章名称加书名号外，一般不用标点符号”。

(6) 不合行文规则。如：《××省物资厅人事处关于分配全省物资系统转干指标的联合通知》，“人事处”属于内部职能机构，一般不具备独立的对外行文权限，应改为《××省物资厅关于分配全省物资系统转干指标的联合通知》。

总之，拟制公文标题，既是一门学问，又是一门艺术。应该力求准确、简要、概括。不准确便难免产生歧义或造成误解，甚至贻误工作；不简要令人难于理解，难以接受；不概括，重复、冗余，烦琐不得要领，势必影响公文的功效和美感。

2. 选择公文材料

公文的材料是指构成一篇公文的事实、论据、道理和引语等，是表现公文主旨的基础和条件。如果说公文的主旨是公文的灵魂，那么公文的材料就是公文的血肉。在公文的主旨确立之后，公文材料的选择就显得尤为重要：真实、典型的材料，对于公文主旨来说，有画龙点睛之妙；而平庸、庞杂的材料，则会冲淡、削弱乃至破坏公文的主旨。因此，要写好公文，必须抓好材料的占有、筛选和加工三个环节。

（1）大量地占有材料。充足的材料，不仅有利于全面地分析问题，正确地判断情况，而且也使公文的撰拟有较大的回旋余地。占有材料的总体要求，一是要“多”，二是要“细”。

所谓“多”，是指在撰拟公文之前，要想方设法从各个方面收集与公文主旨有关的材料。为了尽可能多地占有材料，要做到“时”不分古今，“地”不分中外，“质”不分正反，“类”不分点面。既要占有历史的材料，也要占有现实的材料；既要占有中国的材料，也要占有外国的材料；既要占有正面的材料，也要占有反面的材料；既要占有具体的材料，也要占有概括的材料。要把大量的时间用于寻访、收集材料，并把收集到的大量材料储备起来，建立公文撰拟者自己的“材料库”，以兼顾当前和今后公文撰拟的需要。

所谓“细”，是指占有的材料要具体。要注意收集具体、准确的数字，详尽、典型的事例，工作活动和完整过程及其背景材料，某种提法的各种反映等等。只有收集的材料细致、准确、具体，才能使撰拟出的公文内容翔实，更具说服力。具体的材料，是同细致的收集工作紧密联系的，只有通过严格、周密的收集工作形式，如调查、论证、分析、鉴定等专门会议，才能获取具体、准确的材料。

（2）严格地筛选材料。收集材料应当提倡“以十当一”，多多益善；而选择材料则要体现“以一当十”，宁缺勿滥。严格地筛选材料，应关注材料的相关性、可靠性、典型性和现实性。

相关性，是指材料要与公文的主旨有关，也就是通常意义上的切题。无关的材料，不能说明公文行文目的的材料，即使很生动、很精彩、很有科学价值，也要坚决予以剔除。

可靠性，是指用于公文的材料要有客观基础，要经过认真核实，防止虚伪的、生编乱造的材料收入公文。特别要注意材料中的时间、地点、人名、数字和引文等最容易出现问题的“关键点”，认真予以核实，以免出现差错。

典型性，是指选用的材料要最能说明公文的主旨，具有代表性。一篇公文的容量有限，其选材的尺度也不能包罗万象，只能通过“个别”反映“一般”，通过“典型”反映规律。典型的材料具有很强的说服力，可以起到“以一当十”的作用。

现实性，是指选用的材料要最能反映公文活动的状况和趋势，可以回答和印证一些“难点”、“热点”和敏感的问题。只有这样，才能使公文更具生命力，更好地发挥参与社会管理的功能。

(3) 合理地加工材料。材料选定之后，还要对其进行一番加工润色，改变材料的原始状态，使之更好地合乎公文主旨需要。在实际工作中，对公文材料的加工通常采用合并、剪裁和润色三种方式。

所谓合并，就是把说明同一个主旨的数个材料归拢起来使用，使原来处于个别和零散状态的材料，转化为较为全面、系统的材料，更加充分、有力地说明公文的观点。比如，反映同一问题的统计数字，反映公务活动不同过程的情况等，就可以采用合并的方式进行归纳，形成一个相对完整的材料。

所谓剪裁，就是根据公文主旨的实际需要，对材料反映问题的视角和篇幅进行调整。比如：采用压缩的办法摘取长篇材料的精华，采用改写的办法调整某些材料的视角等，使材料更加贴切于公文的观点。

所谓润色，就是通过改变材料的修饰语言，提高材料的质量。公文材料的语言润色，主要是使材料更加符合公文的特色；既要注重使用书面语言，又要使材料具有可读性。

（二）公文主旨的表达形式

公文主旨的表达形式，是指公文主旨各要素之间在公文中的排列和组合方式。一篇公文的主旨，是通过公文的行文目的、说明和主张三种基本形式表现出来的。

所谓“行文目的”，是指发文者在公文中表达的行文用意、态度和期望。一般采用“自我说明”的方式直陈于首，如规范性文件的总则和通报的按语部分等。

所谓“说明”，是指用以阐述事由的来源、根据、理由、经过、原因和背景等。一般采用叙述的方式提出问题，是主旨的辅助和补充。

所谓“主张”，是指在公文中所提出的意见、要求、办法和措施等，是主旨的扩充和延伸。

公文主旨的三种表现形式，在具体应用时可以根据实际需要，相同的文种采取不同的组合。有的采用行文目的和主张两个要素，如请示、批复等；有的只采用行文目的一个要素，如转发、批转和公布性的通知等。在实际工作中，公文主旨的表达形式通常为一段式、两段式和三段式。

1．一段式

一段式又称单层式，是指公文的全部结构只有主旨的目的，即行文的用意、期望，没有其他构成要素，即全文只有一段，结构单一，这种形式多见于命令（令）、批复及转发性通知等文种。

2．两段式

两段式又称双层式，是指公文中只有主旨的目的和主张，或者只有说明和主张。比如在开头部分说明行文的原由、依据及基本情况，主体部分说明行文的要求和主张。

3．三段式

三段式又称三层式，是指一篇公文结构中包括主旨的目的、说明、主张三要素，即在开头部分说明行文的原由、依据及基本情况，主体部分说明具体事项，结尾部分作出结论或进一步明确要求。这种形式的“通用性”较强，实际工作中的多数文种均采用此种形式。

第三节　公文的结构

公文的结构是指公文内容的组织构造，是对公文内容的恰当组织和安排。如果说公文的主旨是灵魂，公文的材料是血肉，那么，公文的结构就是骨架。它是在撰拟公文之前，设计出的公文“施工蓝图”，即人们通常所说的写作提纲。

一、公文的结构要求

合理的公文结构必须服从于公文的主旨，反映公务活动的规律，符合思维逻辑，适合公文的不同文种。

（一）服从主旨

服从主旨，即公文的结构必须适应于主旨的需要。具体地讲，一篇公文安排几个部分，先写什么，后写什么，怎样划分层次段落，怎样过渡照应，开头结尾如何交待等，都必须紧密围绕公文的中心思想或基本观点去组织和展开，使公文的结构更好地为公文的主旨服务。

（二）反映公务活动规律

反映公务活动规律，即公文的结构要反映公务活动的基本过程。就一般情况而言，公务活动总是按照发现问题、分析问题、解决问题的顺序发展的。公文的谋篇布局就需要相应地采取说明情况、提出问题、分析原因、制定措施的顺序来安排。当然，一篇公文结构的形式，不是对公务活动的简单再现，而是对客观事物的归纳和提炼。

（三）符合思维逻辑

符合思维逻辑，是指公文的结构应当按照人们的思维过程有序地展开。公文撰写人员认识公务活动的思维顺序一般按照由开头到结尾、由过去到现在、由局部到整体、由简单到复杂、由原因到结果的线索正向或逆向发展。因此，在公文结构的安排上就应当符合人们的思维顺序，避免忽远忽近、忽主忽从的思维跳跃。

（四）适合不同文种

适合不同文种，是指公文的结构要适合相应文种的特点。公文的结构是公文的外在表现形式，这种形式要服从于不同文种内容的需要，做到内容与形式的统一。比如，如果论及“已做之事”的公文时，其结构一般要采取“依据和情况——做法和体会——问题和打算”的形式；而如果论及“未做而要做之事”的公文，通常就应采取“提出问题——分析问题——解决问题”的结构。

二、公文结构的内容

公文的结构主要包括公文的开头与结尾、层次与段落、过渡与照应三个方面。

（一）开头与结尾

1. 开头

所谓开头，是指公文的起始段落。从阅读角度讲，开头是受文者接触公文的第一个着眼点。开头简洁、新颖，既可以吸引受文者，又可以使其迅速抓住公文的主旨。主要方式有：

（1）概述式。即用叙述的方法，概括地写出事物的基本情况和问题，或写出工作基本过程。这种开头多见于报告等文种。

（2）结论式。即先作结论，然后分别加以叙述。这种开头多见于总结、报告等文种。

（3）引叙式。即引用上级来文、上级指示精神，或有关情况及法令，以此作为撰拟公文的根据。这种开头多见于报告、批复、通知等文种。

（4）说明式。即先说明所论事务、工作的意义或背景情况，再叙述公文主题或其他材料。这种开头多见于指示、报告等文种。

（5）目的式。即以简明的语言，说明撰拟公文的目的，常用“为了”、“为”等介词开头。这种开头多见于通知、条例等文种。

（6）提问式。即先提出问题，然后引起下文。这种开头多见于调查报告等文种。

在实际工作中，不论采用哪种公文的开头形式，都必须是公文主旨的自然展开，要“起于所当起”，力戒形式主义；做到开门见山、紧扣全文、简短凝练和鲜明新颖。

2. 结尾

所谓公文的结尾，是指公文的收束段落，它是公文内容发展的必然结果。结尾自然简明，可以起到深化公文主旨的作用。主要方式有：

（1）总结式。即对全文的主要内容和基本思想作进一步的概括和归纳，以加深受文者对行文意图的整体认识。

（2）强调式。即对全文的主旨进行强调说明，借以引起受文者的重视，有利于贯彻执行。

（3）祈使式。即对受文者提出具体的请求，如上行文结尾处的“以上意见当否，请批示”；下行文结尾处的“以上规定，请转发所属企业认真执行”等，均属此种形式。

（4）号召式。即在公文结尾处，使用一些鼓舞人心的词句，号召受文者为实现文中的任务或目标而积极进取。

（5）说明式。即在公文末尾处，交代说明一些与文件内容有关的问题，如是否转发，何时完成等，以提请受文者注意。

（6）分析式。即对文件中所论及事物作全面分析，在肯定成绩、经验的同时，也要找出差距和问题。

在实际工作中，公文的结尾要做到“言止意尽”，且“止于所当止”，有话则说，无话则止；除特定的公文程式要求外，相当一部分公文没有必要刻意加个结尾。因此，公文的结尾要力争做到干净利索、自然实在，切忌画蛇添足。

（二）层次与段落

1. 层次

所谓层次，是指公文包括的几个组成部分。事物的发展有不同的阶段，问题的显露有不同的方面，人们的认识有不同的过程。这些不同的阶段、方面和过程在公文中的体现就形成了公文的层次。常见的公文层次安排有以下几种方式：

（1）总分式。即在公文的开头先作总的概括，然后进行分别叙述；分别叙述的层次之间具有一定的并列关系。这种层次安排多见于通知、报告和通报等文种。采用总分式时，各个分述部分要层次分明，不能互相包容；顺序要合理，避免轻重倒置；详略要匀称，防止畸轻畸重。

（2）递进式。即公文的各层次内容是层层推进的关系。这种层次安排多见于会议纪要、调查报告等文种。采用递进式时，各层次前后之间的联系极为重要，各环节之间有着严密的逻辑关系，不能随意变换次序。

（3）并列式。即公文的各个层次之间是并列的关系。这种层次安排多见于报告、条例等文种。采用并列式时，各层次之间不能存在逻辑交叉，各层次的体例要大体一致。

2. 段落

所谓段落，就是公文结构的基本构成单位，又称自然段。它是公文中的一个最小的、可以独立的意义单位，即一个段落只能表达一个意思，并且尽量把一个意思在一个段落中讲完。常见的段落安排有以下几种方式：

（1）段旨式。即一个段落只能说明一个中心意思，这个中心意思表达完了，这个段落也就结束了。表达中心意思的语句一般放在段首，也就是通常讲的“段旨”。

（2）条款式。即一个段落对应于公文中的一项条款；一个条款表示一个完整的含意。规范类公文通常采用这种结构，并将每个条款前标明序号，以示清晰醒目。

（3）阶段式。即一个段落反映事物发展的一个阶段。这种结构形式，既符合公务活动的发展过程，也反映撰文者的思维顺序，有较强的操作性。

公文的层次与段落之间，既有区别，又有联系。安排层次是着眼于公文内容先后次序的划分，而安排段落则更多的是着眼于表达过程中的间歇、转折和强调。一般来说，公文的段落要小于层次，往往几个段落才能表达公文内容的一个层次。但有时层次和段落又是统一的，即一个段落就是一个层次，如命令和转发性通知等。

（三）过渡与照应

1. 过渡

所谓过渡，是指上、下文之间的衔接和转换，起承上启下的作用。公文的层次、段落和语句之间，往往会出现所论述的问题“由总到分”或“由分到总”的情况；会出现公文的内容由一层意思转换为另一层意思的情况；会出现“由叙述转而议论”或“从议论转而叙述”的情况。于是，过渡就成为连接各种转换的纽带。常用的公文过渡形式有以下几种：

（1）过渡词。即在不同的层次、段落和语句之间加入的表示关联或转折的词语。如：“总之”、“因此”、“可是”、“相反”、“综上所述”、“由此可见”等。

（2）过渡句。即在前一段的末尾，或在后一段的开头，采用提示性或设问性的句子。如：“根据上述文件精神”、“现将有关情况报告如下”等。

（3）过渡段。即在较长的公文中，当出现较大的转折时，安排一个简短的自然段承上启下。如：在《中共中央关于建国以来党的若干历史问题的决议》中，即有：“‘文化大革命’所以会发生并持续十年之久，除了前面分析的毛泽东同志领导上的错误这个直接原因以外，还有复杂的社会历史原因。主要是……”以示过渡。

2. 照应

所谓照应，是指公文内容的前后关照和呼应。公文中在前面提出或交代了某种问题，后面则要对其作出补充、强调或说明，以强化公文的内部联系。公文中常用的照应形式有以下几种：

(1) 题文照应。即公文的内容，特别是开头要照应标题，突出标题所表达的意思。最为明显的是批复、请示等文种。如果题文不能照应，就会使受文者产生误解。

(2) 首尾照应。即公文的开头提出的问题，结尾处作出结论，以加强公文的整体性，使其主旨突出，首尾圆合。

(3) 前后照应。即公文中前面提到的，后面有着落；后面说到的，前面有交代。否则，前面提出的问题，后面没有了说法，公文的结构就有失严密。

第四节 公文语言的运用

公文语言专指用于公务活动，具有公文特色的规范化的语言体系。在遵循一般的写作通则的基础上，公文语言还必须符合特殊的表达要求。比如本章第一节提到的公文用语要做到严谨周密、简明精练、庄重得体等等。在公文写作过程中，无论是公文的主旨，还是公文的结构，最终都是借助公文语言得以体现。因此，学习公文写作，除了了解语言学中有关语法、修辞等内容之外，必须熟练掌握公文语言的使用习惯，学会使用专用词语。

一、公文专用词语

在长期的公文写作实践中，形成了一些言简意赅、庄重得体的公文专用词语，即：反映公文的行文关系和工作程序，在日常公务活动中出现频率较高的词汇。其中，有些已形成固定的语言程式，可以根据实际需要加以灵活运用。

(一) 称谓用语

即指代发文者和受文者名称的用语。在公文中一般使用“本

（局）”、“我（局）”、“你（局）”、“贵（公司）”、“该（局）”等。除了某些个别词之外，通常使用称谓用语时没有等级色彩，上下级均可运用。

（二）经办用语

即说明工作处理过程的已然时态，表明处理时间及经过情况的用语。在公文中一般使用“经（召集有关部门研究）”、“业经（××批准）”、“兹经（调查）”等。

（三）引叙用语

即引叙来文时的用语。在公文中一般使用“前接（你局来电）”、“近接（该公司《×××报告》）”、“你局××年×月×日××号文收悉”等。

（四）期请用语

即表示发文者的某种期望和要求的用语。在公文中一般使用“即请查照”、“希即遵照”、“请”、“拟请”、“希”等。

（五）表态用语

即表明发文者态度的用语。在公文中一般使用“照办”、“可行”、“不可行”、“同意”、“原则同意”、“不同意”等。

（六）征询用语

即表示征求、询问受文者对有关事项的意见和态度的用语。在公文中一般使用“当否”、“是否可行”、“可否”、“是否同意”等。

（七）期复用语

即表示发文者某种期望和要求的用语。公文中一般使用“恳请”、“切盼”、“请批示”、“请回复”等。期复用语也可以同征询用语一起使用，如“当否、请批示”。

（八）结尾用语

公文中的结尾用语大体分为两种情况：其一为一般性结尾用语，如“为要”、“为盼”、“为荷”等；其二为某些公文文种所特有的用语，如“特此通知”、“现予以公布”等等。

（九）模糊词语

表示时间：最近、一直、一度、正在、将要、适当时候、很长一段时间以来……

表示程度：特别、显著、有所、普遍、比较、相当、进一步、大体上……

表示范围：个别、部分、极少数、一些、某种、许多、以上……

表示频率：多次、经常、往往、不断、一再、反复、三令五申……

模糊词语适用于以下几种情形：表达对象不能准确表述时，即客观事实本身呈模糊状态；使问题阐述有回旋余地，具有一定的灵活性；不必或不宜做精确表态的。

此外，在公文用语中，大量使用介词结构，并由此形成较为稳定的句式，已成为一个显著的特点，如："为了"、"为"、"按照"、"对"、"对于"、"关于"、"在"、"根据"、"遵照"、"随着"等等。这些介词结构从目的、范围、对象、依据等方面对公文内容进行了限定，使公文更为简明和周严。

二、公文常用修辞手法

公文语言应当"重实用、少文饰"，但并不是说公文语言就不需要修饰。恰恰相反，为了准确地表达公文内容，公文在遣词炼字、修辞手法等方面更具自己的特色。

（一）*以消极修辞方法为主*

所谓消极修辞是指以说明事物而使人理解为目的的修辞，它是概念的、抽象的、理性的表达方式，以内容上的明确、通顺，形式上的平匀、稳密为标准。使用消极修辞手法的目的是为了使公文的表述更加准确和严谨。如在遣词方面，公文主要选用较为庄重、规范的书面用语。即不能把"个体户"写成"做小买卖的"，也不能把"既往不咎"写成"过去的事就不再追究了"等等。

（二）*适当使用积极修辞中的某些辞格*

所谓积极修辞是以表达人们的生活体验、感情而令人感受为目的的修辞；它是形象的、具体的、感性的表达方式。公文在使用消极修辞手法准确、简明地表达其内容的前提下，可以适当地使用某些积极修辞手法，以增强公文的感染力。公文中使用较多的辞格有：

1. 比喻

即打比方，是用具体、形象的事物来比喻其相似的事物。如：“邓小平同志是改革开放的总设计师”。

2. 借代

即用另外一种同事物有关系的名称代替该事物。如：“党政机关要为改革开放和经济建设保驾护航”。

3. 排比

即用结构相同或相似、语气一致的一连串语句表示密切相关或相似的内容。如：“我们要学习抗洪部队官兵那种不怕艰苦、不怕牺牲的精神”。

4. 层递

即把两个以上的事物，按照它们的程度差异，逐层上升或下降排列描叙出来。如：“对这伙抢劫、拒捕、杀害民警的犯罪分子，必须严厉打击”。

5. 对比

即把不同事物或同一事物的两个相反或相对的方面对应地描述说明的方式。如：“昔日太上皇，今朝阶下囚”等等。

6. 引用

即通过援引现成的语言材料来提高语言表达效果的修辞方法，分直接引用和间接引用两种。引用的作用很多，引用诗歌可以为文章增添诗情画意，引用名人名言可以增强文章的说服力。公文写作中经常使用引用修辞来增强公文说服力和权威性，引用的材料主要有法律、规章或者领导讲话等，主要引用方式一般是直接引用公文标题、发文字号或者原文内容。

但是需要明确，公文使用积极修辞手法是有限度的，尤其忌讳为追求文采而滥用积极修辞手法，夸张、反语、双关等修辞手法不适于公文。滥用修辞不仅有损于公文庄重、朴实的风格，严重的还会使公文的内容变形失实。

三、公文中常用数据的表达方法

在公文写作中，各种数据化概念的表达，构成了公文语言的重要形式。其中，时间、空间概念和数量概念的表达有着较为突出的地位。

（一）时间、空间的概念及其表达

时间、空间是物质世界的基本存在方式。时间体现了物质运动过程的持续性和顺序性，空间体现了物质存在的广延性。时间、空间是不依赖人的意识而客观存在的，人们关于时间、空间的概念是对客观的时间、空间的反映。作为一种管理方式的公文，其时间、空间概念的表述，直接关系到其准确程度，进而影响公文的社会功能。

公文语言属于非形态语言，其时间、空间表达方式多采用实词来表示，如名词中的方位词、时间词，表示专有地名的名词等。

在时间表达上，公文用语多要求准确、具体地表示某个确定的时间，如："公元 2007 年"、"五一"、"国庆节"、"三点十分"等。但在一些情况下，也表示某一段时间和经常状况，如"第九个五年计划期间"，"党的十一届三中全会以来"等等。

在空间表达上，公文用语多为处所的表示。表示空间的公文用语大体可分为四种情况：（1）用于表示地方的专用名词，如："中国"、"通县"、"太平洋"等；（2）指代处所的代词，如："这里"、"那里"等；（3）非专指固定地方的处所词，如："四面八方"、"到处"等；（4）名词加方位词构成的名词短语，如："队伍左侧"、"北京以南"等等。

总之，公文用语中的时空概念要准确、周严，并且应尽量采用有关标准中的规范化用语。比如：时间的表述应做到完整、具体，"2000 年"不得简写为"00 年"，应写全年份、月份、日期，不得随意省略年份或动辄连月份一起省略。空间的表述应使用规范名称（包括标准译名），不为人熟知或有重名的地名，前面应冠以所在国家或省、市、县的名称，以便准确地表达有关处所。

（二）数量的概念及其表达

数量在语言学中可以解释为数词和量词的合称，即表示序数、分数、倍数和概数及其单位，如"一台计算机"、"第一组"等等。

公文中的数量表达方式，在国家有关主管部门的法规性文件中有明确的规定。如在《中国共产党机关公文处理条例》中明确指出：数字用法符合国家主管部门的规定。《国家行政机关公文处理办法》也指出：除成文时间、部分结构层次序数的特殊规定之外，其他要求同前述国家主管部门的规定相一致。

此外，公文中运用数字时应特别注意以下两点。第一，表示减少、降低、缩小等概念时不能使用倍数表达；第二，使用概数时，应尽量避免歧义，如："两个以上的同级机关可以联合行文"应确切地表达为"两个或两个以上的同级机关可以联合行文"。

需要说明的是《国家行政机关公文处理办法》对数字表达的"特殊规定"，是指"成文时间、部分结构层次序数和词、词组、惯用语、缩略语、具有修辞色彩语句中作为词素的数字"必须使用汉字。而党的公文的成文时间则用阿拉伯数字标注。

思考与练习

1. 简述公文撰拟的基本要求。
2. 公文标题结构有哪些表达形式？
3. 简述确定公文标题的要求。
4. 一般在哪几种情形下使用模糊语言撰写公文？
5. 分析下列公文标题的错误及病因，并予修改。

（1）中共××铁路分局纪委关于×××播放淫秽录像错误处理的通报

（2）××省人民政府办公厅关于印发××副省长就整顿乡镇企业中问题的来信

（3）中共××厂党委关于认真学习中发〔2002〕2号文件的通知

6. 案例分析：分析下列公文语句的不当之处。

（1）请与会代表携带有关文件，于7月24日前来报到。

（2）我们一行人（工作队）由王工带队，月初进厂，首先整建班子，接着整建规章……

（3）在前段教学工作中，由于我们重视课堂教学，因而忽视自学辅导工作。

（4）××年春夏之交，南方洪涝灾害导致许多地方一片汪洋，几成泽国；而北方的旱灾又导致许多地方赤地千里，禾亩枯焦，颗粒无收。

(5) 他们每天都要接待大批来信来访。

(6) 这个地区天气温和，雨量充沛，适宜各种农作物的生长。

第六章　公文撰写举要

学习要点

通过本章的学习，了解规范类文书、领导指导类文书、报请类文书、知照类文书、会议文书等各类常用文书的含义、种类与特点，熟悉各类常用文种的结构、撰写要求，学会撰写常用公文。

第一节　规范类文书的撰写

与本章其他类型的公文写作内容相比，规范类文书的撰写具有很强的特殊性，故本节写作体例稍有不同——对规范类文书的特点、撰写步骤和要求、总体结构作统一介绍，然后再分别介绍主要文种及其撰写要点。

一、规范类文书的特点

规范类文书是指为人们的行为提供准则、以一定社会主体的强制力保证施行、用以规定各种行为规范的文件。

规范类文书具有以下特点：

（一）制定主体具有广泛性与限定性

法律法规性文书的制定主体是法定的。省级以下人民政府及工作部门不能制定行政规章；县级人大及其常委会不能制定地方性法规。相比之下，行政规范性文书的制定主体却具有广泛性，但又体现出限定性，即只要是国家行政机关就可以成为行政规范性文书的制定主体，但又必须限定在其法定职权范围内形成特定效力层次的规范性文书，否则制定的文件无效。

（二）效用具有限制性和等级性

规范类文书的效用要受一定限制。规范类文书效用所涉及的时间、空间、人员（组织）范围取决于制定主体的法定权限与规范的内容。如行政规范性文书不得设定的内容就包括：行政许可事项，行政处罚事项，行政强制措施，行政收费事项，其他应当由法律、法规、规章或者上级行政机关规定的事项；对实施法律、法规、规章作出的具体规定，不得增设公民、法人或者其他组织的义务，不得限制公民、法人或者其他组织的权利。

规范类文书具有效用等级和适用规则。不同层次的规范类文书具有不同效力等级，针对一定范围内的有关组织和人员，分别在法律、行政、组织、道德方面具有带强制性、约束性和执行性的效力，有关组织和人员必须遵照执行，否则会受到法律的处罚或行政、组织纪律的处分。规范类文书的适用规则包括制发时要注意有关法律、法规、规章的衔接和协调：任何法律、法规都不得同宪法相抵触；下一层次的规范类文书不得与上一层次的规范类文书相抵触，如制定行政规范性文书，不得违反宪法、法律、法规和规章的规定，不得违背上级行政机关的命令、决定，不得超越制定主体的法定职权范围；当不同效用等级的规范类文书有不一致规范性内容时，除特例外，应适用和执行效用等级高的。

除了法律、法规性文件具有法定的效用等级和适用规则外，行政规范性文书以及其他规章制度性文件的效用等级和适用规则按制定主体统辖权的大小排列依次为：省辖市（州、区）、县（旗、市）、乡镇（区）；同一辖区内权力机关规范性文件的效用等级高于同级人民政府的规范性文件；国家机构以外的其他社会组织制定的规范性文件的效用等级一般低于国家机构制定的规范性文件；社会组织内部，按其法定的组织序列排列的不同级别组织制定的规范性文件的效用等级是：同级组织中的权力机构（或类似性质的，如代表大会、职工大会、董事会等）制定的规范性文件的效用等级高于执行机构制定的。

中国共产党各级组织制发的规范性文件分别是全党和党内不同级别的具体组织内部全体党员的行为准则和规范。

（三）总体构成具有规范性和严密性

规范类文书为人们的行为提供标准，指明方向，以一定时空作为调整对象，以一定社会主体的强制力保证实行，是具有普遍性的社会规范或行为规范。为保证其合法效用，它的制定必须以《中华人民共和国地方各级人民代表大会和地方各级人民政府组织法》(2004 年 10 月 27 日)、《中华人民共和国立法法》(2005 年 3 月 15 日中华人民共和国主席令第 31 号)、《行政法规制定程序条例》(2001 年 11 月 16 日 国务院第 321 号令）和《规章制定程序条例》(2001 年 11 月 16 日 国务院第 322 号令）有关立法技术方面的法律、法规为法定依据（包括体式问题），同时近年来中央政府各部门以及各地方政府对于行政规范性文书的制定出台了若干规定，使规范类文书的总体构成具有其特定规范和严格要求。

如文种使用方面。一是行政规范性文书不能使用法律、法规性文书专用文种“法”、“条例”；二是除了常用的“规定”、“办法”、“细则”外，有的还使用普通公文文种“决定”、“通告”、“通知”等。

如语言文字方面。规范类文书仅限于书面语言文字，运用直陈式，简洁明白，直截了当地陈述、说明做什么，怎么做，观点鲜明，要求明确仅限于客观表述，内容表述周到，没有歧义，便于准确理解和认真执行。

如发布方式方面。规范类文书一般不能直接向外发出，具有依附性，通常作为令、公告或通知等文种的附件予以发布或印发。

（四）生效周期具有相对稳定性

规范类文书中规定的行为规范、职责目标所针对的是普遍性问题而不是个别的、具体问题；涉及的是多数人而不是个别人；适应的是客观实际的发展需要而不是偶发的、局部的、表面的需要，因此它具有相对稳定的生效周期。体现在：(1) 在一定的范围和一定的时间内反复适用而不是针对一时一事有效，不会转瞬即逝。尤其是法律、法规性文书以及行政规范性文书的生效周期相对于普通公文更加稳定和长期，如果草率发文，朝令夕改，则难以形成有效的管理局面。(2) 一般实行“不溯既往”和“后法推翻前法”的原则，即规范类文书不得规定溯及力，除特殊情况外，文书效力所及只适用发布后发生的有关事物；同一制定主体就同一内容制定新文书后，与其规定不一致的“旧文书”即行废止。

（五）制定具有程序性和特殊性

规范类文书的制定程序严格而规范。与普通行政公文制定程序比较，规范类文书制定程序复杂，周期较长，规定严格，操作规范。不同的规范类文书有着不同的制定程序。如《行政法规制定程序条例》规定行政法规的制发程序包括“立项、起草、审查、决定、公布、解释”等环节；又如《成都市行政规范性文书制定和备案规定》（2005 年 7 月 29 日成都市人民政府第 118 号令）规定行政规范性文书的制定应当按照立项规划、调研起草、征求意见、协调分歧、论证听证、法律审核、讨论决定、签署公布等程序进行。还有一些特殊规定，如“公布”已经成为制定规范类文书的必经的最后一道程序；其生效时间不一定是成文时间，并多采用定时生效方式，而不像普通公文多采用即时生效方式等。

二、撰写规范类文书的步骤和要求

（一）规范类文书的撰写步骤

不同层次规范类文书的制定程序存在一定差别，法律、法规性文件的制定依照有关法律法规办理，规章制度性文件的制定程序则相对简单，有的甚至等同于一般公务文书的形成和处理程序。这里主要介绍行政规范性文书的制定程序。包括：编制计划和规划、起草、协调、审查、公布（发布）等。

1. 编制计划和规划

编制规范类文书的计划和规划的目的是把这项工作纳入有计划、按步骤进行的轨道，避免“临时动议，盲目随意”的被动局面。一般需制定年度计划、三年规划或五年规划。

2. 起草

这是制定规范类文书的关键环节。具体做法是：

（1）成立由分管领导人参加，由具有较高政策及文字水平和专业知识的人员组成的起草小组负责起草工作。

（2）明确指导思想和法律依据，广泛进行调查研究，进行可行性论证，着手起草工作。重要的行政规范性文书有的需要通过书面征求、公告征求、座谈会、专家论证会、听证会等多种形式征求意见，后形成草案。

（3）草案拟成后，应经起草部门领导集体讨论通过，如政府常务会议集体讨论并由部门主要负责人签发；两个或两个以上部门共同起草的，应分别经各部门会商或领导集体讨论通过，并由各自主要负责人会签。

3. 协调

规范类文书的涉及面较广。为了使规范类文书在制定后能得以顺利实施，取得预期效果，在制定过程中，必须做好协调工作，把分歧意见统一在文书发布之前。

4. 审查

规范类文书草案（草稿）拟定之后，应由起草部门按照公务文书处理程序，及时按规定报送有关部门审查。如政府规范性文件送审稿及其说明由政府法制部门统一审查、修改；部门规范性文件送审稿及其说明由部门法制机构或负责法制工作的机构统一审查、修改。审查的作用在于防止和避免规范类文书之间相互出现矛盾抵触，防止部门之间相互推诿扯皮、出现管理的死角和盲区，避免有的部门因经济利益驱动，擅自扩大行政执法范围、越权行文。

5. 公布（发布）

规范类文书的公布（发布）过程本身就是其生效的必要条件和法定程序之一。按照《中华人民共和国立法法》及有关规定，各类规范类文书公布的形式是：

（1）法律的公布

经全国人民代表大会或全国人大常委会通过后，由国家主席签署主席令予以公布，并及时在全国人大常委会公报和在全国范围内发行的报纸上刊登。在全国人大常委会公报上刊登的法律文本为标准文本。

（2）行政法规的公布

由国务院总理签署国务院令公布，且由新华社发稿，及时在国务院公报和在全国范围内发行的报纸上刊登。国务院不另行文；有关部门印发少量文本供存档备查。在国务院公报上刊登的行政法规文本为标准文本。

(3) 地方性法规、自治条例和单行条例的公布

经省级人大制定的地方性法规由大会主席团发布公告予以公布。由省级人大常务委员会制定的地方性法规由常务委员会发布公告予以公布。较大的市的人大及其常委会制定的地方性法规报经批准后，由较大的市的人大常委会发布公告予以公布。

自治条例和单行条例报经批准后，分别由自治区、自治州、自治县的人大常委会发布公告予以公布。

地方性法规、自治条例和单行条例公布后，及时在本级人大常委会公报和在本行政区域范围内发行的报纸上刊登。在常委会公报上刊登的地方性法规、自治条例和单行条例文本为标准文本。

(4) 国务院部门规章的公布

由部门首长签署命令予以公布，并及时在国务院公报或者部门公报和在全国范围内发行的报纸上刊登。

(5) 地方政府规章的公布

由省长或者自治区主席或者市长签署命令予以公布，并及时在本级政府公报和在本行政区域范围内发行的报纸上刊登。

在国务院公报或者部门公报和地方政府公报刊登的规章文本为标准文本。

(6) 法规规章之外的其他行政规范性文书的公布

(参见第八章第二节关于“公文公布”的内容)

(7) 规章制度性文件的公布

分两种情况。凡属社会组织对外进行社会管理、公共服务之用的，公布方式基本同于行政规范性文书的公布；凡属社会组织内部管理之用的，根据需要，或内部张贴，或直接下发，或用“通知”印发，或汇集成册供一定范围知晓使用。

(二) 规范类文书的撰写要求

1. 以法律法规为依据

规范类文书的制定必须按其不同的法定效力层次明确所依据的法律法规。如，行政法规的制定，应根据宪法和法律，并符合党和国家的路线、方针和政策；地方性法规和地方政府规章的制定，应根据宪法、法律和行政法规，体现党和国家的路线、方针、政策，

适应改革、开放要求，符合本地区实际情况。

2. 体现较强的操作性

一般来说，规范类文书是对比较成熟的管理方式方法经归纳综合后的系统化、条款化，一般要求形成符合法理的、规范化的、程序化的管理监督机制和模式，执行部门依照条文即可作出具体行政行为。因此，应注意与实际工作的发展相适应，不滞后，不脱节，以增强规范类文书的可操作性；如果有关法律、法规和规章本身就具备很强的可操作性，则不宜再制发配套的其他规范类文书。

3. 坚持备案审查制度

即对制发的规范类文书按规定上报有关部门备案，对其合法性、规范性、可行性和可操作性进行审查，这是一条有效的监督途径，对于维护法制与政令的统一，减少违法和不当行为具有重要意义。如按照《法规规章备案条例》（2001 年 12 月 14 日 国务院第 337 号令）的规定，国务院部门规章应当自公布之日起 30 日内报国务院备案；地方性法规应当自公布之日起 30 日内报全国人大常委会和国务院备案等等。过去规范性文件长期实行的是事后备案，而近年来出现规范性文件前置审查制度，全国已有 31 个省级人民政府通过地方立法建立了规范性文件备案审查制度，从源头上解决了行政规范性文书制定不当或违法的问题。

4. 检查监督执行情况

在规范类文书执行一段时间后，应对其执行情况进行检查。检查的主要内容包括：宣传、贯彻、落实情况；执行结果和执行中存在的问题；文件本身是否合法，在实践中是否便于操作；修改的意见、建议等。检查结果应予上报或在有关范围内通报，以起到监督作用。

5. 及时清理，适时修改，适应发展

长期以来，很多部门制定的行政规范性文书往往“有始无终”，只注重发布而不注重清理，严重阻碍了规范类文书效用的正常发挥。随着国家和社会的发展，规范类文书也应适时依据法律程序进行明令废止、宣布失效、予以修改。领导机关应在一定时期内对其进行清理，按照内容过时、新文件代替旧文件、上位文件替代下位文件等不同情况，将已废止的规范类文书的目录公布，以保证规范类文书的合法性和权威性。广州市从 2006 年 1 月 1 日起在全国首次对行政规范性文书实行“有效期制度”①。即新发布的红头文件只在有效期内有效，过期立即作废，有效期从发布之日起最长不得超过 5 年。这是借鉴了国外较为成熟的“定期死亡”和“落日条款”的做法②，建立起规范性文书自动定期清理的制度。按照这一制度，对于需要继续实施的，制定部门必须在行政规范性文书有效期满前 6 个月对行政性规范文件的实施情况进行评估，并根据评估状况重新修订，然后重新报送审查，通过审查后重新公布。建立这一制度的意义在于，一方面有利于督促制发机关重视行政规范性文书的清理，及时废止不符合时代精神、不能促进经济社会发展甚至成为发展桎梏的旧条文，保证“红头文件”的权威性和指导性；另一方面，有利于行政相对人通过了解行政规范性文书的有效期，对自己的行为建立稳定的心理预期，既保护行政相对人的合法权益，又能减轻或避免因行政规范性文书随意废改而对社会稳定带来的负面影响。

6. 高度重视立法技术

立法技术直接影响规范类文书的效力和严肃性，必须高度重视。立法技术包括：从起草过程中来说，主要是调查研究、提出对策；从形式上来说，主要是文字及篇章结构的表述与组织，如文种的选用、标题的拟写、章节的划分、内容的真实度、措辞的规范化、生效日期的准确性等。具体体现在③：

（1）表达准确。禁绝同一概念用多种词语表达，不同概念用同一词语表述，使同一文件中表达同一概念的词语从词形到词义前后一致，必要时还应保持对相同类型事物和概念表达时所使用的句式大致相同。要避免或者尽可能减少使用“一般”、“原则上”等表意

---

① 《广州市人民政府关于修改〈广州市行政规范性文件管理规定〉的决定》，2005 年 11 月 29 日广州市人民政府第 5 号令。

② 法理界把明确了一部法律或法律中的某些条款失效时间的规定称作“落日条款”，寓意为法律有一定的周期。在一些为适应一时之需而制定的特别刑法和国际贸易法律如世界贸易组织《反倾销协议》等法律中，都能找到“落日条款”的规定。

③ 赵国俊，《关于进一步完善我国党政机关公文处理法规建设问题的几点思考》，2005 年 7 月 14 日，网址：org. ahas. org. cn/ybgs。

不确切的词语去界定是与非，确认程度和范围。对于易产生歧义的概念，要有明确限制或补充。如《中华人民共和国治安管理处罚法》(2005 年 8 月 28 日第十届全国人大常委会第十七次会议通过)第 118 条对于界限阈的说明："本法所称以上、以下、以内，包括本数"。慎重使用模糊用语。

(2) 归类准确。要科学设置类项，集中同类事项，区分不同类事项，保持事项间最密切的逻辑联系与时间联系。

(3) 排列有序。条规内容要单一，安排要合理，具有逻辑性。既要注意遵从习惯和惯例，更要注意根据工作规律，根据具体情况确定排序。可以根据规范性文件的不同具体情况，或按事物发展的时序，或按工作程序，或按提出问题——分析问题——解决问题的事理逻辑层次，或按事件构成要素的逻辑次序，或按构成事物总体的各"部分"的性质及相互关系排列。

(4) 结构规范。规范性文件的结构安排具有模式化特点，有很强的规范性。比如写作中常常采用第一条或开头点明主旨；尽可能用主题句概括出每一条规则之后，再详细说明具体要求；以条为基本表达的单位，分章表述时，每一章至少包括两条内容等。

三、规范类文书的总体结构

规范类文书种类较多，其运用范围、效力等各有差异，但其总体结构及写作规范大致相同。一般规范类文书的结构已经规范成型，写作方法也已经形成较为固定的模式。主要包括标题、发布标志（题注）、正文等组成部分。

（一）标题

规范类文书的标题包括两种写法：

1. 公文式标题（有介词型）：发文机关（关于）——事由——（的）文种

如：《最高人民法院关于行政诉讼证据等若干问题的规定》(2002 年 7 月 24 日)、《国务院关于进一步推进相对集中行政处罚权工作的决定》(2002 年 8 月 22 日)。

2. 规范类文书标题（无介词型）：适用（对象、时间和空间、事项）范围——文种如：《信访条例》（2005 年 1 月 10 日）、《机动车登记规定》（2004 年 4 月 30 日）。

（二）发布标志（题注）

多在标题下的题注域中标注，包括：批准机关（会议）名称、批准（通过）日期、发布机关名称、发布日期、生效日期。如：

中华人民共和国公务员法

（2005 年 4 月 27 日第十届全国人民代表大会常务委员会

第十五次会议通过

2005 年 4 月 27 日中华人民共和国主席令

第 35 号公布

自 2006 年 1 月 1 日起生效）

一些行政规范性文书也采用在文尾注明发布机关名称和发布日期的方法。

（三）正文

从总体结构看，每一份规范类文书均是一个具有内在联系，层次分明的整体。除少数行政规范性文书之外，一般均采用条款式结构；由章、节、条、款、项、目六层构成，条是构成一份规范类文书最基本的单位；条文少的文件不设章节，以条贯穿。以下从内容、形式和写作方式三个方面进行理解：

1. 体现在内容上

统贯全篇的内容——具体内容——补充性内容。由于内容决定形式，规范类文书内容的一般排列规律是从总到分，先粗后细。即先总说后分说，从原则到具体，从主要到次要，从一般到特殊。

（1）统贯全篇的内容：是规范类文书的灵魂和精髓。包括立法宗旨、使用范围、基本原则、基本制度。

（2）具体内容：是规范类文书的实体部分。包括各项法律制度、行为主体的权利和义务关系。

（3）补充性内容：保证规范类文书的严谨和权威。包括实施日期、与以前相关规范类文书的关系、授权制定、实施细则等事项。

2. 体现在形式上

包括总则——分则——附则。

（1）总则。总则是规范类文书开篇的首要部分，表达的是拟要表达统贯全篇的内容。说明制定目的（立法宗旨）、依据、意义、背景、总的原则与要求、适用范围和对象等。总则是贯穿全篇的灵魂和精髓（宗旨、原则、适用范围）；其内容制约着分则的内容；其内容是基本制度，文字要精练。总则条文具有高度抽象性，切忌将具体行为规则放入总则；事关全局的内容应集中在总则。总则目前尚无统一模式，可根据实际情况确定。

总则的形式有明示总则和非明示总则之分。结构简单、条文较少的规范类文书有总则条文，常常未予明示，但都应集中在文件开头，以使人一目了然。

总则内容的排列顺序为：立法宗旨、立法根据——法的适用——法的原则——基本制度——法的效力——主管部门——其他事项。见［例文 6—1］。

［例文 6—1］　规定

河北省粮食流通管理规定（节录）

第一章　总　则

第一条　为保护粮食生产者的积极性，维护经营者、消费者的合法权益，规范粮食流通秩序，保障粮食安全，根据国务院《粮食流通管理条例》及其他有关法律、法规，结合本省实际，制定本规定。①

第二条　在本省行政区域内从事粮食收购、销售、储存、运输、加工、转化、进出口等经营活动，应当遵守本规定。②

第三条　粮食经营活动应当遵循自愿、公平、诚实信用的原

① 本条说明立法宗旨、立法根据。

② 本条说明法的适用范围。

则，不得损害粮食生产者、消费者的合法权益，不得损害国家利益和社会公共利益。①

第四条　县级以上人民政府应当加强对粮食流通工作的领导，按粮食工作行政首长负责制的要求，负责本行政区域内粮食的总量平衡和粮食安全。

县级以上人民政府粮食行政管理部门负责本行政区域内粮食流通的行政管理、行业指导。

县级以上人民政府发展和改革、财政、工商行政管理、质量技术监督、卫生、价格等部门在各自职责范围内，负责与粮食流通有关的工作。②

(2) 分则。分则是与总则相对应使总则内容得以具体化的法的条文的总称。内容包括：基于分则与总则的关联角度，对总则中立法目的、根据、法的原则、基本制度的具体化；从分则实体内容来看，分则的主要内容是对各有关主体、客体、行为、事件、结果加以具体规定。总之，分则应严密详尽地说明支持、保护、发展什么，限制、禁止、取缔什么，以及具体实施和奖惩办法等。

分则的写法有明示与非明示之分。明示分则比较少见。非明示分则，即虽有明示的总则和附则，却无分则标题，但内容属于分则，我国目前大多数规范性文件采用此法。分则的结构安排一般分为两类：

一是递进式：即分则内容按社会事物的内在发展过程排列。如《规章制定程序条例》的第二章～第六章，按规章制定程序内容依次为立项、起草、审查、决定和公布、解释与备案，按规章制定步骤步步深入，一环扣一环。

二是平行式：即分则内容按一定逻辑顺序分别表达、相互平行。总体上内容平行，先后次序也遵循一定规律。从小到大、或从直接到间接。如《中华人民共和国行政监察法实施条例》(2004 年 9 月 17 日，国务院令第 419 号发布）分则从第二章～第四章的内容依次是：派出的监察机构和监察人员、监察机关的权限、监察程

① 本条说明法的原则。

② 本条说明主管部门。

序，即按照具体实施行政监察需要的各个方面因素而规定，横向平行表述了这些内容。

在实际工作中，根据具体内容的表达需要，还采用大平行——小递进式或大递进——小平行等方式。

（3）附则。附则位于文件末尾，用于对总则和分则做辅助说明或补充说明。内容包括：名词术语解释，关于实施细则的指定权和解释权的授权规定，关于制定变通或者补充规定的授权规定，关于法的废止的规定，关于施行日期的规定，其他规定。以上内容，施行时间是必不可少的，其他内容根据具体情况规定。

附则内容的排列顺序为：名词、术语解释——特定内容的说明——授予解释权、实施细则制定权——制定变通或补充规定的授权——法规废止——施行日期等。见［例文 6—2］。

［例文 6—2］　办法

国家教育考试违规处理办法（节录）

第四章　附　则

第三十二条　本办法所称考场是指实施考试的封闭空间；所称考点是指设置若干考场独立进行考务活动的特定场所；所称考区是指由省级教育考试机构设置，由若干考点组成，进行国家教育考试实施工作的特定地区。①

第三十三条　非全日制攻读硕士学位全国考试、中国人民解放军高等教育自学考试及其他各级各类教育考试的违规处理可以参照本办法执行。②

第三十四条　本办法自发布之日起施行。此前教育部颁布的各有关国家教育考试的违规处理规定同时废止。③

① 名词、术语解释。

② 特定内容的说明。

③ 施行日期、法规废止。

3. 体现在写作方式上

包括以下三种：

(1) 贯通分条式：一条一个问题，全文从头到尾逐条排列，序号相连，不设章节。款、项、目只在各条下列出。条用“一”或“第一条”，常用条旨句；款在条下提行分段不加序号；项用“(一)”；目用“1.”。适用于内容简单、层次不复杂的规范性文件。见［例文 6—6］。

(2) 章断条连式：全文分章，章下设条，条的序号全文相连。各章可加小标题。通常第一章为“总则”，最后一章为“附则”，其余各章为“分则”的内容，排列有序，不包含、不交叉、不抵触。层次较多的文件章下可分节。适用于内容复杂、层次较多的规范性文件。见［例文 6—3］。

(3) 总分条文式：全文开头一段序言或导语写总则性内容，其下再依次分条，写出分则性内容，最后一条或几条写附则性内容。见［例文 6—4］。

四、常用规范类文书及其撰写要点

(一) 条例

1. 含义

条例适用于对某一方面的行政工作作比较全面、系统的规定。如执行性条例：《中华人民共和国药品管理法实施条例》(2002 年 8 月 4 日中华人民共和国国务院令第 360 号)；如独立性条例：《物业管理条例》(2003 年 6 月 8 日中华人民共和国国务院令第 379 号)。

2. 撰写要点

条例的作者有严格的限定。在党的系统，条例是“党的中央组织制定规范党组织的工作、活动和党员行动的规章制度”(1996 年 5 月 3 日，中办发〔1996〕14 号)；在行政系统，条例是行政法规和地方性法规的专用文种，专门用于国务院对某一方面的行政工作作比较全面、系统的规定。国务院各部门和地方各级政府制定的规章、其他社会组织制定的规范类文书均不得使用“条例”(2001 年 11 月 16 日国务院第 321 号令)。见［例文 6—3］。

（二）规定、办法

1. 含义

规定是领导机关或职能部门针对某一方面或某项工作、事项提出的属于管理性质的要求和规范。如执行性规定：《中华人民共和国海上航行警告和航行通告管理规定》就是根据《中华人民共和国海上交通安全法》的有关条款作出的具体规定；如独立性规定：《国务院关于行政区划管理的规定》。在共产党机关，“规定”用于对特定范围内的工作和事务制定具有约束力的行为规范，如《中央纪委、中央组织部关于党员领导干部述职述廉的暂行规定》。

办法是领导机关或职能部门在办事标准、方法、步骤和措施方面制定的规范化式的具体规定。办法既体现规定的原则性，又具有细则的具体性。如执行性办法：《福建省渔业管理实施办法》；如独立性办法：《国家公务员任职回避和公务回避暂行办法》。

2. 撰写要点

规定与办法既可用作法规，又可用作规章。撰写时应注意效力、制发主体以及制发程序、内容以及写法的不同。

在使用上：规定偏重于规定统一的执行标准，重在对有关方面、人员的强制约束性，其政策性、原则性更强；办法侧重于规定统一的执行方式方法，更注重具体性、程序性、可操作性。

在写法上：规定常使用倡禁祈使语句，着重写明必须、可以做什么，不能、不许、禁止做什么，违者怎样处理等内容，态度鲜明、语气肯定；办法则常常使用准确、具体、周密的说明方式，着重写明应该怎么做，包括具体方法、步骤、程序、措施等内容。见［例文6—4］。

（三）章程、简章

1. 含义

章程是政党、团体、企业等社会组织对于本组织的性质、宗旨、任务、组织机构、组织成员、活动规则，或对于社会组织的权利、义务、经济性质、业务范围和规模、活动制度以及就某项业务所制定的规范类文书。如《中国共产党章程》、《××市秘书学会章程》等。章程由政党、学会、协会、研究会、联合会、基金会或董事会等组织、团体的成员大会或代表大会通过并发布，所规定的组织或团体组织规程及活动规则等事项对全体成员具有约束力。国家行政机关及其职能部门一般不使用“章程”。

简章是针对某项工作、某一事项的办理原则、要求、方式、方法制定的规范类文书。如《××大学网络学院2007年招生简章》。简章可由任何社会组织制定发布。

2．撰写要点

组织章程：如《××学会章程》，总则部分写明组织的名称、性质、宗旨、任务、指导思想、组织建设要求等内容；分则部分写明组织人员、组织机构、组织经费、组织活动、其他事宜等内容。

企业章程：如《中国人民保险公司章程》，总则要写明企业名称、宗旨、经济性质、隶属关系、业务范围等内容；分则写明资本、组织、人事管理、资产管理、利润分配等内容。

业务章程：业务章程仅对有关业务性质和单项业务的办理作出规定，没有组织章程全局性、纲领性内容。如《中国银行外币存款章程》，总则部分一般写明业务内容、范围、服务对象、办理机构等。分则部分逐条写明该项业务的办理及运作程序的规定。

（四）守则、准则

1．含义

守则适用于规定一定范围内有关人员在思想、品德、言行等方面应共同遵守的规则。如《国务院工作人员守则》、《××省人民政府办公厅秘书人员守则》。

准则适用于规定党派、团体、机关所属成员特定的行为、道德规范。如《关于党内政治生活的若干准则》。

2．撰写要点

（1）规范对象均是针对人的行为。

（2）二者强制性与约束力不明显。

（3）多使用倡禁祈使语句，正反对比，明确表达要求，语气和缓，短句整齐排列，注重节奏感，易于被自觉接受。

（五）规程、规则、制度、公约

1．含义

规程是针对社会组织的某项工作、活动任务的操作过程和规范制定的分解性说明。如《中小学校电化教育规程》，在5章分则内容中分别规定了我国中小学校电化教育工作的机构与职能、电教专职人员与学科教师、经费与设备、电教教材与资料、管理与领导的具体规范。

规则用于规定一定范围内某项工作、活动中大家共同遵守的行为规范。如《××省人民政府政务督办工作规则》。见［例文6—5］。

制度用于规定有关人员在某项具体工作、具体事项中必须共同遵守的规则和程序，以便使工作规范、有序地进行。如《安徽省档案规范性文件备案审查制度》。见［例文6—6］。

公约有两个含义。作为外交条约的名称之一，一般指三个或三个以上的国家缔结的某些政治性的或关于某一专门问题的条约。作为规范类文书，用于规定人民群众在自觉自愿基础上，经集体讨论，共同约定遵守，主要是道德约束的事项。如《首都市民文明公约》。

2. 撰写要点

（1）规范对象均是针对事。

（2）内容符合有关法规规章和政策的规定，要与有关部门协调一致。不能超越法定权限违法行文。

（3）结合实际，宽严适度，规定明确，具体可行。

（4）结构单一，条文简短，语言简明，易懂易行。

（六）细则

1. 含义

为具体执行有关法律、法规、规章以及其他规范类文书，针对其全部或部分条文制定的一种解释性、操作性的详细规则。

从上位法母体派生，是其细化和补充，具有明显的依附性和衔接性，常被称为实施细则。无上位法母体的原本文书不能单独称为细则。

2. 撰写要点

（1）标题形式多采用“适用事项（或母体文书标题）——实施（施行）细则”。如《中华人民共和国档案法实施细则》。

（2）第一条必须提出母体文书，多以“根据《×××》第×条规定，制定本细则”句式开头；最后一条必须说及具体生效时间或“本细则与《×××》同时执行”之类。

（3）从属于母体规范类文书并为之服务，所作的补充解释、说明，均不能逾越母体文书规定的原则范围。

（4）作者法定。法律、法规、规章以及规范性文件，有必要细化的，大都在附则部分预先指定了可以制定细则的法定作者。

（5）注重内容精细化。有关实施办法和规定要细致周密，具体可行，操作性强。

［例文6—3］ 条例

中华人民共和国国务院令

第492号

《中华人民共和国政府信息公开条例》已经2007年1月17日国务院第165次常务会议通过，现予公布，自2008年5月1日起施行。

总 理 温家宝

二○○七年四月五日

中华人民共和国政府信息公开条例（节录）

第一章 总 则

第一条 为了保障公民、法人和其他组织依法获取政府信息，提高政府工作的透明度，促进依法行政，充分发挥政府信息对人民群众生产、生活和经济社会活动的服务作用，制定本条例。

第二条 本条例所称政府信息，是指行政机关在履行职责过程中制作或者获取的，以一定形式记录、保存的信息。

第三条 各级人民政府应当加强对政府信息公开工作的组织领导。

国务院办公厅是全国政府信息公开工作的主管部门，负责推进、指导、协调、监督全国的政府信息公开工作。

县级以上地方人民政府办公厅（室）或者县级以上地方人民政府确定的其他政府信息公开工作主管部门负责推进、指导、协调、监督本行政区域的政府信息公开工作。

第四条 各级人民政府及县级以上人民政府部门应当建立健全

本行政机关的政府信息公开工作制度，并指定机构（以下统称政府信息公开工作机构）负责本行政机关政府信息公开的日常工作。

政府信息公开工作机构的具体职责是：

（一）具体承办本行政机关的政府信息公开事宜；

（二）维护和更新本行政机关公开的政府信息；

（三）组织编制本行政机关的政府信息公开指南、政府信息公开目录和政府信息公开工作年度报告；

（四）对拟公开的政府信息进行保密审查；

（五）本行政机关规定的与政府信息公开有关的其他职责。

第五条　行政机关公开政府信息，应当遵循公正、公平、便民的原则。

第六条　行政机关应当及时、准确地公开政府信息。行政机关发现影响或者可能影响社会稳定、扰乱社会管理秩序的虚假或者不完整信息的，应当在其职责范围内发布准确的政府信息予以澄清。

第七条　行政机关应当建立健全政府信息发布协调机制。行政机关发布政府信息涉及其他行政机关的，应当与有关行政机关进行沟通、确认，保证行政机关发布的政府信息准确一致。

行政机关发布政府信息依照国家有关规定需要批准的，未经批准不得发布。

第八条　行政机关公开政府信息，不得危及国家安全、公共安全、经济安全和社会稳定。

第二章　公开的范围

第九条　行政机关对符合下列基本要求之一的政府信息应当主动公开：

（一）涉及公民、法人或者其他组织切身利益的；

（二）需要社会公众广泛知晓或者参与的；

（三）反映本行政机关机构设置、职能、办事程序等情况的；

（四）其他依照法律、法规和国家有关规定应当主动公开的。

第十条　县级以上各级人民政府及其部门应当依照本条例第九条的规定，在各自职责范围内确定主动公开的政府信息的具体内容，并重点公开下列政府信息：

（一）行政法规、规章和规范性文件；

（二）国民经济和社会发展规划、专项规划、区域规划及相关政策；

（三）国民经济和社会发展统计信息；

（四）财政预算、决算报告；

（五）行政事业性收费的项目、依据、标准；

（六）政府集中采购项目的目录、标准及实施情况；

（七）行政许可的事项、依据、条件、数量、程序、期限以及申请行政许可需要提交的全部材料目录及办理情况；

（八）重大建设项目的批准和实施情况；

（九）扶贫、教育、医疗、社会保障、促进就业等方面的政策、措施及其实施情况；

（十）突发公共事件的应急预案、预警信息及应对情况；

（十一）环境保护、公共卫生、安全生产、食品药品、产品质量的监督检查情况。

第十一条　设区的市级人民政府、县级人民政府及其部门重点公开的政府信息还应当包括下列内容：

……

第十二条　乡（镇）人民政府应当依照本条例第九条的规定，在其职责范围内确定主动公开的政府信息的具体内容，并重点公开下列政府信息：

……

第十三条　除本条例第九条、第十条、第十一条、第十二条规定的行政机关主动公开的政府信息外，公民、法人或者其他组织还可以根据自身生产、生活、科研等特殊需要，向国务院部门、地方各级人民政府及县级以上地方人民政府部门申请获取相关政府信息。

第十四条　行政机关应当建立健全政府信息发布保密审查机制，明确审查的程序和责任。

行政机关在公开政府信息前，应当依照《中华人民共和国保守国家秘密法》以及其他法律、法规和国家有关规定对拟公开的政府信息进行审查。

行政机关对政府信息不能确定是否可以公开时，应当依照法律、法规和国家有关规定报有关主管部门或者同级保密工作部门确定。

行政机关不得公开涉及国家秘密、商业秘密、个人隐私的政府信息。但是，经权利人同意公开或者行政机关认为不公开可能对公共利益造成重大影响的涉及商业秘密、个人隐私的政府信息，可以予以公开。

第三章　公开的方式和程序

第十五条　行政机关应当将主动公开的政府信息，通过政府公报、政府网站、新闻发布会以及报刊、广播、电视等便于公众知晓的方式公开。

第十六条　各级人民政府应当在国家档案馆、公共图书馆设置政府信息查阅场所，并配备相应的设施、设备，为公民、法人或者其他组织获取政府信息提供便利。

行政机关可以根据需要设立公共查阅室、资料索取点、信息公告栏、电子信息屏等场所、设施，公开政府信息。

行政机关应当及时向国家档案馆、公共图书馆提供主动公开的政府信息。

第十七条　行政机关制作的政府信息，由制作该政府信息的行政机关负责公开；行政机关从公民、法人或者其他组织获取的政府信息，由保存该政府信息的行政机关负责公开。法律、法规对政府信息公开的权限另有规定的，从其规定。

第十八条　属于主动公开范围的政府信息，应当自该政府信息形成或者变更之日起20个工作日内予以公开。法律、法规对政府信息公开的期限另有规定的，从其规定。

第十九条　行政机关应当编制、公布政府信息公开指南和政府信息公开目录，并及时更新。

……

第二十条　公民、法人或者其他组织依照本条例第十三条规定向行政机关申请获取政府信息的，应当采用书面形式（包括数据电文形式）；采用书面形式确有困难的，申请人可以口头提出，由受理该申请的行政机关代为填写政府信息公开申请。

政府信息公开申请应当包括下列内容：

……

第二十一条　对申请公开的政府信息，行政机关根据下列情况分别作出答复：

……

第二十二条　申请公开的政府信息中含有不应当公开的内容，但是能够作区分处理的，行政机关应当向申请人提供可以公开的信息内容。

第二十三条　行政机关认为申请公开的政府信息涉及商业秘密、个人隐私，公开后可能损害第三方合法权益的，应当书面征求第三方的意见；第三方不同意公开的，不得公开。但是，行政机关认为不公开可能对公共利益造成重大影响的，应当予以公开，并将决定公开的政府信息内容和理由书面通知第三方。

第二十四条　行政机关收到政府信息公开申请，能够当场答复的，应当当场予以答复。

行政机关不能当场答复的，应当自收到申请之日起 15 个工作日内予以答复；如需延长答复期限的，应当经政府信息公开工作机构负责人同意，并告知申请人，延长答复的期限最长不得超过 15 个工作日。

申请公开的政府信息涉及第三方权益的，行政机关征求第三方意见所需时间不计算在本条第二款规定的期限内。

……

第四章　监督和保障

……

第五章　附　　则

第三十六条　法律、法规授权的具有管理公共事务职能的组织公开政府信息的活动，适用本条例。

第三十七条　教育、医疗卫生、计划生育、供水、供电、供气、供热、环保、公共交通等与人民群众利益密切相关的公共企事业单位在提供社会公共服务过程中制作、获取的信息的公开，参照本条例执行，具体办法由国务院有关主管部门或者机构制定。

第三十八条　本条例自 2008 年 5 月 1 日起施行。

[例文6—4]　规定

××××设计院职工教育培训管理规定（节选）

（2006年×月××日）

职工教育培训是根据生产管理岗位（工作）需要，为提高在职职工业务能力、工作能力、综合管理能力等综合素质而开展的。为加强职工教育培训管理，规范教育培训工作，制定本规定。

一、适用范围

本规定适用于我院所有在职和聘用职工的岗位培训、继续教育培训、学历培训。

二、培训内容

培训分为一级培训和二级培训。一级培训由人事处组织实施，各部门协助进行；二级培训由各部门组织实施，人事处归口管理。

1. 一级培训主要是考虑全院各个部门、各个专业、不同层次的员工专业技能的提升和综合素质的发展，具有全局性。重点包括全院的各类注册师、执业资格和特殊岗位的考前培训、继续教育培训；各级人员的岗位培训；涉及多个部门的综合管理知识培训、质量知识培训、英语、计算机培训及专业技术培训。集中优势资源，发挥一级培训的有效作用。此外，各部门选派职工外送培训均划归为一级培训。

2. 二级培训以专业技术培训为主。（略）

三、培训的实施

（一）一级培训

1. 人事处根据当年培训需求，制定教育培训计划，并组织实施。各部门根据培训内容，选派相关人员参加培训。

2. 对具有发展前途的技术骨干、管理人员及领导干部，根据工作需要，选派进行研究生学历培训。

我院不再选派职工进行一般大、中专学历培训，原则上不提供脱产学习时间。但鼓励自费不脱产学历培训，对利用业余时间自费学习，取得国家承认学历者，应提前在人事处登记备案，毕业后，其资料记入个人档案，院承认其学历。

3. 培训坚持专业对口，学用一致，就近培训的原则。

（二）二级培训（略）

四、外送培训程序（略）

五、费用报销（略）

六、教师酬金发放办法（略）

七、本规定由人事处负责解释

八、本办法经院党、政联系会讨论通过后，从院长签发之日起执行，×××设人综字〔2000〕10号规定同时废止

［例文6—5］　规则

××省人民政府关于印发《××省人民政府政务督办工作规则》的通知

×府发〔2003〕24号

各市、州人民政府，省政府各部门：

《××省人民政府政务督办工作规则》已经省政府第11次常委会审议通过，现印发你们，请认真贯彻执行。

××省人民政府

二〇〇三年七月七日

××省人民政府政务督办工作规则（节录）

第一条　为规范全省政府系统政务督办工作，提高政务督办工作的效率和质量，促进政府各项工作的落实，结合全省政府系统政务督办工作实际，制定本规则。

第二条　本规则适用于全省各级政府及其部门和所属单位的政务督办工作。

第三条　政务督办工作是促进党的路线、方针、政策和政府各项决策、重要工作部署贯彻落实的重要手段，是各级政府加强领导、实施管理的重要工作环节和工作方法。政府主要领导同志和政府部门主要负责人为政务督办工作的第一责任人，要建立健全政务督办工作责任制，确保政务督办工作落到实处。

第四条　政府办公厅（室）和政府部门办公室作为协助政府和部门领导同志处理日常工作的机构，担负着督促检查、促进政府各项决策和各项工作落实的任务。政府办公厅（室）应由秘书长、部门办公室应由主要负责同志负责政务督办工作，落实机构和人员负责具体承办政务督办工作，赋予必要的职权、提供必要的工作经费和条件，确保工作顺利开展。

第五条　省政府督办室是承担省政府综合政务督办工作职能的机构，按照省政府领导的要求做好政务督办工作，负有指导各市、州人民政府办公厅（室）、省政府各部门办公室政务督办工作的职责，与市、州政府和各部门政务督办机构组成全省政务督办工作体系，确保全省政府系统政务督办工作有效运行。

第六条　政务督办范围。

（一）政府重大决策性文件的贯彻落实；

（二）政府全体会、常务会等重要会议议定事项的落实；

（三）上级、本级党委、政府领导批示、交办事项；

（四）人大、政协以及人大代表、政协委员对政府工作的议案、批评、建议和意见、提案的办理落实；

（五）领导和解决群众关注的热点、难点问题。

第七条　政务督办工作原则。

（一）围绕中心，突出重点。（略）

（二）实事求是，务求实效。（略）

（三）认真办理，及时落实。（略）

（四）加强领导，严格考核。（略）

第八条　政务督办工作程序和时限要求。

（一）立项。由政务督办工作机构将报请领导批准督办的事项和领导机关、领导同志批示、交办的督办事项立项。涉及全面工作的政务督办事项应按问题分解立项。按政务督办项目内容提要、编号、主办单位、协办单位、交办时间、办结时限等项目登记立项。

（二）交办。已立项的政务督办事项以《政务督办通知》的形式交有关市、州或部门办理。

（三）承办。承办单位接到《政务督办通知》后，应按要求及时、认真地办理。办结时间原则上为 5 个工作日，最长不得超过 15 个工作日。凡在时限要求内不能办结的，应向交办单位说明情况。

（四）反馈。政务督办事项办理完毕后，承办单位应按一事一报的要求，文字简洁、准确地向交办机关写出《政务督办报告》。

（五）催办。（略）

（六）归档。（略）

第九条　政务督办工作制度。（略）

第十条　政务督办工作人员的要求。（略）

第十一条　本规则自发布之日起执行，由××省人民政府督办室负责解释。

［例文 6—6］　制度

安徽省档案规范性文件备案审查制度

一、为了加强对规范性文件的监督和管理，维护法制的统一，根据国家有关法律、法规和《安徽省规范性文件备案规定》，制定本制度。

二、本制度所称档案规范性文件，是指本省县级以上档案行政管理部门（以下简称制定机关）依照法律、法规、规章和上级规范性文件，并按法定权限和规定程序制定的，在本地区、本部门具有普通约束力的规定、办法、实施细则等。

三、档案规范性文件应在发布之日起 15 日内报同级人民政府法制办公室和上一级档案行政管理部门（以下简称备案机关）备案。

档案行政管理部门与其他政府部门联合制定的规范性文件，由该档案行政管理部门负责报备案机关备案。

四、档案规范性文件备案材料应包括正式文件2份，起草说明和备案报告各1份。

起草说明的内容包括：

（一）制定规范性文件的法律和政策依据；

（二）制定规范性文件的目的；

（三）相关部门对该规范性文件的意见及协调情况；

（四）其他需要说明的问题。

备案报告的格式附后。

五、备案机关接到备案的档案规范性文件后，应就下列内容进行审查：

（一）是否同法律、法规、规章或上级档案规范性文件相抵触；

（二）是否符合规范性文件制定的程序和规范化要求。

备案机关应当自收到规范性文件备案材料之日起15日答复制定机关。

六、经审查，对不适当的档案规范性文件，按下列规定处理：

（一）同法律、法规、规章或上级档案规范性文件相抵触的，由备案机关予以撤销、改变或责令制定机关修改；

（二）属规范性文件制定程序和技术上的问题，由备案机关提出处理意见，交制定机关办理。

七、档案规范性文件的制定机关应在接到备案机关对不适当规范性文件的处理决定或意见之日起20日内，将办理结果报备案机关，经审查无误，备案机关通知制定机关按规定程序重新发布，原不适当的规范性文件同时废止。

档案规范性文件报送备案后30日内没有接到备案处理决定或意见书的，视为准予备案。

八、各级备案机关应于每年第一季度向本级人民政府报告上一年度本地区档案规范性文件的制定和备案情况。

九、对未按时报送档案规范性文件备案的，备案机关应通知其按照本规定的要求报送；在备案机关通知后仍不报送的，由备案机关予以通报批评，并责令其限期改正。

第二节　领导指导类文书的撰写

领导指导类文书主要用于颁布决策、部署工作、批复有关事项，从而实施制发机关的管理、控制职能。此类公文往往关系到国家的大政方针和机关决策的颁布与贯彻落实，因而要求认真严肃、高度负责地对待撰写工作。本节重点介绍以下四个常用文种的写作：决定、通报、批复和意见。其中，意见虽然可以通用于上行文、平行文和下行文，由于在实际工作中多用于下行、发挥领导指导作用，故在本节一并介绍。

一、决定

决定用于对重要事项或重大行动做出安排、奖惩有关单位及人员、变更或者撤销下级机关不适当的决定事项。

（一）适用范围

（1）对某一重大问题做出部署，如：《国务院关于进一步推进相对集中行政处罚权工作的决定》；

（2）宣布重要机构的设置或变动，如：《国务院关于成立国务院振兴东北地区等老工业基地领导小组的决定》；

（3）处理重大事故和其他突发性事件，如：《天津新河船舶重工有限责任公司人事部关于宋光星死亡事故处理决定》；

（4）宣布人事安排或对有关人员的表彰、处分或处置，如：《国务院关于授予红其拉甫海关"艰苦奋斗模范海关"荣誉称号的决定》；

（5）变更或者撤销下级机关不适当的决定事项，如：《国务院关于第三批取消和调整行政审批项目的决定》。

（二）特点

1. 指挥性

决定通常是经重要会议或领导班子讨论研究通过以后，对下级机关或某一方面的工作提出重要的指导性意见，要求下级单位依照执行，具有较强的指导、指挥作用。

2. 权威性

决定一经做出，在所辖系统内或所属下级工作中具有强制约束力，收文单位必须严格遵照执行。

（三）结构

（1）标题：由发文机关名称、事由、文种构成。如果是经会议讨论通过的决定，应在标题之下加题注。如：《中国共产党章程（中国共产党第十二次全国代表大会一九八二年九月六日通过）》。

（2）收文机关。

（3）正文：一般首先说明制发决定的依据；之后阐述决定事项，如内容较多可分条列项逐一阐述；最后通常以提出要求、发出号召或对有关事项（如施行日期等）予以说明作为结尾。

（4）发文机关名称与成文日期（有题注者除外）。

（四）撰写要点

决定的写作要求总体说来应做到根据充分、观点鲜明、措施可行、用语确切、简明精练，使决定能够有效地发挥领导指导作用和规范作用。具体到不同种类的决定，又有各自的要求所在。

1. 部署类决定撰写要点

用于对某一重大问题作出部署的决定，要求开篇首先概述现状，讲清形势，说明作出该决定的必要性与迫切性；在此基础上进而阐述具体工作部署，常以分条列项的方式讲明围绕某一重大问题所作出的决策与措施。要求层次清晰、用语周密、语气肯定，便于理解和贯彻执行。见［例文 6—7］。

［例文 6—7］　部署类决定

国务院关于进一步推进相对集中行政处罚权工作的决定

国发〔2002〕17 号

各省、自治区、直辖市人民政府，国务院各部委、各直属机构：

《中华人民共和国行政处罚法》（以下简称行政处罚法）第十六条规定："国务院或者经国务院授权的省、自治区、直辖市人民政府可以决定一个行政机关行使有关行政机关的行政处罚权，但限制人身自由的行政处罚权只能由公安机关行使。”国务院对贯彻实施行政处罚法确立的相对集中行政处罚权制度十分重视，多次下发文件作出具体部署。自 1997 年以来，按照国务院有关文件的规定，23 个省、自治区的 79 个城市和 3 个直辖市经批准开展了相对集中行政处罚权试点工作，并取得了显著成效，对深化行政管理体制改革、加强行政执法队伍建设、改进行政执法状况、提高依法行政水平，起到了积极的作用。实践证明，国务院确定试点工作的阶段性目标已经实现，进一步在全国推进相对集中行政处罚权工作的时机基本成熟。为此，依照行政处罚法的规定，国务院授权省、自治区、直辖市人民政府可以决定在本行政区域内有计划、有步骤地开展相对集中行政处罚权工作。为了进一步推进这项工作，特作如下决定：

一、开展相对集中行政处罚权工作的指导思想

（一）要以“三个代表”重要思想为指导，做好相对集中行政处罚权工作。（略）

（二）严格依照行政处罚法的规定，开展相对集中行政处罚权工作。（略）

（三）把开展相对集中行政处罚权工作与继续深化行政管理体制改革有机地结合起来。（略）

二、相对集中行政处罚权的范围（略）

三、进一步做好相对集中行政处罚权工作的要求

（一）加强相对集中行政处罚权制度的宣传。（略）

（二）抓紧建立省、自治区、直辖市人民政府决定开展相对集中行政处罚权工作的具体程序。（略）

（三）总结经验，不断完善开展相对集中行政处罚权工作的配套制度。（略）

（四）加强行政执法队伍建设。（略）

（五）切实加强对相对集中行政处罚权工作的组织领导。

……

各地区、各部门要按照本决定的规定，结合本地区、本部门的实际情况，认真研究、落实。有关开展相对集中行政处罚权工作的重要情况和问题，请及时报告国务院法制办公室，由国务院法制办公室汇总向国务院报告。

国务院

二〇〇二年八月二十二日

2. 机构设置类决定撰写要点

用于宣布重要机构的设置与变动的决定，相比之下通常篇幅较为简短。在简述有关机构的设置或变动的原因、目的之后，直接引出决定内容，宣布设置或有所变动的机构名称及相关事宜。用语应做到高度精练。见［例文6—8］。

［例文6—8］ 机构设置类决定

国务院关于成立国务院振兴东北地区等老工业基地领导小组的决定

国发〔2003〕28号

各省、自治区、直辖市人民政府，国务院各部委、各直属机构：

为实施东北地区等老工业基地振兴战略，加快东北地区等老工业基地发展，决定成立国务院振兴东北地区等老工业基地领导小组。

国务院振兴东北地区等老工业基地领导小组的主要任务是：组织贯彻落实中共中央、国务院关于振兴东北地区等老工业基地的方针、政策和指示；审议东北地区等老工业基地振兴战略、专项规划、重大问题和有关法规；研究审议振兴东北地区等老工业基地的重大政策建议，协调东北地区等老工业基地经济社会全面发展。

国务院振兴东北地区等老工业基地领导小组组成人员如下：

组　长：温家宝　国务院总理

副组长：黄　菊　国务院副总理

　　　　曾培炎　国务院副总理

成　员：马　凯　国家发展和改革委员会主任

周　济　教育部部长
徐冠华　科学技术部部长
张云川　国防科学技术工业委员会主任
金人庆　财政部部长
张柏林　中央组织部副部长兼人事部部长
郑斯林　劳动和社会保障部部长
孙文盛　国土资源部部长
汪光焘　建设部部长
刘志军　铁道部部长
张春贤　交通部部长
王旭东　信息产业部部长
汪恕诚　水利部部长
杜青林　农业部部长
吕福源　商务部部长
孙家正　文化部部长
周小川　中国人民银行行长
徐光春　中央宣传部副部长兼国家广播电影电视总局局长
李荣融　国务院国有资产监督管理委员会主任
谢旭人　国家税务总局局长
解振华　国家环境保护总局局长
周生贤　国家林业局局长
刘明康　中国银行业监督管理委员会主席
万学远　国家外国专家局局长
张俊九　全国总工会副主席
张国宝　国家发展和改革委员会副主任

国务院振兴东北地区等老工业基地领导小组下设办公室，在国家发展和改革委员会单设机构，具体承担领导小组的日常工作。办公室主任由张国宝兼任。

国务院振兴东北地区等老工业基地领导小组办公室主要职责是：研究提出东北地区等老工业基地振兴战略、专项规划、重大问题和有关政策、法规的建议；对东北地区等老工业基地振兴规划进行指导、论证、综合平衡和衔接；研究提出东北地区等老工业基地优势产业发展、资源枯竭城市转型以及重大项目布局的建议并协调实施；研究提出东北地区等老工业基地深化改革、扩大开放和引进国内外资金、技术、人才的政策建议，协调重点基础设施建设、生态环境保护和建设、工业与其他相关产业的协调发展；承办领导小组交办的其他事项。

国务院

二〇〇三年十二月二日

3. 处理事故类决定撰写要点

处理重大事故和其他突发性事件的决定，在正文中一般首先概述事故或突发性事件的原委，分析缘由，阐述处置决定（如：给予事故主要责任者以何种处分等），说明此类事故的危害性或严重后果，剖析事故的性质，警醒有关单位或人员提高认识，吸取教训，积极采取相应措施，铲除各方面的事故隐患（如：认识方面、管理方面、技术方面等），杜绝此类事故再次发生。这类决定的撰写要求用语庄重、威严——显示出作者对此事的态度，使读者充分感受事故的严重性；讲求分寸——实事求是地表述事故的性质、有关责任者及其他有关情况，用恰切的用语宣布处分决定；简洁、详略得当——概述事故的经过，不必详情描写，重点放在认真分析事故的原因、危害、教训及对策，以免重蹈覆辙。见［例文 6—9］。

［例文 6—9］　处理事故类决定

天津新河船舶重工有限责任公司人事部
关于宋光星死亡事故处理决定

二〇〇六年七月二日十七时许，天津泰盛船舶修造服务中心在天津新河船舶重工有限责任公司西水平 7 号台位承修“腾龙 8 号”轮左艏空舱修理工程。该中心电焊工宋光星在监护人离开后，更换焊条时，焊条不慎接触到右前腕侧部位触电，经抢救无效死亡。为使公司员工吸取教训，避免事故发生，特对公司内事故责任者作如下处理：

一、“腾龙8号”在7号台位承修水线以下换板，在换板过程中有通风设施，但在补焊施工中，因安排准备喷砂，未使用通风设施，单船项目主管、安全员没有引起重视，致使左艏空舱无通风的情况下施焊。宋某多汗，手套潮湿触电死亡是事故发生的间接原因。单船项目主办刘刚全权指挥该船生产，是单船安全第一责任人，对此次事故负有责任，给予全厂通报批评，罚款600元处理。该船安全员樊军对此次事故负有安全检查不到位的责任，给予罚款200元处理。

二、“腾龙8号”在7号台位施工，未详细拟定相关的预防措施和单船应急方案，有重点、有针对性的检查欠缺，安全交底不细，对承包单位安全监管不够并导致此事故发生，是事故的间接原因也是导致事故发生的次要原因。

修船厂安全防火科科长翟永庆对此次事故负有安全监管不够的主要领导责任，给予罚款300元处理。

修船厂生产副厂长李勇对此次事故负有安全监管不够的领导责任，给予全厂通报批评，罚款500元处理。

修船厂厂长杜金明是修船厂安全第一责任人，对修船厂存在的安全管理缺陷负领导责任，给予罚款400元处理。

公司人事部副经理王瑞主管安全工作，对修船二级管理单位安全监管存在缺陷负领导责任，给予罚款400元处理。

公司人事部经理任德荣负责人事部全面工作，对此次事故负领导责任，给予罚款400元处理。

公司副总经理薛安祥分管公司生产工作，对此次事故负领导责任，给予罚款400元处理。

公司副总经理李会平分管公司安全工作，对此次事故负领导责任，给予罚款400元处理。

天津新河船舶重工有限责任公司人事部

二〇〇六年九月六日

4. 褒奖类决定撰写要点

褒奖类决定用于对重要人物、单位、事件的褒奖。褒奖类决定的正文通常分为两个部分，按照逻辑顺序展开。第一部分简要概括地说明行文的目的和根据，对于奖励的对象及其获奖项目进行点到为止地简要介绍。第二部分旨在号召和鼓励人们学习先进，倡导高尚精神。见［例文 6—10］。

［例文 6—10］　褒奖类决定

国务院关于授予红其拉甫海关
“艰苦奋斗模范海关”荣誉称号的决定

国发〔2005〕17 号

各省、自治区、直辖市人民政府，国务院各部委、各直属机构：

红其拉甫海关隶属乌鲁木齐海关，地处被称为“生命禁区”的帕米尔高原，担负着红其拉甫和卡拉苏口岸的进出境监管任务。自 1977 年建关以来，红其拉甫海关的干部职工克服恶劣自然环境的影响，艰苦创业，无私奉献，在反走私、反分裂、反渗透、反恐怖和促进边疆地区经济发展、社会稳定和民族团结等方面作出了突出贡献。他们认真履行为国把关的神圣职责，先后查获新中国成立以来全国最大的枪支走私案件、化学制毒原料走私案件等一系列重大案件，有力地打击了犯罪分子的嚣张气焰；坚持从严治关，认真落实各项廉政措施，至今未发生一起违反廉政规定的事例，实现了“一个不少、一个不倒”的廉政建设目标。在长期工作实践中，逐渐形成了“特别能吃苦、特别能忍耐、特别能战斗、特别能奉献”的精神。为深入贯彻党的十六大和十六届三中、四中全会精神，国务院决定授予红其拉甫海关“艰苦奋斗模范海关”荣誉称号。

国务院希望红其拉甫海关全体干部职工珍惜荣誉，再接再厉，为社会主义现代化建设事业作出新的贡献。国务院号召全国各条战线上的广大干部职工，以红其拉甫海关为榜样，学习他们忠于职守、严守国门的敬业精神，学习他们不畏艰难、顽强拼搏的优良作风，学习他们无私奉献、清正廉洁的高尚品质，在以胡锦涛同志为总书记的党中央的坚强领导下，立足本职、胸怀全局，艰苦奋斗、积极进取，为全面建设小康社会和构建社会主义和谐社会而努力奋斗。

国务院

二〇〇五年六月三日

5. 变更撤销类决定撰写要点

变更撤销类决定主要应包括以下内容：作出变更撤销类决定的目的或根据；对所针对事物或问题性质的分析、评价；有关措施(实施的对象、范围、方法、注意事项等)。用于表彰或处分，命名，撤销有关议案或其他公文，以及赋予、剥夺、免除有关对象的权利义务、能力的决定常采用这种形式。见［例文 6—11］。

［例文 6—11］　变更撤销类决定

国务院关于第三批取消和调整行政审批项目的决定

国发〔2004〕16 号

各省、自治区、直辖市人民政府，国务院各部委、各直属机构：

2002 年 10 月和 2003 年 2 月国务院决定共取消和调整 1 300 项行政审批项目后，国务院行政审批制度改革工作领导小组对国务院部门行政审批项目又进 行了全面清理。经严格审核论证，国务院决定再次取消和调整 495 项行政审批项目。其中，取消的行政审批项目 409 项；改变管理方式，不再作为行政审批，由行业组织或中介机构自律管理的 39 项；下放管理层级的 47 项。在取消和调整的行政审批项目中有 25 项属于涉密事项，按规定另行通知。

各地区、各部门要认真做好有关行政审批项目取消和调整的落实工作，切实加强后续监督和管理。要按照全面推进依法行政、建设法治政府的要求，以贯彻实施《中华人民共和国行政许可法》为契机，深化行政审批制度改革，进一步规范行政权力和行政行为；加快行政管理体制改革进程，进一步转变政府职能；不断更新管理理念、创新管理方式，努力提高社会主义市场经济条件下政府管理经济和社会事务的能力和水平。

附件：1. 国务院决定取消的行政审批项目目录（385 项）

2. 国务院决定改变管理方式、不再作为行政审批、实行自律管理的行政审批项目目录（39 项）

3. 国务院决定下放管理层级的行政审批项目目录（46 项）

国务院

二〇〇四年五月十九日

二、通报

通报用于表彰先进、批评错误、传达重要精神或情况。

（一）适用范围与类型

根据不同的内容，通报可划分为以下三类：

（1）表扬性通报，旨在表扬先进个人或单位，宣传先进事迹、先进典型，介绍典型经验，以鼓励先进、树立正气、推广经验、推动工作。

（2）批评性通报，旨在批评有严重错误行为或不良倾向的个人、单位及重大事故、案件等，用以批评错误、揭露问题，训导通报对象，警示有关方面。

（3）情况通报，专门用于传达上级机关的重要指示精神，传达需周知的重要情况，沟通重要信息，以便做好贯彻、执行或协调、配合工作。

（二）特点

（1）导向性。即教育和指导功能，无论表彰先进、批评错误还是传达重要精神或情况，其目的在于引导受文者学习先进典型、先进经验；对错误行为敲响警钟、教育受文者明辨是非，以免重蹈覆辙；或宣传重要精神，知照重要情况，引导有关方面做好工作。

(2) 典型性。通报的上述特性决定了通报的事例必须具有典型性和代表意义，使得通报能够用颇具说服力的典型和足以引起受文者高度重视的事例达到教育和指导的功效。

(3) 普发性。由于通报内容具有典型性和代表性，有教导之功效，需引起各有关方面的高度重视，因而其受文者往往不是一个，而是若干有关单位乃至整个系统或更大的范围。

(4) 时效性。先进典型与先进经验只有及时通报，才能尽快发挥通报的教育功能；严重失误与错误案例只有及时通报，才能尽早起到警戒作用；重要精神与情况只有及时通报，才能更好更快地指导工作。因而，通报具有很强的时效性。

(三) 结构

通报一般由标题、主送机关、正文、署名与发文时间组成。

1. 标题

一般由发文机关、事由及文种组成。其中，特别要准确揭示事实的性质。撰写表彰性通报，常常用“表彰”或“授予×××××称号”等词语表明发文机关的倾向与立场。拟写批评性通报，则使用“擅自”或“给予××××处分”等词语表明发文机关的态度与立场。

2. 主送机关

通常采用统称的方法标明收文机关名称。

3. 正文

正文是通报的主体和核心部分。不同类别的通报具有不同的写法。但是都离不开叙述事实、评价分析、说明处理决定或方法这样的基本部分。

4. 署名与发文时间

(四) 撰写要点

1. 表彰性通报

分为好人好事通报、评选结果通报、典型经验通报三种。

(1) 好人好事通报：正文一般由三个部分组成。首先，是采用记叙的表达方式，概述事件的经过，要写明何时、何地、何人，做了何事，主要经过及事件结果。其次，是对好人好事进行分析评论，有时需要简要介绍人物的一贯表现，语言简要明确。这个部分采用议论的方式，但是省略了议论的过程，只留下结论，即论断式的语言。最后，说明表彰决定的内容，如授予荣誉称号、给予物质奖励，提出希望和要求，号召大家学习先进模范。

撰写表彰先进的通报要与写先进事迹材料区分开来。通报的好人好事多数是突发性的，如救人灭火、见义勇为、拾金不昧等，这是通报的常见事项，但是不可能天天都遇到，人人都遇到。写先进事迹材料，所表彰的是一贯长期积极工作的先进人物或模范人物，它是供评选先进工作者用的材料。

（2）评选结果通报：这种通报一般在评优选先活动完成后，用来公布评选结果，号召所属单位或全体职工向先进单位或个人学习。由于表彰的是一批先进单位或个人，不可能将先进事迹一一写出来，只能采用高度概括的方式，写出先进集体或个人的共同特点，即是对他们所取得的成绩的高度概括与评价。这既表彰了先进单位，也肯定了主管单位的成绩，起到了鼓舞人心、激励士气的作用。

（3）典型经验通报：是用来表彰先进典型和先进经验的通报。正文分为三个部分。一是介绍有关情况，将开展工作的依据、目的、时间、参加部门或人员、工作成效等概括交代清楚，对好的经验予以充分肯定。二是概括说明工作中涌现的先进典型情况（列举单位名称或说明数量，或采用附件形式公布先进名单），归纳其具体做法。三是说明开展这项工作的重大影响或写出几句号召与希望。见［例文 6—12］。

［例文 6—12］　好人好事通报

××省化工总公司党委关于
授予张××“优秀共产党员”荣誉称号的通报

各分公司党委，总公司党委各部门，各直属机构：

张××同志是××分公司所属天宏化工厂管道维修工人，共产党员。今年 8 月 12 日上午 8 时 30 分，天宏化工厂成品车间后处理工段油气管道突然爆炸起火。正在利用公休日清理夜间施工现场的张××被爆炸气浪猛烈推倒，头部、右臂和大腿等多处受伤，鲜血直流，鞋子也被甩出很远。在这危急关头，张××强忍剧痛，迅速爬起，顾不得穿鞋和查看自己的伤势，踩着玻璃碎片，冲入烈火之中，迅速关闭了喷胶阀门、油气分层罐手阀、蒸汽总阀。接着又抓起干粉灭火器奋力灭火。他先后用了10余个灭火器扑救颗粒泵、混胶罐等处的大火，在随后赶来的厂保卫科青年工人韩××的援助下，英勇奋战十几分钟，终于将大火全部扑灭，避免了火势的蔓延。

张××在身体多处受伤、火势凶猛，并随时可能发生更大爆炸的万分危急关头，将个人生死置之度外，果断处理突发事件，为遏制火势蔓延，防止事故扩大，减少国家财产损失，做出了突出的贡献。他的行为体现了为保护国家财产和人民利益，不惜牺牲个人生命的崇高精神品质，谱写了一曲当代共产党人的正气之歌。青年工人韩××不顾危险，奋力救火，也表现了忠于职守，不怕牺牲的精神，不愧为一名称职的保安人员。

为此，总公司党委研究决定：

一、将张××和韩××奋力灭火的英勇事迹通报全公司，予以公开表彰。

二、授予张××“优秀共产党员”荣誉称号，为张××晋升一级工资，并颁发灭火奖金5 000元，以资鼓励。

三、为韩××晋升一级工资，并颁发奖金1 000元，以资鼓励。

希望各分公司党委、总公司党委各部门、各直属机构组织广大共产党员和干部职工认真学习总公司党委的表彰通报，以张××、韩××的英勇事迹和崇高精神为动力，努力做好本职工作，落实安全生产责任，为化工行业的改革与发展做出更大的贡献。

××省化工总公司党委

二〇〇一年八月二十日

2. 批评性通报

分为事故通报和反面典型通报两种类型。

(1) 事故通报：主要针对生产、交通、安全、火灾、医疗等方面的重大责任事故而制发，以便引起有关单位的重视和警惕，防止重蹈覆辙。一般分为三个部分。首先，叙述事故发生的经过情况，可以用“据调查”开头，把什么时间、地点，发生了什么事故，以及事故造成的损失情况交代清楚，关键要做到要素齐全，点到为止。其次，对事故的原因进行分析，指出事故的危害及其影响。最后，写明对事故的处理决定，提出防止此类事故的措施和要求，引以为戒，关键是要对症下药。见［例文 6—13］。

［例文 6—13］ 事故通报

××市人民政府办公厅关于
××有限公司职员酿成重大恶性交通事故的通报

各区、县人民政府，市政府各委办局，各总公司，各高等学校：

据市公安交通管理局报告：4 月 17 日晚 7 时许，××有限公司总经理秘书张××（男，36 岁）擅自将本单位新购的别克牌轿车开出。当张××以每小时 110 公里的速度自西向东行至××路十字路口时突遇红灯，由于酒后精神恍惚，加之车速过快，来不及采取制动措施，与××出租汽车公司一辆由南往北正常通过路口的捷达牌出租车相撞，致使出租车司机和一名女乘客当场死亡，另一名女乘客因伤势过重，经医院抢救无效死亡，张××本人受重伤，别克轿车严重损坏，捷达出租车报废。

这起重大恶性交通事故给国家和人民生命财产造成重大损失。市人民政府已责成市公安交通管理部门会同有关单位严肃查处，做好善后处理工作。各单位都要从这一重大恶性交通事故中吸取教训，引以为戒。当前，春季旅游已近旺季，全市交通流量加大。为确保我市交通秩序，下大力减少交通事故，市政府要求：

一、各单位接此通报后，要立即向所有持有汽车驾照的人员传达，从中吸取教训，并组织他们联系本单位和本人行车实际，检查车辆隐患，整顿行车纪律，增强法制观念。对有酒后开车和经常超速驾驶、抢行的驾驶员，要依法严肃处理。

二、各单位要严格履行交通安全责任追究制度。（略）。

三、各单位对干部、职工普遍进行一次交通安全教育。（略）。

××市人民政府办公厅

二〇〇一年四月二十二日

（2）反面典型通报：主要针对严重违纪、贪污索贿、损公肥私等反面典型而制发。目的在于惩戒坏人坏事、打击歪风邪气，树立正气，起到教育借鉴作用。反面典型通报的正文必须包含的内容有：错误事实，处理决定，行文要求。此外，根据具体情况，还可以写明处理错误的政策法规根据、分析产生错误的原因与教训等方面内容。正文内容的表达有以下几种方式可供参考：

错误事实＋处理根据＋处理决定＋行文要求

处理根据＋错误事实＋处理决定＋分析原因与教训＋行文要求

错误事实＋处理决定＋分析原因与教训＋行文要求

处理决定＋错误事实＋分析原因与教训＋行文要求

无论采用哪种方式，都要把事实表述清楚，把处理决定交代明白，还要有针对性地提出进一步改进工作、吸取教训的具体要求，以便切实发挥通报的教育功能。见［例文 6—14］。

［例文 6—14］　反面典型通报

国务院办公厅关于南京市有关部门越权审批中韩合资南京锦湖轮胎有限公司项目的通报

各省、自治区、直辖市人民政府，国务院各部委、各直属机构：

最近，国务院有关部门对南京市有关部门越权审批中韩合资南京锦湖轮胎有限公司项目的问题进行了调查。经查实，南京轮胎厂是国家定点轮胎生产企业，由于亏损严重，资不抵债，又地处市区，污染严重，南京市决定对其进行搬迁改造。为解决搬迁改造资金问题，南京市人民政府和企业多方寻求国外合作伙伴，于1994年9月与韩国锦湖集团达成协议，合资成立南京锦湖轮胎有限公司，建设年产300万套子午线轮胎项目，总投资11 917.7万美元。南京市有关部门违反基本建设程序有关规定，从1994年9月至1995年10月，以增资扩股形式，化整为零，分4次批复了该项目。由于该项目未按国家有关规定审批，有关进口设备不能享受合资企业免征关税政策，需补征税款约5 000万元；主要生产原料天然橡胶进口配额也无法解决，每年增加生产成本约3 000万元。

根据《国务院关于加强外资企业重大项目审批工作的通知》(国发〔1991〕14号）的精神，凡投资总额在国务院授权省、自治区、直辖市和计划单列市、经济特区人民政府审批权限以上的外资企业项目，由国家计委会同国务院有关主管部门进行综合平衡和审批。投资总额超过1亿美元的重大项目，由国家计委提出审查意见，报国务院审批。南京市有关部门无视国家规定，越权审批利用外资重大项目，这一做法是极其错误的，给合资企业的生产经营造成了许多困难，并对外造成不良影响。为严肃纪律，国务院决定，给予南京市人民政府通报批评。各地区、各部门要从这一事件中吸取教训，认真贯彻执行党中央、国务院的各项决定和政策，严格按照国家基本建设程序办理项目审批手续，坚决杜绝此类事件再度发生。

中华人民共和国国务院办公厅

二〇〇一年四月二十八日

3. 情况通报

主要用来传达上级机关的重要精神或工作中出现的重要情况、新问题、新动向以及需要下级机关周知的事项。

情况通报的写作比较简单。正文多为三个部分：首先，概述通报的有关情况，是在什么时间、空间范围内的情况，以及这些情况的来源；其次，是情况本身，把情况的来龙去脉、前因后果等阐述清楚，可以分条列项地说明；最后，写明上级机关的指示性意见，提出下级机关应当注意的问题。

撰写情况通报，要注意有情况、有问题、有分析、有结果，能够起到沟通认识、交流信息、督促后进、激励先进、推动全盘工作的作用。见［例文 6—15］。

［例文 6—15］　情况通报

中华人民共和国交通部办公厅
关于 2006 年交通产品质量监督抽查结果的通报

厅体法字〔2007〕74 号

各省、自治区、直辖市、新疆生产建设兵团交通厅（局、委），天津市市政工程局，上海市市政工程管理局：

为加强对进入交通建设市场产品的质量监督，保证交通建设质量和交通运输安全，根据《国家质检总局关于同意交通部 2006 年度行业产品质量监督抽查计划的函》（质检办监函〔2006〕122 号）和《交通部办公厅关于 2006 年交通产品质量监督抽查工作的通知》（厅体法字〔2006〕126 号），交通部体改法规司组织有关检测机构于 2006 年 5 月至 12 月对道路用沥青、路面标线涂料、公路交通标志板及反光膜、公路地下通信管道高密度聚乙烯硅芯塑料管（硅芯管）、高速公路波形梁钢护栏、LED 车道控制标志等六类产品质量进行了行业监督抽查。

现将抽查结果通报如下：

一、道路用沥青

抽查 22 家企业生产的 A 级、B 级道路石油沥青和聚合物改性沥青，抽取样品 28 个，抽样合格率为 75%。其中道路石油沥青抽样合格率为 81.8%，主要质量问题是沥青的蜡含量和针入度指数不符合标准要求；改性沥青抽样合格率为 70.6%，主要质量问题是针入度指数、老化后的 5 度延度、离析和 135 度运动粘度不符合标准要求。

二、路面标线涂料

抽查 13 家企业生产的产品，抽取样品 71 个，抽样合格率 87.3%，批合格率86.7%。产品的主要质量问题是玻璃珠含量、抗压强度两项指标不符合标准要求，部分产品的亮度因数在合格值的下限附近。

抽查结果表明，经过三年的行业监督抽查，路面标线涂料产品质量持续稳步提高。虽然本次监督抽查仍发现个别厂家产品的玻璃珠含量、抗压强度指标达不到标准要求，但大部分生产企业的质量意识和产品质量明显提高，本次监督抽查涂料产品耐磨性指标的抽样合格率达到了100%。

三、公路交通标志板及反光膜

公路交通标志板：抽查8家企业生产的产品，抽取样品31个，抽样合格率为51.6%，批合格率为37.5%。产品的主要质量问题是逆反射系数、标识、包装运输及贮存等指标不符合标准要求。

反光膜：抽查了6家企业生产的产品，抽取样品124卷，抽样合格率为92.7%，批合格率为95.3%。产品的主要质量问题是逆反射系数和附着性能指标不符合标准要求。

四、公路地下通信管道高密度聚乙烯硅芯塑料管（硅芯管）

抽查4家企业生产的产品，抽取样品47盘，抽样合格率为93.6%。产品的主要质量问题是壁厚、断裂伸长率、拉伸强度三项指标不符合标准要求。

五、高速公路波形梁钢护栏

抽查16家企业生产的产品，抽取样品701件，主要构件波形梁、圆立柱、防阻块、拼接螺栓的抽样合格率分别为71.6%、63.8%、72.5%、37.4%。产品的主要质量问题是波形梁、圆立柱、防阻块的板（壁）厚和防腐层厚度及拼接螺栓抗拉荷载等指标不符合标准要求。与去年波形梁钢护栏拼接螺栓抽查结果（抽样合格率19.5%）相比，今年拼接螺栓的抽查合格率虽有一定提高，但部分拼接螺栓的质量仍较差，个别企业的产品抽样合格率为0。波形梁钢护栏的抽查合格率总体上仍较低。

六、LED车道控制标志

在两个抽样地点抽查的产品均为同一家企业生产，抽取样品6个，抽样合格率为0。产品的主要质量问题是产品标识与包装、电器安全性能、耐机械振动性能等指标不符合标准要求。

各类产品具体抽查结果详见附件。

从近几年行业监督抽查情况看，产生不合格产品的主要原因有：一是执行标准不到位，有的产品已出新标准，但企业不知道或不了解新标准，仍按老标准生产，致使产品达不到现行标准要求，有的企业不能全面执行标准，如对于标准在产品标识方面的要求，认为可有可无，不认真对待，不给产品加标识，成为“三无”产品；二是个别企业由于低价中标，为谋取利益而采取偷工减料的方式生产产品，如涂料产品中玻璃珠含量不达标，硅芯管材料中掺杂过量的回用材料甚至是再生杂料，波形梁钢护栏使用低于标准要求的薄钢板轧制，材料防腐层厚度不达标等等。

交通产品质量是保证交通建设质量和运输安全的基础，各级交通主管部门和交通产品质量监督管理机构、工程建设和监理单位、产品生产和销售企业要高度重视行业监督抽查结果。在交通工程建设中，已发现和使用了不合格产品的，要采取相应的整改及后续监控措施，并将整改结果或监控措施报部体改法规司。对于不合格产品生产企业，要认真分析导致产品质量不合格的原因并提出整改措施，在整改合格并经相关检测机构确认之前，其产品不得用于交通领域。

通过几年来的行业监督抽查工作，道路用沥青、标线涂料、标志板及反光膜、高速公路波形梁钢护栏等几种产品质量的总体水平有了一定的提高，体现了行业监督抽查和各级交通主管部门加强质量监督管理的积极作用。但也要看到交通产品质量仍存在很多问题，不能适应交通建设和交通运输事业又好又快发展的要求，因此，对交通产品质量的监督管理工作还需进一步加强。

附件：1. 交通部 2006 年交通产品（道路用沥青）质量监督抽查结果汇总表

2. 交通部 2006 年交通产品（路面标线涂料）质量监督抽查结果汇总表

3. 交通部 2006 年交通产品（公路交通标志板）质量监督抽查结果汇总表

4. 交通部 2006 年交通产品（反光膜）质量监督抽查结果汇总表

5. 交通部2006年交通产品（硅芯管）质量监督抽查结果汇总表
6. 交通部2006年交通产品（高速公路波形梁钢护栏）质量监督抽查结果汇总表
7. 交通部2006年交通产品（LED车道控制标志）质量监督抽查结果汇总表

中华人民共和国交通部办公厅

二〇〇七年三月二十九日

三、批复

批复用于答复下级机关的请示事项。

（一）适用范围与类型

1. 指示型批复

针对不同类型的请示，相应产生了不同类型的批复。

针对下级机关请求指示或请求解决具体问题的请示而制发的是指示型批复，见［例文6—16］。

［例文6—16］ 指示型批复

国务院关于证券投资基金管理公司有关问题的批复

国函〔2004〕66号

中国证券监督管理委员会：

你会《关于贯彻实施〈证券投资基金法〉有关问题的请示》（证监发〔2004〕64号）收悉。现批复如下：

一、根据《中华人民共和国证券投资基金法》第十三条规定，国务院同意你会对法人作为证券投资基金管理公司非主要股东的条件作如下规定：

（一）注册资本、净资产不低于1亿元人民币，资产质量良好；

（二）持续经营3个以上完整的会计年度，公司治理结构健全，内部监控制度完善；

（三）最近3年没有因违法违规行为受到行政处罚或者刑事处罚；

（四）没有挪用客户资产等损害客户利益的行为；

（五）没有因违法违规行为正在被监管机构调查，或者正处于整改期间；

（六）具有良好的社会信誉，最近3年在税务、工商等行政机关以及金融监管、自律管理、商业银行等机构无不良记录。

二、根据《中华人民共和国证券投资基金法》第十三条规定，国务院同意你会对中外合资证券投资基金管理公司的境内外股东的条件作如下规定：

（一）出资比例最高的境内股东应当具备证券投资基金管理公司主要股东的条件；其他境内股东应当具备证券投资基金管理公司非主要股东的条件。

（二）境外股东应当具备下列条件：

1. 依所在国家或者地区法律设立、合法存续并具有金融资产管理经验的金融机构，财务稳健，资信良好，最近3年没有受到监管机构或者司法机关的处罚；

2. 所在国家或者地区具有完善的证券法律和监管制度，其证券监管机构已与中国证监会或者中国证监会认可的其他机构签订证券监管合作谅解备忘录，并保持着有效的监管合作关系；

3. 实缴资本不低于3亿元人民币的等值可自由兑换货币；

4. 经国务院批准的中国证监会规定的其他条件。

香港特别行政区、澳门特别行政区和台湾地区的金融机构在内地投资证券投资基金管理公司，比照适用前款规定。

三、1997年11月5日国务院批准、1997年11月14日国务院证券委员会发布的《证券投资基金管理暂行办法》即行废止。

国务院

二〇〇四年八月十二日

2. 审批型批复

针对下级机关请求批准或批示转发公文的请示而制发的是审批型批复。见［例文 6—17］。

［例文 6—17］　审批型批复

国务院关于同意建立整治非法证券活动协调小组工作制度的批复

国函〔2007〕14 号

证监会：

你会《关于建立整治非法证券活动协调小组工作制度的请示》（证监发〔2007〕25 号）收悉。现批复如下：

同意建立由证监会牵头的整治非法证券活动协调小组工作制度。协调小组不刻制印章，不正式行文，请按照有关文件精神认真组织开展工作。

附件：整治非法证券活动协调小组工作制度

国务院

二〇〇七年二月十二日

（二）特点

1. 被动性

只有收到下级机关报批的请示时，才会据此制发批复。

极具针对性。批复的标题与正文内容紧扣请示事项，不涉及该请示内容以外的其他问题；而且批复只主送给提出请示的单位和请示内容所涉及的相关单位。

2. 指示性

批复中针对请示事项所提出的答复意见，实际上是上级机关的指示精神和决策意见，下级机关必须认真遵照执行。

（三）结构

（1）标题：由发文机关名称、事由、文种构成，也可视需要标注“同意”、“批准”等字样。在批复的标题中不必重复或套用请示的标题，如：不必写为《×××关于××××问题的请示的批复》，而应直接写为《×××关于××××问题的批复》。

（2）主送机关：通常只主送上报请示的机关；如果请示的问题具有普遍性或批复具有普发意义，也可将发送范围扩大到与请示内容有关的其他单位。

（3）正文：批复的篇首应点明所针对的请示，如：“你厅×月×日关于××问题的请示收悉”，或直接引用请示的标题和发文字号（外加圆括号，位于请示标题之后）。其后，应写明具体的答复意见和有关事项。批复常用的结尾词为：“特此批复”、“此复”，也可不标注专门的结尾词。

（4）发文机关名称与成文日期。

（四）撰写要点

1. 批复意见应具有权威性

在批复之前应围绕请示的内容进行调查研究。一要核查请示的内容是否真实、可靠，是否确有行文的必要；二要确保批复意见具有权威性与可行性，保证与相关方针政策或前案处理措施协调一致。

2. 批复意见应具有针对性

批复应仅就下级请示的问题表明态度，提出具体意见，不能答非所问，不能只做部分回答，也不能过于空泛、流于形式。同意下级的意见，应给予肯定的答复；不同意或不完全同意下级的意见，应讲明理由，阐述修改的意见、完善的措施与有关注意事项等。

3. 批复意见应具有鲜明性

无论同意或不同意请示内容，皆应明确表态，不得模棱两可或避而不谈。如对请示中涉及的问题需另外行文批复时，应予说明。

四、意见

意见适用于对重要问题提出见解和处理办法。

（一）适用范围

意见既可用于上行文、下行文，也可用于平行文。可见该文种不仅仅属于领导指导类公文，为避免重复，将意见文种的写作集中在此讲解。

（二）特点

在行政系统，意见这一文种不受行文关系的限制，可用于所有行文关系。

作为上行文，意见具有请示的功能，上级机关应作为请示处理。

作为下行文，意见具有指导和指示的功能，应当向下级提出明确的要求，以便下级机关遵照执行。如文中没有明确的要求，下级机关可参照执行。

作为平行文，提出的意见可供对方参考。

（三）结构

1. 标题

意见的标题通常由发文机关、事由和文种组成，例如《××关于加强非典型肺炎医疗救治工作的意见》。

2. 发文机关与发文时间

属于在会议上通过的意见，应当在标题之下以题注的方式标明通过意见的会议名称或通过意见的具体日期。不必经会议讨论通过的，通常标写在意见正文的右下角处。

3. 正文

意见的正文一般较长，所以应特别注意层次分明。一般分开头、主体和结尾三部分。

意见的开头应简明扼要地讲明制发意见的缘由、政策依据及发文的意义。

主体是意见的中心内容，一般要采用分条列项的方式，表明对有关问题的态度和处理意见，也可以拟制相应的小标题，统领各部分内容。

结尾一般提出实施要求或强调重要性，提出希望等。见［例文6—18］。

[例文 6—18]　意见

关于加强和改善世界遗产保护管理工作的意见

文物发〔2002〕16 号

各省、自治区、直辖市文化厅（局）、文物局（文管会）、计委、财政厅（局）、教育厅（教委）、建设厅（建委）、国土厅（局）、环保厅（局）、林业（农林）厅（局）：

1972 年 11 月 16 日，联合国教科文组织第十七届会议在巴黎通过了《保护世界文化和自然遗产公约》（以下简称《世界遗产公约》）。考虑到文化遗产和自然遗产越来越多地受到自然和人为破坏的威胁，许多国家和地区对遗产保护工作的不完善以及各类遗产损失对人类社会的有害影响，《世界遗产公约》要求将那些具有突出重要性的文化或自然遗产作为全人类世界遗产的一部分加以保护。《世界遗产公约》及其基本准则已得到国际社会的普遍欢迎和尊重。

我国历史悠久，文物古迹众多，自然景观丰富。建国以来，党和政府一贯重视文化和自然遗产保护工作，我国有关文化和自然遗产保护的法规、政策和措施，其原则、内容与《世界遗产公约》的基本精神是完全一致的。1985 年，我国正式加入了《世界遗产公约》，对国际社会做出了为全人类妥为保护中国境内世界遗产的庄严承诺。此后，我国的世界遗产保护事业发展迅速，至今已形成相当规模。我国列入世界遗产名录的项目已达 28 处（组），居世界前列，保护、管理世界遗产的工作水平不断提高。世界遗产保护事业在保护我国文物古迹、自然景观，促进我国社会主义精神文明和物质文明建设，宣传我国的悠久历史与灿烂文明，展示我国的壮丽山河与自然风貌，扩大中华文化的国际影响等方面发挥了积极作用。世界遗产工作已经成为我国坚持社会可持续发展战略、建设社会主义现代化国家的重要组成部分，也是我国在教育、科学、文化、环境等方面参与国际事务并积极发挥作用的重要领域之一。

当前，我国的世界遗产保护事业面临着不少问题和困难，距离

《世界遗产公约》的要求还存在一定差距，主要表现在法制建设有待加强，保护资金不足，专业人才缺乏，重大项目决策程序不够完善以及开发利用过度、忽视保护，甚至出现一些建设性破坏等现象。为进一步改善和加强我国世界遗产的保护管理工作，特提出如下意见：

一、各级行政主管部门要进一步端正和提高对保护世界遗产重要性的认识。保护世界文化和自然遗产事业已成为全球文化建设和环境保护的重要组成部分，对全世界人民精神和社会文化生活的构建，对保持人类文化多样化、生态多样性和促进世界各国、各民族之间的相互尊重和理解，对历史人文环境、自然演变的科学印迹和优美自然景观的保护与延续，进而对人类文明和社会的可持续发展，都具有无可替代的意义和作用。妥善保护和保存世界遗产，是一个国家法治健全、社会安定和民族团结、文明进步的标志。保护好我国的世界遗产，是对广大人民群众进行爱国主义教育和优秀传统文化教育的需要，是国家生态环境建设和可持续发展的需要，关系到我国人民特别是子孙后代的生存环境和生活质量，关系到国家与社会的整体利益和长远利益，也关系到国家与民族的国际形象。做好世界遗产的保护管理工作，是各地、各有关部门的重要职责，也是当代人义不容辞的历史使命。

二、进一步加强对世界遗产的保护管理工作，做好规划，完善制度。我国现在已有涉及世界遗产资源保护管理的《中华人民共和国文物保护法》、《风景名胜区管理暂行条例》、《森林和野生动物类型自然保护区管理办法》和规划、环保、国土资源等多方面的法规。在实际工作中，一些地方对现行相关法律法规了解不够、执行不力，甚至有法不依，各行其是。在加紧研究制订中国世界遗产保护管理专项法规的同时，各地应进一步宣传并贯彻好现行有关法规，切实检查法规执行情况，对严重违背法规，损害世界遗产的事件，必须依法查处，坚决予以纠正。

作为依法保护管理好世界遗产的重要措施，各地要依据有关法规、政策和技术规范，抓紧制订各个世界遗产地的保护和管理规划；已有规划不够合理、不够完善的，要及时修订，调整，补充。各地都要严格按规划办事。同时，要依据《世界遗产公约》的要求，制订教育和宣传计划，广泛、深入宣传保护世界遗产的重要意义和保护的科学方法，努力增强民众对世界文化、自然遗产的保护和尊重意识，把世界遗产工作置于全社会的支持、监督和保障之下。

三、正确处理世界遗产保护与利用的关系。有效保护、保存和展示文化和自然遗产，是《世界遗产公约》的基本要求。从世界范围看，对世界遗产的主要威胁来自于错位开发和超容量开发。我国的世界遗产也面临同样的威胁。

世界遗产是具有特殊重要性、珍稀性和脆弱易损性的不可再生资源，必须把对遗产的保护放在第一位，一切开发、利用和管理工作，都应以遗产的保护和保存为前提，都要以有利于遗产的保护和保存为根本。这是世界遗产事业存在和发展的基础。要清醒地认识到，对世界遗产的保护、管理和利用，有很强的专业性、政策性和敏感的国内外影响；任何遗产地都有其科学的容量和适宜的开发方式，要坚决反对无限度无规划的恶性开发和使用。凡涉及世界遗产的重大建设项目、开发利用计划和管理体制的事项，均需符合国家有关保护法规和有关保护规划要求。严格执行环境影响评价制度，并经依法审批。各地要站在讲政治、讲大局的高度，努力使局部利益服从整体利益，眼前利益服从长远利益，妥善处理好保护和利用的关系，切实保障世界遗产的完整和真实。

四、树立"公约意识"，遵守国际规则。《世界遗产公约》在国际社会具有广泛的重要影响。它的各项具体规定和要求，应得到切实遵守。这不仅是依法行政的基本要求，也是中国政府履行国际承诺的具体体现。联合国教科文组织在《关于在国家一级保护文化和自然遗产的建议》中，对《世界遗产公约》各个缔约国的文化和自然遗产的保护，从国家政策、行政组织、保护措施、教育和文化行动、国际合作等方面都具体提出了建议和要求，反映了国际社会对文化和自然遗产保护的先进理念，值得我国高度重视。在我国加入WTO之后，更应该牢固树立"公约意识"，增强依照《世界遗产公约》开展工作的自觉性和主动性，杜绝忽视相关国际公约和准则的随意性做法。要认真、完全地履行申报世界遗产时的承诺。已定为世界遗产地的单位，对申报遗产时的原状如有任何变更，均须依照有关规定，履行报批手续，并通报世界遗产委员会。

五、各部门、各单位要明确责任，各司其职，密切配合，多层次、全方位地做好世界遗产的保护管理工作。保护、规划、管理和利用世界遗产资源，涉及文化、文物、计划、财政、教育、建设、国土、环保、林业等部门。各世界遗产地应建立有效的工作机制，加强对有关世界遗产工作的综合协调和宏观管理。各部门应在各级党委和政府的统一领导下，明确责任，相互协作，共同以大局为重，在各自的职权范围内切实做好工作。涉及遗产保护、管理发生重大问题或出现不良苗头时，该遗产地的责任单位要及时采取相应保护措施；确实无力解决的，应及时报告当地党委和政府，并报上级业务主管部门。对各种造成遗产损失的失职、渎职行为，要追究行政乃至法律责任。

文 化 部　国家文物局　国 家 计 委
财 政 部　教 育 部　建 设 部
国土资源部　环 保 总 局　国家林业局
二〇〇二年四月二十五日

（四）撰写要点

1. 正确把握行文关系

意见具有请示性、指示性、计划性、商洽性等多重“身份”，行文具有很大的灵活性。因此，必须根据不同的行文目的，按照不同的行文方向，匹配不同的制发意图，遵循不同的写作要求。

2. 语言恰切得体

不同性质的意见，要运用相应规格的语言来表达。请示建议性的意见，语言和语气要向请示靠拢；指导性的意见，语言和语气要具有指示性的特色，态度坚决而肯定。

3. 条理清晰

意见的内容大多比较重要，篇幅较长。为了达到良好的表达效果，必须保证结构严谨，言之有序，层次分明，富有条理性。一般应采用分条列项的方式表达，或适当设置小标题，突出发文机关的见解和主张。

4. 主题集中

撰写意见，应围绕一个主题，将一项工作，一个问题的性质、特点、利弊、政策主张与解决办法，讲深讲透，切忌洋洋洒洒、漫无边际、冲淡主题。

第三节　报请类文书的撰写

报请类文书用于下级机关向有关上级领导、指导机关汇报工作，反映情况，答复询问，提出建议，请求指示或批准。此类公文主要用途是使下情上达，使得上级机关了解有关情况，以便必要时给予指导、帮助。撰拟文稿时，尤应做到内容真实、准确、可靠，以便上级机关据此做出正确的决策。

本节重点介绍请示和报告的写作。

一、请示

请示用于向上级机关请求指示与批准。

(一) 适用范围与类型

下级单位凡遇无权或难以决定、处理之事，皆可撰写请示报批、请求指示。根据请示的内容和行文目的，可将请示划分为两种类型：

1. 请求指示型请示

凡对有关的方针、政策、指示中有难以理解或不明之处或在执行过程中需做变通处理的问题，对难以解决或涉及到其他机构职权范围的问题，皆需撰写请示请求上级给予指示。见［例文 6—19］。

［例文 6—19］　请求指示型请示

梅州市梅江区人民政府关于要求免收土地出让金的请示

梅区府〔2006〕4 号

梅州市人民政府：

我区梅州长沙水泥厂是于 1956 年成立的老国有企业。该厂由于建厂时间长、厂房老化、设备陈旧、工艺技术落后，历年来积累的债务沉重，不能按期偿还债务。经研究，决定对企业进行破产转制。为盘活资产，妥善做好职工的安置补偿工作，保证社会稳定，拟将该企业位于梅江区长沙镇小密村的原食堂、宿舍楼（占地 342.70m^2）的土地使用权有偿转让，用于安置补偿职工。但由于该厂已严重资不抵债，安置补偿资金缺口巨大，而我区财政又比较困难，无法向企业提供资金支持。

为此，特恳请市政府按照府［1997］99 号文件的有关规定，免收该宗土地出让金，使企业的转制和职工安置工作顺利进行。

专此请示，盼复。

（联系人：××，联系电话：×××××××××）

梅州市梅江区人民政府

二〇〇六年二月十六日

2. 请求批准型请示

凡涉及重大问题的解决方案或由此形成的规定性文件，皆需得到上级机关的批准后才能实施或颁行；若请示的问题涉及面较广，也需请求上级批示转发至有关单位贯彻执行。见［例文 6—20］。

［例文 6—20］ 请求批准型请示

阿鲁科尔沁自然保护区政府
关于建立阿鲁科尔沁国家级自然保护区的请示

内政发〔2002〕44 号

国务院：

阿鲁科尔沁自然保护区是以保护科尔沁沙地、草原、河流、湖泊、沼泽型湿地等多样性自然生态系统和珍稀濒危鸟类为主要对象的自治区级自然保护区。该自然保护区内有鸟类28种，野生维管束植物300余种，哺乳动物30余种，鱼类18种，是科尔沁沙地生物多样性最丰富地区，具有重要的保护价值和科研价值。

该自然保护区大部分地区属于流动半流动沙地，生态环境十分脆弱。近年来，由于自治区有关部门和地方政府切实加强了建设和管理，使得保护区内自然生态环境有了明显改善。为了更好地接受国家有关部门的指导，进一步加快保护区各项建设，我区申请将阿鲁科尔沁自然保护区晋升为国家级自然保护区。

以上妥否，请批复。

阿鲁科尔沁自然保护区政府

二〇〇二年五月二十五日

（二）特点

（1）事前行文。凡遇本单位无权处理或难以决定处置方法的问题均应预先请示上级机关，待上级做出指示或批准后，按照批复意见行事，不得“先斩后奏”。

（2）强制回复。请示属于要求上级机关予以回复的公文，无论请示的内容是否得到上级机关的同意都应予以回复。

（三）结构

（1）标题：由发文机关名称、事由、文种构成。文种不得错用为“报告”或“请示报告”。

（2）主送机关：请示一般只选择一个主管机关作为主送机关，不得多头主送；一般情况下也不主送给领导者个人（领导人交办的文件除外）。

（3）正文：请示的正文通常包括三个部分。首先，说明请示的理由、背景或依据，这是请示事项能否成立的前提条件，在很大程度上关系到请示的目的能否达到。随后，阐述请求指示或批准的具体事项，如内容较为具体，可分层依次叙述。最后，结束语常用“特此请示”，“当否（妥否），请批复（批示、指示等）”，“上述意见如无不妥，请批转有关部门研究执行”等。

(4) 发文机关名称与成文日期。

(四) 撰写要点

内容方面应做到：请示的内容确系本单位无权决定或难以解决的问题，不得滥用请示；主题单一，一文一事，以便尽快得到上级机关的回复；请示的理由应具体、充分、合情合理；请求上级就解决某一问题作出指示，特别是涉及有争议或有不同解决方案需由上级定夺的事宜，应在请示中提出本单位的可行性建议，供上级批复时参考。

行文规则方面应做到：一般情况下，请示不得越级行文；不应多头主送；除领导人交办者外，请示不应主送领导者个人。

数据项目方面应做到：除上述结构中提到的一些必备数据项目之外，撰写请示还应特别注意在正本上应有签发人标志。

二、报告

报告用于向上级机关汇报工作、反映情况、提出意见或建议、答复上级机关的询问。

(一) 适用范围与类型

报告的使用范围比较广泛，种类也相应较多：按照性质划分，有专题报告和综合报告之分；按照制发周期划分，有定期报告和不定期报告之分；按照内容划分，可分为工作报告、总结报告、调查报告等。

工作报告是指向上级机关汇报和反映有关工作情况的报告，可以分为综合性工作报告和专题性工作报告。综合性工作报告用于定期向上级机关汇报本单位的全面情况，其特点是多以年度、季度为单位长期制发。此类工作报告内容全面，综合性强。专题性工作报告指关于某项工作的进展情况，某个问题的解决过程或某个事件的处理经过与结果的报告，其特点一是非定期制发；二是内容专一。

总结报告主要用于总结工作中的经验、教训。在完成某项工作、解决某个问题之后，通过全面、系统的分析、总结，将感性认识上升到理性认识、提炼、归纳出实质性、规律性的东西，将成功的经验与失败的教训整理成总结报告，用于指导今后的工作或引以为鉴。与侧重于汇报工作进程的工作报告不同，总结报告的侧重点在于总结经验教训。总结报告可分为综合性总结与专题性总结两类。综合性总结用于总结一个系统、一个机关或一个部门的全面工作，涉及面广，内容较为系统。专题性总结是就某项具体工作、某一问题所作的总结，内容及涉及范围均具有专指性。

调查报告是指根据调查研究的结果写成的报告。用于介绍经验、揭露问题，为领导制定决策、指导工作提供依据，也是检查有关决策的执行情况、及时反馈信息的重要形式。调查报告种类较多，有的旨在了解基本情况，有的用于宣传典型经验，有的是为查明问题。概括起来可分为两大类，一类是综合性调查报告——关于一个地区、一个单位基本情况的调查报告，用于系统、深入地揭示各方面的基本情况。如《中国社会各阶级的分析》。另一类是专题性调查报告——关于某一问题、案件、事故或典型经验、新生事物的调查报告，用于挖掘事物的本质，揭示问题的实质。如《西南高山林区考察报告》。

（二）特点

1. 使用范畴具有广泛性

报告是下级机关下情上达、维系上下级机关工作联系的重要手段和常用方式，可以定期或不定期地就某一问题或若干事项向上级沟通或反馈信息。

2. 内容表达具有陈述性

如上所述，报告的作用在于下情上达，故以叙述为主要表达方式。比如：工作进程，工作中取得的成绩与存在的问题，有哪些意见或建议等。即便有时在叙述事实时辅以说明的手法，在陈述情况的基础上作适当的分析、议论，其基本表达方式仍是叙述为主。

3. 行文方向具有单向性

报告旨在工作完结或问题解决之后向上级汇报工作、反馈信息，使上级了解有关情况，为上级机关提供决策依据，因此，报告不需上级予以回复，这也是报告与请示的主要区别所在：请示具有强制回复性，请示及其批复构成双向行文；而报告不要求批复，故具有单向性。也正因为如此，不允许在报告中夹带请示事项。

（三）结构

1. 工作报告的结构

（1）标题：由发文机关名称、事由、文种构成，定期制发的工作报告通常将针对时间写入标题，如《××大学关于 2006 年毕业生分配工作的报告》。

（2）收文机关。

（3）正文：工作报告的篇首常采用概述式，简要说明与汇报内容有关的一些背景材料或概述报告基本内容。见［例文 6—21］。工作报告的中心内容主要包括：工作进程与成绩、采取的主要措施及经验体会、存在的问题与下一步的工作安排。工作报告常用的结束语有："特此报告"、"以上报告，请审阅"、"如有不当，请指示"等。

（4）发文机关名称与成文日期。

［例文 6—21］　工作报告

关于巩固大检查成果进一步做好
减轻农民负担工作的报告

国务院：

按照国务院办公厅《关于开展全国减轻农民负担工作大检查的通知》（国办发明电〔1999〕14 号）要求和全国减轻农民负担工作电视电话会议精神，1999 年 10 月到 2000 年 1 月，在全国范围内开展了减轻农民负担工作大检查。现将有关情况报告如下：

一、大检查工作取得的成效

按照国务院的要求，各地从 10 月份开始，积极部署、精心组织了大检查工作，普遍成立了由主要负责同志任组长、有关部门领导为成员的领导小组或办公室，结合当地的实际情况制定了具体检查方案，并抽调政治素质高、业务能力强的同志参加检查。整个大检查工作以贯彻落实中央有关减轻农民负担政策为核心，以检查整改存在的问题为重点，以解决群众反映强烈的问题为突破口，通过有计划有步骤的工作，发现和解决了一些问题，促进了减轻农民负担工作的深入开展，取得了明显的成效：

（一）广泛宣传了中央减轻农民负担的一系列方针政策。（略）

（二）切实解决了一些群众反映强烈的问题。（略）

（三）查处了一批违法违纪案件。（略）

（四）完善了各项监督管理制度。（略）

二、存在的主要问题

从各地检查上报和我们抽查的情况看，减轻农民负担工作仍存在不少问题：

（一）一些地方的检查工作还不够扎实。（略）

（二）仍有一些违反中央政策规定的问题没有解决。（略）

（三）一些地方恶性案件时有发生。（略）

（四）有的地方乡村负债严重，加重了农民负担。（略）

三、进一步做好减轻农民负担工作的意见

……

（一）切实抓好政策落实。（略）

（二）进一步抓好制度建设。（略）

（三）积极抓好治本措施。（略）

（四）继续抓好监督检查。（略）

以上报告如无不妥，建议批转各地区、各部门贯彻执行。

农业部

国务院纠风办

财政部

国家计委

国务院法制办

二〇〇〇年四月七日

2. 总结报告的结构

（1）标题：可由发文机关名称、事由、文种构成。专题性总结通常采用这种写法，如《××局关于加强新时期思想教育工作的总结报告》；综合性总结多将内容针对的时间在标题中反映出来，如《××局2006年工作总结》。如果不以正式公文的格式制发，标题还可采用一般文章标题的写法，如《××企业狠抓产品质量，市场份额逐年递增》、《一方有难八方支援，军民携手共渡难关——抗洪救灾工作总结》。

（2）正文：通常包括三个层次。

第一层，总结报告的开头。写法有两种：一种是概述法——简要交代总结内容所涉及的时间、地点、背景、工作过程等；另一种是摘要法——浓缩主题，片言居要，为下文展开叙述奠定基础。

第二层，总结报告的主体。用于具体阐述工作的经验、教训与具体做法以及存在的问题和今后的打算，其中总结经验教训当是全文的重点。撰写的手法多种多样：专题性总结多将主体部分划分为工作情况与经验教训两大部分。综合性总结由于其内容较多、篇幅相对较长，为避免杂乱无章，通常以一条主线贯穿全文。这条主线可以是逻辑联系，如：按照总结内容之间的内在逻辑联系，分设若干问题，在每个问题之下分别阐述工作情况和经验、教训等；这条主线也可以是时间顺序，即以时间或工作的不同阶段为序，依次分述工作情况与经验教训；还可将上述两种方法结合使用，即先按时间顺序依次阐述不同时间段的工作情况，再根据逻辑联系分别总结各方面的经验、教训。

第三层，总结报告的结尾。可有不同的写法。为加深受文者的印象，可进一步点明或深化主题，如：再次强调某个经验行之有效应进一步发展、完善、推广等，或再次指出某条教训的危害与严重后果，警示不可重蹈覆辙等。如上述内容在正文的主体部分皆有透彻阐述，结尾也可用文件专用词语结束全文。

（3）发文机关名称与成文日期。

3. 调查报告的结构

（1）标题：调查报告的标题有多种写法。可由制发机关名称、调查对象、文种构成，如《××大学关于改革毕业生分配制度的调查报告》；也可省略发文机关，如《关于深圳股份制试点的调查》；还可直接揭示调查内容，如《中国海洋事业的发展》；如果不以正式公文的格式制发，还可采用正、副标题或提问式标题的写法，如《莫把温饱当小康——来自黑龙江农村的调查报告》、《加入汉字操作功能的电子游戏机为何畅销》。

（2）制发机关名称：可置于标题与正文之间，也可置于正文末尾。

（3）正文：通常分为篇首、主体、结尾三部分。

调查报告的篇首可视需要选用不同的方法。如：概述式——简述调查对象或调查过程的基本情况；结论式——先交代调查的结果，然后再叙述过程、分析缘由；提问式或设问式——先以提出问题的方式揭示主题，引出下文。不论采用上述哪种方法，总之，应起到统帅、概括全文的作用，力争引人入胜。

调查报告的主体是调查报告的重点，应写明具体的调查内容、结果与结论及相关的论据、数据、提出的建议等。主体部分多采用加小标题或层次序号的方式将有关问题分别展开叙述；也可采用以时间为序按工作阶段依次叙述的写法；或将上述两种写法合二为一。

调查报告的结尾也有不同的写法，如：总结式——对调查报告的基本内容予以归纳，再次强化主题，给人以深刻印象；号召式——展示前景，寄托希望，尤其适用于新生事物或先进典型的调查报告；警醒式——围绕事故、案件写成的调查报告多用这种结尾方法提出警告，以期引起有关方面的高度警戒。调查报告也可不单设结尾部分，做到"言止意尽"即可。

（四）撰写要点

1. 工作报告的撰写要点

（1）主旨明确。首先，制发报告旨在下情上达，使上级机关了解有关情况，并不具有回复性，因而在工作报告中不得夹带请示事项，不可与请示混为一谈。其次，工作报告（特别是综合性报告）应做到重点突出，详略得当。工作报告应将重点问题、中心工作写深写透，次要问题或次要工作可作一般概述。根据工作报告不同的行文目的，其内容亦应有不同的侧重。比如：围绕边远地区科技队伍的现状及队伍建设问题，旨在反映情况的工作报告，应侧重于汇报边远地区科技队伍的现状；用于提出意见与建议的报告，则主要针对边远地区科技队伍的建设过程中存在的问题提出意见或建议。答复上级机关询问的报告，则应当围绕上级机关询问的有关问题做出明确、具体的答复。

（2）点面结合。其一是指在保证报告重点突出的同时，也应照顾其他的次要方面，综合性的工作报告尤其应该注意处理好二者的关系。其二是指在对有关工作的概况、全貌进行表述的同时，还应适当引用一些典型的事例、有说服力的数据进一步说明并强化报告的主旨。点面结合的报告，才能既具有广度，又具有深度。

（3）富有新意。由于工作报告是使用频率很高的文种，在工作中被经常、反复地使用，容易出现套话和雷同的现象，因而应该强调“推陈出新”，写出新意，反映新形势下的新问题、新经验、新典型，拿出新措施、新办法。不能年复一年“几个问题年年照样，几点体会回回如旧，几项措施条条相同”。

（4）实事求是。应在掌握真实材料的基础上，本着实事求是的态度如实向上级汇报工作，真实、全面地反映有关情况。不得弄虚作假，不可报喜不报忧。无论汇报成绩，还是检讨失误，都应做到实事求是。

2. 总结报告的撰写要点

（1）体现政策性。撰写总结报告必须在正确的方针、政策的指导下进行，以此作为撰写的依据和准绳，才能把握正确的方向，抓住问题的实质，辨别功过是非，准确、透彻地发掘成功经验或失败教训及其相关因素，从中探寻规律，用于指导今后的工作。

（2）重视材料的积累与使用。深入实际，调查研究，掌握准确、翔实的材料是撰写总结报告的前提和基础。材料的积累是一项经常性的工作，需要在平时的工作过程当中随时记录、收集多方面、多种形式的材料，如：点与面的材料、正与反的材料、现在与过去的材料、纸质书面与其他载体形式的材料等等，“厚积”才能“薄发”，使总结报告言之有物，言之有据。对于积累、调研得到的材料，应核查其准确性，选择其中有代表性、典型性的材料用于总结报告之中，让观点统帅材料，用材料说明观点。

（3）注重条理性。大量的材料和若干经验、教训的条条款款不能简单、随意地堆砌在总结报告当中，应做到条理清晰，层次分明。对于总结报告中应涉及到的方方面面，既不能顾此失彼、有所遗漏，也不能前后重复、头绪纷杂。与陈述性的工作报告不同，总结报告在以叙述为主的基础上，还需辅以议论的手法。或先叙后议，或先议后叙，或夹叙夹议。总之通过叙议结合、事理结合，强化主旨，明确是非。

（4）有一定的理论性。撰写总结报告的目的不在于汇报工作进程，而是通过全面、系统的归纳，将零散的感性认识上升到系统的理性认识，透过事物的表象抓住本质，探索规律，因而应具有一定的理论性。不能只叙述现象、罗列事实，或只讲空洞的道理。唯其如此，才能真正达到认真总结过去的成败得失，科学探讨今后工作的思路与模式的目标。见［例文 6—22］。

［例文 6—22］　总结报告

××市地方税务局开发区分局人事教育科 2005 年度工作总结

一年来，在大家的共同努力下，我科工作取得了一定的成绩，主要表现在以下方面。

一、突出以人为本，坚持科学的发展观

今年我科工作的重点是突出以人为本，坚持科学的发展观。围绕打造一支“思想红、作风硬、业务精、素质高、开拓进取、甘于奉献、廉洁清明”的干部队伍的中心工作，分局从理顺思想、激发活力、提高素质、严格考核等方面入手采取了一系列的措施。特别是把坚持抓学习培训、抓规范管理、抓能力建设提到了议事日程，我们的做法是：

1. 加强组织领导，统一思想认识。（略）

2. 明确工作目标，提高工作能力。（略）

二、以学习为动力，提高干部队伍素质

学习是根本、是源泉，是一切人工作的动力，也是干部职工自身素质和政治理论水平提高的重要保证。2005 年初，分局对学习做了统一布置和安排，按照市局的要求开展了一系列活动。我们的做法是：

1. 统一认识，提高学习氛围。（略）

2. 强化学习，提高综合素质。（略）

3. 加强教育，转变工作作风。（略）

三、以创建为载体，整体推进文明创建工作

地税机关的服务态度和质量是地税机关作风的具体体现。优化纳税服务是转变地税机关作风的突破口，文明星级的创建是体现地税形象的重要标志。

1. 在规范服务上做文章，不断丰富创建内容。（略）

2. 在文明办税上下工夫，不断提升创建质量。（略）

3. 以思想政治工作为导向，努力塑造地税行业文化。（略）

在2006年的工作中，我们将以地税精神为动力，以更加饱满的精神状态，更加务实的工作作风，勤奋工作，为争取更大的成绩而努力。

××市地方税务局开发区分局人事教育科

二〇〇五年十二月三十日

3. 调查报告的撰写要点

调查报告的拟写过程由调查、研究、形成文字三个阶段构成，调查报告的成败取决于三位一体的效果。

（1）深入实际，利用多种方式（如：普遍调查与个案调查相结合、书面或电话调查与实地调查相结合、明查暗访等）展开全方位的调查，获取大量的第一手材料，这是撰写调查报告的前期准备，也是前提条件。

（2）对掌握的材料进行认真的研究、筛选，去伪存真；再对材料作进一步的分析、加工，去粗取精。确定主旨与材料之间的关系，必要时可再行调查。这是拟写调查报告的基础。

（3）调查报告的写作应力求客观、全面，尊重事实，不可褒贬失当或以偏概全；表达方式应以叙述为主，夹叙夹议，不能只罗列材料、事理分离，而应叙议结合，升华调研成果。用语忌空泛、呆板，应引用一些有代表性的事实、有说服力的数据、生动的群众语言，必要时还可辅以照片、图片、参考材料等提高表达效果。在调查报告中用事实说话，让群众代言，即：以事实支持作者的观点，借他人之口说出作者想说的话，这比作者一味空洞的说教更能让人感受到调查报告的可读性与感染力。

上述三个方面也是撰写调查报告的基本要素，缺一不可。调查报告的质量并不完全取决于文字功底，同时还取决于撰写人的政策水平、思想水平和深入实际的调查功夫。水平高，看问题才能更全面，叙事才更深刻，调查报告才能成为上乘之作。见［例文6—23］。

［例文6—23］　调查报告

2005年流通领域食品安全调查报告

商务部

二〇〇五年十一月十五日

三绿工程是由商务部会同中央12个部门联合实施的，以建立健全流通领域和畜禽屠宰加工行业食品安全保障体系为目的，以严格市场准入制度为核心，以“提倡绿色消费、培育绿色市场、开辟绿色通道”为主要内容的系统工程。为深入推进“三绿工程”建设，商务部组织全国城市农贸中心联合会、中国连锁经营协会，围绕当前流通领域食品安全状况，对22个省、自治区、直辖市的商务主管部门、2 036家城市市场、1 324家农村市场和4 507位城乡消费者进行了为期二个多月的调查。调查表明，消费者食品安全意识及食品流通领域的交易环境、物流设施、市场管理、检测手段等方面，都有明显进步，但也仍然存在一些问题。

一、城市居民绿色消费意识明显增强，农村居民消费观念有待转变

城市消费者高度关注食品安全问题，大部分消费者愿意为保障食品安全支付少量的额外费用。据调查，城市消费者中，最关注食品安全的占71.8%，不关注食品安全的仅占0.6%；购买食品时首选质量的占30%，选择质量和价格并重的占61.7%，选择“价格优先”的仅占8%；80%以上的消费者认为超市食品安全状况好于批发市场和农贸市场，50%左右的高收入和中等收入阶层只到超市购买食品。

农村消费者购买食品的价值取向主要是“价格优先”。据调查，

农村消费者中，74.4%回答会适当考虑食品安全问题，但43.7%仍首选价格便宜。在遇到食品安全问题时，农村居民的投诉率极低。据对南京市所辖的溧水县调查，93.4%的农民在买到有问题食品时放弃投诉，高于城市35.8%。

二、城市食品安全工作得到切实加强，农村食品安全工作刚刚起步

各大城市高度重视流通领域食品安全工作，严把市场关口。上海市把建设100家标准化菜市场和20家生鲜超市建设作为政府实事项目来抓；南京市每年从财政预算内安排1 000万元资金专项用于蔬菜农残检测和农副产品市场等建设，建立蔬菜农残快速检测站点370个，添置检测仪57台，配备检测人员610名，覆盖了全市各蔬菜批发、零售市场和超市、大卖场；合肥市投入1.2亿元新建、改建、扩建农贸市场23个，拆除违建及骑路农贸市场14个，每月2次定期对全市16个经营生鲜的超市、农贸市场和批发市场抽样检测，并将检测结果在新闻媒体上公示；青岛市完善了以市菜篮子商品质量监督检测中心为核心、170家批零市场、生产、配送、消费单位全面布控的三级检测网络体系，今年1～9月全市累计抽查重点农副产品43.3万批次，同比增长47.9%；湖南省大力推行产品认证，索证索票、信用档案、场厂挂钩等准入措施，确定了4家著名食品工商企业为肉类食品安全信用制度建设省级试点单位，3家著名超市公司和农产品市场为食品安全信用档案省级试点单位，各市州也确定了3～4家食品安全试点企业。

农村食品安全工作正处在起步阶段，目前只有浙江、福建等少数地区将此工作提上议事日程。如浙江省构建了“农村现代流通网”、“监督责任网”、“群众监督网”三张食品安全网，福建省建立了省、市、县三级食品安全检测网络体系，有效地推动了农村食品安全工作，但绝大部分地区尚未得到应有的重视。

三、城市市场准入制度得到有效实施，农村市场食品安全状况有待改善

组织实施食品市场准入制度，成为部分城市食品经销企业的自觉行动。被调查的城市农产品批发市场中，对食品质量安全进行承诺的达77%，对消费者实行先行赔付的达24.5%；建立进货索证索票和质量验收等制度的达43.05%，比上年度上升了18.6个百分点；开展场厂挂钩、场地挂钩的达38.41%，为上年的2.2倍；建立自检制度的占75.8%，其中开展入市检测的占66.29%。城市农贸市场中，建立不合格食品处理、商品质量巡查、投诉处理、信息公示等制度的达70%以上，对蔬菜有机磷进行检测的占45.2%，对水产品甲醛进行检测的占33.9%，对面食及豆制品中的吊白块进行检测的占31.01%，对注水肉进行检测的占45.6%，对熟食品亚硝酸盐进行检测的占25.62%；大型连锁零售企业普遍建立了对供应商进行现场审核制度，其中39%的大型连锁零售企业对所有供应商进行现场审核，部分零售商还建立了较系统的供应商审核流程，一些大型零售商已趋向于依靠第三方检测实验室对食品质量安全做定期检测。各城市流通基础设施也有了明显改观，交易厅棚发展迅猛，其中批发市场的交易厅棚平均面积较上年增长82%，农贸市场进入厅棚交易的已近八成；拥有陈列冷柜等保鲜设备、运输冷藏车等均成倍增长，鲜活食品的保鲜条件改善；批发市场内设立检测室增长了50%，农贸市场中有26.68%配备了农药残留快速检测仪。过去检测设施相对落后的西部地区速测仪与色谱仪的平均保有量比上年均增长2倍多。

由于农村居民收入远远低于城市，农村市场对低价食品有着较大需求，购买渠道主要是自由集市和小卖部。加之农村执法力量十分薄弱，市场监管缺位，农民购买食品既不查验相关证照，又不索要销售发票，致使一些“三无”食品、过期不合格食品以及被城市市场拒之门外的食品流向农村市场。调查显示，农村市场经销的食品中，65.2%为自产自销，46.1%来源于流动摊贩；散装食品所占比重达30%以上，其中散装糕点、散装熟食、散装干果的比例达到50%以上，散装酒高达80%；23.8%的包装食品没有标明保质期；19.2%的店主对过期食品选择降价销售；生肉销售大多没有保鲜措施，落市后第二天继续拿出来出售。

四、食品生产源头存在隐患，部分单位市场准入流于形式

据对农村生产者调查，绝大部分农民不知国家明令禁止使用的农药和兽药目录；近50%的农民在使用农药和兽药时没有农业技术人员指导，只是凭感觉使用，一药多用现象相当普遍；一些农民受利益驱动，打过农药的蔬菜未过休药期即采摘上市销售。68.9%的蔬菜上市前没有经过产地检验；10%以上的种植地和养殖地周边环境存在污染源。

由于对食品安全事件处罚过轻、以罚代刑，导致部分企业负责人社会责任意识和法制观念淡薄。据调查，部分批发市场和农贸市场不愿意在食品卫生安全管理方面加大投入，只是把市场当成出租摊位、收取管理费的“摇钱树”。有的单位虽然建立了市场准入制度，但只是挂在墙上而已，并未付诸实施。一些单位虽然购置了检测设备、污物处理设施，但由于运营成本高，利用率低，有的甚至只为应付检查，平时闲置不用。

部分连锁超市在食品安全控制方面也存在一些薄弱环节。例如，在采购环节，不合格的原材料加工和不充分的供应审查导致食品质量问题时有发生；在运输环节，零售商不能完全遵从基本的储存和消毒要求；在销售环节，现有的设备和处理办法也不能充分控制食品安全；在整个价值链上，冷链完整性都没有被很好地发展；在组织结构方面，总部缺乏独立的食品安全控制部门和外部质量审计监查，使整个企业食品安全的执行变得困难；在人力资源体系方面，目前的招聘、培训和激励体系不能为食品安全控制提供足够的支持。据调查，消费者投诉主要集中在食品变质、有杂物异物、过期商品销售（包括赠品过期）等；有关部门查出的食品安全问题主要集中在标签不符、添加剂超标等，其中包装食品标签不符中缺斤少两占50%左右；从食品类别看，问题最多的是鲜肉及肉制品，占24%，其次是休闲食品和乳品类，分别占15%和11%。

五、监管部门职责仍有交叉，有待进一步理顺

据调查，尽管国务院已明确食品安全管理遵照“分段管理为主，品种管理为辅”的原则，但由于涉及众多管理部门，有的地区涉及30多个部门，彼此理解不一，导致职责不清，难以形成合力，各自为政的现象依然存在。有的越位，有的缺位；有权的抢，有责的推；同一部门，既当规则的制定者，又当裁判员，还当运动员；

城乡执法力量不平衡，不同部门执法宽严不一；一些地方和部门，还充当不安全食品的保护伞。凡此种种，使广大群众关注的问题难以尽快得到解决。例如，消费者对食品安全投诉解决方案的满意度仅为30%左右。这给食品安全工作留下了巨大隐患，既加大了搞好食品安全工作的难度，也增加了国家治理食品污染的成本。

六、有关建议

针对当前流通领域存在的食品安全问题，建议国家加大财政投入力度，将工作重心由城市转向农村，支持流通龙头企业大力发展现代流通方式，向农村延伸商业网点；由重点治理生产源头转向重点培育绿色市场，加强对上市销售食品的安全监测，实行市场退出机制，引导安全生产；加大对犯罪分子的惩处力度，使犯罪成本远大于犯罪收益；进一步理顺部门职责，形成工作合力。

第四节　知照类文书的撰写

知照类文书的使用范围非常广泛，用于公布、通知有关事项、通报情况、联系工作、商洽事宜、交流信息。此类文书涵盖的不同文种涉及到不同的行文关系，写作时应根据行文双方的身份、地位、职权范围及行文目的等，选择恰当的用语和表达方式。本节重点介绍函、通知、简报的写作。其中，通知是使用最广泛的知照类文书；简报虽然不是正式文种，但应用范围十分广泛，因此此处一并介绍。

一、公函

函适用于不相隶属的机关之间相互商洽工作、询问和答复问题，向有关的主管机关请求批准。

（一）适用范围与类型

函在实际工作中使用频率很高，种类较多。

按照函的形式划分，有正式公函与便函两种。正式公函多用于商洽、询问和答复比较重要的事项，有标准、规范的公文格式；便函通常用于一般性事项，不属于正式公文，一般也不需立卷归档，可以不编发文字号，可用部门印章，多用单位信笺缮写或打印而成。

按照行文目的，有问函与复函之分。问函用于询问情况、联系工作、商洽事宜或请求得到有关主管部门的批准；复函用于针对问函、答复询问或请求。

（二）特点

（1）行文关系单一。函仅用于平行或不相隶属的机关之间。

（2）行文便捷。其一是指不受作者级别和内容轻重的局限，使用频率较高；其二是指内容较为单一，往往一函一事；其三是指函的数据项目相对比较简约，其中便函更为简单。

（3）用语讲究礼节、简明扼要。

（三）结构

（1）标题：由发文机关名称、事由、文种（函或复函）构成。

（2）收文机关。

（3）正文：

①问函

问函用于询问情况、联系工作、商洽事宜或请求得到有关主管部门的批准。

问函的正文结构安排通常首先叙述需询问或商洽的事项；进而说明希望与要求，请对方予以协助、支持或批准，并函复告之；结束语常用“特此函告（达）”、“恳请函复（复函等）”、“请函复告之”、“盼复”、“请即复函”、“以大力协助为盼”、“望予函复（批准）是荷”等。见［例文6—24］。

②复函

复函指针对问函、应对方的要求而制发的用于答复询问或请求的函，如《国务院办公厅对〈中华人民共和国城市维护建设税暂行条例〉第五条的解释的复函》。

复函的开头首先应指出所针对的问函，继而写明具体的答复意见。具体写法与批复有相似之处，可参见相关内容。复函的结束语常用“特此函复（函告、复函、回复等）”。见［例文6—25］。

无论问函或是复函，结尾处宜使用致意性词语，如：“敬礼”、

"谨致谢忱"等。

[例文 6—24]　问函

科学技术部关于商请对 863 计划"十五"重大成效开展宣传的函

国科函办字〔2006〕31 号

中宣部：

863 计划是党中央、国务院为提高我国在高技术前沿领域的科技能力而决定实施的重大战略性科技计划。实施二十年来，取得了多项重大成果。最近，"十五"863 计划的总结工作已经完成。在党中央、国务院的领导下，在各界的共同努力下，"十五"863 计划圆满完成了预定目标，取得了一大批重大科研成果，特别是掌握了一批具有自主知识产权的重大关键技术和产业核心技术，培养和凝聚了一大批高技术创新人才和团队。其中，成功研制曙光 4000A 高性能计算机，实现峰值每秒 11.2 万亿次，使中国成为继美国、日本之后第三个能制造和应用十万亿次级商用高性能计算机的国家；研发出渤海油田勘探开发急需的七大系列关键技术与装备，为渤海成为我国东部第三大石油基地提供了技术支撑，为渤海油田新增探明储量 6.3 亿吨，采收率明显提高；成功研制出高产重组禽流感疫苗等一大批产品，为重大动物疫病防止提供了技术储备和产品支持等等。"十五"期间参加 863 计划的科技人员达到五万人，已形成了一批产学研联盟和产业联盟，有力地提高了我国自主创新能力。

通过 863 计划成效的宣传，可进一步加深社会各界对建设创新型国家的认识，增强民族自信心，激励社会各界坚定地走自主创新之路，为提高我国自主创新能力，为建设创新型国家做出重大贡献，故特商请贵部将"十五"863 计划重大成效的宣传纳入 4～6 月份第一阶段"建设创新型国家专题宣传"当中。宣传要点是：

1. "十五"863 计划取得的具有自主知识产权的创新性成果，及其对经济社会发展的重要作用；

2. "十五"863 计划在我国高技术研究领域进行自主创新的体

制、机制和管理等方面成功经验；

3.“十五”863计划在战略高技术研究领域的队伍建设和青年人才的培养。

特此函商

附件：1.“十五”863计划实施的基本情况

2.“十五”863计划各领域重大成果

科学技术部

二〇〇六年四月十七日

[例文6—25]　复函

国务院办公厅对《中华人民共和国城市维护建设税暂行条例》第五条的解释的复函

国办函〔2004〕23号

国家税务总局：

你局《关于明确增值税、消费税、营业税扣缴义务人为城市维护建设税扣缴义务人的请示》（国税发〔2004〕14号）收悉。经国务院批准，现函复如下：

《中华人民共和国城市维护建设税暂行条例》第五条中的“征收、管理”，包括城市维护建设税的代扣代缴、代收代缴，一律比照增值税、消费税、营业税的有关规定办理。

国务院办公厅

二〇〇四年二月二十七日

（四）撰写要点

1. 内容单一

一文一事，具有专指性，不言其他；开宗明义，直接询问或答复有关问题；叙事简洁明快，用简明扼要的文字将要表述的事情、问题或请求逐一表述清楚，使对方完全理解发文意图，以便办理有关事项或予以回复等。

2. 用语得体

由于函专门用于不相隶属的机关之间，因而比较讲求礼节，要求用语有礼貌，注意把握分寸，不得有失礼或失当之处。尤忌使用居高临下、盛气凌人的词语，诸如："速速复函，不得有误"、"请两天之内务必予以解决"等。函的结尾处常使用致意性词语，这是函用语得体、讲究礼节的具体体现，也是与其他文种的不同之处。

3. 行文郑重

函与其他公文一样具有法定效用，因而除内容与用语之外，格式也应完整、准确，以维护函的严肃性、完整性和有效性。正式公函要求格式规范、结构完整，便函应使用印有发文机关名称的信笺，以示郑重。

二、通知

通知用于批转下级机关的公文，转发上级机关和不相隶属机关的公文，传达要求下级机关办理和需要有关单位周知或者执行的事项，任免人员。通知即可用于平行文也可用于下行文，为避免重复，将通知文种的写作集中在此讲解。

(一) 适用范围与类型

通知使用范围十分广泛，从不同的角度可做不同的划分。从功能的角度划分，可分为：

(1) 批转性通知：用于批转下级机关的公文；

(2) 转发性通知：用于转发上级机关和不相隶属机关的公文；

(3) 发布性通知：用于发布本单位制发的规章；

(4) 知照性通知：用于传达要求下级机关办理和有关单位需要周知或共同执行的事项；

(5) 任免性通知：用于任免人员。

通知还可划分为指示性通知、表态（批转转发）性通知、会议通知等。

（二）特点

(1) 应用广泛。通知的使用范围非常广泛；作者范围很广泛，没有任何级别的限定；行文方向较为宽泛，既可用作下行文，也可用作平行文；内容广泛，上至国家的方针政策，下至单位的日常工作，皆可用通知传达、周知。

(2) 形式多样。其一表现为种类繁多，有用于布置工作的指示性通知、发布本单位制定的规章制度的发布性通知、批转下级机关公文的批转性通知、转发上级机关和不相隶属机关公文的转发性通知、周知有关事项的知照性通知、任免和聘用人员的任免通知、告知开会事宜的会议通知等。其二表现为写作方式多样，各类通知内容的重要程度不同，篇幅繁简不一，写作风格各异，如指示性通知与知照性通知在这三方面皆有较大差异。其三表现为发布渠道多样。通知可以红头文件的形式印发，也可利用报纸、广播、电视或公文张贴等各种传媒手段予以公布。

(3) 时效显著。通知具有较强的时效性，行文简便，其内容往往需要受文者迅速知晓或在短期内尽快办理，通常较快地“走完”文书处理程序。这种时效性使得通知在实际工作中广为使用。

（三）结构

(1) 标题：一般由发文机关名称、事由、文种构成，如《国务院办公厅关于解决计算机 2000 年问题的通知》。视通知的性质，文种可相应标为“紧急通知”、“联合通知”、“补充通知”等。如内容比较简单，不以正式公文的格式印发，标题亦可简写为“会议通知”、“任免通知”、“通知”等。批转或转发性通知的标题结构应为：批转或转发文件的机关名称、“批转”或“转发”字样、批转或被转发的文件标题、文种，如《国务院批转国务院证监委、中国人民银行、国家经贸委〈关于严禁国有企业和上市公司炒作股票的规定〉的通知》；如果被批转或被转发的文件非法规性文件，则标题中不加书名号，如《××省人民政府批转省卫生厅关于卫生工作改革问题的报告的通知》。

(2) 收文机关：除具体标明一个或若干个特定的受文对象之外，普发性通知的收文机关常用统称。

（3）正文：各类通知的正文皆遵循一定的模式。通常均在篇首阐释制发通知的依据、目的或意义；继而讲明具体通知事项与有关要求；结束语一般为“特此通知”。

（4）发文机关名称与成文日期。

（四）撰写要点

1．指示性通知的撰写要点

指示性通知具有指示的特性，主要用于布置与指导工作、传达上级机关的指示精神。要求写作时做到依据明确、内容具体、措施可行。见［例文6—26］。

［例文6—26］ 指示性通知

国务院办公厅关于开展行政法规规章清理工作的通知

国办发〔2007〕12号

各省、自治区、直辖市人民政府，国务院各部委、各直属机构：

为了更好地适应加快建设法治政府、全面推进依法行政的要求，国务院决定对现行行政法规、规章进行一次全面清理。经国务院同意，现就有关事项通知如下：

一、清理范围

（一）现行行政法规；

（二）国务院各部门制定的现行规章；

（三）省、自治区、直辖市和较大的市的人民政府制定的现行规章。

二、清理原则

各省、自治区、直辖市和较大的市的人民政府，国务院各部门分别负责清理本级人民政府、本部门制定的规章，并按照以下原则处理：

（一）规章主要内容与法律、行政法规相抵触的，或者已被新的法律、行政法规、规章所代替的，要明令废止。

（二）规章适用期已过或者调整对象已消失，实际上已经失效的，要宣布失效。

（三）规章个别条款与法律、行政法规不一致的，要予以修改。

（四）在规章清理中发现部门规章与地方政府规章对同一事项的规定不一致的，要将处理建议送国务院法制办研究处理。

国务院法制办具体承办行政法规的清理工作，并按照以下原则提出建议，报国务院做出决定：

（一）行政法规的主要内容已被新的法律、行政法规所代替的，要明令废止。

（二）行政法规适用期已过或者调整对象已消失，实际上已经失效的，要宣布失效。

（三）行政法规与法律不一致的，要予以修改。

三、清理工作要求

及时清理行政法规、规章是维护法制统一和政令畅通、推进依法行政、建设法治政府的客观要求和重要措施。各地区、各部门要高度重视这次清理工作，加强领导，精心组织，周密部署。国务院法制办要加强工作指导，抓好督促检查；省、自治区、直辖市和较大的市的人民政府及国务院各部门法制工作机构要认真做好具体实施工作，确保清理工作顺利进行。

行政法规和规章清理工作要在2007年10月底前完成。行政法规清理工作完成后，国务院法制办要及时将清理结果报国务院，经批准后向社会公布。规章清理工作完成后，各省、自治区、直辖市和较大的市的人民政府及国务院各部门，要分别将清理结果和现行有效规章目录向社会公布，并于2007年11月底前将清理工作总结送国务院法制办（较大的市的人民政府将清理工作总结报省、自治区人民政府），经汇总后报国务院。

附件：规章清理情况表

国务院办公厅

二〇〇七年二月二十五日

2. 发布、批转、转发性通知的撰写要点

发布、批转、转发性通知的正文通常起介绍或推荐的作用，因而用语比较简洁、练达。有的只在正文中表明“同意”或“批准”的态度，要求有关单位遵照执行。见［例文 6—27］。

有的通知则进一步阐述发布、批转或转发公文的意义，强调贯彻执行的重要性，就贯彻执行的注意事项与有关要求予以阐述。见［例文 6—28］。

［例文 6—27］ 表态式转发性通知

国务院办公厅转发国土资源部等部门对矿产资源开发进行整合意见的通知

国办发〔2006〕108 号

各省、自治区、直辖市人民政府，国务院各部委、各直属机构：

国土资源部、发展改革委、公安部、监察部、财政部、商务部、工商总局、环保总局、安全监管总局《对矿产资源开发进行整合的意见》已经国务院同意，现印发给你们，请认真贯彻执行。

国务院办公厅

二〇〇六年十二月三十一日

［例文 6—28］ 阐发式批转性通知

国务院批转发展改革委、能源办关于加快关停小火电机组若干意见的通知

国发〔2007〕2 号

各省、自治区、直辖市人民政府，国务院各部委、各直属机构：

国务院同意发展改革委、能源办《关于加快关停小火电机组的若干意见》，现转发给你们，请认真贯彻执行。

“十一五”规划纲要明确提出，到2010年单位国内生产总值能源消耗和主要污染物排放总量分别比2005年降低20%左右和10%。这是贯彻落实科学发展观、构建社会主义和谐社会战略思想的重大举措，也是加快建设资源节约型、环境友好型社会的迫切需要。电力工业是节能降耗和污染减排的重点领域。近年来，电力工业快速发展，但电力结构不合理，特别是能耗高、污染重的小火电机组比重过高，成为制约电力工业节能减排和健康发展的重要因素。抓住当前经济社会发展较快、电力供求矛盾缓解的有利时机，加快关停小火电机组，推进电力工业结构调整，对于促进电力工业健康发展，实现“十一五”时期能源消耗降低和主要污染物排放减少的目标至关重要。

各地区、各有关部门和单位要从全局和战略的高度，充分认识关停小火电机组的重要性和紧迫性，把关停小火电机组作为一项重要工作抓紧抓好。要认真贯彻《国务院关于加强节能工作的决定》（国发〔2006〕28号）和《国务院关于落实科学发展观加强环境保护的决定》（国发〔2005〕39号）精神，按照统筹规划、分类实施、明确标准、落实责任、政策配套、积极稳妥的原则，充分发挥市场机制的作用，综合运用经济、法律和行政手段，严格执行电力工业产业政策，加大结构调整力度，确保如期实现“十一五”小火电机组的关停目标，完成电力工业能源消耗降低和污染减排的各项任务。

国家将继续按照电力工业产业政策和发展规划，加大高效、清洁机组的建设力度，保持电力工业持续健康发展，为加快推进小火电机组关停工作创造宽松的市场环境。要大力推进“上大压小”工作，在新建电源项目安排上，考虑小火电机组关停的因素，对关停工作成效显著的省份和电力企业优先给予支持。要严格控制新建小火电机组，大电网覆盖范围内不得建设小火电机组，各类投资主体建设燃煤电站及煤矸石等综合利用电站，均应报国务院投资主管部门核准后方可建设。

发展改革委牵头负责全国小火电机组关停工作，电力监管、国有资产管理、环境保护、国土、水利、财政和税收等部门及电网企业要积极配合，制定相应的政策措施，共同推进小火电机组关停工作。发展改革委要依照电力工业产业政策，结合电力工业发展规划和各地实际情况，尽快将全国小火电机组关停目标分解到各省（区、市），并与各省级人民政府和国有大型电力集团公司签署小火电机组关停目标责任书。各省级人民政府和有关电力企业负责本地区、本企业小火电机组关停工作，将关停小火电机组纳入工作日程，主管领导亲自抓，建立相应的协调机制，制订具体实施方案，明确相关部门的责任和分工，确保责任到位、措施到位、落实到位。在关停小火电机组过程中，各省级人民政府要妥善解决关停机组涉及的人员安置、债务等问题，协调处理好各种关系，确保社会稳定。

各省级人民政府和有关电力企业要在2007年3月31日前，将本地区、本企业小火电机组关停具体实施方案报发展改革委并抄送有关部门。发展改革委要会同有关部门加强对小火电机组关停工作的指导协调和监督检查，重大情况及时向国务院报告。

国务院

二〇〇七年一月二十日

发布、批转、转发性通知的写作应体现出制发机关的权威性，因此特别强调用词准确，表述得当，对诸如“遵照执行”、“参照执行”等不同提法，要予以认真辨析和准确使用。被发布、批转或转发的文件作为正文的附件附在正文之后。

3. 知照性通知的撰写要点

知照性通知的主要作用在于沟通信息，告知有关单位仅需了解而无需直接办理的事项，诸如启用印章，更换办公地点、电话号码等，以方便今后的工作联系。这类通知的写作应“就事论事”，不言其他，也无需对发文目的、意义等进行阐释和议论，只将有关需要说明的具体事项逐一表述清楚即可。如：办公地点何时迁往何地，联系方式及通讯地址、邮政编码、电话号码的变动情况等。见［例文6—29］。

［例文6—29］ 知照性通知

国务院办公厅关于成立国家森林防火指挥部的通知

国办发〔2006〕41号

各省、自治区、直辖市人民政府，国务院各部委、各直属机构：

为进一步加强对森林防火工作的领导，完善预防和扑救森林火灾的组织指挥体系，充分发挥各部门在森林防火工作中的职能作用，经国务院同意，成立国家森林防火指挥部。现将有关事项通知如下：

一、指挥部主要职责

指导全国森林防火工作和重特大森林火灾扑救工作，协调有关部门解决森林防火中的问题，检查各地区、各部门贯彻执行森林防火的方针政策、法律法规和重大措施的情况，监督有关森林火灾案件的查处和责任追究，决定森林防火其他重大事项。

二、指挥部组成人员

总 指 挥：贾治邦　国家林业局局长

副总指挥：雷加富　国家林业局副局长

戚建国　总参作战部部长

梁　洪　武警部队副司令员

成　　员：武大伟　外交部副部长

杜　鹰　发展改革委副主任

刘金国　公安部副部长

李立国　民政部副部长

廖晓军　财政部副部长

胡亚东　铁道部副部长

冯正霖　交通部副部长

奚国华　信息产业部副部长

张宝文　　农业部副部长

李　军　　民航总局副局长

雷元亮　　广电总局副局长

许小峰　　中国气象局副局长

王国庆　　新闻办副主任

白自兴　　总参动员部副部长

刘国华　　总参陆航部副部长

韩祥林　　武警森林指挥部主任

三、指挥部工作机构及其职责

国家森林防火指挥部办公室设在国家林业局，其主要职责为：联系指挥部成员单位，贯彻执行国务院、国家森林防火指挥部的决定和部署，组织检查全国森林火灾防控工作，掌握全国森林火情，发布森林火险和火灾信息，协调指导重特大森林火灾扑救工作，督促各地查处重要森林火灾案件，承担国家森林防火指挥部日常工作。办公室主任由国家森林防火指挥部副总指挥、国家林业局副局长雷加富同志兼任，副主任由国家林业局防火办主任杜永胜同志担任。

地方各级人民政府要高度重视森林防火工作，落实责任，切实加强各级森林防火指挥部建设，充分发挥森林防火指挥部在预防和扑救森林火灾中的作用，扎扎实实做好森林防火工作。

国务院办公厅

二〇〇六年五月二十九日

4. 任免性通知的撰写要点

任免性通知用于宣布、知照有关人员的任免或聘用事宜，履行规定的任免程序。此类通知正文比较简短，只需写明批准任免或聘用事项的会议名称或机关名称与日期，被任免或聘用的人员姓名及其职务（职称）即可。如果在一份通知中涉及到若干人员的任免或聘用事宜，可采用分条列项的方式逐一说明。见［例文6—30］。

[例文 6—30]　任免性通知

国务院办公厅关于调整中国人民银行货币政策委员会组成人员的通知

国办函〔2006〕85号

中国人民银行：

你行《关于任免货币政策委员会委员的请示》(银发〔2006〕362号)收悉。根据《中国人民银行货币政策委员会条例》的有关规定，经国务院领导同意，现就调整货币政策委员会组成人员通知如下：

同意谢伏瞻担任货币政策委员会委员，邱晓华不再担任货币政策委员会委员职务。

国务院办公厅

二○○六年十月二十六日

5. 会议通知的撰写要点

会议通知由组织或筹办会议的单位予以制发，旨在通知受文者准时并有充分准备地参加会议，保证会议如期召开，以取得预期的成果。内容简单的会议，要求在通知中用简明的用语交代开会的时间、地点、与会者及会议的名称、议题等。规模较大的会议，通常涉及面广、会期较长，要求会议通知做到准确、周详，会议通知一般包括以下内容：召开会议的目的、意义或依据，会议的名称、议题与议程，会议的时间、地点(必要时应注明报到的时间、地点)，与会者及有关注意事项(需携带的文件材料、入场券、食宿安排、接送事宜等)，会议的筹办单位与联络事宜(如：联系人、联系地址、联系电话、传真、电子信箱等)。见[例文 6—31]。

[例文 6—31]　会议通知

中国人民大学信息资源管理学院
关于举办“2006 中国信息资源管理论坛”的通知

××××××：

为进一步落实党中央国务院关于加强信息资源开发利用工作的重要指示，加强对信息资源国家控制力问题的研究，推动电子文件管理国家战略的制定和实施，中国人民大学信息资源管理学院定于2006 年 5 月 27 日在北京中国人民大学信息资源管理学院举办“2006 中国信息资源管理论坛”。

一、会议主题和基本议题

本届论坛的主题为“建构电子文件管理国家战略，全面提升信息资源国家控制力”，基本议题包括：

1. 电子文件管理战略与信息资源国家控制力。

2. 我国电子文件管理国家战略问题研究。

3. 我国电子文件管理国家战略的建构。

4. 世界各主要国家电子文件管理战略比较研究。

二、会议安排

1. 开幕式与主题报告（上午 9:30～11:40）（略）。

2. 专题研讨（下午 13:30～17:00）（略）。

三、报到时间及地点

2006 年 5 月 27 日上午 9 点，中国人民大学信息楼信息资源管理学院三层 301 会议室报到。

四、其他事项

1. 会议备有多媒体投影设备，请发言者将 PPT 格式的演示文本在会前提交会务组。

2. 如需会议统一安排住宿，请在 2006 年 5 月 20 日前电话通知中国人民大学信息资源管理学院办公室，以便提前安排相关事宜。联系人：××老师，联系电话：（010） 62511461，传真：

(010) 62511463。

3. 会议交通费、住宿费由与会者自理。

特此通知

中国人民大学信息资源管理学院

二〇〇六年四月十八日

三、简报

简报是各级各类机构普遍使用的，用于汇报工作、交流信息的书面材料。

（一）适用范围与类型

简报虽然不属于正式公文，但在实际工作中使用频率很高，既可用于向上级机关汇报工作，也可用于传达有关精神、指导下级机关的工作，还可用于平行机关之间沟通信息，同时也可作为形成正式公文的依据性材料，因而得以广泛使用。

简报的种类繁多，有定期制发的简报与非定期制发的简报之分；有综合性简报与专题简报之分。从内容的角度划分，主要包括如下三类：

（1）工作简报：用于汇报工作进程、介绍经验、反映问题。

（2）动态简报：用于追踪、捕捉有关动态信息，及时予以报道。其内容既可针对本系统、本单位随时出现的新情况、新苗头，也可反映当前社会上的潮流、动向或对某项政策、活动的反应。

（3）会议简报：专门用于报道重要会议的情况。规模较大、会期较长的重要会议，通常在会议期间以会议简报的方式连续报道会议的各项议程进展情况、分组讨论情况等。

（二）特点

1. 快捷性

简报在机关中有“轻骑兵”之美誉，快速传递信息是简报的显著特点，也是简报发挥时效的重要因素。

2. 简明性

简报讲求简明扼要，短小精悍，使受文者在较短的时间内迅速获取信息。这是简报的一大优势。

3. 新颖性

简报的内容必须是新的信息，具有新闻的特点，必须反映新动态、新经验、新问题、新举措。这也是简报的价值所在。

4. 连续性

许多单位都有定期制发简报的制度，有时亦针对某一特定内容分期、连续报道、印发简报。因此，每期简报都需标明期数。

（三）结构

简报的格式有别于其他正式公文的格式，结构通常包括报头、标题、正文、报尾四个组成部分。

1. 报头

简报的报头位于简报首页上方约1/3处，报头的下方有一条报头分界线。报头主要用于标识下列数据项目：

（1）简报名称。通常以套红的大型字体在报头居中位置标明“简报”、“工作简报”、“活动简报”、“思想动态”、“情况反映”、“信息快报”、“教改简讯”或“每周信息”等。

（2）期数。在简报名称下方居中标写“第××期”字样，有时亦需加标“总第××期”。

（3）制发单位名称。标识于报头左下方、报头分界线之上。

（4）制发日期。标识于报头右下方、报头分界线之上。

（5）密级。内容涉密的简报，应将密级标识于报头的左上方。

2. 标题

简报的标题有多种写法，如：新闻式、提问式、引用式（引用诗词、成语等）、正副标题等等。

3. 正文

简报的正文可集中反映一个专题，也可围绕某一中心工作编发一组讯息。写作方式主要有两种：一种是在汇总材料的基础上由撰写者编写制作；另一种是对一份或若干份材料进行汇编或转载（有时加编者按，阐明汇编或转载的目的、意义、要求等），被援引的有关材料应注明出处。

4. 报尾

简报的报尾位于简报正文下端两条平行线之间，用于标注发送范围（写明发送的有关单位名称、领导人）和印发数量。

见［例文 6—32］。

［例文 6—32］　活动简报

团学简报

第 23 期

（总第 187 期）

中国人民大学校团委宣传部　　　　　　　　2007 年 4 月 1 日

我校学生艺术团举办 2007 世界汉学大会专场音乐会

由国家汉语推广领导小组办公室与中国人民大学共同主办的 2007 世界汉学大会于 2007 年 3 月 26 日正式在我校拉开帷幕。3 月 27 日晚，我校学生艺术团在明德堂为与会代表奉献了一场精心准备的音乐会。本场音乐会分上、下半场，分别由民乐团和交响乐团演出。纪宝成校长，国家汉语国际推广领导小组办公室许琳主任，陈雨露副校长，王新清副书记等出席了音乐会。

在上半场的演奏中，民乐团选取了六首具有中国传统文化和地域特色的作品，分别为《弓舞》，《欢乐中国节》，《茉莉花开知多少》，《姑苏行》，《二泉映月》和《打歌》。其中民乐团与著名青年二胡演奏家、我校客座教授邓建栋合作的《二泉映月》将我校民乐团的水平发挥到了极致。

随后，交响乐团也奉献了一场听觉的盛宴。《嘎达梅林交响诗》，《我爱你，中国》等曲目让现场的外国友人深刻体味华夏魂，感知中国情。交响乐团和我校合唱团独唱演员合作的《离别时分》，更是体现了我校学生艺术团高超的演技水平。

音乐会在热烈的气氛中落下帷幕。与会代表纷纷对我校学生艺术团给予了很高的评价。

报：团中央办公厅、宣传部、学生部，团市委办公室、宣传部、大学部。
送：校党委有关部门，各院系党总支，兄弟院校团委。
发：各院系团委，校学生会，校研究生会，校青年志愿者协会，青年人大报社。

共印 100 份

（四）撰写要点

1. 精心选材

简报的选材一忌事无巨细、筛选不当，二忌单纯罗列现象、做表面文章，三忌陈旧过时、不含信息价值。简报的内容应反映实质性、典型性、倾向性的问题，因而应选取有新意的、有代表性、具有方向性的材料。如：选取与当前中心工作密切相关的材料，选取具有典型意义的事例，选取最新动态信息，选取能反映事物的特征或规律的材料。总之，选取确有报道价值的材料。

2. 真实具体

简报的写作必须尊重客观事实，表述准确，既不能夸大事实，也不应有所隐瞒；有喜报喜，有忧报忧，不能只报喜不报忧。同时，简报的写作提倡用具体的事实和数据说明问题，忌空洞的概念、抽象的道理和不含信息的说教。

3. 简洁明快

这是简报的主要特点，要求撰写时做到重点突出、主题鲜明、删繁就简，用简洁、明了、生动的用语列举事实，揭示实质。简报一般比较短小精悍，少则几百字，多则一般不超过两千字。如内容较多，可采用分期报道的方式。

4. 快速及时

快速及时地反映新时期的新动态、新情况、新典型，这是简报的优势，其他公文无法与之媲美。简报的撰写人应善于及时捕获信息，抓住时机尽快予以报道，做到快写、快编、快印、快发，使简报得以迅速发挥效用。

第五节 会议文书的撰写

会议文书是指在会议活动中形成和使用的文件材料，会议文书种类繁多，写作要求各异。例如：会议管理文书强调准确、周密、清楚、详尽；会议主旨文书要求根据会议的特点、现场气氛及文种的特性，选择恰当的语言、语气和表达方式，阐明议题、反映会议的主旨、客观地记述会议结果。鉴于会议文书中的一些常用文种（如：决定、会议通知、会议简报等）的撰写已在本章前几节中述及，故本节主要介绍会议记录和会议纪要的撰写方法与要求。

一、会议记录

会议记录是对会议情况、过程和内容的原始记载，是撰写会议纪要及传达贯彻会议精神并对其实施情况进行检查的依据和凭证。

（一）种类

会议记录有概要记录和详细记录之分。一般会议可采用概要记录的方式，只记录重点、要点；而重要会议则通常采用详细记录的方式，甚至“有言必录”。

（二）特点

无论概要记录还是详细记录，会议记录都具有一个突出特点：实录——录实。会议记录必须自始至终原始地记载会议情况，忠实地记录实况，再现会议原貌，不允许任意增删内容或加入记录人的主观认识。

（三）结构

（1）标题：通常由召开会议的机构或组织的名称加文种（会议记录）构成，如《全国信息和文献标准化技术委员会会议记录》；也可采用会议名称加“记录”二字的写法构成，如《加强老年社区建设座谈会记录》；定期召开的会议，在标题中可加入年份或届次，如《中国档案学会自动化委员会 2007 年工作会议记录》。

（2）正文：通常分为三个层次。

首先，写明会议的组织情况。包括：开会时间、地点，与会人员（出席人、列席人）、缺席人员名单（必要时注明职务、职称），人员较多时可只写人员范围（如：各部门主要负责人）或人数，同时也应写明主持人（姓名、职务）、记录人。上述内容应尽可能在开会之前写好。

其次，记录会议过程及相关内容。包括：议项——主持人的"开场白"，通常在宣布开会之后，讲明召开会议的目的、意义以及议题和议程等；讨论发言情况——会议按照议程、围绕议题所进行的讨论发言，提出的意见、建议、看法，大型会议通常还包括开幕词、闭幕词、领导人的重要讲话、插话等；议定事项——会议作出的最后决定，常以主持人作总结性发言的形式予以归纳、宣布。如与会者未提出异议，则应随后用圆括号注明"通过"或"一致同意"等字样；反之，则应将反对、弃权等情况如实予以记录。上述正文内容有两种记录方法：一般性会议可作摘要记录，只记发言要点、议题、结论、决定等；重要会议需作详细记录，即有言必录，不仅记下原意，还要求记录原话甚至语调、语气等。

文尾，视会议结束或休会等情况，标注"散会"、"休会"字样；亦可将时间一并标入，如："×时×分散会"。之后，在右下方注明"主持人："、"记录人："字样，并由主持人、记录人签字以示负责。

（四）撰写要点

1. 准确

会议记录应准确、如实地反映会议的本来面目，不得掺杂记录人的主观见解或语言表达习惯，更不可歪曲原意；准确地再现会场气氛，不仅记下发言者的原意、原话，还应记下发言人的语气、语调、停顿、掌声等（用括号注明）。

2. 详尽

特别是要求作详细记录时，应将发言者的姓名、职务及原话一一对应记录；对一些重要情节，如：会上宣读的文件标题、领导人的指示、重要插话、争论的焦点、表决的结果及票数等，皆需详细记录，不得增删错漏。

3. 清楚

会议记录应工整地书写在会议记录本或专用纸上，要求做到层次、段落分明，字迹清晰可辨，不得龙飞凤舞或模糊一片。

见［例文 6—33］。

[例文 6—33]　会议记录

××学院 2007 年第×次办公会记录

时间：2007 年 1 月 10 日

地点：第 209 会议室

出席人：赵××（院长）、杨××（副院长）、孙××（院长助理）、杨××（办公室主任）、吴××（××系主任）、范××（××××系主任）。

缺席人：罗××、张××（外出开会）。

主持人：赵××（院长）。

记录人：吴××（办公室秘书）。

（一）报告

1. 杨××副院长报告学校组织申报国家社科基金项目动员会的情况（略）。

2. 孙××院长助理传达学校关于大力加强国际交流与合作的指示精神（略）。

（二）讨论

我院如何按照学校的工作部署认真贯彻落实上述指示精神。

（三）决议

1. 利用两个半天时间（具体时间由各系在本周内自行安排），组织有关人员传达贯彻精神，制定具体措施。

2. 各系负责人认真组织国家社科基金项目的申报工作，并在 2007 年 3 月 10 日前将申报材料报学校科研处。

3. 各系负责人认真组织关于如何大力加强国际交流与合作的讨论，并于两周内将讨论结果报院长办公室。

散会。

主持人：（签名）

记录人：（签名）

二、会议纪要

会议纪要用于记载和传达会议情况和议定事项。

(一) 种类

与会议记录相类似，会议纪要也有概要纪要和详细纪要之分。一般会议的会议纪要篇幅较短，只记载要点；而重要会议的会议纪要则通常内容比较详尽，篇幅相对较长。

(二) 特点

从形成时间来看，与会议通知、会议记录等形成于会前或会议期间的公文的不同之处在于，会议纪要往往形成于会议后期乃至会议结束之后。

从实际效用来看，会议纪要具有多元性。比如：对与会单位及下属单位具有约束力和指导作用；报送上级机关旨在下情上达、汇报工作；对平行和不相隶属的机构主要起沟通信息、知照事项的作用。

从所含内容来看，会议纪要是对整个会议内容的撮要，是对会议情况进行提炼、浓缩、系统归纳的产物。

从发布形式来看，会议纪要并不单独向外发出，而是作为“通知”等文种的附件传递给受文者。

(三) 结构

(1) 标题：会议纪要与会议记录的标题的写作方法极为相近，只要将“记录”二字换为“纪要”二字即可。如：《××大学1999—2000学年校长办公会议纪要》。

(2) 成文日期：通常用圆括号标识于标题的正下方。

(3) 正文：首先，概述会议基本情况。包括：召开会议的目的、依据、时间、地点、会议名称、与会者的范围或类别、议题、会议的主要成果等。其次，写明会议讨论与决定的具体事项。包括：会议通过的决议、做出的决定，会议对有关问题的认识或评价，会议对今后工作的部署（指导原则与举措等），以及会议提出的要求与希望等。

上述两方面的内容可采用分条列项的办法一一阐述，如：将会议概况、议题、讨论与决定的事项分项叙述，使人一目了然，规模不大、定期召开的各种例会，诸如党组会、办公会（常委会、董事会）等，常采用这种写法。规模较大的会议通常采用先总后分的写作方法，即：先以概述法开篇，之后分若干问题分别阐述。见［例文 6—34］。

［例文 6—34］　会议纪要

全国近岸海域环境监测网年会会议纪要

（2006 年 4 月 15 日）

2006 年 4 月 13 日—15 日，中国环境监测总站在福建厦门组织召开了全国近岸海域环境监测网（下简称“近海网”）技术执行组会议和网络年会，全国沿海 57 个网络成员单位参加了会议，中国环境监测总站王桥副站长出席会议并讲话，厦门市环保局领导到会祝贺。

技术执行组会议讨论并通过了“2006 年全国近岸海域环境监测工作要点”（见附件）；中国环境监测总站近岸海域环境监测中心站刘志刚副站长等简要介绍了“保护海洋环境免受陆基活动影响全球行动计划”；各执行组成员单位代表简要介绍了已开展的工作，表示了做好下步工作的态度，并针对目前存在的困难和问题提出了相应的建议。

网络年会总结了 2005 年“近海网”工作，布置了 2006 年“近海网”重点工作，大连市环境监测中心、青岛市环境监测站、厦门市环境监测中心站在大会上作了典型发言，并进行了分组讨论。

王桥副站长在讲话中指出：近岸海域环境监测工作是环境监测工作的重要组成部分，总局领导十分重视，并且要求总站做好《中国近岸海域环境质量公报》的编制工作和相关的监测工作。王桥副站长对“近海网”成立以来所做的工作和取得的成绩给予了充分的肯定，并表示将在国控网调整过程中进一步加强对近岸海域环境监测工作，同时要求“近海网”各成员单位克服各种困难和不利因素，按照环办〔2006〕33号文《2006年全国环境工作要点》的要求，加大近岸海域环境监测工作力度，按总局领导提出的“做到数据准确、传输及时、方法科学、代表性强”目标努力。

经讨论，会议就以下各方面形成共识，现纪要如下：

1. 为了全面准确地掌握全国近岸海域环境状况，做好沿海地区的环境保护工作，建议争取近岸海域环境监测工作任务由国家环保总局在上年下达给地方环保局，以纳入年度财政预算，同时建议国家环保总局加大对近岸海域环境监测工作的政策和经费支持力度。

2. “近海网”各成员单位应根据2006年工作要点，抓紧制定本地区的近岸海域环境监测实施方案，并予以落实。环境质量监测是近岸海域环境监测工作的重中之重，各成员单位应确保此项工作的正常开展，并结合当地实际情况开展近岸海域环境功能区的监测。

3. 沿海地区直排污染源监测今后转为例行监测工作。经讨论，大会对原监测方案（环函〔2004〕268号文）中的数据报送方式做了调整，有关内容可到“中国环境监测”网站（www. cnemc. cn）下载。

4. 重点入海河流污染物监测试点是今年的一项重要工作，各成员单位应根据国家环保总局的要求，按照统一的技术方案（随后下发），认真做好此项工作。

5. 近岸海域环境质量监测数据报送软件已由江苏省环境监测中心开发完成，通过测试后将提交“近海网”各成员单位使用，届时各单位可从“中国环境监测”网站下载。

6. 为了提高全国近岸海域环境监测工作能力，强化“近海网”的管理，2006年将开展技术人员培训、实验室能力验证工作等工作，继续加快近岸海域监测技术规范编制和报批工作。

7. 沿海各省环境监测（中心）站和总站近岸海域环境监测分站应继续加强对近岸海域环境监测工作的管理，加强各网络成员单位的交流，确保各项工作的顺利开展。

（四）撰写要点

1. 纪实

会议纪要必须忠实于会议的基本精神，符合会议的实际情况。撰写者只能对会议的讨论、发言及议定事项进行提炼、归纳、删节、撮要，不得按自己的认识和想法随意发挥，更不能断章取义。为此，会议纪要须经主持人审阅、签发，重要会议的纪要还需得到与会者的认可，以维护其真实性和准确性。

2. 纪要

会议纪要应在对各种会议文书的内容进行筛选提炼、去粗取精的基础上，集中记载和传递其中的重要信息——会议的中心议题及围绕议题所做出的决定，可列举典型的事例、数据，亦可选取某些重要情况写入会议纪要，但不能将细枝末节统统列入会议纪要之中。这是与注重详尽的会议记录的显著区别之一。

3. 系统化、条理化

会议纪要的系统化、条理化是与“现场直播”式的会议记录大为不同的又一个区别。会议纪要必须对会议内容进行分类整理和理论概括，将不够系统的零乱材料加以归纳，使之条理化，从而提炼出本质的观点；同时，还需对现场发言的口语作规范化的加工、处理工作，将其转换为庄重、严谨、周密、得体的书面语言，将零散甚至零乱的发言理出头绪，从中提炼主旨，清晰地表达出来，使受文者能够准确快捷地从会议纪要中获取信息。

思考与练习

1. 简述规范类文书的特点。
2. 简述规范类文书的撰写要求。
3. 简述通报的特点及类型。
4. 案例分析：指出《滨海市物价局关于同意××经费收费标准的批复》的错误之处。

滨海市物价局关于同意××经费收费标准的批复

滨海物价财字（2006）24号

市劳动局：

同意你局关于××经费收费标准的意见，请于10月1日起执行。

二〇〇六年八月一日

滨海市物价局

5. 简述请示的撰写要求。

6. 简述报告的适用范围与类型。

7. 案例分析：指出下列请示文稿存在的问题并予改正。

请　示

因工作需要，我县急需购买小轿车一辆，请批准调拨经费×××××元。

另：我县尚缺专业对口技术人员××名，请在制定明年人员编制时一并考虑。

上述意见与要求如无不妥，请批复。

此致

敬礼！

××县人民政府

××县财政局

06年6月

8. 简述函的种类与撰写要求。

9. 阐述简报的特点。

10. 案例分析：指出下列通知文稿在内容与格式上存在的问题并予改正。

××市工业总公司文件

公司发〔2007〕×号

关于加强自检，坚决杀住企业吃喝风的通知

各厂矿、工厂：

总公司财经纪律检查组本次年底大检查，发现各单位年底宴请频繁，名目繁多的请客送礼，导致很大浪费，广大工人同志对企业干部这种腐败现象极为不满，广大党员对此极为不满。各单位要为了加强廉政建设，维护企业利益，所以总公司办公会议研究决定，各单位必须成立纪检小组。通过加强自检，并在一个月内，将自检报告上报给公司。

特此通知。

××市工业总公司

二〇〇七年×月×日

主题词：××　××　××　××

11. 简述会议记录的结构。

12. 阐述会议纪要的特点与撰写要点。

处 理 篇

第七章　公文处理

学习要点

通过本章的学习，了解公文处理程序的含义及特性，掌握保证处理程序高效运转的制度设计、领导与业务指导关系等相关内容。理解收文、发文处理程序以及办毕公文处置程序的工作环节；重点掌握公文处理程序化管理的特性及其对实际工作的指导意义；了解加强公文处理制度建设的意义及制度的种类；掌握重要公文处理制度的主要内容；理解领导群体在公文处理中所担负的重要责任，以及公文处理的领导与业务指导关系的主要内容。

第一节　公文处理程序

一、公文处理程序的含义

公文处理，指社会组织内部公文的拟制、传递、办理和整理（立卷）、归档等一系列相互关联、衔接有序的工作。所谓程序，是按照时间先后安排的工作步骤。公文处理程序，即按照公文制发、办理和管理的规律，对其一系列操作环节、工作步骤的有序组合和合理安排。该程序体现了公文运转的全过程，通常分为收文处理、发文处理和办毕公文的处置等具体程序（见图 7—1)。

（一）收文处理程序的一般内容

收文处理，指社会组织对收到公文的处理过程。包括：

（1）收文的接收：签收、收文审核、退文、分办（分发)；

（2）收文的办理：拟办、批办、承办、注办；

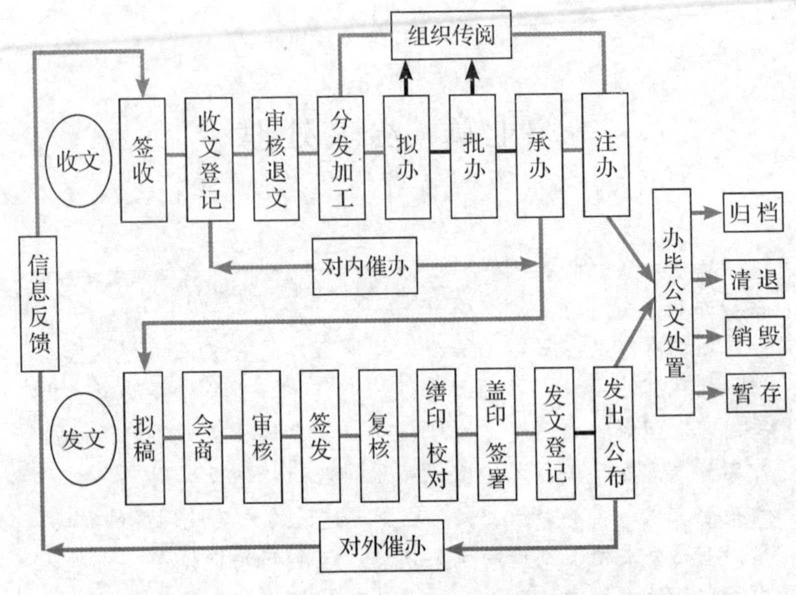

图 7—1　公文处理程序示意图

（3）收文的管理：登记、信息加工、组织传阅、对内催办等。

（二）发文处理程序的一般内容

发文处理，指以本组织名义制发公文的过程。包括：

（1）发文定稿的形成：拟稿、会商、审核、签发、复核；

（2）发文的制作：注发、缮印、校对、用印或签署；

（3）发文的管理：分装（含发文登记、装封）、发出（传递）、公布、对外催办等。

（三）办毕公文处置程序的一般内容

办毕公文处置，指对处理程序办理完毕的公文进行终结处理的过程。包括：

（1）归档整理（立卷）；

（2）清退；

（3）销毁；

（4）暂存。

二、公文处理程序的特性

公文处理是各社会组织综合职能部门（文秘部门）日常的、大量的基础性工作，既融合在组织内部各项工作中，又与其外部各方面有着广泛的联系；既为本单位的管理职能及社会服务，又受其影响和制约。设置在各社会组织内部的公文处理程序共性突出，大多有繁简之分，无本质差异；且各环节周而复始，循环往复，重复性明显，适合而且可能实施程序化管理，进而实现公文处理工作的标准化和现代化。从整体上把握公文处理的程序化管理所体现出的特性，即稳定性、有序性、适应性和规范性，对于实际工作具有重要指导意义①。

（一）稳定性

稳定性是设计公文处理程序的基本前提。公文处理程序中各环节的设置具有相对稳定的组合和架构，互为条件，互相制约，形成处理公文的工作系统。尽管不同组织在对某份公文的具体处理操作上可能有所不同，但对于那些能对公文的生成、生效、流速、流向、流量和归宿产生决定性影响的基本环节，其设置和操作方法却需要保持稳定和连续，不能重此轻彼，任意削减或削弱，否则会使整个程序的正常运转失衡，对系统整体功能的有效发挥带来负面影响；更严重的会无法构建程序，使社会组织内部的公文处理陷入混乱。例如，一些机关只关注公文的拟稿、批办、承办环节，却忽视或没有设置会商、催办、查办、注办等环节，使整个处理程序反馈与监督功能严重缺失，致使有的公文因内容未协调一致、相互“打架”，缺乏执行力度；有的公文因办理情况不明，错漏百出，利用价值低下；还有的公文因批而不办、办而无果，成为一纸空文。

（二）有序性

有序性符合公文处理程序的客观规律。公文处理的一般程序，包括其中各环节的位置顺序，每个环节内部若干关系密切的具体工作步骤，都呈现出环环相扣，排列有序，紧密衔接的有序性，体现了公文生成、运转和社会组织工作活动的客观规律，为提高公文处理效率、提高办文质量、实现办公自动化奠定基础。同时在实际工作中，尤其应在参与和涉及部门和人员多、具体步骤多的处理环节，建立精细的位置顺序与工作步骤，以满足在公文处理中加强协

① 参见杨戎：《文件处理程序的整体特性及其实践意义》，载《秘书之友》，2000（3）。

调、合理控制、协同办公的要求。一些单位的公文处理逆向运转（也称公文“倒流”），“先签后核”，即拟稿后未经审核径直找领导人签发，再到办公部门（秘书部门）核稿走走“过场”；一些单位违反公文统收统发规定，越过文秘部门将来文径直送给领导人或业务部门审批办理。这样的无序操作会增生多余的处理层次和手续，造成无价值的时间消耗，增加办文成本，降低公文质量。

（三）适应性

适应性要求公文处理程序不断改进和发展。公文处理是一项很复杂的活动，要求严格按照规定程序行事，但决不是不考虑客观情况变化的机械套用；应具体问题具体分析，注意对程序在不断改进和发展中出现的一些新情况、特殊情况的适应：

1. 适应各级各类社会组织公文处理的特殊情况

各社会组织公文处理程序具有共性，但由于组织层级、类型和工作任务的不同，其具体环节的步骤和手续仍有很大差异，呈现出明显的繁简之分。例如公文审核，大机关专门设有审核机构或专司此项工作的“把关秘书”，而在小机关和基层单位，拟稿、审核可由一人负责，并无明显分工，这与社会组织职能活动的规模、管理环节的层次、数量以及公文数量均有密切关系。当前在一些单位的公文处理中应注意防止两种偏向：

（1）不管层级、类型及公务文件内容如何，办理手续一律繁琐，拟办、批办几上几下，造成关卡林立、公文旅行、效率低下；

（2）一些中小机关和基层单位，由于人手有限或人员业务素质偏低，就无视或摒弃相关规律和规范，操作中常带有随意性和盲目性，成为低质公文的主要“发源地”。

2. 适应不同类型公文的特殊处理要求

公文处理除了要求严格按规定程序组织运行，注重发挥关键性环节的稳定作用之外，还需要适应环境因素和实际工作的变化，灵活地调整自身以保持新的适应，优化自身功能。只要能保证整个系统目标的实现，达到优质高效办文的目的，在符合前述两个特性要求的前提下，程序中各环节设置可因单位而异，因文而异，可以合并、可以增设，可以删繁就简。各环节的具体步骤和方法，不同公文在各环节之间的运行途径，均可随机地确定。例如，同为收文，阅件只需传阅，办件则需办理。即使同为办件，处理还有区别：有办理时限的公文需定期催办；紧急公文可不受工作时限和一般处理程序的约束，突破常规甚至越级传递处理；例行决策和具体的业务性、事务性公文可规定出一次性批办决策的规范，直接由部门承办后交领导审批；而非同一般的重要公文则应首先请领导批示后再行承办。要适应以上特殊情形，需要通过广泛调查研究，有针对性地建立起适应不同情形的多种程序规范，使常规下或特殊情形下公文处理均能有效进行。

3. 适应改革开放形势下公文处理的新要求

当前，为适应改革开放和建立社会主义市场经济体制的要求，社会组织传统的金字塔式的管理体制发生动摇。扁平式的管理体制、网上互动的管理方式、行政审批的大幅度削减、电子政务使办文提速，使传统的公文处理程序面临改革契机。各处理环节被赋予了新的观念与内容：公文的制发，应是一项新的决策的形成与新信息的制发；公文的接受，应从主要是被动地无选择地承受“文山”重压，仅作为“传声筒”、“收发室”、“中转站”，转变为侧重于主动地、有针对性地对信息的收集与加工；公文的分办、组织传阅，应从单纯的分文、传文，转变为将公文筛选、分流和整理加工，以提高公务信息的容量和质量，提高处理效率，为领导简政；公文的拟办、批办和注办，除了原有的一般技术性、事务性处理之外，还要能为组织的领导决策提供咨询与参谋；公文的催办和查办，在简单的催一催、问一问的基础上被赋予反馈管理信息的功能，对保证领导决策的贯彻落实起到监督检查作用。总之，程序的设置要以改善服务、提高效率为重点，提倡“快事快办，特事特办，新事新办”，大胆冲击办文中的因循守旧的“官衙门”作风和陈规陋习，实事求是地改进不合理的做法，使之更加便捷高效。

4. 适应OA平台上公文处理的新特点

近年来，在公务活动中快速发展的网络技术，“无纸办公”、“政府上网工程”把办公自动化的概念进一步延伸到网上办公。网络时代使公文处理程序发生“革命性的变化”：电子文件的生成、收集、保管、传输和利用均可在网上进行；电子文件一经收到或形成即可从网上同时归档存储到机关办公信息数据库中，实现信息共享，无须等到文件“办毕”；电子文件的归档和电子档案的整理可同步甚至超前进行。目前公文处理中出现的“双轨制”，就是在OA平台上开展业务活动的必然结果，即纸质公文和电子文件随业务流程同步运转，对电子文件实施的全程管理。同时鉴于传统的纸质公文处理的线性过程并不适用于电子文件，具有线性特征的文件生命周期在电子文件环境中演化为文件连续体，呈现出过程循环、环节叠加、多维多元的非线性特征。因此在设计OA系统中的文件处理流程时必须考虑这一新特点，兼顾文件——档案一体化管理需求，在原有纸质公文处理流程基础上进行流程重组①。

（四）规范性

规范性是实现公文处理现代化、电子政务的前提。为此，公文处理必须实行程序化管理，建立稳定的工作步骤，形成程序规范。近年来国际标准ISO9000质量保证体系（ISO9001：2000年正式发布并于2001年6月1日起实施）已运用于我国工商企业、经济部门、社会团体以及各种组织（包括各级政府的相关行政单位）。在实施ISO9000质量保证体系过程中，企业在工作方法上掌握一切工作程序化、一切工作文件（记录）化的重心，在员工中大力培养“做前先写、按写去做、边写边做、做完还写”的优良工作习惯，使文件处理和业务管理融为一体，给公文处理程序化管理以很好启示。

（1）规范化。指公文处理程序的每一具体环节、每道工序都遵循一定的流程和方式，每一操作要领都有具体明确的规范要求和应达到的标准目标。

（2）制度化。指在整个程序中，按照规范的要求建立健全一整套尽可能精细、实用的规章制度、行为准则和标准体系，成为不同部门共同遵循的规范，严格监督施行。应优先和重点考虑建立精细制度的，主要是那些涉及面宽且对文件办理的结果具有实质性影响的工作环节，如分办、拟办、批办、承办、拟稿、签发等环节就非

① 王健：《文书学》，北京，中国人民大学出版社，2005。

常需要形成涉及其对象范围、处理原则、处置方式、操作方法及注意事项等内容的规章制度。

(3) 科学化。一是指对公文及公文处理实行科学管理。规范和制度必须建立在科学的基础上，符合公文处理的客观规律。要运用现代管理科学的方法论、认识论去设计、控制公文处理程序，建立标准体系，对公文运转、传递（流向、流速、流量）及其质量、数量进行有效控制、规划和把握。二是指实现办公自动化。当传统的手工操作的方式和管理方法已不能适应需要时，办公自动化环境下的公文处理程序在观念、制度、操作程序以及技术细节上将有大量实际问题需要解决，以适应国家各项现代化事业发展对于公文处理工作的要求。

第二节　公文处理制度

一、公文处理制度概述

（一）公文处理制度的含义

制度是指针对特定行为和工作活动所规定的、要求有关人员共同遵守执行的行为准则和办事规范。公文处理制度是指在公文撰制、传递、处理和管理活动中，有关工作人员应当共同遵守的一系列工作规范。公文作为公务活动的工具和社会沟通的手段，只有按照制度化、法制化要求去组织、规范和管理社会事务，才能提高各社会组织乃至整个国家的管理活动的效能，所以公文处理是一种具有特定法律后果的行为①。针对这种行为，建立健全和实施相关的法律规范、制度规范就成为一种客观的必需。

（二）公文处理制度的演变

从古到今，从西周时期的公文副本制度一直延续到当代的各项公文处理制度，经过两千多年的发展，我国公文处理制度的内容十分丰富、细密和完整。历代统治者出于管理统治的需要，十分重视

---

① 参见赵国俊：《关于进一步完善我国党政机关公文处理法规建设问题的几点思考》，2005 年 7 月 14 日，网址：http://org. ahas. org. cn/ybgs。

公文处理，将其纳入统一控制之中，并通过不断形成和确立各种制度，运用严厉的惩戒措施乃至于法律手段来推行实施，以规范公文处理，保障政令畅达，统治有方。在我国古代，有公文正副本制度、签发（签名、判署、签押）制度、用印制度、一文一事制度、引黄贴黄制度、公文避讳抬头制度、驿传制度、公文保密制度、照刷磨勘制度等；在我国近现代，对于公文处理制度进行过多次改革。如对于带有封建等级色彩的公文格式和称谓以及抬头避讳制度的坚决摒弃和革除，规定新式的公文纪年方式，规范并简化公文处理程序，制定并多次改革公文程式，划一公文用纸，加强公文催办、保密、协商办理制度，革新公文撰制制度（包括新式标点符号的使用、划一公文格式、提倡使用语体文而摒弃封建公文套语），实施公报制度、推行文书档案连锁法、实行文书工作分层负责制等等。

历经几千年的发展演变，我国公文处理制度通过大浪淘沙，存优汰劣，有的被淘汰摒弃，有的被继承沿用，有的演变至今发展得更加完善。其产生的积极作用在于，一是历代统治者通过建立和完善公文处理制度，力求革除弊端，规范公文处理，提高行政效率，强化自身统治，从某种意义上说，每一历史发展时期的社会政治、经济和文化的发展对于公文处理制度的确立和完善作用明显，相辅相成，共同见证历史发展，推动社会进步。二是社会的生产力的提高和经济发展也对公文工作制度产生明显影响，尤其在公文的载体、书写材料、传递方式制度方面表现得尤为明显。三是历代公文工作制度在剔除糟粕之后，顺应历史发展的精华则被继承并有所发展和完善，除了大量的、具体的涉及公文处理各环节的制度外，还有古代公文处理工作中使用刑律惩处措施，保障制度实施；近代公文工作为摆脱封建制度影响，注入资产阶级民主思想，作为管理政务、临民治事的工具，多次进行公文改革；民主革命时期我党领导的华北人民政府、陕甘宁边区政府等人民政权公文处理制度的新经验，均为建国后的公文处理工作积累了丰富经验，留下了宝贵遗产，奠定了发展基石。

建国后，我国党政领导机关十分重视公文处理工作，对其制度、法规的建设做出了不懈努力。早在建国之初的1951年9月，中央人民政府政务院就正式颁布了新中国第一个《公文处理暂行办法》，1955年和1956年中共中央先后制定了党内规章《中国共产党中央和省（市）级机关文书处理工作和档案工作暂行条例》、《中国共产党县级机关文书处理工作和档案工作暂行办法》。其后，经过多次反复的修订或全面更新，党政两大系统分别颁行了各自的公文处理法规性文件，即：《中国共产党机关公文处理条例》（经中共中央批准，中共中央办公厅1996年5月发布并施行）；《国家行政机关公文处理办法》（国务院2000年8月发布，2001年1月1日起施行）。目前我国公文处理活动基本做到了有章可循，有法可依。

（三）加强公文处理制度建设的重要性①

由我国公文处理制度建设和发展的历史可知，以法（制度）治公文是历史经验的总结，是规范公文处理工作的保证，也是历史发展的必然趋势。无论是现在还是将来，加强公文处理工作制度建设的工作不会停止，其重要性在于：

（1）有助于优化公文质量，确保公务信息传递的真实、完整和准确。在实际工作中，不规范的公文往往会使公务信息失真，处理程序受阻。通过制度建设，对于公文的质量提出优化措施，使公文的撰制、传递、处理和管理全过程有章可循。

（2）有助于公文处理的顺利进行，从而提高行政效率。公文处理是政府机关和其他社会组织行政信息管理的重要组成部分，是一项基础性管理工作。公文处理的质量和效率往往是衡量社会组织工作水平高低的重要尺度，同时也是展现其公务活动形象的重要窗口。随着信息技术的高速发展和广泛应用，对于公文的传递、运转和办理过程以及检索利用方式都有新的要求。但在现实中，繁琐的公文处理程序和手续，以及公文处理中种种人为障碍，往往是某些机关工作效率低下的重要原因，也直接影响办公自动化的顺利实施。通过制度建设，形成一套行之有效的规章制度，为各部门、各

① 参见程英：《中国公文工作制度史研究》，四川大学硕士学位论文，2006年5月。

级各类工作人员共同参与、分散进行的公文处理活动制定规矩，使其渠道畅通，处理提速，建立秩序，确保质量和效能。

（3）有助于提高文书人员的整体素质。在各社会组织中，文书人员流动性大、素质偏低的情况很常见，难以满足在现代社会中组织对于公文处理活动的要求。通过制度建设，公文处理工作有了明确工作指导原则和具体要求，文书人员具有了从业标准和规范，使其队伍整体素质得到提高。

（4）有助于适应社会主义法制建设的客观要求。随着我国社会主义市场经济体制的建立，依法治国方略的实施，社会主义法制建设在不断完善，各项事业的管理逐步走上法制的轨道。公文是社会组织履行职能、公务管理和社会沟通的重要工具，通过制度建设，进而向建立健全公文法制体系方向发展，对于依法行政、依法治国有十分重要的基础作用。

二、公文处理制度的种类与主要内容

（一）公文处理制度的种类

（1）根据制定与颁发的层级与产生效力等级的不同可分为：（1）国家级公文处理工作法规规章及规范性文件；（2）部、委制定的在本部门内生效的公文处理工作制度；（3）社会组织内部职能部门或文件工作机构制定的制度。

（2）根据内容所针对的具体工作活动的不同可分为：综合性制度和专门性制度。其中，专门性公文处理制度包括：公文撰写制度、公文审核签发制度、公文缮印制度、公文运转处理制度、公文保管利用制度、公文保密制度、公文公开制度等等。

（3）根据制度文种不同可分为：规定、办法、规则、细则、规程等等。

（二）公文处理制度的主要内容

根据国家的有关规定和实践工作的特点，公文处理制度的具体内容应该包括：

1. 公文撰写制度

公文撰写制度是公文撰写应遵循的原则、技术规则和操作程序的规定。具体包括：规定文件体式、结构和格式；文件语言运用；

文件内容要求；文件撰写程序与方法；文件主题词标注方法；文件分类标准；公文文种的选用规则、适用范围及规范等。

2. 公文审核签发制度

公文审核签发制度是为保证公文的质量和效用，在审核签发时应遵循的各种规定。

（1）审核（含复核）制度。具体包括：规定文稿审核（含复核）的范围、程序、内容及重点；审核（含复核）人的责任及任职资格条件；审核（含复核）修改文稿方式、退文条件及操作。

（2）签发制度。具体包括：规定文件签发种类；签发权限、签发人责任、签发程序；会商会签程序、范围、形式、手段等（不得越权签发，强调先核后签等）。

3. 公文缮印制度

公文缮印制度是缮印公文的方法、原则和要求等方面的规定。具体包括：规定缮印范围、批准手续、缮印方式及其选择依据，缮印前定稿的规范化处理；版式设计规范；校对的方式、次数与责任者；文件纸张和各种字迹材料的选择，文件处理表格种类、用纸规格要求；缮印期限与缮印数量规定等。

4. 公文用印制度

公文用印制度是公文处理中印章使用的原则、要求和方法方面的规定。具体包括：印章的刻制、启用及废止的程序及规定；印章种类及其使用范围；印模使用规则；监印方法要求；印章管理者的责任与任职资格规定等。

5. 公文保密制度

公文保密制度规定严守公文中涉及的党和国家的秘密、商业秘密、个人信息以及组织管理中的工作秘密。具体包括：划定和标识文件的秘密等级和保密期限的规定；秘密文件携带、传递、复制、利用、保管等方面的规定。

6. 收文办理制度

收文办理制度是收文办理各工作环节的程序手续及责任等方面的规定。具体包括：收文接收范围，不同公文的启封责任及操作规范；收文登记范围、方式、内容以及登记点、登记种类的设置规则；不同类型公文的分办原则、方式，分办工作的责任者；拟办范围、方法及程序、拟办人的主要责任、拟办意见规范用语；批办范围、批办人的资格条件与责任，批办方法与程序、批办意见规范用语、批示意见反馈要求；收文承办范围，承办者的资格条件与责任，承办方式、期限、程序、分工（主办、协办）和要求。

7. 阅文制度

阅文制度是特定范围内阅读公文方面的规定。阅读公文是特定社会组织有关人员法定的强制性行为，组织成员根据自身的职责需要有选择地阅读相关公文，避免时间的无效消耗，提高公文处理效率和实现公文效用。具体包括：根据社会组织内工作人员的地位、职权、职责等确定其阅读公文的范围、种类、内容、顺序、方式，规定收文传阅范围、方式、次序与程序手续；阅毕公文的签注内容与方法；传阅中的保密规定等。

8. 公文传递制度

公文传递制度规定社会组织之间传递公文的操作规则、发文程序及手续。具体包括：公文发送范围、时间，分发责任与手续；发文字号的编制；行文关系、行文方式的确定，越级、多级、联合行文条件、抄送公文条件的确定；公文邮递方式的种类与适用范围，邮寄、公文交换、专送公文的程序、办法，邮递时限；公务电报、传真的使用范围与要求等。

9. 平时归卷制度

社会组织将办毕公文随时或定期收集集中，分门别类存入卷夹（盒）中，既方便平时的文件管理和查找利用，也为年终归档文件的整理奠定基础。平时归卷制度具体包括：注明文件分类的条目或分类号、立卷类目或文件分类表编制规范、归卷文件的整理规范等。

10. 公文复制制度

公文复制制度规定公文的翻印、复印的范围、方式、审批手续等方面。

对上级机关文件，除绝密级和注明不准翻印的以外，下一级机关经负责人或者办公厅（室）主任批准，可以直接翻印。公文翻印制度具体包括：翻印公文批准权限、翻印公文范围及技术性整理要求；翻印公文效力认证等规定。

公文复印制度具体包括：复制文件的方法、范围、批准程序与手续；费用的计算与控制标准；复印公文效力的认证等规定。

11. 公文生效、失效制度

公文生效、失效制度是各类公文生效、失效要件、范围及程序方面的规定。具体包括：公文生效要件规定，如制发者要件、内容要件、程序要件、外部形态要件等；公文效力范围规定，如公文时间效力范围、空间效力范围、机构效力范围、人员效力范围等；公文效力等级的划分及各等级公文关系的确定；公文失效的条件及其确认，失效公文的处置方式如撤销、终止、中止公文的范围、审批手续和具体操作程序；公文不同稿本的效力规定；公文附件的形式和效力规定；电子文件的效力认定等方面的规定。

12. 公文公布制度

公文公布制度是公文公布的范围、操作程序和手续等方面的规定。具体包括：公文公布的重点和范围；公文公布机关和批准权限；公文公布的法定载体与方式；公文公开效力认证；公文主动公开与依申请公开的程序、手续和救济途径等方面的规定。

13. 公文催办制度

公文催办制度是根据承办时限和内容要求对公文的办理和贯彻情况进行督促检查的各种规定。具体包括：催办查办范围；催办方式方法；催办程序。

14. 公文清退制度

公文清退制度是将办毕公文定期或不定期清退以防遗失的规定。具体包括：清退原则、程序、范围和时间规定；清退方式、方法与手续；清退工作者责任。

15. 公文销毁制度

公文销毁制度是对不具备归档和存查价值的文件进行毁灭处置方面的规定。具体包括：销毁鉴定者和审批者的资格与责任规定；销毁文件范围、程序与方式；监销手续与程序等规定。

16. 公文整理归档制度（立卷制度、归档制度）

公文整理归档制度是文书部门将属于归档范围的公文进行系统

化整理，并移交给档案部门的各项规定。具体包括：归档（立卷）范围、归档（立卷）时间、立卷点的设置、分工立卷的规范；立卷人的责任；归档文件（案卷）质量要求和标准；归档文件目录编制；归档手续与程序；合并、撤销机关的文件的归档规则等。

17. 公文加工利用制度

公文加工利用制度是对公文编辑加工和提供利用的规定和要求。公文加工利用主要指收文处理前或公文归档前由承办部门或综合办公厅（室）进行编辑加工和提供日常借阅。具体包括：公文借阅的范围、方式、时间、审批手续与制度；公文编辑加工的方式与技术性要求；公文汇编的技术要求与规范等。

几十年来，我国公文处理制度建设工作，对于维护公文的法定效力，提高社会组织工作质量和工作效能，发挥了有效作用，但也存在一些不完善之处。在社会组织公文处理活动不断面临新情况，提出新要求的情况下，公文处理制度需要及时补充新内容，废止过时规定，以满足客观环境条件的需要，在实践中不断修正与完善。尤其当前实施依法治国方略，强调依法行政，需要更加重视和加强公文处理制度的建设和实施。

第三节 公文处理的领导与业务指导

一、领导群体在公文处理中的重要责任

公文处理是社会组织实现管理职能的必要手段，贯穿于公务活动的始终。据有关资料统计，在不同类型的社会组织中，公文处理约占其工作总量的25%～60%，而领导群体作为各社会组织的负责人和决策者，其活动与公文处理活动的关系尤为密切，自然对公文产生效力影响最大。所以领导群体对于社会组织公文处理工作的开展和质量的保证，负有既特殊又直接的重要责任。具体体现在：

（1）对整个公文处理负有总体决策和把关职责。包括其组织形式的选择确定，机构人员的设置配备，工作程序和有关制度的制定修改，以及办公自动化的具体实施等方面的总体决策和把关。

（2）对重要文件负有参与起草或亲自撰拟的职责。对此中共中

央在《关于各级领导干部要亲自动手起草重要文件，不要一切由秘书代劳的指示》（1981 年 5 月 7 日）中早有明文规定，以保证方针政策的准确性和文件的质量。

（3）对公文处理中几个关键环节负有具体操作和把关责任。按照有关规定，各社会组织负责人操作并负责的具体工作环节，包括：批办“一枝笔”，把握处理重要公文的决策权；审核“一道关”，对重要发文从内容到文字全面把关；签发“一个口”，公文由此履行法定的生效程序。把好这三道关，才有可能对于公文产生的社会、经济效益以及可能带来的后果承担有关领导责任。

二、公文处理的领导与业务指导关系

在我国，公文处理工作没有全国性的领导机构对所有机构实施统一领导。但由于公文的通用性和公文处理工作的重要性，无论是党政军各大系统还是一个社会组织的公文处理工作，均实行集中统一的组织管理体制，体现出以下领导与业务指导关系：

（一）全国范围公文处理的统一指导

在全国范围，集中统一体现在由中共中央办公厅和国务院办公厅分别负责指导党政系统的公文处理工作，针对公文处理发布法规、规章或规范性文件，负责召开有关的业务工作会议等。近年来，在依法治国的大背景下，由于国家尚未制定《公文法》，为有效保证通过发文施行和涉及的公务行为的合法，除了党政领导机关之外，其他如人大机关、审判机关、军事机关等国家机构的公文处理，也分别由其公文处理的管理机构即办公厅负责指导，各自相继制定发布了有关规范性文件，实现了全国范围公文处理分系统的统一业务指导。如：

（1）中共中央批准，中共中央办公厅 1996 年 5 月 3 日印发并施行了《中国共产党机关公文处理条例》；

（2）国务院 2000 年 8 月 24 日发布，自 2001 年 1 月 1 日起施行了《国家行政机关公文处理办法》；

（3）全国人大常委会办公厅 2000 年 1 月 15 日修订印发、施行了《人大机关公文处理办法》；

（4）中央军委 2005 年 10 月 7 日颁布，2006 年 1 月 1 日起施行了《中国人民解放军机关公文处理条例》；

（5）最高人民法院 1996 年 4 月 9 日印发，1996 年 5 月 1 日起施行了《人民法院公文处理办法》。

（二）各社会组织公文处理的领导指导

在各社会组织，公文处理的管理机构及其负责人承担了公文处理工作的领导责任以及对于所属下级公文处理工作的业务指导职责。《中国共产党机关公文处理条例》第 5 条规定：党的机关的办公厅（室）主管本机关的公文处理工作，并对下级机关的公文处理工作进行业务指导；《国家行政机关公文处理办法》第 7 条规定：各级行政机关的办公厅（室）是公文处理的管理机构，主管本机关的公文处理工作并指导下级机关的公文处理工作。各社会组织公文处理的管理机构及其负责人，如办公厅（室）主任、秘书处处长等，属于文书工作人员中的控制层，对本组织的公文处理工作负有全面组织、控制责任。具体体现在：

（1）经常向本组织负责人介绍公文处理工作的法规规章、规章制度、基本程序、标准要求以及汇报本单位公文处理工作情况，争取领导的重视、支持和配合。

（2）建立健全本单位公文处理的各项规章制度以及相应的工作标准。

（3）充实配备文件工作人员，实行岗位目标责任制或岗位规范标准，抓好业务培训、考核和检查。

（4）组织印制公文处理用纸和购置符合规范的设备器材。

（5）履行在公文处理程序中办公部门及其负责人的具体职责。

（6）在具有上下级关系的社会组织中，上级机关的办公厅（室）还应负责指导下级机关的公文处理工作。包括组织施行有关规范及标准，制定有关规章制度；组织业务培训、检查；负责咨询及有关的业务指导。

（三）档案部门对公文处理的业务指导

在各社会组织内的文件部门与档案部门之间，鉴于我国文件工作与档案工作实行分开管理的体制以及文件与档案的密切关系，按照有关规定和习惯，各单位档案部门历来将对本单位立卷归档管理的指导、监督职责视为己任。1999 年 5 月 5 日经国务院批准修订，1999 年 6 月 7 日国家档案局重新发布的《〈中华人民共和国档案法〉实施办法》规定：机关、团体、企业事业单位和其他组织内的档案机构“要指导本单位文件资料的形成、积累和归档”；国家档案局 2003 年 9 月发布施行《电子公文归档管理暂行办法》第 3 条规定：机关档案部门应参与和指导电子公文的形成办理、收集和归档等各工作环节；第 4 条规定：副省级以上档案行政管理部门负责对电子公文的归档管理工作进行监督和指导。可见按照有关规定，无论是针对传统的纸质公文还是新型的电子文件，档案部门对于公文处理的业务指导范围除了对本单位立卷归档管理一贯的指导、监督外，目前已经扩大到文件制发、处理阶段。但是在实际工作中，档案部门对于公文处理工作的业务指导职能仍受到相当的限制，并未完全到位。

思考与练习

1. 简述收文处理的一般程序。

2. 简述发文处理的一般程序。

3. 结合实际阐述公文处理的程序化管理所体现出的特性及其对于实际工作的重要指导意义。

4. 阐述几种重要的公文处理制度及其内容（公文撰写制度、公文审核签发制度、公文保密制度、公文传递制度、公文生效、失效制度、公文公布制度、公文加工利用制度等）。

5. 阐述领导群体在公文处理中重要责任的具体体现。

6. 案例分析：请代某机关即将离任的办公室主任向新上任的办公室主任交代工作。作为一个办公室主任在本机关公文处理工作中应该负责哪些工作？

7. 阐述公文处理的领导与业务指导的关系。

第八章　公文处理的要求与方法

学习要点

通过本章的学习，了解公文处理程序中收文处理、发文处理和办毕公文的处置的基本流程和工作步骤。掌握收文的接收、办理和管理，发文定稿的形成，发文的制作、发文的管理等工作中主要环节的基本概念、工作内容与规范性要求。掌握办毕公文的含义和界定原则，明确主要处置方式归档整理（立卷）、清退、销毁和暂存的基本概念与工作要求。同时，了解网络环境中公文流传的主要特点、要求及流程重组的必要性与主要方式。

第一节　收文处理

收文处理，指对来自本组织外部的公文所实施的接收、办理和管理的活动，是机构履行法定职能，使收文通过处理产生实际效用的过程。主要包括收文的接收、办理和管理三方面工作。

收文处理的基本流程见图 8—1。

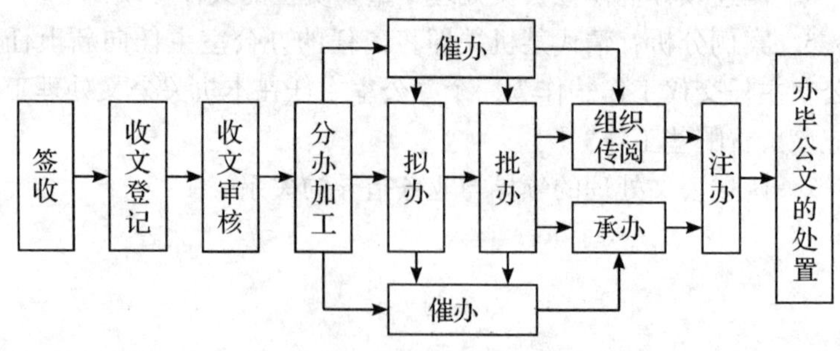

图 8—1　收文处理流程图

一、收文的接收

收文的接收是有效处理公文的基本前提，主要工作环节包括签收、收文审核和分办。

（一）签收

即各类机构公文处理工作机构内的专（兼）职文书人员或指定的专门人员在履行规定手续后，通过专门渠道收取外单位发来公文的环节。签收作为公文进入组织内运转程序的第一道关口，是其能否得到及时处理并生效的基本前提。大中型机构由于公文流量大，其公文处理工作机构通常分设内收发和外收发，由外收发即专门的收发机构负责对收文封件（封口的公文）的检查，履行第一次收文登记手续；内收发即机构中心机构下设的专（兼）职公文处理工作机构（人员）和各业务部门的专（兼）职文书人员，其签收侧重于启封并检查封内公文，履行第二次收文登记手续。

1. 外收发签收

主要包括确认封件上的收文者；清点收文种类和件数；查验公文封装情况及到达时间等工作。

签收工作包括以下内容：

一是核查投递单或送文登记簿登录内容是否属实无误，并在相应栏目内签上收件人姓名（或加盖收件人的专用章）及日期，快件与急件应注明收文确切具体的时间；二是出具收条，以便分清责任，妥善处理，并向内收发交接收文（见表8—1）。

表8—1　　　送文登记单（外收发对内收发）

收文时间	类别	收文编号	来文机关	承办单位	签收		备注
					姓名	日期	

2. 内收发签收

主要包括外收发办理签收手续后，内收发对收文的启封、登记等工作。

操作要领：

（1）启封职责。启封亦称拆封，即由内收发按照规定统一拆阅收文。凡标明送本单位、本单位办公室（中心机构）或本部门收启的公文，由本单位或部门的文书人员启封；送本单位或部门负责人的“亲启件”（多为负责人相互之间的通信），交负责人本人或其委托的秘书启封（经授权可以拆封的除外）；收文中如有急需办理公文，应交文书人员按程序办理；密件，交机要室或机要人员启封。

（2）启封要求。注意保持原封套完好，不损坏公文；一般公文封套无保存必要；特殊情况下，如上访信件、初次联系的机关的来件等，应将信套别在来件上一并处理。

（3）启封检查重点。一是检查来文内容是否属于本机关职权范围，对误送件应立即退回发文机关，切勿搁置或擅自处理。二是按照封套上的注明或随文所附的“发文通知单”逐一核对内装公文，核对内容包括：份数是否相符；主件与附件是否齐全完整。发现问题要及时与发文单位联系查询。

（4）收文登记的项目与方法。内收发人员对收文核对检查无误后，应将回执单（如有此单）及时退还发文部门；对收文逐份编收文号并加盖收文章，然后进行收文登记（见表8—2、表8—3）。登记项目包括：收文编号、收文日期、来文机关、来文标题、发文字号、密级、附件、份数、承办单位和分送范围等。

收文登记方法主要有：按收文时间顺序登记；按发文机关登记；按公文类型登记，如：阅件与办件、急件与平件、密件与非密件、公文与各种简报、刊物、资料等分户登记，一目了然。

表8—2 **收文登记单**（内收发）

编号	收文日期	来文机关	来文标题	发文字号	密级	附件	份数	承办单位	签收	文书处理号	备注

表 8—3　　收文登记（内收发）

收到日期		收文编号		来文机关		附件	
文件字号		密级		份数		文书处理号	
标题：______ ______ 承办单位：　　　　处理情况： 签　　收：　　　　备　　注：							

（二）收文审核

即由公文处理工作机构对于需要答复办理的收文进行认真检查核实的环节。收文审核是近年来公文处理程序中新增加的环节，具有监督功能，旨在避免不符合有关规定和规范的收文进入本单位公文处理程序，提高办文效率和质量，保证公文现行效用的顺利实现。

1．收文审核的重点

收文审核主要针对下级机关上报的办件，审核重点包括：

（1）是否属于本单位职权范围内应处理的公文；

（2）内容是否符合法律法规及其他有关规定，是否与其职权范围相符合；

（3）是否符合国家或专业系统发布的各种行文规则；

（4）涉及其他部门或职权范围的事项是否已协商、会签；

（5）文种使用、公文格式、公文内容表达等是否规范。

针对上级机关、平行或不相隶属机关来文的审核，主要检查来文内容是否属于本机关职权范围内应办理的公文。

2．收文审核后的处置

通过审核符合办理要求的办件即进入下一步处理程序。

对不符合要求的公文，经本单位办公厅（室）负责人批准后，退回原发文单位并说明理由。

（三）分办

亦称分发，即公文处理工作机构（人员）对收文筛选分类后，根据规定和常规，将收文分送各有关部门或人员阅知办理的环节。准确分办，可以确定收文运转方向（呈交上司或是分转其他部门或人员）。具体规定每份收文的运行过程，对公文运转秩序能够起到控制作用。

1．确定分办依据

分办应主要依据公文性质、重要程度、涉密程度、紧急程度、内容所涉及的职责范围、各职能部门或领导人的职责分工及其他人员分工、有关办文办事的程序、规定或惯例进行。分办依据的多样化使其不便于掌握，缺乏可操作性，因此在实际工作中各单位应将收文分办依据尽量明晰化，做到真正有规可循。

2．遵循分办原则

公文分办原则是主要的、重要的、紧急的、需要直接办理的收文应该优先处理。按照这一原则，分办应分类进行。首先，是将收文分类，即分出主件与次件、急件与平件、阅件与办件、密件与非密件，将电报、急件、挂号信或专递公文等置于其他收文前面处理；其次，是将处理者分类，即按不同情况将待办收文优先分给本单位的主要负责人、主管负责人或主管部门阅处，使公文主次分明、缓急有序，尽快得到实质性处理。具体做法分为：

（1）“亲启件”径送负责人本人；

（2）责任分工明确的业务性公文径送各业务部门；

（3）综合性公文径送综合办公部门；

（4）回复性公文径送原承办部门或主办人员；

（5）已注明具体阅知对象和要求的阅件直接组织传阅；

（6）不能或不便直接确定分送对象的、重要的、非常规性的以及综合性强、内容涉及多部门的业务公文，应直接呈上司或综合办公部门负责人批办或拟办，再据此分送。

3．形成分办程序

应总结本单位收文的分办规律，使之程序化和规范化，保证分办迅速准确。

（1）对于符合要求的公文，应先请主管负责人阅示，然后按照职能分工或负责人的批示转请有关部门或处室研究处理。

（2）属本单位或本部门职能范围内已有明确规定的或经领导授权的一般事务性事项的公文，可直接转请有关部门或处室研究办理。

（3）属参阅、知照性质的公文，由公文处理工作机构分送处理。

（4）公文内容涉及几个部门，可将有关部门列表附于文上，送各部门传阅；或由持有公文原件的主办部门将主要问题转告其他有关部门处理；或复印若干副本分发各有关部门同时处理。

（5）对一些内容重要、紧急、篇幅较长或表意不够清晰明了的公文进行加工编辑后再分办。

4．制定工作制度

（1）分办交接登记制度。对分送各位领导、办文部门（人员）的公文，应填写《送领导人公文登记单》（见表8—4）、《文件交办单》（见表8—5）；对办件应附上《收文处理单》（见表8—6）、《文件阅办单》（见表8—7），经办公室主任阅签后发出；对阅件应附上《文件传阅单》和《文件传阅登记表》（见表8—8、表8—9、表8—10、表8—11）；对需要催办的公文应先在《催办登记表》（见表8—12）上登记或在《收文登记簿》上注明，并随文附上《催办单（卡）》（见表8—13、表8—14、表8—15）；需办理清退的公文，分办前应编上号码以便清退。

表8—4　　　　送领导人公文登记单

文号＼代字 日期	中发	国发	豫发	豫政发	其他	签收人 （或代签人）	备注

表 8—5　　　　　　　　　　文件交办单

<table>
<tr><td>来文机关</td><td></td><td>来文字号</td><td></td><td>收到</td><td colspan="2">年　月　日</td></tr>
<tr><td>起止份号</td><td></td><td>密级</td><td></td><td>份数</td><td colspan="2"></td></tr>
<tr><td>文件标题</td><td colspan="6"></td></tr>
<tr><td rowspan="2">办文单位</td><td rowspan="2">份数</td><td rowspan="2">起止份号</td><td rowspan="2">签收</td><td colspan="3">清退情况</td></tr>
<tr><td>退回</td><td>暂存</td><td>短缺</td></tr>
<tr><td></td><td></td><td></td><td></td><td></td><td></td><td></td></tr>
<tr><td></td><td></td><td></td><td></td><td></td><td></td><td></td></tr>
<tr><td></td><td></td><td></td><td></td><td></td><td></td><td></td></tr>
</table>

表 8—6　　　　　　　　　　收文处理单

<table>
<tr><td>来文机关</td><td></td><td>文号</td><td></td></tr>
<tr><td>文件标题</td><td colspan="3"></td></tr>
<tr><td>拟办意见</td><td colspan="3"></td></tr>
<tr><td>批办意见</td><td colspan="3"></td></tr>
<tr><td>处理结果</td><td colspan="3"></td></tr>
</table>

表 8—7　　　　　　　　　　文件阅办单

<table>
<tr><td>收文编号</td><td></td><td>紧急程度</td><td></td><td>密级</td><td></td><td>份数</td><td></td></tr>
<tr><td>来文机关</td><td colspan="3"></td><td colspan="4" rowspan="2"></td></tr>
<tr><td>收文日期</td><td colspan="3"></td></tr>
<tr><td rowspan="3">传阅情况</td><td>送出</td><td>月　日</td><td>月　日</td><td>月　日</td><td>月　日</td><td>月　日</td></tr>
<tr><td>姓名</td><td></td><td></td><td></td><td></td><td></td></tr>
<tr><td>退回</td><td>月　日</td><td>月　日</td><td>月　日</td><td>月　日</td><td>月　日</td></tr>
</table>

拟办情况：			
批办情况：			
处理意见和结果：			
发文（复文）号		文书处理号	
年　月　日印发		归档日期　年　月　日	

表 8—8　　文件传阅单（一）

收文	年　月　日	发文字号或标题	
批阅范围			
阅后签名	签阅时间	备注	清退情况

表 8—9　　文件传阅单（二）

序号	发文字号或标题	阅后签名	签阅时间	备注

表 8—10　　文件传阅登记表（一）

序号	日期	来文机关	来文字号	文件标题	密级	份号	传阅情况	备注

表 8—11　　　　　　　　**文件传阅登记表（二）**

<table>
<tr><td>文件标题</td><td colspan="2"></td><td>来文字号</td><td></td></tr>
<tr><td colspan="2">阅后签名</td><td>签阅时间</td><td colspan="2">批示</td></tr>
<tr><td colspan="2"></td><td></td><td colspan="2"></td></tr>
<tr><td colspan="2"></td><td></td><td colspan="2"></td></tr>
<tr><td colspan="2"></td><td></td><td colspan="2"></td></tr>
</table>

表 8—12　　　　　　　　**催办登记表**

交办日期	来文机关	来文字号	标题	领导批示	承办期限	催办情况

表 8—13　　　　　　　　**催办单**

<table>
<tr><td>来文机关</td><td></td><td>来文字号</td><td></td><td>收文编号</td><td></td></tr>
<tr><td>文件标题</td><td colspan="5"></td></tr>
<tr><td>承办单位</td><td></td><td>交办日期</td><td></td><td>承办期限</td><td></td></tr>
<tr><td>承办要求</td><td colspan="5"></td></tr>
<tr><td>办理情况</td><td colspan="5"></td></tr>
</table>

表 8—14　　　　　　　　**催办卡（一）**

<table>
<tr><td>文件标题</td><td colspan="4"></td><td>来文字号</td><td colspan="2"></td></tr>
<tr><td>承办单位</td><td colspan="2"></td><td>承办期限</td><td colspan="2"></td><td>交办日期</td><td></td></tr>
<tr><td>催办次数</td><td>承办人</td><td>送文日期</td><td colspan="3">催办日期</td><td colspan="2">处理情况</td></tr>
<tr><td></td><td></td><td></td><td colspan="3"></td><td colspan="2"></td></tr>
<tr><td></td><td></td><td></td><td colspan="3"></td><td colspan="2"></td></tr>
<tr><td></td><td></td><td></td><td colspan="3"></td><td colspan="2"></td></tr>
</table>

表 8—15　　　　　　　　**催办卡（二）**

<table>
<tr><td>来文机关</td><td></td><td>来文字号</td><td></td><td>收文编号</td><td colspan="2"></td></tr>
<tr><td>文件标题</td><td colspan="2"></td><td>交办日期</td><td></td><td>承办期限</td><td></td></tr>
<tr><td>领导批示</td><td colspan="3"></td><td>承办单位</td><td colspan="2"></td></tr>
<tr><td>催办记录</td><td colspan="6"></td></tr>
<tr><td>复文情况</td><td colspan="6"></td></tr>
</table>

（2）限时分办制度。待办公文应规定分办时间限度，如四川省人民政府规定紧急公文限时分办，一般公文应在文到之日起三日内交承办部门或送至有关领导人。

（3）退文制度。对不符合要求的公文应作退文处理。主要包括公文内容违反法律法规和方针政策；涉及相关部门的职权范围未协商一致；违反请示文种的行文规则；其他按规定需要退文的情况。

二、收文的办理

收文的办理是整个收文处理活动中最重要、最关键的部分，即对收文进行阅处、分析研究、从中获取信息、了解有关情况或做出决策、解决问题的过程，包括拟办、批办、承办、注办等工作环节，其工作水平关系到公文效用的实现以及实现的程度，对于整个公文处理程序的质量和效率具有决定性影响。

（一）拟办

即由综合办公部门、业务部门负责人、秘书及有关承办人员对部分收文的办理提出请示性、建议性处理意见，供领导人决策审批时参考选择的环节。做好拟办工作，是新时期对秘书工作的要求，即从单纯办文办事转变为既办文办事，又出谋献策，成为秘书部门的重要职责之一。通过拟办，能够充分发挥公文处理工作机构、办公部门或具体承办部门（人员）的主观能动性，提高其通观全局、处理问题的能力；同时，拟办意见又称“办文预案”，如切实可行，可为领导人节省时间和精力，起到辅助决策和参谋助手的作用。

拟写拟办意见，思想性、政策性强，对拟办人员的素质要求很高。第一，要有正确的指导思想和参谋意识，要站在领导的角度思考问题，从全局出发，拟出符合实际的解决问题的方案或意见；第二，要有较高的政策水平，设计预案，是为领导研究和掌握政策服务，提出的预案必须符合党和国家的方针政策、法律法规；第三，要熟悉有关业务，包括拟办人员自身业务知识和其他相关业务知识，才能触类旁通，做出高质量的预案；第四，要具备较强的文字表达能力，拟办意见要求简明扼要，准确得体，意尽言止，没有相当的文字功夫难以胜任。

做好拟办工作的要求是：

1. 划定拟办范围

并非所有收文都需要拟办。需拟办的公文确定在以下范围：(1) 要求本单位或本部门贯彻执行、协商办理或审批的公文；(2) 领导人明确指示代其提供决策方案（初步处置意见）的公文；(3) 公文内容所涉及问题的最终处置权按照有关规定和惯例属于上级领导人掌握，而自己对于这类问题较熟悉并具有一定发言权的公文等。

2. 明确拟办过程

在实际工作中，领导人一般比较重视拟办意见，多数时候同意拟办意见，因此拟办应十分慎重。(1) 认真研读需要拟办的公文，弄清来文意图、问题性质。即所提问题是否需要办理，何时完成，有何要求；内容涉及何人、何部门的主管业务，办理时限、涉密程度等等。(2) 必要时应查阅相关资料，开展调研，掌握有关法律、法规、政策依据和事实依据。(3) 拟办重要公文尽可能提供有关参考资料，如背景材料、原始材料等供领导参阅；对于篇幅较长的收文在拟办的同时要进行一些加工处理。(4) 改进拟办形式，拟办应急件急转，要件专门呈阅；承办部门（人员）对于例行公文或自己有把握处理的业务性公文，必要时可按要求直接拟好复文或转发通知的代拟稿，同拟办意见一起直接送领导人审定，以节省办文时间。(5) 拟办意见要明确具体，所提预案应根据来文要求和问题，写明拟请领导、承办部门（人员）及时限、办理方式或解决问题的方法措施、理由依据等等意见，工整清晰地填在《收文处理单》的"拟办意见"栏目中，并注明拟办人姓名和日期。如有两种以上方案，应一并提出，突出自己倾向性意见及理由；如各部门意见不一，难以协调一致，可将倾向性意见报上级请求裁决定夺；书面难以提出具体拟办意见或限于篇幅难以表述清楚的，可当面向上司汇报陈述拟办设想。

3. 撰写拟办意见

拟办意见应针对不同情况分别拟写。如：

（1）对于上级机关主送本单位，并需贯彻落实、办毕回复、传阅周知的公文，需要由本单位领导做出批示的，应当提出拟送批办人或承办单位的具体意见：阅件可写“拟请×××局长阅”或“拟请××、××、××等（领导人姓名或部门）传阅”；办件可写“建议……请××（领导人）批示”或主动提出初步处理意见，如“拟……请××（领导人）阅示”。对于一般办件，通常仅示“请××阅处”、“请××办理”。

（2）对下级机关或平行、不相隶属单位需要予以批转、转发或回复的来文，要指定业务对口部门承办，必要时应明确承办时限。对于批准或给予肯定答复的请示性公文，可区别情况写“拟同意，请××（领导人）批示”，“此件较好（在……有价值），建议批转，请××（领导人）阅示”等等；反之则可写“此文不符合×××公文精神，不宜批准（建议缓议）”，“此件……提法不妥，应重作研究（调查）补充……材料后再报”等。报告类阅件一般不需提出具体拟办意见，仅是程序性处理意见，如“交×××、×××（领导人）、××部门……传阅”。

（3）对需要两个或多个部门会办的公文，应指定牵头或主办单位，以免互相推诿，如“请××部门主办，××部门会同办理”、“请商××办理”、“请××提出意见，并送××会签”、“请××办理，可先请××提出意见”；处理存在争议，在指定牵头单位的同时需一并讲明理由，如“《北京市关于开展第三产业普查工作的通知》要求普查的范围为事业、企业和行政单位的第三产业，在我部原分别由××司、××司和××司主管，由于此次普查涉及面最大的是企业部分，建议由分管企业的××司牵头，××司、××司会同办理。当否，请××（领导人）批示”。

（4）对于一般阅件，包括来往函件、抄送件可有选择地送领导人阅知，不提拟办意见；对于由办公（文秘）部门知道即可的阅件，仅拟“此件存查”即可。

（二）批办

即由机构的领导人或部门负责人针对需要办理的公文，给有关承办部门或承办人批示意见，体现对于办文工作的具体指导和集中领导的环节。批办一般通过对拟办意见的审阅、认可和修正而完成（直接批办的公文除外）。

做好批办工作的要求是：

1. 划定批办范围

并非所有收文都需要批办。如果事无巨细均由领导人批办，既会导致职责范围不清，影响承办部门（人员）的积极性，也会使领导人不堪“文山”重负，贻误工作。但该批办的不批办，又会导致领导责任的削弱甚至放弃。因此，必须划定批办范围。

应该批办的公文包括：（1）无既定办理方案的业务性公文；（2）非固定性来源的重要公文；（3）本机构无处理业务对口机关的公文；（4）依职权确需领导决策处置的公文。如上级机关的决定、指示性、政策性通知，针对本单位的批复、批示、通报等；平级或不相隶属机关重要的用于协调的公文，下级机关的请示、报告等。

不属于批办范围的包括：已有既定执行方案的常规性、例行性公文等。

2. 建立批办制度

（1）统一负责、合理分工的批办制度。各单位应明确规定组织的领导人和各层次、各部门负责人批办的职责与范围。统一负责，即全局性、政策性强的公文务须由组织领导人亲自批办；合理分工，即实行分层负责制，授权组织的副职与办公部门负责人承担其分管范围内业务性公文与行政事务性公文的批办，不得越权批办。为避免失误，对于重要公文的处理可按机构办事规则召开全体会议、常务会议、办公会议讨论或征询专家意见，听取公众意见，但法定责任者应该勇于负责，不能事无巨细均推以集体讨论；应避免随意扩大批办范围，导致层层批办、无效批办、互相推诿等现象的发生。

（2）批办意见的办理和反馈制度。采取措施加强批办公文的催办和查办，了解、监督批办意见的执行情况和结果，发现问题及时予以纠正；有领导人重要批办意见的公文，办毕后要反馈办理结果。

（3）分类批办制度。对于需要贯彻执行的上级公文要提出贯彻执行的具体措施或思路；对于阅件应批示传达或传阅的范围与时间；对于需要答复的办件以及有具体请示事项的公文，应批示明确意见、承办部门、办理要求和时限；对于会办公文应批明主办单位、协办单位及承办要求。

（4）一次性批办制度。为简化办文程序，提高工作效率，对于各单位在日常工作中办理的常规公文，如统计报表，程序性批文，临时性、事务性文书等，可由领导人或领导班子统一规定办理意见，即通过一次性批办，规范常规公文的处理程序，以后照此办理，省去重复性批办。

（5）代行批办制度。领导人因故（出差、生病、学习等）不能及时批办，应委托或授权其他领导人代批，以免公文积压，贻误工作。批办者在批办过程中如发现公文所涉及内容自己无权或无法处置，可将批办改为拟办，实事求是地提出建议，供更高层领导人定夺。

（6）圈阅批办制度。批办意见避免只阅不批，仅画圈不签注意见，或以模棱两可、似是而非的语言表达意图。对于有具体请示事项的公文，主批人应批示明确意见、姓名和审批日期，其他审批人圈阅视为同意；对没有请示事项的公文，阅件人圈阅表示已阅知。

3. 撰写批办意见

批办意见应明确表达领导意图，切实可行，工整清晰地写在《收文处理单》（见表8—6、表8—7）或《文件传阅单》（见表8—8、表8—9）、《文件传阅登记表》（见表8—10、表8—11）的有关栏目内，并签注批办人姓名和批办日期。批办意见区分不同情况撰写：

对需要送他人阅读的公文，通常批示“请××阅”、“请××、××阅”、“请××阅研”。如必要，可以注明送阅的理由或提出自己的意见、建议、要求（此类阅件通常不需回复意见）。

对有时限要求的办件，通常批示“请××于×年×月×日前研复”、“请××于×年×月×日前办结（查复）”。

对需要他人共同做出批示的办件，在自己做出批示后，可写“请××核批”。

（三）承办

即通过对公文的阅读、贯彻执行与办理（回复），具体办理和解决其内容所针对的事务和问题的环节。承办关系着发文质量和公文处理效率，是公文处理程序的中心环节和核心部分。承办环节与机构的负责人、综合办公部门（公文处理工作机构）、各职能部门和业务机构均有密切关系，需要各方面的努力与配合。

做好承办工作的要求是：

1. 确定承办范围

（1）上级针对本单位的指示，有的需要向下传达贯彻，有的在本单位执行；

（2）上级领导交代布置的工作、事项或需要办复的公文；

（3）来自下级单位的请示、重要报告、建议和意见；

（4）平行单位及不相隶属单位要求回复办理的函电、合同；

（5）人大代表的建议、议案和政协委员的提案。

2. 选择承办方式

根据公文内容和批办要求的不同选择以下不同承办方式：

一是办公室或部门（人员）承办。领导人明确批示要办公室自办的或由某部门（人员）承办的，其直接承担办理。对于不需回复公文，承办方式包括：发文（批转、转发）贯彻、开会传达、当面协商、电话联系、实地调研、现场办公、督促检查等。对于需回复公文，由此直接进入发文程序，采用：（1）发文回复，即涉及重要决策、人事任免、案件处理等，一律用书面形式批转或批复、函复，以便有据可查；（2）原件批回，即属于征求意见或一般工作请示可在原件批示域中批注领导机关审批意见，复印后盖章发出，原件可由领导机关归档；（3）电话答复。

二是领导人承办。凡由领导人批示不再办理的公文，由文书工作机构（人员）注明办结情况，作为办毕公文处置。

三是转办。需要转办的公文要及时转交有关部门承办。转办方式通常分为三种：

（1）原文转办。即将领导人的批示意见填入《领导批示事项转办单》（见表 8—16），连同原件（承办单位已有原件抄送件的除外）一起转给承办单位，有领导人批办手迹的《文件处理单》不应转出。转办公文的处理单上应明确提出要求提供信息、采取措施、征求意见以及阅后请交回等的不同处理意见。

（2）面告转办。对有保密性的批办意见一般不要原文转出，以免多环节运转造成泄密。可根据不同情况请承办单位负责人前来阅读原文，或面告领导的批示和要求，必要时应允许摘抄、记录。

（3）电话转办。适用于密级不高的一般公文和内部事项，可以利用电话、传真转告承办单位，通话双方作好记录备查。

（4）退回不办。即对不属于本单位职权范围或者不宜由本单位办理的公文，应当及时退回交办的领导或文书工作机构并说明理由，不可无故滞留。

3. 承办中应注意的问题

（1）认真遵循承办规则。即批办过的按批办意见办理；无需批办直接承办的公文应遵循有关法规、惯例、领导口头指示等酌情办理；承办中遇有涉及其他部门职权的事项需要会商，主办部门应主动与各方协商、会签，协办部门和单位应积极配合办理。

（2）合理安排承办次序。首先区别公文的主次缓急，按规定时限依序排列办理。坚持先主后次、先急后缓、急文急办、特事特办。确有困难的，应当及时向批办领导说明。承办公文分设“急要件待办”、“一般件待办”、“办结”等公文夹，来文随到随归并按时检查，以免积压延误。在征得上司同意后，还可使用不同颜色公文夹分类存放、处理公文。

（3）及时反馈承办结果。承办单位以发文、电话等方式直接答复报文单位的，应抄送或告之交办单位的文书工作机构。

（四）注办

即由承办人在办理完毕的公文上或收文处理单（见表8—6）的“办理结果”栏中简要注明办理经过和办理结果以备忘待查的环节。注办工作虽然简单但却很重要，有利于避免办文的责任不清和结果不明，标志着收文程序的结束，注办后收文即归入办毕公文，为日后查考公文承办的过程、方式、结果及责任者提供依据。

做好注办工作的要求是：

（1）注办内容包括公文的办理经过和办理结果，以及办理过程中一些特殊情况的说明。如：①发文承办的，注明其是否办复、复文号及复文日期；②传阅承办的，注明主要阅件人姓名和日期；③会议承办的，注明会议名称、时间、地点、与会范围、会议主题、决议与结果；④使用电话或当面解决的，注明时间、地点、有关人员与主要内容，并标明承办部门或承办人姓名；⑤通过现场办公解决的，应注明时间、地点、参加者、解决问题的方法、措施与结果。

（2）注办通常由承办人随手完成，填写在《收文处理单》（见表8—6）或《接收电话记录单》（见表8—16）“处理结果”的相应栏目中，同时填写《文件办理情况登记表》（见表8—17）。要求表述清楚，字迹工整。

除自身承办的公文外，公文处理工作机构或文书人员一般不具体负责注办，但应督促其他承办部门（人员）做好这项工作。

表8—16　　接收电话记录单

来电机关		来电日期	
发电人		收电人	
事由：			
拟办意见			
处理结果			
承办日期		承办人	

表8—17　　文件办理情况登记表

来文日期	收文编号	来文机关	内容	承办部门	交办日期	办理情况

三、收文的管理

收文的管理包括收文登记、组织传阅、收文的信息加工、催办等环节。这些环节贯穿整个收文程序，虽无前后衔接关系，但具有共同的管理性质，在整个公文处理程序中起到监督控制、沟通协调的功能。

（一）收文登记

即由公文处理工作机构统一对收文的完整数据进行登录，是贯穿整个收文处理程序的关键性环节。严格收文登记制度，一方面有利于管理者掌握公文运转处理的原始情况，为查阅、催办、交接、统计公文提供线索和凭证；另一方面有利于明确办文责任。

做好登记工作的要求是：

1. 确定登记范围

机构收文的登记范围可与本单位归档文件的范围结合考虑，凡属正式来往公文、组织内部文书、会议文书等均应逐件登记，并将登记重点放在具有归档价值的公文上。特别要注意对“账外文书”的登记。“账外文书”指外出参加会议、出差等带回的公文（包括重要资料），应由承办部门（人员）交本单位公文处理工作机构按收文办理。

不需要登记的收文，亦可参考本单位文书归档范围中所列举的不需归档的文书材料的范围。与本单位主管业务无关又不必办理的文书，越级行文和非隶属机关抄送而不需办理的文书，无查考价值的事务性、临时性公文，一般性简报、信息资料、涉及一般事务的阅件，如通知、便函、请柬、介绍信等，均可不予登记。

未经公文处理工作机构登记分发的公文，各部门应不予办理。

2. 选择登记形式

（1）簿册式登记。即使用装订成册的登记簿，在一页登记表上登记若干份文书的登记形式。其优点是按收文时间依序登记，便于查找、交接和统计文书，利于保存和掌握收文的办理期限和去向，成本较低，是机构普遍采用的一种手工操作的登记形式。缺点是公文数量多时操作欠灵活，不便于查找和登录。

（2）卡片式登记或联单式登记。二者也是手工操作的登记形式，排列灵活，可同时满足多方面公文管理和检索的需要，如可按发文机关、日期、内容、承办部门、是否需要清退或催办等分类登记。缺点是存在卡单零散、保管麻烦等不足。

（3）电脑登录。即将公文主要数据项目输入计算机完成登录的方式。其优点是简便易行，便于公文信息的存储、检索和利用，满足了计算机管理公文信息的一次输入、多次输出，信息共享的需求。

3．设置登记内容

（1）登记体系的设置。公文登记是一项大量而细致的工作，贯穿整个处理程序的重要环节。凡工作规模较大、分工细、公文登记任务多的机构应该建立一整套公文处理登记体系。如内外收文登记、分办登记、传阅登记、承办登记、催办登记、盖印登记、发文登记等。登记体系的设置首先要正确选择登记点，减少登记层次，简化手续，避免重复；而且同一机构的公文处理工作的中心机构、专门机构和分支机构的登记方法应基本一致。

（2）登记格式和项目的设置。总原则是科学、实用、严密、简化。科学原则，指登记项目应从收文管理系统的整体目标出发，为以后公文的分发、催办、传阅、日常管理以及办毕公文的处置奠定基础与创造必要的条件。实用原则，指根据实际工作需要设置，力求反映公文的来源、特征、去向及处理情况，甚至包括催办提示、归档整理分类号等项目；各单位可以根据实际工作需要和要求增减公文登记项目。严密原则，指各项目的设计应齐全清楚、不重复、不脱节、无漏洞。简化原则，一指登记项目的设置应切合需要，格式醒目，方便填写；二指登记手续力求简便，避免繁琐。

（二）收文的信息加工

即公文处理工作机构（人员）在收文办理之前，对其进行筛选分类、加工编辑，控制呈批数量，提取有效信息，方便领导人阅读与审批的环节。

收文的信息加工有以下主要内容和要求：

1．筛选分类

即对收文按照业务性质、重要程度、紧急程度进行选择与分类，便于后续环节的办理。通过筛选分类，对收文进行再次分流，一是控制送批公文数量；二是加强计划性，确保要件、急件的及时办理；三是剔除无价值的文书材料，阻止其进入后续处理环节，降低办文成本。

（1）需送领导人批办的公文。包括：上级组织印发的需要贯彻执行的规范性、指导性公文；下级组织关于重要问题的请示，反映新情况、新问题、需要领导决策的公文，反馈上级组织重要决策执行情况的公文，以及其他需要办理的重要公文。

（2）已有明确分工、需要办理的业务性公文。

（3）本单位行政事务管理方面形成使用的具有规定性、执行性公文。如涉及公文处理、档案管理、印章启用、目标管理等工作的公文。

（4）不需办理的一般阅件。

（5）临时性、事务性文书材料。如催报统计报表的通知、请柬、一般便函等。

（6）与本单位主管业务无关的文书，不正常的越级行文、乱抄滥发的文书等。

2. 加工编辑

即在筛选分类基础上进一步对篇幅过长、眉目不清的收文办件进行删繁就简的技术性处理，以利于领导提高审批公文的效率。主要方式有：

（1）划出公文“文眼”。“文眼”即公文中明显的或不明显的要点和值得注意的内容，如一份公文中的新观点、新政策、新提法、新规定、新问题、新情况；一份会议通知的会期、地点、与会人员、会议主题和参会要求等。醒目地划出“文眼”，便于领导人准确把握公文的处理、执行要求。

（2）撰写公文提要。即对含有政策、措施以及情况反映的长篇公文的内容进行浓缩，突出主要信息、理出分支信息、列出单项措施、点出具体经验、成果，使重点鲜明、要点突出。撰写提要是提高办文效率，加快公文阅批、传阅速度的有效方法。拟写重要公文的提要，应去枝蔓，留主干；去细节，留观点；提炼至少则一句话，多则几百字；拟写长篇讲话的提要，最好使用其中精湛的原话；给报告、建议等写提要，如原文缺乏提纲挈领之词，需要高度概括原文中最核心的内容。提要应随公文原文一起交领导审批、传阅。

（3）汇编公文摘报、摘要。在收文较多的单位，除办件之外，对需要领导了解其精神的多数阅件，可采取“小集中”方式，将特定时段内收到的公文经筛选汇编成《今日公文摘要》、《公文信息》、《一周来文摘报》等，注明发文机关、标题、发文字号、分类内容摘要，使领导对有关公文信息一目了然，方便调阅，既能够集中精力批阅主要的、重要的公文，又可顾及全面。其优点在于节省了领导阅读一般公文的时间，加快了信息的传递，有利于提高审批效率；同时扩大了信息传递范围，使更多的领导人能够同时获悉有关的公文信息。

（4）编写综合信息。即将通过电话、传真、电报、公文、会议、接待、调研，以及报刊、广播电视等各种渠道收集到的信息进行全面系统的归纳综合，通过编写《信息简报》、《政情通报》、《专题报道》等形式，向领导人集中汇报反映具有倾向性、动态性、预测性的重要信息，使其在工作中能够通观全局，把握规律。

（三）组织传阅

即由办公室及专（兼）职文书人员将公文在多部门或多位领导人之间传递，使之得到迅速有效的阅知处理的环节。在公文数量较少又不便复印的情况下，应科学地组织传阅。做好组织传阅工作的要求是：

1. 区分办件与阅件

一是办件的传阅，亦称传批（阅批），即按照领导人的分工，根据公文内容、送请分管领导人和主要领导人批示（批办），要求阅文者批阅指示性意见；它是领导人之间交换意见、商定事项、实施领导职责的一种工作方法。办件的组织传阅仅是其处理程序的组成部分，需待其所有处理环节结束后才能算作办理完毕。

二是阅件的传阅，仅要求阅文人了解、知悉公文内容；它是领导人交流信息、了解情况、沟通意见及共同决策的一种工作方法。

组织传阅是阅件办理的主要工作环节，一般阅件在组织传阅结束后即视为处理程序完毕，可作为办毕公文处置。

2. 以文书人员为中心点组织传阅

除少数急件外，一般阅件的传阅应避免“横传”，由文书人员直接同既定的阅文者联系，按照批办意见或有关制度规定依次在阅文者之间传递；阅文者阅毕后自行退回给文书人员，再由其按序传递给其他阅文者，以避免公文积压、失控、丢失和泄密。

3. 合理规划传阅顺序

为提高效率，传阅顺序应该依据阅文者的实际责任及其需要，以及公文的重要程度、紧急程度、秘密等级等要素合理规划，各单位可针对常规公文制定出简便易行的阅文顺序表，在一个机构内部形成较为稳定的传阅程序、传阅路线和传阅网络。同时，还可按有关领导人和各部门的工作活动规律，适时调整安排阅文顺序。

（1）阅件的传阅顺序通常是：主要领导→主管领导及其他副职领导→其他需要阅知的业务部门负责人或有关人员，遵循“有关者必阅，无关者不阅”原则；

（2）办件的传阅顺序通常是：主管领导→其他领导→主要领导，由于有多个阅件人，一般情况下要遵循“不横传”原则；

（3）紧急公文、专递公文和急需分管领导直接阅办的办件传阅顺序是：主管领导→经办人员→其他机构或人员，按先办后传、急用者先阅、跳跃式传阅等方法处理，以缩短运转周期，使公文能够尽快得到实质性处理；

（4）电子公文传阅顺序按照系统设置的程序传递。

4. 采用多种传阅方式

（1）循序传阅。适用于需要贯彻落实、答复承办的例行公文，按固定顺序进行传阅，常常由文书人员使用专用传阅（阅文）夹，以阅文者为户头或以传阅公文为户头小批量送阅。传阅公文量大的机构还可按送阅件的紧急程度、重要程度、办理要求分设不同传阅夹，并赋予明显标志（如不同色彩、标签）以方便传阅。这是最常用、最基本的传阅方式。

（2）同时传阅。适用于内容重要、时限性强、保密要求不高、阅文范围较广的公文，包括：采用设立阅文室定时集中阅文；公布栏公布需周知公文；应用传真机、本单位局域网络等同步传阅；利用会议集中传达；复印若干副本同时投入传阅等。此方式成本低、效率高，运用较为普遍。

（3）专送传阅。适用于急件，绝密件，领导人专门交代的要件，可派专人按传阅顺序直接送阅。此方式高效、保密，但占用专送人员时间太多，且采用过频，会干扰领导正常工作。

5. 优化传阅程序

（1）公文处理工作机构应合理缩短传阅流程，有效控制传阅范围；设置便捷的传阅登记，履行完备的交接手续。

（2）阅文者应配合组织传阅公文工作，对于传阅公文做到不滞留、不横传，认真做好传阅签注，阅后应在《公文传阅登记表(单)》有关栏目签上姓名和阅文时间。

（3）文书人员应按照规定妥善处理领导人在传阅公文上的签批意见，并将处理情况反馈领导。

（四）催办

即根据承办时限和内容要求对部分公文的承办进行督促检查，以防积压的环节，在公文处理程序中具有监督、反馈功能。多数公文都具有不同的办理时限，并在文书工作机构掌控之下，通过各种方式予以督促办理。如当前政府部门推行的“限时办文制度”，就必须通过建立健全催办制度来实施，才能防止出现“批而不办、办而无果”的“官样文章”。

做好催办工作的要求是：

1. 区分催办类型，内外有别

根据工作范围，分为对内催办和对外催办两个方面。对内催办，是对收文的催办，即由文书人员对本单位内部各承办部门（人员）收文办理情况的督促检查；对外催办，是对发文的催办，即由承办部门（人员）对所发公文在对方收文单位的办理情况进行了解、催询和督促检查。

2. 划分催办范围，突出重点

一般情况下，催办范围主要限于有承办时限（公文本身要求或领导人批示确定）的公文。包括：（1）请示性公文；（2）上级或本单位领导交办的或需要办复的公文；（3）同级或不相隶属机关要求答复或办理的公文；（4）需要办理落实的会议决议类公文；（5）重要事故、事件、人物等处理专案中的文书材料等。对于涉及重大问题、疑难问题、特殊紧急问题的要件、难件和急件需要重点催办，如影响社会安定、抢险救灾和处理公共危机突发事故、涉及国家安全和利益等问题的公文等。

3．选择催办方式，方便有效

应该根据不同的办文情况和对象选择适当的催办方式，主要包括：

（1）电话催办。通过电话方式提醒承办单位加快办文速度，限期办结上报；催办结果应做好记录。

（2）文字催办。即发催办单（卡、函）提出限期报送办理结果的要求，具有凭证作用，比电话催办更为郑重。

（3）登门催办。催办人员登门当面催询。对于急办事项、老大难问题以及涉及对象多、承办部门难以处理的问题，适宜采取此方式催办。

（4）会议催办。通过会议当面或集中催促核查并即席协商解决具体问题，也是公文催办的有效方式。

4．遵循操作程序，认真负责

首先，分门别类催办。做到一般公文定时催（通常规定五天或七天催办一次），紧急公文跟踪催，重要公文重点催。一般应比承办时限提前一两天催询、督促有关承办部门办结公文；如果遇到特殊情况应该及时汇报保证公文的有效处理。

其次，催办登记。催办对象和催办时限一经确定，应立即登记交办。收文的催办由负责内收发的文书人员在《催办登记表》（见表8—12）或《收文登记簿》的有关栏目上标明承办时限，同时填写《催办单》（见表8—13），注明催办项目和要求，如“请予×月×日办完，并将办理情况催办单退秘书处”，随公文一并交承办人，平时通过检查登记簿随时掌握催办情况；也可填写《催办卡》（见表8—14、表8—15），通常一式二联，一联随公文交承办单位，另一联留文书工作机构作催办凭据；利用电脑登记，将催办事项输入电脑，同时填写一张《催办单》，随公文发给承办单位，时限一到，电脑会自动提示。

最后，由催办人员（文书人员或承办人）对办理完毕的公文予以注办。

5. 注意工作方法，加强领导

（1）加强组织与领导。各单位领导要重视和关心催办工作，而且对于重大或特急公文应该亲自催办，可起到事半功倍作用。有些事情，因涉及面广，承办单位独家难办，由上级组织办文部门甚至单位主要领导人出面协调，催、帮结合，效果很好，很受基层欢迎，对于转变机关作风，提高办文效率具有重要意义，应提倡。

（2）建立催办报告制度。对需要催办的公文逐件登记，跟踪记录催办情况，及时反馈催办结果；定期进行统计分析、上报有关领导；通过发简报、内部公布等形式监督催办实施情况。

第二节 发文处理

发文处理是公文形成的重要阶段，指机构为制发公文所进行的创制、处置和管理活动。包括发文定稿的形成、发文的制作、发文的管理等工作内容。

发文处理的基本流程见图 8—2。

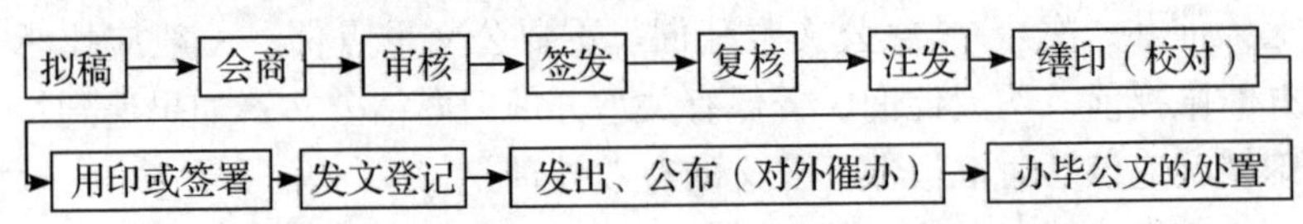

图 8—2 发文处理流程图

一、发文定稿的形成

公文从无到有，首先要形成定稿。发文定稿形成的主要环节包括拟稿、会商、审核、签发和复核等。

（一）拟稿

拟稿即撰写公文文稿的环节。

（二）会商

即撰拟公文过程中，主办部门对涉及其他机构（部门）职权范围的事项，需要征得其同意和配合时进行协商活动的环节。会商分为两种情况：一是联合行文需要会商；二是非联合行文，但行文时涉及其他部门职权范围需要会商。在社会活动中，机构之间、甚至同一组织各个部门之间由于利益冲突，常常出现行文单位我行我素，各执一端，政出多门，公文“打架”的现象，使执行者无所适从，也削弱了公文的权威和效力。为避免上述现象，行文必须协商一致，重视和做好会商工作，以维护政令的一致性、合法性和有效性。

会商时应当注意以下方面：

1. 明确会商的组织者

由发文机关或主办单位（联合行文）负责组织会商。有关机关（部门）应积极配合办理。经协商一致意见后，应由各会商单位或部门的责任者在“发文稿纸”有关栏目或专门的会签单（表、函）中签注意见，写明对公文所涉内容是否同意，并签注姓名和日期。

2. 掌握会商的范围

一方面为使公文合法有效，力争做到“涉权必会”，不遗漏必要的协商对象，争取肯定和配合；另一方面，为提高办文效率，除涉权者外，又应该尽量减少协商对象和控制协商范围。

3. 采用多种会商方式

（1）书面协商，即发文机关（主办部门）将印好的公文草稿清样送有关部门，就其中涉及该部门工作的问题征求意见，取得一致意见即可行文。

（2）电话协商，即发文机关（主办部门）利用电话征求意见，取得一致意见即可行文。此法适用于对简单的、紧急的问题的协商。

（3）会面协商，即发文机关（主办部门）主动登门与协商对象会面，或通过会议、座谈形式进行协商，取得一致意见后方可行文。

4. 未经协商一致各方不得按自己意见单独行文

（三）审核

审核亦称核稿，指公文草稿呈上司签发之前由综合办公部门进行的全面审查与修正的环节。发文审核在公文处理程序中具有监督和反馈功能，是控制公文数量、保证公文质量的关键性环节。为各级领导人审批公文奠定基础，以节约其时间和精力。审核工作的要求是：

1. 选择审核人员

在机构中一般是以什么名义对外行文就由什么部门（人员）审核。具体情况包括：

（1）一般文稿由其综合办公部门统一审核，具体由办公部门负责人、部门负责人或秘书人员分别负责；

（2）重要文稿或上级领导直接交办的文稿，可由单位领导亲自审核；

（3）必要时可以传批或会议审核，请有关领导人分别或共同审核并批示修改意见，其中主批人应明确签署意见、签上姓名和日期，其他审批人圈阅，应当视为同意（但为简化公文运转程序，这种形式应尽量少用）；

（4）一些事务性文书或内容简单的例行公文稿、填写而成的模版式标准公文稿，也可不经专人审核，径由拟稿人自行检查修改后送有关领导人核准签发。

2. 确定审核内容

（1）全面审核，把握重点。审核具有全面性，包括公文内容、形式和处理程序，重点应把好以下“三关”。

行文关：行文是否确有必要，发文规格、行文方式是否妥当。

内容关：内容是否符合法律、法规及上级机构的指示精神；是否完整、准确地体现发文机构的意图；涉及有关部门业务的事项是否经过协调并取得一致意见；所提措施和办法是否切实可行；是否符合行文规则和拟制公文的有关规定。

形式关：报批程序及公文格式等是否符合规范，包括公文草稿中的人名、地名、时间、数字、引文、文字表述、密级、印发传达范围、主题词是否准确、恰当，标点符号、计量单位、数字用法及文种使用、格式是否符合有关规范。

（2）先管宏观，后理微观。所谓宏观，即指行文关和内容关，如是否需要行文，主旨是否明确。所谓微观，即指形式关，如句子是否通顺、文体是否得体、格式是否规范。在宏观方面问题未解决之前，不宜着手解决微观问题，以免做无用功。

（3）审核把关，但不包办。审核者要站在大局的角度和发文机关的位置进行把关，善于从文稿中发现问题、提出问题和解决问题，但不能包办代替。对于内容不成熟或需作大量文字修改的文稿，审核者应该依靠拟稿部门和有关部门，在提出问题和修改意见之后退回拟稿部门修改。对于文稿中不清楚的问题，审核者应向业务部门或有关人员请教，不自以为是。

3. 审核后对文稿的处理

（1）直接修改。即审核者直接对文稿进行修正。

（2）退回修改。审核者提出原则性修改意见或具体修改意见，退还撰稿人或其他有关人员具体修改。

（3）会稿修改。联合行文应作好会稿修改工作，即将文稿依次由参与发文的单位审核。

审核者审核完毕，应在《发文稿纸》相应栏目内签注姓名和日期，以示负责。

（四）签发

签发即由机构领导人或被授予专门权限的部门负责人对审核后的文稿进行终审，批注核准意见并签署姓名及日期的环节。签发是公文法定的生效程序之一，属于发文的决策程序。公文草稿一经签发即成定稿，具备正式效力，成为缮印复制正式公文的标准稿本。

1. 签发类型

签发是领导人履行自身职责的重要工作环节，必须依法、依职进行。根据签发人的身份、分工及公文处理程序、方式的不同，签发分为以下类型：

（1）正签：指签发人在自身法定职权范围内签发公文。

（2）代签：指根据授权代他人签发公文。

（3）会签：一是指联合行文的各单位或机构负责人共同签发公文；二是指由一个部门起草，内容涉及其他单位部门的公文稿，送到有关部门经会商、会稿后签批发文意见。会签是为了统一公文稿内容涉及的各方意见，避免出现矛盾。可由主办机关负责组织各协办机关同时集中签发；也可由主办机关先签，然后分别分送各协办机关分别签发。为了便于归档保存，一般不采取向各方分送副本进行会签的形式。

（4）核签：又称加签，指上级机关领导人对下级机关或部门所制发的重要公文的签发，签发后的文稿可以注明经上级同意。核签过多，一是容易造成下级对上级的依赖性或推卸责任；二是使上级陷入各部门分管的具体事务，精力分散，影响本职工作。所以应尽量控制公文核签范围和数量，凡已明确授权下属代签的公文，一般性业务性公文，可不再核签。

（5）草签：指承办部门负责人对公文草案、代拟稿的签发。

2. 签发权限

各单位应根据各级负责人的职权范围规定其签发权限，建立分层签发制。即各个层次负责人各负其责，在规定的职权范围内按照法定权限签发公文，不能越权签发。

（1）以单位名义发出的公文由单位领导人签发，其中内容重要或涉及全局的公文由正职或主持日常工作的副职签发，部分公文视其内容可授权综合办公部门负责人签发。

（2）以内设机构名义发出的非正式行文可由该机构负责人签发，其中重要公文可由单位有关领导人核签并在文稿中注明“经××同意（批准）”。

（3）根据机关法定会议决定事项撰拟的公文，视其内容分别由会议主持人签发或授权办公室主任签发。

（4）同级机关联合行文径由各方级别对等的负责人签发。

3. 签发规范

（1）坚持“先核后签”。即先审核，后签发，签发后的文稿即成定稿，已经具有正式公文的效力。未经原签发人同意，一般不能再作改动。

（2）签发依序进行。各单位应制定公文签发程序并依序进行。如联合行文，会签前须就有关问题协商一致。会签如有分歧，应由主办单位的主要负责人出面协调，仍不能取得一致时，主办单位可以列出各方的理由、根据和建设性意见，并与有关单位会签后报请上级协调或裁定。

（3）签发意见完整。包括：签发意见、签发人姓名和签发时间（年、月、日）；签发应书写在《发文稿纸》相应栏目内；代签时应标明"代签"字样；注意使用符合归档要求的书写材料。

（4）签发意见反馈。对于领导人重要的和需要办理的签发意见，文书工作机构应当重视并办理，并将办理结果反馈签发人。

公文处理程序中的拟办、批办以及签发环节有一个共同点，即均需要单位领导人、部门负责人在办文过程中撰写批示及办理意见。为进一步规范公文处理工作，提高工作效率，当前，国家机关对于公文处理中的批办、拟办以及签发意见的撰写越来越趋向规范化操作。

（五）复核

复核即公文文稿签发后正式印刷前，由文书工作机构再次进行技术性审核修订的环节。复核的重点是：检查审批签发手续是否完备；检查公文管理信息是否准确；检查附件材料是否齐全；检查格式是否统一规范等。

经复核后对文稿进行了重要的实质性修改的，应按程序复审和签发。

二、发文的制作

发文定稿形成后，需要通过各种技术手段和后续环节制成公文正式文本。主要环节包括：注发、缮印、校对、用印或签署等。

（一）注发

注发即在公文定稿形成后批注制发要求的环节。注发使签发意见进一步具体化和技术化，为公文正式文本的制作规定了具体程序与标准，以利操作。

1. 不同规模的机构发文的注发

在领导机关，重要发文的注发比较郑重，是成文定稿后发文前的一个关键环节，又称批注，依据领导批示、发文意图、机关例行规定等操作。注发项目全面、详尽，并设计有专门的“公文批注单”，要求逐一填写。而一般中小机关和基层单位对发文的注发则相对简化。

注发由发文单位综合办公部门（文书工作机构）、文书人员负责；如果注发内容在办文过程中已由撰稿者、审核者填写，文书人员仅履行检查手续即可。

2. 注发内容及相关工作活动

（1）注明具体发授范围、阅文范围的级别限制；确定或审核文稿的紧急程度、保密等级；确定印发份数、印刷和发出时间。

（2）注明缮印方式与发送方式。

（3）编写并注明发文字号。

（4）设计或确定版式或缮写格式。

（5）向交办、催办部门或人员销办。

（6）将注发内容填写在《发文稿纸》相应栏目或专门的登记簿中。

（二）缮印

缮印即根据公文定稿缮写、印制正式文本的环节。

缮写方式包括：

（1）手工缮写。即传统的完全依赖手工操作制作公文的方式。目前除份数较少的普通信函外，一般不采用此方式。

（2）机械誊写。即采用打字机、计算机等设备誊录文字符号制作公文的方式。劳动强度较轻，文面规范整洁。尤其是计算机打印公文，可利用按标准设计的公文模版及格式，提高缮印质量和效率。

印刷。即通过铅印、胶印、油印、静电复印等印制公文的方式，是目前办公条件下批量印制公文的主要方式。选择印刷方式，要视公文的印刷数量、保密要求、行文时限、文面要求和行文单位的设备条件而确定。随着科学技术的发展，印刷方式不断在改进、发展，无论采用哪种方式，都要求防止差错、注意保密，缩短印刷周期。

（三）校对

校对即以公文定稿和格式设计要求为基准，对缮印的校样或印本进行全面核对检查，发现并纠正错漏的环节。校对是确保公文质量的又一重要环节，适合以任何方式缮印的公文。

1. 校对工作要点

（1）纠正公文印制中的错漏；统一字号、格式和版式；进一步发现和校正原定稿中的疏漏。

（2）忠于定稿，不擅自修改。

（3）对于定稿中明显属于笔误或文字技术方面的问题，校对人员可以纠正；对于无把握的需请示领导或与拟稿部门联系后妥善解决；对于内容方面的问题校对人员切不可擅自改动，应交给办公部门或拟稿部门处理。

（4）一般公文需要两三个校次，重要公文的校次要适当增加。

（5）改样应该按照国家标准 GB/T14706-93《校对符号及其用法》（见附录8）操作。

2. 校对方法

比较适合公文校对的方法是对校法、折校法和读校法。

（1）对校法，适用于公文定稿上改动较多的情况。即将定稿置于校对者左方或上方，校样置于右方或下方，逐字逐句核对。

（2）折校法，适用于定稿整洁、改动不多的情况。即定稿置于办公桌上，轻折校样，将其中待校文字对齐定稿相应文字行下，一一核对。

（3）读校法，适用于公文定稿内容浅显简单，生僻字、专用名词术语较少，格式变化不大的情况。即二人合作，一人读定稿，一人看校样校对。

（四）用印或签署

用印即在公文落款处加盖发文机构印章证实其法定效力的环节。签署即由领导人在公文正本落款处签署其职务、姓名以证实其法定效力的环节。印章和签署均为公文法定的生效标志。

1. 用印

适用于以机构名义制发的公文，在我国内地各类机构中，以印章作为发文的生效标志最为普遍。用印有以下要求：一是原则上印章应与发文名义相符；必要时上级单位可为下级单位或临时机构的发文代章，并标明“代章”字样；除会议纪要以及签署生效的公文外，机构正式公文应用印后方可有效。二是指定专人妥善保管印章，用印前应履行批准签发和登记手续。三是由文书工作机构或人员监管用印过程；印章及以照相、静电复印等制版方式制成的印模用毕应及时退回或妥善处理。四是盖印位置和要求按有关规定操作，印迹必须端正、清晰、完整。五是电子印章或电子签名的使用按照有关规定操作。

2. 签署

一般适用于以机构领导人、法定代表人名义制发的公文。海外很多国家和地区，以及我国内地一些以领导人个人名义行文多于以机构名义行文的机构中，以签署作为生效标识的公文居多。签署权一般由正职负责人专有，副职不必联署；通常不能由副职代为签署（特殊情况下应出具授权书），公布性公文尤其如此；有的专用文书如合同、证书等，需要既盖章又签署。

三、发文的管理

制作完毕的公文需要发送至收文者才能发挥效力，主要采用的方式是传递或公布。传递多用于一般情况下的发文，包括分装、发出两个阶段的工作。公布是一种特殊快捷的传递方式，是部分公文生效的重要条件。同时还有部分公文在发出之后需要督促实施，其主要环节是对外催办和查办（督查）。

（一）分装

分装即按照有关规定和要求，拣配和分装待发公文，进行发文登记和装封，以备正式对外发出的环节。

1. 拣配和分装

由内收发人员从文印部门接收待发文书，清点份数以后按照签发意见、注发要求以及本单位发文惯例拣配公文。

2. 发文登记

按照拟定的发文范围，对发文逐份登记，填写《发文登记簿》（见表 8—18）及《发文通知单》（见表 8—19），前者用于发文机关留底备查，后者供收文机关核查收文。发文登记的项目包括：发文编号、发文日期、发往机关、公文标题、份数、密级等。

表 8—18　　发文登记簿

发文编号	发文日期	发往机关	文件标题	份数	密级	签收人

表 8—19　　发文通知单　　日期：

文号	密级	文件标题	份数	清理或清退

3. 装封

发文登记完毕后即可装入封套；同时填写发送地址和收文机关、回执单（部分公文需要）；检查核对；封口。发给同一机关的公文较多时可以合并装封（包、袋），但密件、急件应与平件分装，并在封套上加盖有关标记或加保密封条。

（二）发出（传递）

即以各种方式、多种渠道将公文传递给受文者的环节。一般由单位的外收发负责此项工作，主要工作步骤包括：交接公文封件、清点数量、检查装封质量；内外收发人员履行交接手续，发文登记；发出。

除有些公文需要由专人直接专送给特定受文者外，多数发文均按不同情况分别通过以下公文传递渠道送达收文者：

(1) 普通邮寄。即通过国家公共邮递系统递送公文。分为平信、挂号信、航空信、特快专递等形式，一般适用于无保密要求的普通公文传递。

(2) 机要通信。即通过我国邮政部门为传递机构涉密公文而单独开辟的特种邮递系统递送公文。一般适用于秘密、机密公文的传递。

(3) 机要交通。即通过专设的机要交通系统传递重要的涉密公文，主要是为党政领导机关服务。

(4) 公文交换。为了减少公文在同一城市内的流转环节，避免公文积压、旅行，在县级以上城市，一般都在党政领导机关或部门设“公文交换站”，集中定时交换公文。

(5) 电信传输。即通过公共电信系统或专设电信系统，以电报、传真、计算机网络等方式递送公文。优点是速度快，可远距离传递。但在保密性、可靠性方面尚存在不同程度的缺陷。当前在我国国家机关和企事业单位之间，现代化通讯设备和办公技术广泛使用，公文网络传输方兴未艾，这是今后公文发出（传递）渠道的主要发展方向。

(三) 公布

即通过各种公开途径和方式，将公文公之于众，使其被周知或普遍遵行的环节，适用于一些特定范围的公文，如公布性公文、行政规范性文件等。

1. 公文公布的意义

其一，有利于实施依法治国方略。公文公布，政务公开，是建立政府（政务）信息公开制度的重要内容之一。而建立政府（政务）信息公开制度，又是建立法治国家的一项基本制度。所以，公文公开对于推进依法行政，维护公民、法人和其他组织的合法权益等具有重要意义。

其二，有利于国家机关转变工作作风，提高办事效率。政策性、规范性公文的公布，机关办事章程和办事结果等有关公文的公布，形成对于国家机关的内部制约机制，产生群众监督效应，以利于我国政府职能的转变，国家机关工作人员作风的转变。对于防止以权谋私，违法乱纪，发挥了积极作用。同时，直接将公文公之于众，也是一种简化手续和过程，快捷有效地传递公文的方式，避免了繁文缛节，减少了信息失真，提高了公文运转处理速度和效率，对于机关反对官僚主义和文牍主义具有重要意义。

其三，适应了建设社会主义市场经济体制的需求。尤其是目前我国加入了世界贸易组织，在国际交往和竞争中，法律法规、规章以及行政规范性公文的公布，对于我国的对外开放、发展经济起到了保障、促进、导向和协调作用。

2. 公文公布的形式

从实际工作来看，目前我国公文公布主要有以下形式：

（1）公报公布。如《××公报》、《××政报》，是专门用于定期发布国家机关的主要公文、政策法规文件的权威载体。发行方式是及时发至指定的书报亭、书店、邮局等免费发放点或以成本价公开出售，方便公众获取。备置于各级政府办公地点的适当场所、公共档案馆、图书馆，方便公众免费查阅。如《国务院公报》、《最高人民法院公报》、《深圳市人民政府公报》等。

（2）报刊公布。党报（地方党政机关报）对部分重要公文、特殊公文作辅助性的公布。我国法规类及其他规范类文书多采用“令”、“公告”、“通知”等载体，通过直达行文方式，刊登于政府的或者其他报纸、杂志，如某一领域（行业）的权威刊物和各职能部门的业务指导刊物（公开的或内部的）。除了刊登公文内容（全文或摘要），还介绍背景、阐发意义、答疑解惑，一举数得。如《半月谈》根据有关部委所发公文整理出关系农民切身利益的若干政策，以《农业最新政策问题》为题在该刊登出，既回答了读者询问，又公布了有关公文内容，宣传了党的政策。

（3）网上公布。通过中央政府和各地方政府及其职能部门的门户网站直接公布公文和政务信息，可达到家喻户晓的效果。各机构在自己的网站上公布有关公文信息，利于民主管理和提高办事效率。

（4）广播电视公布。政府新闻发布会以及广播、电视台及各大新闻媒体机构等公共媒体是公文公布的辅助渠道之一。

（5）定点公布。通过公共档案馆、政务大厅以及政府机关主要办公地点等地设立的已公开文件利用中心、公共查阅室、资料索取点、政府信息公告栏、电子屏幕等场所或者设施提供国家机关现行已公开文件的利用服务，方便公众查询。

（6）其他公布。包括：各主管部门规范性文件通过“通知”印发，规章制度、重要政策性文件或重要会议文件的汇编下发，直接张贴，机构内部公示，定点设立宣传点、咨询点，领导接待日、热线电话查询等各种便于公众及时准确获得信息的形式方式有组织地公布。

各地对于公文公开有许多好经验，如在2007年4月10日印发的《2007年上海市政务公开工作要点》① 中就明文规定，要加强政务公开载体建设。重点抓好“一网”（政府门户网站）、“一厅”（行政服务中心）、“一站”（政府档案馆集中查阅）、“一线”（114电话查询和服务热线）的载体建设。这对于公文公布形式的完善是值得借鉴的。

3. 公文公布需要注意的问题

公文公布近些年受到越来越多的关注和重视，与公文处理其他环节相比较，其方法、制度和程序有待于进一步发展和完善。目前需要特别注意的是：

第一，正确处理公文公布与保密的关系。

（1）公布为原则，保密是例外。二者目的一致，都是为维护国家和广大人民群众的利益，提高工作效率。并非所有的公文都可以或需要公布，公布的范围也并非越宽越好。目前国内关于行政规范性文件的规定都将公开作为其制定的必经程序，规定了公开与不公开范围以及强调了公开期限。

（2）公文公布不能“一刀切”。不同类型的公文的公布在范围、形式、效力及操作程序与办法上存在差异。从制发机关看，以各级政府及其各部门（即行政机关）制发的公文居多。从公布公文的性质看，以规范性、方针政策性、领导指导性文件居多。从具体操作看，分为直接公布与间接公布。直接公布即公布本身就是公文形成或生效的必要程序之一，公布的对象和范围都有规定和惯例，未经

---

① 上海市人民政府办公厅关于转发市政务公开办制定的《2007年上海市政务公开工作要点》的通知（沪府办发〔2007〕14号）。

公布，这些公文不具备法定效用；间接公布即公文形成后先通过传递通道进入各单位收文处理程序，再根据实际工作需要，经过批准施行公布。从公布范围看，可分为国内外公布、国内公布、系统（行业）内部公布、一个机关内部公布。从公开方式看，分为主动公开和依申请公开。

第二，既要维护人民群众的权益，又要提高机构的工作效率。

在多数情况下这二者是一致的，但在一些特殊情况下，也存在一些矛盾，产生一些负面作用。如美国联邦政府《信息自由法令》的实施导致了一些利用者滥用现代管理文件、当局大量的费用支出以及对泄密的担心；日本的现行文件公开制度的实施也产生了有的机关在形成文件时因对公开有顾虑就过于谨慎，甚至以口头方式取代提供文件方式，导致无案可查的弊端。但从世界各国和地区推行公文公开的现实情况来看，这些法令的实施总的说来还是成功的。在我国，公文公布的正常开展，有可能增加部分单位的工作量，给局部工作带来一些“不便”；但从长远看，对于推动国家民主和法制的建立健全，密切党和政府与人民群众的关系，转变国家机关作风，提高工作效率具有深远意义。而且，随着我国社会主义法制的健全和社会主义市场经济体制的完善，党政机关一般公文的数量将会逐步减少，具有公开化特点的各类法律法规规章及行政规范性文件将会成为公文的主要类别。因此，改变传统单一的“文来文往”的发文形式和办文观念，提倡对部分公文采用更为公开、直接的传递渠道，才能真正提高机构的工作效率。

第三，贯彻实施有关政务信息公开（含公文公布）的法律法规。

中国加入世界贸易组织过渡期即将结束，为做好与世界贸易组织对政府行为要求的对接工作，促进全面推进依法行政实施纲要的落实，我国早在 2002 年就已启动有关行政法规起草工作。由于历史原因，现阶段我国各级各类政府机关对处理信息、公开信息的能力存在较大差异，尚不具备政务信息公开的立法条件。为了满足当前工作的需要，近几年各地各部门已经在政务信息公开背景下制定少量地方性法规以及若干关于公文公布制度的配套规定，如公布范围、办法、程序等，使公文公布基本有规可循。为推动这一立法，目前，除《行政法规制定程序条例》、《规章制定程序条例》外，2007 年 1 月 17 日国务院第 165 次常务会议已经通过《中华人民共和国政府信息公开条例》，2007 年 4 月 5 日国务院总理温家宝签署国务院第 492 号令予以公布，将于 2008 年 5 月 1 日起施行。我国第一个与公文公开有直接关系的行政法规的出台和实施无疑将有力推动公文公布的依法进行。

第三节　办毕公文的处置

一、办毕公文的界定

办毕公文，亦称办结公文，专指完成了公文处理程序、业经发出或承办完毕的公文。包括两层含义：一是发文部门制作公文过程结束；二是收文机关对公文信息所传递的指令、任务已经处理完毕或者处理程序运转完毕。

办毕公文的处置，指根据有关规定和实际工作情况，对办毕公文予以定期清理检查，确定价值，分门别类，决定并实现其去留存亡的活动。其具体工作环节包括：归档整理（立卷）、清退、销毁以及暂存等。对于办毕公文妥善处置，使公文处理工作善始善终，有助于充分发挥公文的全部功能和效用，避免失密泄密，防止无用和低质的公文信息对机构正常工作活动的干扰。

办毕公文的处置，首先需要对公文是否“办理完毕”进行界定。既要避免把正在办理的公文当作办毕公文处置，也不宜将办毕公文长时间混杂于正在办理的公文之中。目前在实际工作中，公文是否“办理完毕”的界定标准是：

（1）单向公文，即不必办复的各类周知性、执行性公文，如决定、通知、通报以及调研报告、情况报告等，在发文机关印制发出后，或收文机关收到分送有关领导阅知后无批示的，或有关部门传阅办理后无其他意见的即为办理完毕。

（2）双向公文，如问复性质的公文，如请示与批复、问函与复函、请求批转转发公文与被批转转发原件、办理需要得出结论或需要结案的公文等，只有当发文机关发出或收文机关收到复文（或结论性公文）之后，才可视为办理完毕。

（3）各类交办公文，或已直接答复来文单位，或已按要求转交有关业务主管部门和单位办理，即为办理完毕。

（4）一些需要长期贯彻执行的公文，如规范性文件、长期规划等，作为发文已在本单位定稿并印发行文，作为收文在收文单位已经过有关领导阅知或阅办，完成了其特定阶段的处理程序也算办理完毕。

二、归档整理（立卷）

整理（立卷），是指文书处理部门将办理完毕、具有查考和保存价值的文件材料，按照它们在形成过程中的联系组成有序的文件信息系统的工作活动。

归档，是指各类机构将其管理活动中形成的、办理完毕、具有查考和保存价值的文件材料，由文书处理部门或承办部门按照整理（立卷）的原则和方法进行有序化整理，定期向档案室移交，并由档案室集中统一保管的活动。

为适应我国档案管理现代化的需要，规范归档文件的整理方法，提高工作效率，国家档案局2000年12月6日发布，2001年1月1日起施行的《归档文件整理规则》（DA/T22—2000），从改革我国传统的文书立卷归档方法出发，对归档文件整理的原则和具体方法做出了规定，为具体操作提供了技术依据。在该行业标准中，“归档文件的整理”被规定为“将归档文件以件为单位进行装订、分类、排列、编号、编目、装盒，使之有序化的过程”，该标准适用于机构在其职能活动中形成的、办理完毕、应作为文书档案保存的各种纸质文件材料。

（一）归档整理（立卷）涉及的相关概念

1. 办理完毕的文件才能进行归档整理（立卷）

在传统办公环境中，文件只有办理完毕才能进行归档整理（立卷），确定其是否办理完毕，主要是看其是否完成了公文处理程序全过程的处理。

2. 具有查考保存价值的文件才值得归档整理（立卷）

各机构形成和使用的文件并非“有文必档”，而是具有一定的选择标准，并由此确定归档范围和公文的保管期限。这一标准就是看其是否具有眼前或长远的查考利用价值。不具备查考利用价值的不必归档。

3. 应该按文件形成规律和有机联系整理（立卷）

按卷整理的归档文件应是有关某一问题或某项工作活动的系统的有一定联系的文件组合体，能反映该组织中某个（类）问题的处理情况；整个组织的案卷，能系统、完整地反映一个机构工作活动的全貌。

按件整理的归档文件在其整理原则、质量要求以及整理方法上也突出了遵循文件形成规律、保持文件之间的有机联系的要求。

符合以上三点才是完整意义上的归档整理（立卷）。

（二）归档整理（立卷）的必要性

首先，归档整理（立卷）是公文处理程序的最后环节，是手工操作条件下的公文处理工作与档案工作的交接点。通过归档整理（立卷），既完善了日常管理，为有保存价值的办毕公文找到了最后归宿，也使后继的档案管理工作有了一个坚实基础和良好开端。

其次，归档整理（立卷）是日后查考利用文件材料的需要。从微观看，对于一个机构，公文既有现行效用，又在日后具有连续性的工作中具备参考和凭证价值。归档整理（立卷）可使办毕公文的重要部分得以妥善保存，便于需要时的查考利用。从宏观看，各机构在工作中形成的大量公文，是记载和反映国家各个方面和领域工作实践和历史进程的第一手资料，转化为档案保存，能够反映国家各项事业发展的真实历史面貌。可见，归档整理（立卷）不仅是本单位工作的需要，同时也为整个国家的社会发展、经济建设、科学研究和历史研究利用档案这一宝贵的历史文化财富提供了条件。

再次，归档整理（立卷）是我国各机构在现有办公条件下整理和保存纸质文件的一种好方法。分散形成的单份公文通过归档整理，既能为利用者提供有效服务，又符合了国家各级档案主管部门的管理要求。而且相对来说，归档整理（立卷）方法简便易行，耗用成本低，在我国大多数机构尤其是基层现有的办公条件下，无论是使用计算机辅助操作，还是手工操作，都适合广泛采用。应该指出的是，虽然纸质文件的传统的归档整理（立卷）方法和技术最终会被以计算机技术为中心的现代化的公文信息管理、存储方法和技术所取代，但在我国，纸质文件和纸质的文书档案与电子文件档案将会长期并存，针对它们的手工技术和方法与现代化的技术方法长期并存。对于某些特定的文件，前者还是不可替代的。因此，归档整理（立卷）作为处置办毕公文的主要环节之一，目前仍需要大量采用、认真探讨和不断改革创新。

（三）整理（立卷）归档的意义

（1）保持公文之间的有机联系，防止散失。

（2）保证公文的安全与完整，便于保管和利用。

（3）利于公文的积累，为档案工作奠定基础，是保存机构的历史记录；为国家积累档案财富的重要途径。

三、办毕公文的清退

办毕公文的清退指根据有关规定和要求，将部分办毕公文经过清理，定期或不定期地退还原发文机关或由其指定的专门部门处置的方法。

清退工作的意义在于，防止公文丢失，确保涉密公文的安全；防止无用信息的扩散，避免在工作中造成被动局面和不良影响；通过清退分流，提高公文运转处理的速度。

（一）清退范围

（1）上级组织下发的绝密公文（下级组织报送的绝密公文一般不予退还，由上级组织清理销毁和暂存备查）。

（2）在公文草拟、审批过程中形成的，仅供在一定时间、范围和级别的单位内使用并要求予以退还的未定稿、讨论稿、送审稿和征求意见稿。

（3）未经本人审阅的领导人的内部讲话稿。

（4）有重大错情的公文稿本。

（5）上级或本单位制发的供内部传阅参考并要求予以退还的公文资料，如重要情况通报、有关统计资料、重要简报和信息等。

（6）规定回收的会议公文。

（7）其他由发文机关明文规定限期清退的公文。

（二）清退操作要领

1. 清退原则

一是守时，无论是定期清退，还是随时清退，都应按要求时限完成，并向主管部门（人员）汇报有关清退情况；二是齐全，即要求清退的公文材料一份不少，件件完整无损。

2. 清退程序

填写一式二份的《文件清退清单》（见表 8—20），逐件核对、清点、退还，同时在收文登记簿上注明清退日期和编号，由收文方开具清退凭证，清退方保留备日后查考。

表 8—20　　　　　　　　　　文件清退清单

清退单位：　　　　　　　　　　　　　　　　　　　年　月　日

制发单位	文号	份数	密级	备注

清退人：（签字）　　　　　　　　　　　　　　　收文人：（签字）

3. 清退具体方法

（1）绝密文件，除属于本单位归档范围的由文书工作机构统一归档整理外，一般都应办毕及时收回，由机要人员集中保存，以防泄密。上级要求清退的绝密文件，由下级组织的机要部门负责办理。

（2）存在重大错情的文件，一经发现即由主管单位立即全部收回，下级组织与个人不得以任何理由不退、少退或拖延滞留。

（3）本单位发文的传阅件、征求意见稿和送审稿，由承办单位的承办人员或文书人员直接清退；外单位发文的征求意见稿和其他需要清退的文件材料，由本单位的文书工作机构统一清退。

（4）需清退的会议文件，一般由会议秘书部门或会务组发出清退文目录，在会议结束之前督促持件人退回。

（5）人员离退休、调动工作、任满离职，机构撤销、合并、办公地点搬迁等特殊情况下的公文，应按照有关规定，在文书工作机构（人员）的督促和协助下主动清理，或清退、或移交、或销毁，要认真细致，避免出错。

四、办毕公文的销毁

办毕公文的销毁，指对办理完毕，业经清理鉴定确认不具备归档和存查价值或留存条件的文件材料，经过文书工作机构负责人批准所实施的毁灭性处置方法。销毁的意义在于防止失密，避免过时或无用信息的干扰，减少文书管理活动的工作量，提高工作效率。

（一）销毁公文的条件和范围

销毁公文的条件是：办理完毕、业经清理鉴定确认不具备归档和存查价值或留存条件的文件材料。其范围包括：临时性、事务性公文与机构内部一般抄送件；外机构抄送本机构参考的公文；机构员工外出参加会议带回的无留存价值的公文；一般公文的草稿、校样与其他已经使用过的征求意见稿、会议讨论稿等；本机构的重份公文，复印、翻印的一般公文材料副本；无保留价值的信封；一般的来信来访记录，因情况特殊，不销毁即会失密或泄密造成严重损失的各种文件材料和会议文件副本；失去保留价值的统计表、登记簿册、简报等；其他失去留存价值的文件材料。各机构对于本单位销毁公文的范围应有具体规定。

（二）销毁工作的要求

1. 销毁方式

根据待销公文数量及工作条件区别采用，规模较小的机构可将待销公文使用碎纸机自行销毁；规模较大的机构按规定将待销公文送造纸厂制作纸浆或采取其他方式销毁。

2. 销毁手续和程序

（1）分类销毁。销毁一般文件由文书工作机构（人员）定期或不定期组织鉴定，编制销毁清册，并经办公厅（室）负责人审查批准，可以销毁；销毁秘密公文（含密码电报）或重要公文，应根据有关规定经过鉴别，在《公文销毁清单》（见表8—21）上逐件登记，由各单位文书工作机构负责人或保密部门审核、批准后由文书、档案部门或保密部门集中统一销毁；销毁电子公文及有关材料，可经有关领导和部门审查批准后定期清洗计算机硬盘和软盘、光盘等存储介质。（2）执行监销制度。销毁秘密公文，应当到指定场所由二人以上监督销毁，保证不丢失、不漏销。（3）未经审查批准，任何部门和个人均不得私自销毁公文。

表8—21　　　　文件销毁清单　　　　年　月　日

序号	发文单位	字号	文件标题	年度	份数	销毁理由	备注

审批单位及负责人：（签章）　　　　销文单位及经手人：（签章）

五、办毕公文的暂存

办毕公文的暂存，指对既不应立卷归档或清退，又暂不宜销毁，需要再留存一定时期以方便日常工作查阅参考的公文采取的处置方法。

（一）暂存公文的范围

暂存公文的范围包括：上级机关普发的与本机构主管业务或主要职能无直接针对性的领导指导性公文；短期内需要频繁查阅的归档文件的重份文本与复印本；不相隶属机关发来的具有短期参考价值的公文、简报等；下级机关反映一般情况的公文报表及其报送的备案性文件；其他仅在较短时期（如5年以内）具有参考利用价值的文件材料；受多种因素影响一时难以准确判断是否留存或销毁的文件材料。

（二）暂存公文的管理

整理。可按照归档整理的原则与方法，根据暂存公文的形成规律与特征进行初步整理，如可按发文字号、来源、主题等分类组卷（可不装订）或置于卷宗夹内妥善存放，简单编目即可。

保管。应由各机构文书工作机构统一负责，集中保管，防止泄密和丢失。

清理与鉴定。可定期或不定期进行清理与鉴定，对于不再需要查考的公文剔除销毁；对涉密公文按规定作好保密、降密或解密工作；对经过一定时期检验，认为确有保存价值的公文重新归档整理保存。

（三）暂存公文的利用

在暂存阶段，可以通过借阅、汇编和公布等方式充分利用暂存公文的现行效用或查考利用价值。

1. 借阅

借阅即根据工作需要，按照阅文范围提供公文日常借阅服务。鉴于办毕公文的性质，其借阅服务的主要对象是机构内部的部门（工作人员）。内容不具备保密性质的以及符合借阅范围条件的暂存公文亦可供机构之外的其他利用者借阅。因此，需要建立必要的借阅制度，履行借阅手续（见表8—22）。

表8—22　　借阅文件登记表

序号	文件标题或文件编号	页数	借阅人	批准人	退回时间	备注

2. 汇编

暂存公文中的规范性文件、领导指导性公文和重要的会议文件，有的现行效用期长、利用频率较高。为便于查找利用，可按既定序列、发文字号、主题（会议、专题）或其他查考线索汇编成册，通过内部印发、公开出版、提供借阅等方式，满足利用需求。具体做法如下：

（1）涉密公文的汇编。公文汇编本的密级按照入编公文的最高密级标注和管理；汇编上级组织的涉密公文须经发文机关批准或授权。

（2）汇编公文收录范围。其一，应确定汇编公文的收录标准，并按照标准操作；确定该收录标准包括是否符合汇编目的、公文制发机关的级别和权限、公文内容和性质、公文稿本、公文制发时间和施行生效时间等。其二，汇编公文应该是公开的（涉密公文除外）、涉及面较广、时效较长、具有反复适用和指导作用的规范性、执行性公文。其三，汇编时应采用公文原件，不宜直接从报刊转载的公文或简报资料中收集，影响汇编公文的准确性和权威性。

（3）技术处理要求。汇编公文的选择、编排到校勘、印刷工作，都具有较强的政策性、业务性，应按有关规定或业务标准办理。

第一，排列须有序。地方政府及其部门制定的规范性文件的分类排列应科学有序（法规性文件的排列次序是固定的），避免引起不必要的行政执法争议。

第二，慎改原内容。入选公文的内容一般要保持原貌，不能轻易改动，只有在有绝对把握的情况下，方可对于其中的错别字、标点符号、数字以及行款格式上的问题进行适当技术性处理。

第三，改动应协商。汇编公文中确需改动处，如删去过时的政治术语、更换改变后的机构名称等，都应与原发文机关协商，取得其正式同意才能改动，同时在汇编中加以说明。

第四，收录修订本。收录已经做局部修改的公文，一般可先录原件，然后在文后加注发布机关有关修订的决定和通知，或直接收录修订本，并加注说明（包括原件发文日期和发文字号）。

第五，准确标时间。如对于规范性公文应保留其题注，注明制定、通过或批准机关（会议）、时间，发布机关或时间、施行生效时间（有的生效时间在文尾附则位置），不能任意删掉，以方便查阅使用。

第六，按需附材料。为达到汇编公文的利用目的，可采用附录形式附上部分重要的规范性公文的草案报告、权威部门的解释（说明）。

第四节　网络环境中的公文运转

公文处理是各类机构中最重要的办公业务，它直接体现为组织管理职能运作的过程，是电子政务与电子商务各种办公自动化系统中最基本的功能模块，也是各级各类机构有效规范管理程序、提高管理效率和树立良好公众形象的基础。

与传统环境相比，网络环境中的公文流转具有不同的特点和要求。

一、网络环境中公文流转的特点

在传统纸质文件的流转过程中，公文是在不同的部门与人员之间进行运转的，公文的运转是随着文件物质载体的运动而运动，在时间与空间上受到很大的限制，公文运转的质量、时间和速度等也就必然受到限制。与纸质文件流转相比较，网络环境中公文的流转更加高效快捷，其主要特点如下：

（一）公文处理标准化程度更高

网络环境下的公文处理的标准化是支撑公文有效处理和快速运转的前提条件，因为只有在统一的标准下，各个信息源所提供和发出的信息才能被网络上生存的各种组织或个人所接收。如公文格式标准、电子公文处理标准、电子公文交换格式标准、电子公文管理系统软件设计技术标准等均是网络环境下公文处理与流转系统必备的。

按照《国家行政机关公文格式》标准，在电子公文处理系统中可自动生成行政机关各个文种的格式，可自动生成公文格式要素的位置、字体、字号，可自动标引主题词，自动校对、自动编写公文摘要，还可自动按规范化的顺序排列主送、抄送单位等；根据公文处理标准，在公文处理环节中根据各种处理需要可以自动从公文处理意见栏中选择恰当的语句，点击选中后在规定的位置自动生成签批意见；根据公文传输标准，公文可以在不同用户之间实现快速流转等等。上述标准化功能是电子公文处理与流转自动化、智能化的重要保证。

（二）公文信息资源共享更加便捷

在公文办理流转过程中，可根据需要调阅相关的依据性、参考性文件、资料信息，辅助公文写作、文件拟办、批办、承办等工作；在电子公文处理系统设置公开的公共文件资料中心，可以同时满足多用户的共享要求，对于非公布性公文，也可以通过建立安全可靠的加密机制和分级权限控制，以及建立对登录人员的工作时间、对象和操作过程、拟稿和修改内容的全过程跟踪机制和登记机制，实现公文信息的安全共享。此外，公文形成单位或者人员在管理决策上利用网络信息工具提高了收集、处理和应用信息的效率，大大提高了组织管理决策的效率。

网络环境下公文处理与档案管理还可以实现管理信息资源共享。网络环境下公文信息系统中，文件从设计、产生开始，就利用计算机进行管理，并完成接收、处理过程记录、发放登记、检索利用、借阅归还登记、改版记录等文件管理的过程，这些管理信息可以与档案管理系统链接，避免档案部门重复投入人财物进行信息和数据组织，克服纸质文件管理时代文件、档案管理工作环节和程序的截然分离，将文件管理和档案管理作为一个统一的系统工程，使文书工作中文件的收发、登记、运转、承办、催办以及文件的收集、整理、立卷和归档等工作与档案管理形成一个有序的整体，实现文件档案管理一体化，这样，能够充分利用文书处理过程中形成的数据信息，既有利于档案部门通过这些信息实现对文件管理的前端控制，又有利于档案部门根据前期文件管理的实际情况确保档案管理和利用的质量。

（三）公文流转不受时空限制

在网络时代，无处不在的网络克服了信息传递上的物理距离，使不同地点之间的距离的远近变得无关紧要，把空间因素对人们活动的制约降低到最小限度。同时，网络又克服了信息传递上的时间约束，把远距离信息交流的时滞降到最低，实现了信息的同步实时传递。

网络办公环境中形成的电子公文具有存储体积小、远距离传递快速、检索速度快等特点，可以跨越办公时间与空间场地的阻碍，轻松实现不同时空范围内公文的快速传输、交换和办理：如电子公文传输可以实现不同空间地域的“点对点”或者“一点”对“多点”的收发传递功能，远距离签批公文处理意见，网上签署合同协议等等，改变了纸质公文线性传递需要时间较长的不足，简化了繁杂的工作环节和程序，推动了公文内容的快速有效传达、办理。这种打破了时间与空间的限制，实现了不同时间、不同地点、不同部门、不同机构、不同人员之间轻松传递处理公文，使办文办事更加方便快捷。

（四）公文处理成本更经济

网络环境下流转的公文是通过计算机及其网络生成、传输、处理、存储处理的数字化信息，如果公文处理的全程是电子化和无纸化的，形成的电子公文便不再需要大量纸张载体。若在政府网站上设立专门的电子公文发布中心，一旦公文在此发布，就作为正式文本，或者通过专门的公文传输系统发送电子公文，不再需要耗费大量的纸张、油印材料、邮寄费用、复印副本费用等进行发文的制发与流转，这一变革将带来物资资源的大量节约，大大降低了管理成本。

网络环境下公文流转节约的不仅仅是物资资源。在电子政务或者电子商务活动中，人们利用网络可以实时传递公文信息，公文信息运行的时间耗费可以看作是“零时滞”，可以有效缩短领导批阅文件的时间和办公文件上传下达的时间，时间财富的节约同样对组织管理效率和效益的提高作用是不可限量的。此外，在电子公文处理系统中还可设置办理时限、到时催办、来文提示、急件提醒、退文警示等功能，保证公文办理催办及时，承办不拖延、不误事。可以说，网络环境下的电子公文流转系统在公文流转的每一个环节上都发生了作用，使公文处理工作更加经济有效。

（五）公文流转对网络环境的依赖性更强

网络办公环境中公文的流转都是在计算机软硬件建构的内部或者外部网络平台支持下完成的，离开计算机系统及其网络，电子公文既看不见也摸不着，更不可识读和传输。

公文流转对网络环境的依赖性表现在两个方面：（1）对网络软硬件设备的依赖性。网络环境下的电子公文从形成、传输到存贮都是通过计算机及其网络设备实现的，因而其对计算机系统各种软硬件设备具有很强的依赖性，如公文从一个部门流转到另一个部门，公文签批与传阅，公文签章、数字签名以及公文安全性认证，电子公文信息系统向档案信息系统进行的在线归档等一系列的工作，都必须在网络环境下完成。离开了计算机软硬件平台，离开了产生信息的原有的计算机操作系统、数据格式，离开了软硬件技术建构的这个无限扩展的网络环境，便无法读出、处理、传输以及还原原有的公文信息。（2）对数据标准、数据格式、元数据的依赖性。公文信息的内容是通过一定的格式与版面反映出来的，包括字体的种类与大小，公文标题、正文要素及其排版，不同文件格式类型等等。它们之间的关系是通过数据标准、数据格式、元数据、背景信息等进行规范和描述的，公文信息内容在一定程度上是被它们所限定的。在公文流转过程中公文信息内容可能会摆脱其本身对某些技术的依赖，改变原有分布模式，使某些链接失去作用，在这种情况下，只有保有数据标准、数据格式、元数据、背景信息等资源，才能够恢复公文的原貌。可见，只有保存和管理好网络软硬件设备以及与公文数据标准、数据格式、元数据、背景信息等网络环境资源，才能保证网络环境下公文流转的顺畅与安全。

二、网络环境中公文处理流程重组

（一）流程重组的概念

公文处理流程重组是指以文件、档案一体化管理理念为先导，打破文件工作、档案工作互相分家的局面，对原有的文件管理流程和档案管理流程进行统筹规划，重新设置合理的工作流程，旨在简化重复环节、提高效率、满足电子文件的全程管理需求。

（二）流程重组的必要性

公文处理程序缺乏规划或设计不当，已经成为电子文件难以在网络环境中正常运转的瓶颈，电子系统中的文件、档案一体化管理也就无从实现。因此，必须加强对公文处理程序的科学规划和有效控制，在完善纸质公文处理程序的基础上充分考虑电子文件的形成规律和运转特点，重新考虑电子公文处理程序的重组问题，优化处理流程，以便和电子文件管理系统有效衔接。

长期以来，我国纸质文件管理实行的是“分阶段＋分环节”的管理方式，即先划分为文件管理和档案管理两个阶段，各阶段中再划分若干管理环节，每个环节相对独立、界限清楚。可以看出，传统文件管理流程与档案管理流程是相互分离的，它将文件和档案管理中的一系列环节分别进行组合和安排，并通过归档环节加以链接，这种管理流程的缺点主要表现在：

第一，文件管理与档案管理各自独立，整个文件生命周期被划分为文件管理和档案管理两个“泾渭分明”的阶段，前后缺乏连贯性和一致性，这种工作模式不适用于电子文件的管理，无法满足全程管理的要求。

第二，文件管理与档案管理的各项业务活动被人为地划分为若干环节，每个环节各自有相对独立的工作内容和方法，彼此缺乏联系，许多工作环节重复进行。

第三，管理流程呈现出线性、单向的特征，流程主要体现在工作环节的划分、工作任务的分配上，管理过程中，前后不衔接、不兼容的情况很多。

可见，传统的文件管理是以物化的纸质文件作为管理对象，在对文件的控制与管理中，文件管理流程的设计通常基于以“分工”为特点的业务流程。电子文件的出现使得传统文件管理流程的不适应性日益明显，主要表现在：一是对原有管理流程的解析显示出作业的不合理分割和交叉重复；二是电子文件的技术特征将以往的“后上序”提前至文件形成阶段，使流程重组成为必然。原有以流程分工为特点的文件管理模式已不能适应新的变化，电子文件管理的各项具体业务应该并可能根据其内在关联性而得以重新组合，这主要表现在：

第一，由于电子文件可以借助网络进行传递，因此，在其现行的运转过程中，多以“虚拟”状态存在，可以不像纸质文件那样通过实体在各个环节中传递来完成整个生命过程，相反，电子文件的种种特性使传统文件管理的各个业务环节之间的界限变得模糊和淡化，因此，对于某些业务环节可以也必须进行重新整合。

第二，电子文件具有非人工识读性及对系统的依赖性等特点，导致文件的形成、处理和利用方式发生了根本性变化。为保证电子文件的真实性和完整性，在电子文件生成之初就应该对文件进行鉴定，实行前端控制，因此，除需合并某些环节外，还要将原有的环节顺序重新调整。

因此，在设计OA平台上的文件处理流程时，必须对文件的管理注入全程、系统的管理思想，注重文件生命周期内各个阶段管理活动和管理要素的统筹兼顾，强调各项管理内容和要求的无缝链接、系统整合和总体效应。

（三）流程重组的方式

如上所述，电子文件的种种特性使传统文件处理程序的各个业务环节之间的界限变得模糊和淡化。借助于网络传递的电子文件可以克服纸质文件只有完成上一个环节才能转入下一个环节的障碍，不仅可以实现文件处理过程中若干相关环节的同步展开，还可以而且必须兼顾后期档案管理的需求。比如：在电子环境中，重新调整文件、档案管理的各个环节之间的线性前后顺序，通过环节前置、后延、叠交等各种方式对整个文件生命周期的各项工作实施连续性控制和全程管理。

1. 环节前置

即着眼于超前控制，将一些关键环节提前至文件生成之际。这是文件生成过程控制的非线性最显著的表征。这些关键环节包括：

提前并实时归档：电子文件一经形成，即刻赋予归档标记，纳入保存范围和档案部门的监控之中，防止删除与流失，保证齐全和完整。

提前鉴定、鉴定与鉴别同步：电子环境中，对档案的鉴定不仅要在文件转化为档案之前进行，而且还要将鉴定环节大大提前，在文件生成之际乃至生成之前就进行鉴定。在从系统中产生的大量电子信息当中鉴别截获电子文件的同时，便对其进行同步鉴定，加强控制。在设计电子文件保管系统时，将电子文件保管期限表嵌入其中，将鉴定需求置于系统流程之中，实现电子文件生成之际的初级鉴别和初次鉴定的自动化。

提前著录：将档案著录嵌入文件登记环节，在文件形成之时便由形成者或承办人进行预著录工作。融合文件、档案管理的需求，统一设计，将著录数据一并纳入统一的数据库中，提高著录工作的效率，保证质量。

2. 环节后延

即着眼于全程管理，将需持续的环节向后延伸。原来只在某一个时间点上完成的环节在电子环境中可能需要在一个连续的时间段上持续完成直至跨越电子文件的整个生命周期。这是与传统流程线性、“平面”设计的最大不同之处。

上述各个环节在前置的同时还需后延，归档、鉴定都不是一蹴而就的环节；著录必然贯穿于电子文件的制作、处理、归档、迁移、利用等各项环节之中，除了满足编制检索工具的需要之外，还要承担起维护电子文件真实性的重任；电子文件的信息保护与载体保护更是贯穿始终。

3. 环节叠交

即就系统而言，某些环节可能存在功能交叉或包含关系、时间重叠或互相穿插现象，这是电子环境中文件、档案一体化管理的必然结果。

比如：鉴定、著录、归档同时在文件形成之际进行。

又如：登记与著录、分类与归档、鉴定与鉴别、归档与鉴定等交织在一起。

由此可见，电子文件处理程序的非线性特征无疑加大了文件、档案管理的难度，只有全面分析、研究电子文件管理功能需求与流程重组方案，才能实施有效管理。

（四）流程重组在系统中的实现

文件生命周期理论启示人们在软件设计上应充分体现全程管理和一体化管理的理念，文档一体化是电子时代文件管理工作的必然发展趋势，文件管理软件的设计不应仅仅局限于文件的现行处理阶段，而是应基于文件生命周期，全面考虑从文件管理到档案管理的系统功能需求。

由于我国的文件工作和档案工作长期实行分块管理，文件工作与档案工作缺乏顺畅衔接。在文件管理过程中，很多数据无法在档案管理过程中得到有效利用，造成了很大的资源浪费。文档一体化管理期望通过文档一体化软件来解决文件管理与档案管理的衔接及流程的重组，保证档案部门能够实施前端控制，能够充分、有效地利用文档管理软件的设计思想与功能需求需要重新定位，并注入新的理念。

首先，在电子文件管理平台上，一体化与全程管理的理念应体现得更加彻底。电子文件全程管理涵盖了从现行文件到作为档案长久保管的全过程管理；在系统实现方面则体现为系统对电子文件进行统一的归口登记，对文件进行分类、鉴定，同时监控和记录针对文件的一些操作，如文件的撰拟、登记、审核、签发等；记录文件在半现行阶段和非现行阶段的利用史、对文件的技术操作、存储介质的改变、数据的迁移等。这是电子文件管理的基本要求，对于证明和保证电子文件的凭证效力有着极其重要的作用。

其次，管理软件应突破辅助管理的定位，传统管理软件是在纸质文件为主的背景下产生的，很多功能的辅助管理甚至简单模仿的痕迹十分明显，如果仅仅模仿手工管理的方法和模式，则无法适应电子文件的管理需求，无法保证和维护电子文件的真实性和完整性。

据此，在文件、档案一体化管理思想的指导下，文档管理软件的设计应协调原来“泾渭分明”的文件工作和档案工作两个子系统，将两者的需求一同嵌入软件，在文件形成之时既考虑文件管理需求又同时兼顾与档案工作的衔接和长久保管的需要。

思考与练习

1. 简述分办环节的工作要求。
2. 简述批办制度的具体内容。
3. 如何根据不同具体情况选择适合的承办方式?
4. 简述组织传阅中阅件的传阅要求及方式。
5. 收文加工编辑有哪些主要方式?
6. 简述做好公文催办工作的重要性及工作要求。
7. 简述形成发文定稿的主要工作环节的工作要求。
8. 阐述公文公布的意义与方式。
9. 案例分析：阅读分析以下材料，回答问题。

某机关一份上报国务院的重要请示，内容涉及其他四个有关部委的职权范围但却没有会商意见。国务院办公厅在收到该请示后将其转交给四个有关部委协商、征求意见。过了将近三个月，这些部委才提出会商解决意见，重新报送到国务院审批。

（1）如何根据公文处理有关规定对本案例中这份请示的办理程序进行改革？

（2）按照目前公文处理中的收文审核规则、退文制度等有关规定，国务院办公厅在收到这份未经会商的请示后应该如何处理？

10. 分析上海市教育局下列文书哪些属于未办毕的文书？

A. 收到上海市政府关于××问题的通知，正按照批办意见承办；

B. 本局关于×项目问题的请示，正本已发上海市政府；

C. 上海市政府关于×项目问题的批复，本局收文已承办完毕；

D. 本局关于召开2006年全市成人教育工作会议的通知，正本已发各单位；

E. 2006年全市成人教育工作会议的会议纪要，正本已发与会单位；

F. 本局关于同意作为××活动主办单位之一的复函，正本已发团市委。

11. 网络环境中公文流转有哪些特点？

12. 简述网络环境中公文处理流程重组的方式。

归档篇

第九章　文件归档整理概述

学习要点

通过本章的学习，深入了解文件归档整理的意义，归档文件整理工作的机构组成、组织方式；正确理解归档文件整理的联系原则和便于保管与利用的原则；掌握归档文件分类和组合的常用方法；明确文件归档范围，掌握分类计划的编制与使用方法；理解归档制度的主要内容；学会根据归档范围和分类计划的知识判断文件的价值，确定文件的分类方法，分析文件的组合特征。

在传统办公环境中，文件整理（立卷）是指将办理完毕、具有查考和保存价值的文件材料，按照它们在形成过程中的联系组成有序的文件信息系统的工作活动。

所谓“办理完毕”，是指文件在文书处理程序上已经完成，而不是指文件所针对的内容在贯彻执行中已办理完毕。当文件形成发出或收到并运转处理完毕之后，便进入文书整理阶段：将经过鉴定并确认具有保存价值的文件，按照既定的分类方案，分别纳入各自从属的类别中，然后经过系统化的组合整理，组成基本的保管与检索的单位，并以编目的方式固定其位置，排列上架进行保管及为机构各项工作提供利用。在电子环境中，文件的归档整理又有了新的内涵和形式。

第一节　文件归档整理的组织

文件是各类机构之间沟通情况、联系事务、传达意图与完成自身职能的一种工具，它直接形成、使用于各项事务的处理和管理活动中，这些文件之间相互联系、彼此依存。归档整理工作中应遵循文件形成的自然规律，保持密切联系，剔除无保存价值的文件，对有保存价值的文件进行立卷，使之成为具有内在联系的文件整体，既能反映出各种事件和工作活动的面貌，又便于文件和档案的保管及日后的查考利用。因此，文件的归档整理工作是一项极其重要的、具有深远意义的工作。

一、文件归档整理的意义

（一）归档整理有助于维护文件之间的历史联系，便于日后查找利用

在任何社会组织的各项管理活动中每一份文件都有自己特定的使命和作用，就同一问题、同一工作、同一组织的多份文件之间又有着或先后相续，或层层递进的关系。通过文件归档整理能够维护文件之间自然形成的这种历史联系，清楚地显示出活动的全过程，能够提高文件检索的效率，实现文件利用的目的。

（二）归档整理有利于保证文件的完整与安全，便于文件的保管

文书部门应该根据立卷范围的要求，将应该归档的文件收集齐全，保持了文件的完整性。同时，将归档整理的同类文件放入卷皮（或卷盒）进行管理（以“卷”或“件”为单位），使文件不易磨损和丢失，既有利于维护文件的安全，也有利于文件实体的保管。

（三）归档整理有利于文书部门有意识地收集积累文件，为档案工作奠定良好的基础

文件是机构和国家的“记忆”。通过对文件进行分门别类系统化整理，区分不同的保存价值，有助于使文件自然积累成一个有机整体。没有文书部门的归档整理收集和移交文件材料，档案工作就成为无源之水。因此，归档整理工作关系到国家各级综合档案馆档案藏量的不断增长，是档案工作的基础和前提。

文件的归档整理是文书工作的结束，同时又是档案工作的开始。由谁来组织这项工作、采取什么样的组织形式、如何保证归档整理的规范性等问题都直接关系到文件整理的质量和效能。

二、文件归档整理的组织机构

归档整理工作是科学管理、妥善积累文件的一项重要业务活动。在我国，文书处理部门是文书分类整理的组织机构。这一制度，在新中国建立初期就通过党和政府的文件作出明确规定。1956年12月全国政府机关档案工作会议通过并经国务院批准实施的《国家机关文书立卷工作和档案室工作暂行通则》明确要求1957年开始在全国范围内全面推行文书处理部门立卷的制度。此项制度的确立对科学地划分文书工作与档案工作的界限，促进我国文书工作与档案工作的相互协作和共同发展起到了极其重要的推动作用。我国迄今依然贯彻执行这项制度。

（一）文件归档整理的执行机构

文书处理部门（包括业务部门）进行归档整理，就是指文件完成其运转处理程序之后，由处理（或承办）文件的部门，指定专职或兼职人员负责文件的归档整理工作。自20世纪50年代以来的实践，已充分证明了这种制度的优越性，主要表现在以下三方面：

1. 有利于充分发挥文件的使用价值

各类社会组织在处理职能活动中形成的文件材料并非在本年度结束时都已完成了现时执行效用，有的文件正在办理，有的文件在今后相当长一段时间内仍需频繁使用，由文书处理（或承办）部门负责立卷，可以使文件形成、处理、系统化整理的全过程都受到严格的控制，保持后续形成的同一事由的文件之间的联系性，便于文书处理部门日常的就近使用，从而最大限度地发挥文件的效用，更好地服务于制作文件的目的。

2. 有利于提高归档整理工作的质量

文书处理部门是文件工作的责任部门，文书处理部门的文书人员和文件的承办人（或专门文件承办人）是文书归卷、归档整理的具体执行者、实际操作人，他们熟悉文件的收发过程，清楚文件之间的来龙去脉，了解文件在某一项工作活动中的效用和功能。因此，由文书处理部门负责归档整理可以做到收集完整齐全、分类合理明确，更好地维护文件之间的联系，正确区分文件的不同保存价值，科学划分其保管期限，有计划地做好平时归卷，协调处理好平时管理与日常使用的关系，这既能提高文书归档整理的效率，又能提高组织文件管理的规范化和科学化。

3. 有利于档案部门各项业务的顺利开展

文书处理部门负责归档整理工作能够方便地将文件分类整理工作分解到平时文书处理过程中，不会出现规模过大、集中整理压力大的问题，保证了移交给档案部门的文件保管单位的合理性和联系性，为档案部门的分类、鉴定、编目、保管、统计、编研、提供利用等奠定了良好的基础。

现在，文书处理部门归档整理已成为一项固定的制度，在全国各级各类社会组织中已广泛贯彻实施。当然，任何一项工作制度和工作方法都有其适用的对象和范围，文书处理部门立卷制度也不例外。由于我国各级各类社会组织的规模大小、内设机构的层次、人员多少、形成文件的数量等情况参差不齐、千差万别，很难用一把尺子去衡量。因此，各类组织在实施文书处理归档整理制度时应注意原则性与灵活性有机结合，不要刻板地、机械地实行“一刀切”。只要有助于维护文件材料之间的“天然”联系，有利于文件的完整安全保管，能为文件的准确快捷提供利用，就应该予以肯定。

（二）文件归档的监督指导机构

文件整理工作质量的好坏直接影响并决定了档案工作的优劣。文书处理部门作为文件归档整理的具体责任部门，在其工作活动中必须接受档案部门的业务指导与监督，以确保归档整理的质量。

《中华人民共和国档案法》第 7 条规定：机关、团体、企业事业单位和其他组织的档案机构或者档案工作人员，负责保管本单位的档案，并对所属机构的档案工作实行监督和指导。明确规定了各机关档案部门或人员必须对本组织各部门形成的文件材料的收集、整理和立卷归档进行指导、监督。因此，我国的各级各类档案机构及其人员均负责对所属机构的文书立卷工作进行业务指导，并已形成制度。

机关档案机构对本机关文件整理工作进行业务指导与监督的主要内容包括：

(1) 负责传达贯彻国家有关政策法规、标准中有关文件整理的规定、意见和规则等；制定本机关的文件整理归档制度，指导、督促各部门贯彻执行。

(2) 会同文书处理部门共同制定本机关文件分类规划（如分类方案、文件分类表），指导督促各部门依照规划合理开展文件的平时分类、归卷等整理工作。

(3) 负责对本单位的文书人员进行定期或不定期的业务培训；指导并协助各部门做好文件整理的组织工作，如召开工作会议、学习文件、布置工作、培训人员等。

(4) 深入各部门指导立卷。每年上半年集中整理归档文书时，档案人员应该主动深入文书部门，现场指导并具体解决归档文件整理中出现的疑难问题，把问题解决在归档文件移交之前，以免重复，提高归档文件整理的质量和效率。

(5) 严格检查归档文件整理的质量，把住"质量关"。对文件收集是否齐全、是否有破损、文件分类是否科学、保管期限划分是否科学、文件排列是否合理等方面都应认真检查，及时发现并解决问题，从而为档案工作的顺利展开打下良好的、坚实的基础。

三、文件归档整理的组织形式

归档文件整理的组织形式，是指一个单位的文书部门选择何种方式组织文书立卷工作。归档文件整理的组织形式的前提和依据是文书处理部门负责整理归档文件制度的确立。

一般来说，确定文件整理的组织形式时应充分研究本机关的机构设置、业务性质、人员配备、工作分工、文件形成数量、文书人员业务水平和机关驻地等实际情况，统筹各方，权衡利弊，最终选择适用于本单位实际的组织形式。与文书工作的组织形式集中式、分散式、复合式相对应，归档文件整理的组织形式也有三种，即集中整理形式、分散整理形式、复合整理形式。

（一）集中整理形式

即在机关综合办公室集中整理，各部门或承办人将文件承办完毕后需退回综合办公室，由综合办公室的专职或兼职人员统一整理归档。这种形式主要适用于小型机关，其内部组织机构部门层次少、文件数量小，综合办公室经管整个组织的文件形成、运转、办理工作，因此文件自然集中在此，由综合办公室负责整理。这类机关文书部门的文书人员有时还兼任档案工作，使文书处理、文件整理甚至档案管理密切结合起来。例如：某市人大常委会，其内设科室少，主要职能是负责召开本级人大会议及常委会会议，因此，主要文件是会议文件，并由办公室组织会务、形成各种会议文件。平常机关其他科室形成文件很少。所以它适于采用由办公室集中整理的形式。

（二）分散整理形式

即机关办公室与各组织机构分别承担归档文件整理工作。这种方法适用于大中型机关，其内部机构层次较多，并相对稳定，各机构自身形成、处理的文件数量大，机关办公厅（室）与各职能（或业务）部门均独立负责本部门的职权范围所规定的发文与收文处理工作，因此，采用各组织机构分散整理的形式，实行文书处理与承办部门整理（立卷）制度。中央、省级国家机关、大中型企事业单位等多采用此种整理方式。例如：××公司下设 15 个业务部门，各部门自行按照归档范围和保管期限的要求分别整理其每年形成和处理的文件，在规定的归档时间内向公司档案室移交。

（三）复合整理形式

即集中与分散相结合的整理形式。这种方式适用于大中型机关，内部有两层及两层以上的机构，可以根据驻地、业务分工、文件数量等情况采取集中与分散相结合的归档整理形式。对于内部机构比较分散的机关，可将离总部较远的机构作为一个归档整理点集中整理，在总部的机构各自分散整理；或者将远离总部的一些机构作为几个归档整理点分散整理，在总部的各机构由办公室统一集中整理。对于专业性比较强的机关，可以将行政综合类的文件集中到办公室整理，业务性专门性的文件分散到各科室、各专门部门进行整理。例如：××科研所，其主要文件是科研项目的申请、研究、验收等活动中形成的以项目为单位的文件材料，其他文件皆属于发布规章、政策的文件或本单位事务管理类文件，因而，将前一类科研项目文件由项目申请人、课题负责人（或者科室）进行收集、整理归档；后一类综合性文件集中到办公室统一整理归档。

以上三种归档整理的组织形式是现行社会组织中最常用的形式。由于机关工作的复杂性和特殊性，不能排除在某种特定情况下采用其他部门或人员整理的形式，如机关档案室负责整理文件的情况就常见于机构小、文件少、文件与档案人员“一肩挑”的机关。还有一些机关的内部机构有其业务的专门性和特殊性，如会计、统计、人事、科研、保卫等部门均按业务活动形成专门文件，均可采用自行整理的方法。

确定文件归档整理的组织形式时，需要注意以下问题：

1. 不应片面强调集中或分散整理

有的大型机关过分强调集中统一整理，使数量庞大的文件堆积在一起，打乱了各部门文件的“天然”的业务联系，使整理人无所适从，给文件分类组合带来困难，也使产生和处理文件的部门不便协作；在层次少、文件数量小的小型机关，如过分强调文书处理部门分散整理，会使归档文件与装具之间形成“两张皮”的现象，既浪费人、财、物、时间，又不利于文件的上架排列保管。

2. 正确选择归档整理人员

在各类组织中负责文件整理的人员一般是专职秘书人员、兼职秘书人员、文件承办人。需要明确的是归档整理人员并不是经手文件的每一位工作人员，但这并不排除各经办人员在移交文件给归档整理人员之前对文件稍加整理。机关档案部门和综合办公室应建立起各部门归档整理人员一览表，认真组织管理，明确各自责任，并将其整理工作情况纳入岗位考核和奖惩；同时，办公室主任等主管文书与档案工作的负责人应加强对各部门负责文件整理的专兼职人员的日常管理，以保证文件材料的齐全完整，提高文件整理的质量和效率。

3. 对承办人负责归档整理的问题应根据有关规定执行

承办人负责归档整理的问题主要涉及的是专门文件。专门文件涉及的内容专业性强、业务过程复杂，承办人往往是专业人员，熟悉专业，了解文件之间的前后联系，自始至终亲手经办，方便平时收集、整理。因此，承办人（专业人员）整理有其可行性和合理性。例如，我国有关文件规定专门文件整理人：法院书记员负责审判文书的整理，会计人员负责会计文件的整理，科研项目主持者负责该项目文件的整理，负责施工的总工程师承担基建项目图纸及文字材料的立卷工作等等。

第二节　文件归档整理的原则

文件整理工作的根本目的，是为了把管理活动中形成的信息记录（文件）保存起来，以便今后工作和历史研究的查找利用。为此，必须将单份文件组合成有机的整体，反映出组织职能活动的真实面貌，才能达到整理目的。因此，在进行文件整理时必须坚持以下原则：遵循文件材料的形成规律和特点，保持文件之间的有机联系，区别不同价值，便于保管和利用。

一、联系原则

联系原则，是指立卷时要遵循文件材料的自然形成规律和特点，维护文件之间的有机联系。按照联系原则整理，归档既符合文件的形成规律也符合查找利用档案的规律。

首先，符合文件的形成规律，文件是伴随着行政管理活动和业务活动一件一件、一份一份产生的。针对有些问题，一份文件就能说明事情的经过，而更多的问题则是通过前推后续的一组文件来反映整个处理过程的，如上马一个工程，往往有请示、可行性论证报告、批复、阶段执行报告等一系列彼此不分散的文件材料，如果单看其中一份文件是无法了解整个工程全况的。只有在一份份文件的联系之中，而且是自然生长的有机联系中，才能揭示工程的全貌。为此，归档文件整理时，将一份份的文件结合起来考察，按照文件之间的固有联系和规律及其自身的各种特点，显示某一项管理活动开始、继续、结束的全部面貌，维护机关活动真实的历史面貌，为机关各项工作提供充分而有力的依据。

其次，符合人们查找利用档案的规律。人们利用查找文件也常常需要利用一组互有联系的文件来说明一个特定的问题。为此，归档文件整理工作就是要在坚持联系原则和便于保管和利用原则的指导下，科学地设计、组织、建立经济、高效的文件保管与检索系统，以追求一个问题、一个机关、一个国家文件整体功效的最大、最优。

维护文件之间的固有联系，可以从以下方面去把握：

按机关工作的管理周期，将一项工作或工程、一个问题、一个人物、一个案件、一次会议等从开始至结束形成的文件，完整而系统地组合成有序的文件系统，保持文件的整体性和联系性。

按机关工作的规律和联系，将工作活动中形成的具有密切联系的多种文件，请示与批复、间文与复文、批转（转发）文件的正件与附件、发文的定稿与存本等排列并系统组合在一起，保持它们之间的有机联系。

按内容、载体联系，将内容相同载体不同的文件（同一内容的纸质文件与录音、录像、照片文件等）进行统一整理、编目，分别存放，并可在各种载体文件目录中互注参见号，以保持同一内容文件的有机联系。

二、便于保管与利用原则

便于保管与利用原则，指归档文件整理的结果是，组成的文件系统必须要便于文件的安全保管，便于为现行机关以及今后的科学研究提供经济高效的利用服务。便于保管与利用是归档文件整理的最终目的，在浩如烟海、杂乱无章的文件中要查找到需要的某一份或一组文件相当困难，也就无法真正实现文件的使用价值，更不便于按照文件的保存价值进行相适宜地保管，同时无序的文件在保管中缺乏管理的有效依据。因此，归档文件整理时必须坚持便于保管与利用的原则。

（一）区分文件的保存价值

归档文件整理不是将机关所形成的数量庞大的文件全部保存起来，而是必须通过鉴定工作，区分文件的保存价值。对保存价值大的文件，重点整理和保管；对保存价值小的文件，根据条件区别对待；对无保存价值的文件，则予以销毁。

在具体工作时，按照文件的不同保存价值整理。文件的重要程度决定文件的保存价值，文件的不同保存价值又决定了文件保管期限的久暂，应将保管期限相同的文件排列在一起，不同保管期限的文件分开排列。这样，既能较合理地使用人力、物力、财力和时间，确保文件整理的质量，又能在发生突发事件（如水灾、火灾等）时有重点、有选择地保护和抢救价值大的文件，力求优先保证其安全和完整。

（二）区分文件的密级和载体

区分文件的密级和载体，是将涉密文件与非涉密文件、纸质文件与非纸质文件分别按其不同密级和保管技术条件的要求进行整理，并采用相应的保护措施。不同密级的文件，应区分不同的安全要求，以免保管、利用中造成失密泄密，给机关和国家带来损失。不同载体的文件，保管、利用条件各异，如音像、照片、缩微胶片、光盘文件等非纸质文件在温度、湿度、设备、技术等诸方面对保管和利用提出了更高的要求。因此，立卷时应注意区分和选择恰当适宜的方法，使文件得到良好的保管和有效的利用。

（三）把握装具内文件数量的适宜程度

文件整理时应考虑装具的厚度对文件进行适当的放置。保持文件之间的联系性并不意味着具有联系性的一组文件必须放置在同一个卷盒中，可以考虑将同一事由的文件细化为更小的联系体进行装盒，保持每一盒内文件之间、盒与盒的文件之间的有机联系。如果装具内文件数量过多过厚，不便于保管和查找；装具内文件数量过少过薄，会造成设备（如库房等）利用率低，翻用不便。

综上所述，归档文件整理时遵循联系原则和保管与利用原则应彼此兼顾、相互照应，因为坚持联系原则和坚持保管与利用原则从根本上来说是无法截然分开的，二者是相互影响、相互制约的关系。为了保持文件之间的联系但有碍文件的保管和利用，或片面强调保管和利用文件而打乱文件之间的有机联系的做法皆不足取。应灵活运用立卷原则，正确处理好保持文件之间联系和方便文件的保管和利用之间的关系，从而更好地实现立卷的目的。

第三节　归档文件的分类与组合

归档文件整理是对文件进行系统化整理的工作，须把握文件的特征和联系，同其所同，异其所异，进行科学有效的分类与组合。

分类与组合是文件整理工作的两项重要内容，是前后相承的两个环节。分类是将文件按照一定的特点和联系分成若干类别；组合则是把每一类或小类的文件按照其特点和联系组合排列成一组有机联系的文件系统——依次装入卷夹或卷盒中。分类的方法主要是分析，但分中有合；组合的方法主要是综合，但合中有分。分类的结果是将具有共同特点的文件集合成一个类（大类或小类）；组合的结果是将具有共同特征的一些单份文件集合成一个有序文件系统。文件整理总是在不断的分类与组合的工作过程中进行。

分类应该符合分类的逻辑原则，力求简明、严密。每一层次上的分类只能使用一个分类标准。为了更有效地保持不同组织或者同一组织的不同人员之间整理归档文件的原则和分类方法的一致性，必须要了解文件归档整理常用的分类方法，制定明确的分类规划。

一、归档文件分类方法

通常情况下，社会组织机构在管理活动中形成的文件材料的分类是按照文件的特征和联系展开的。文件的特征是文件区别于其他事物的特点，它是从文件的组成结构之中概括出来的为所有文件共有的共同点，如文件标题、收受机关、正文、日期等。文件的联系，是文件内容之间存在的千丝万缕的联系，如反映同一项工程、同一个问题、同一件事物等的文件之间的关联性。文件分类的方法是对文件特征和联系的概括和提炼，是整理文件之前需要确定的文件分门别类的逻辑原则和依据，是文件整理的基础。目前，在各组织中文件分类的常用方法有：年度分类法、组织机构分类法、问题分类法、保管期限分类法。

（一）年度分类法

即根据文件形成和处理的自然年度将其划分成若干类别，每年1月1日至12月31日作为一个自然年度。一个自然年度形成的文件形成一个类别，不同年度的文件分属于不同的类别。

按年度分类，可以客观如实地反映出一个组织各年度工作的特点和逐年的变化发展情况，有利于现行机关及其他机关的利用。事实上，目前每一个现行机关、企事业单位、工厂公司等等在每年度履行自身职能和从事其他工作活动所形成的文件总是密切相关、难以分离的，在其计划、布置、实施、总结各项工作方面基本上也都是按年度进行的。因此，国家有关部门规定现行机关的文书处理工作按照自然年度为单位进行，文书处理部门的文件整理和归档制度也就与各级各类组织职能运行周期相吻合了。当前建立了完善的文书处理部门整理归档制度的一些现行组织，能够做到上年度文件的及时整理归档，文件无积压、工作不推延，文件分类工作实际上就是在一个年度的文件中进行的。

年度分类法，要求按照文件的成文日期将其归入相应的年度，不同年度的文件一般不得放在一起整理归档。针对跨年度文件的具体情况，一般采取以下处理方法：

（1）跨年度的请示与批复，应放在复文年度立卷；没有复文的应放在请示年度整理归档。

（2）跨年度的规划，应放在规划内容所针对的第一年整理归档。

（3）跨年度的总结、决算、报表等，应放在内容所针对的最后一年整理归档。

（4）本年度作下一年度的计划、预算、统计表等，应放在内容所针对的年度立卷。本年度作上一年度的总结、决算、报表等，应放入上年度整理归档。

（5）有两个内容的跨年度文件（如涵盖本年度工作总结及下年度工作计划的文件），应视其内容的侧重点，将其归入主要内容所针对的年度整理归档。

（6）跨年度的会议文件，应放在会议开幕年整理归档。

（7）跨年度的基建等工程文件，应放在工程竣工的年度立卷。科研项目文件，应归入最后验收完毕的年度整理归档。

（8）跨年度转发上级文件或批转下级文件，应放在本机关制作转发、批转文件的年度整理归档。

（9）跨年度的非诉讼案件应放入结案年度整理归档。

（10）规范类文件应放入公布或批准生效的年度整理归档。

（11）跨年度的来往文书，以收文日期为准归入收文年度整理归档。

（12）回顾性、纪念性文件应放在定稿或发表年度整理归档。

上述跨年度文件的归类方法尤其适合案卷级文件整理的方法，文件级整理中对归档文件实行了"一刀切"：统一将归档文件划分到形成文件的年度，不考虑内容针对的年度，目的是便于单份文件的整理和计算机检索。

此外，机关工作除了使用自然年度外，有时还使用专门年度。所谓专门年度，即根据工作和生产的特殊需要规定的一种专门起止日期，以此作为一个工作年度。例如：学校的一个"教学年度"一般是上年 9 月 1 日至次年的 8 月 31 日。其他部门也有自己的专门年度，如粮食部门的"粮食年度"，兵役部门的"兵役年度"，财会部门的"会计年度"等等。一般情况下，大多数社会组织均以自然年度为主，必要时辅以专门年度，即在专门业务部门按专门年度进行工作，其他部门仍按自然年度进行。纯粹使用专门年度的机关极少。例如：在学校文件整理归档时，教学工作按教学年度安排，学校人事、科研、党务等管理工作仍依照自然年度进行分类整理。根据《高等学校档案工作规范》，应将两种年度的文件按相应的文件有规律地整理、排列，以便客观地反映学校管理活动的真实面貌，便于文件及档案的保管和查找利用。

（二）组织机构分类法

即将文件按其收文和发文处理部门或承办部门分开进行整理，也就是按照一个单位内部的组织机构进行分类整理。

任何单位的内设组织机构都有自身的工作职能、职权和职责，而且每一个组织机构的职能、职权、职责必定是相互排斥、不会重复的。这些机构履行职能、行使职权过程中形成的文件内容客观地记录和反映了本组织机构的职能活动，文件内容自然而然是彼此独立的一个类别。例如：一个单位的人事部门分管本单位人员的调进调出、奖励惩罚、工资福利等方面的工作，形成的文件也是这方面的内容，这些文件内容是其他内设组织机构所没有的独立的一类文件。可见，一个单位内部的组织机构职能、职权和职责的独立决定了它实现职能过程中形成的系列文件是一个相对独立的类别。因而，按照单位内设组织机构分类，也能够保持文件之间内容上的主要联系，有利于满足利用者按组织机构、专题查找利用文件材料的需求。

按组织机构分类，一个组织机构就是一个类别。一般按单位内设的第一层组织机构类别设置，需要时也可以分到第二层组织机构。按组织机构分类时，各个类别的次序应根据正式文件或习惯上的顺序排列，通常将领导性、综合性的组织机构排列在前，被领导的专业职能部门排列在后，党委部门排在前，行政管理部门排在后。

按照我国党政文件档案统一管理的原则，通常在一个机关内习惯按党委各部门、行政各部门、工会、团委的顺序进行排列：首先，要将文件按党务、政务、工会、团委分开四个大类，四个大类分别单独分类整理，不能混合在一起。其次，党政工团四个大类再继续按各自下设的组织机构划分。这种分类的结果使一个机关的党政工团的文件与各行政业务部门的文件分开，综合办公部门（办公室）的文件与业务部门、人事、会计、审计等部门的文件分开。再次，在每一组织机构形成的类别中，根据不同的分类标准又可进行下一层次的文件分类。可见，按组织机构划分出的每一类别都是整个机关历史文件材料不可分割的有机组成部分之一。

由于单位内设组织机构之间工作的联系性、协作性，往往出现涉及几个机构的文件。为了避免或减少对同一单位内涉及几个机构的文件进行重复归档，应对这些跨机构形成的文件进行明确归档整理的分工。处理此类文件归属的原则是由文书处理或承办（或主办）部门立卷，即以谁的名义发文就归谁整理归档，是哪个部门承办（或主办）就由那个承办（或主办）整理归档。具体做法是：

（1）经党委或党组起草或讨论决定，以政府（行政）名义发布的方针政策、规章、制度等文件，划归机关行政办公厅（室）整理归档。

（2）业务部门起草而以机关名义发文的，一般应归入机关的综合办公部门（如办公室等）。例如：人事处起草的有关青年职工下基层锻炼的文件，以机关的名义下发，就应将其归入机关办公室整理归档。

（3）两个或两个以上组织机构联合办理的文件，一般应归入主办机构，如难辨主次的，可归入最后承办部门整理归档。联合发文的定稿和正本应归主办机构，协办机构如需要，可保存一份副本备查。

（4）以机关名义召开的多个内部机构参加的综合性会议形成的文件，由综合办公室整理归档；以机关名义召开的专业性会议，由与会议内容对口的组织机构整理归档。

（5）各部门参加上级机关召开的会议带回的文件，全局性的由综合办公室整理归档，业务性的由业务部门整理归档。

（6）机关领导人身兼本单位或外单位的两个或两个以上的不同职务形成的文件，应按其不同身份形成的不同业务内容分机关、分部门整理归档。如某税务局领导人既是党委书记、又是局长，从事两个职务范围内的工作所形成的文件必须分开整理归档。

（三）问题分类法

即按照文件内容所反映的问题来划分文件类别。习惯上也称“事由分类”。问题分类，可以使内容性质相同的文件相对集中，适当地避免或减少围绕同类问题形成的文件的分散现象，并能较好地保持同类问题文件之间某一方面的联系性，鲜明地展现出一个机关主要的职能活动的轮廓，便于利用者从某一问题、某一事件或人物等专题角度查找、利用文件。

按问题分类往往难以准确掌握问题划分的尺度。这是因为人们认识水平及看问题的角度总是存在着个人差别和一定的局限性，因此对同一问题的认识不同，所设置的类目的宽度和深度也就会掺入个人主观因素，致使分类不易准确，从而导致利用者的预想与立卷人实际的分类之间的不一致，给查找利用文件带来困难。所以，分类时要慎用问题分类法，尽量在组织机构分类之后采用问题分类，尤其不要轻易打乱组织机构而首先采取问题分类的方法。通常只有在不可能或不适合按组织机构分类，或者在每个组织机构大类之中文件数量大的情况下才采用问题分类的方法。

适宜采用问题分类法的往往是一些内设机构较简单、变化较大或者各机构工作分工不很明确、文件数量较少的机关。例如：我国的乡级人民政府是最基层的政府机构，主要任务是根据上级指示结合本乡实际贯彻执行政策，管理本乡的各种事务（主要是农业发展），大部分乡镇政府的内设机构一般只有一个层次，同一项工作往往通力合作去办，没有截然的分工。另外，除了上级来文之外，自己形成的文件较少，因此，乡级政府文件多按问题分类，使同类文件相对集中，一般划分为综合类、财政类、文教类等。

（四）保管期限分类法

即分析文件的保存价值，按照不同的保存价值将其划分为具有不同保管期限的类别。其依据是《中华人民共和国档案法》、《中华人民共和国档案法实施办法》，国家档案局制发的《机关文件材料归档范围和文书档案保管期限规定》。各单位可以根据自身工作的实际，参照上述法规，特别是国家档案局通用保管期限表的原则规定、框架、内容等制定出本机关的文书档案保管期限表。

文书档案保管期限表，通常由顺序号、条款、保管期限、附注及总的“说明”等部分组成。其中条款和保管期限是主要项目。

顺序号，即在系统排列的各条款之前所编的统一顺序号，以固定条款在分类表中的位置，同时，它还可以作为文件鉴定工作人员使用此表时的条款代号。

条款，是一组同类型文件的名称或标题。它要求反映出同一组文件的来源、内容和形式，可以指出具体作者、问题和文种（如“本机关工作活动的工作总结、报告”；“本单位职代会的会议纪要、通知、总结、讲话”等），也可以概括出文件的各种类型（如“部属各院校文件”、“领导性文件”、“统计报表”等）。每一条款应代表一组具有内在联系的保存价值相同的文件。条款内容的概括不宜过粗或过细，应以便于使用为基准。条款表述要求简练、准确，符合语法逻辑规则。

保管期限，是根据各类文件客观存在的保存价值确定的。国家档案局将机关文书档案的保管期限定为永久、定期两种。定期一般分为30年、10年。凡是反映机关主要职能活动和基本历史面貌的，对本机关、国家建设和历史研究有长远利用价值的文件材料皆应永久保管；凡是反映本机关一般工作活动，在一定时间内对本机关工作有查考利用价值的文件材料应定期保管。

附注，又称备注，是在条款之下对条款及其保管期限所作的必要的注解或说明。例如：对“税收会计报表”一款保管期限的注释为“其中，电报报告保管一年。所属税务机关报送的保管三年”。

总的“说明”，即对制订保管期限表的根据、结构、适用范围、保管期限的计算方法以及其他问题的说明和阐述。它有利于文件鉴定工作人员使用此表时了解情况。

在文件分类时，针对某一份或者一组文件可以对照本单位的文书档案保管期限表为其确定适当的保管期限。保管期限分类方法一般不作为批量文件的第一层次的分类标准，而是与年度分类法、组织机构分类法、问题分类法等结合使用，以更加准确地表达某一类别中文件的价值和保管时间的长短。

以上综合介绍的四种分类方法，并非在分类过程中必须全部使用。具体运用中，可根据各单位自身的实际情况和文件的形成特点，全面分析、灵活选择并合理运用适当的分类方法。为了使文件的分类科学、合理，在分门别类时应特别注意以下几点：

第一，遵循文件的自然形成规律和内在联系，从文件整体联系出发客观地予以分类。文件是在各类社会组织履行职责、实现其职能的过程中同步产生的，是以单份形式一份份自然形成的。这些逐渐形成的文件集合客观地反映了各类组织的工作活动的历史全貌，其真实性、原始性是其他文献所无法取代的。同时，在大多数情况下，单份文件只有逐渐积累而成多份文件时，才能反映出一个完整事物的各个侧面。对于其中某些文件来说，离开它所反映的事物整体，就会失去重要的保存价值，但如果把它放在一组有密切联系的文件中考察，就可能发现它是一个不可忽视的重要组成部分。在文件分类时，如果纯粹主观地、随意地、人为地割断文件之间的历史联系，也就破坏了机关完整的历史面貌，因此，必须坚持遵循文件材料的自然形成规律和文件自身特点，从实际情况出发，实事求是地进行文件分类。

第二，文件分类体系应严密、简明，符合分类原则。即同一分类层次应该使用同一个分类标准，不允许在同一层次上同时使用几种标准，否则就会出现各类文件相互重叠、包含与交叉，致使有的文件可归入几个类，有的却无类可归。因此，同位类之间应相互排斥，互不交叉，同一层次的类别之间要有明显的区别，各类名（类别名称，如“人事类”等）要是各自独立的概念，在语意上不能相互交叉或包含，应使各个下位类概念的外延之和等于上位类的外延。例如：同一类别中，已有“文教类”就不能再设“教育类”，因为前者包含后者；已有“劳人类”就不能再设“人事类”，因为二者之间有交叉或重叠的情况出现。

第三，交叉性文件的合理归类。在实际工作中经常有这样的情况：一份文件既可归入此类，又可归入彼类，而且归入其中哪一类都有理由。对这种两可性的交叉性文件应该深入地分析其内容和特征，分清其主次及与所属类别之间内在联系的紧密程度，做出合乎实际的归类处理。关于交叉性文件的归属，有的单位在其文件分类表等文件中有明确的划定；没有明确划定的单位在文件分类时要注意具体问题的主次，绝不能望文“归类”。

第四，文件分类的“跨度”要适当。即分类时文件的横向类目与纵向层次要掌握适度，不宜过宽或过窄。每一个层次上横向设定多少个类目，纵向划分多少个层次，目前没有硬性的数量规定，通常是以终端类目内容相对独立为限。例如：某机关按组织机构横向划分为 15 个类目：办公室、组织部、宣传部……团委，在上述每一个类目内又可按问题、时间、保管期限等分类标准继续划分至各类别文件适合排列组卷为止。

第五，分类方法的结合使用。上述各分类方法常常结合起来使用，可以在不同的层次上使用不同的分类标准，如第一层按年代分类，第二层按问题（或组织机构）分类，第三层次再按问题分类等。常见的结合使用的复式分类方法有：年度——组织机构——问题、年度——问题——问题、年度——问题——保管期限等，各机关可以结合自身的职能、工作内容、内部机构设置和分工、文件的数量、文种以及利用者的检索方式、角度和习惯等情况综合考虑，选择适宜的复式分类方法。特别要明确的是，几种方法的“结合使用”必须是纵向层次之间的结合，必须遵循同一层次的文件分类标准的唯一性要求。在第一层分类或在某一类下面继续分类时，不能同时并列采用两种或两种以上的方法。但在同一层的各类下面继续分类时，允许各类采用互不相同的分类方法划分其属类。

二、归档文件组合方法

即将“同类”文件中的各份文件按其共同特征和主要联系，组合成一个个文件组合体，使文件整体分类的结果以有序保管实体的形式固定下来。文件组合应把握文件的共同特征和主要联系。所谓特征，指可以作为事物特点的征象、标志等，是一事物区别于他事物的独特之处。要正确进行文件组合，就需认真分析每份文件的不同特点，同时总结文件之间的共性特征，并据此进行合理组合。

文件的特征是从文件结构中概括出来的，体现了文件在这些方面的密切联系和文件的形成规律，按照这些特征进行文件组合可以很好地体现和保持文件之间的有机联系。此外，利用者查找利用文件往往都是按问题（什么内容）、作者（文件作者，即谁发的文）、成文时间（什么时候发的文）、发文字号（多少号发文）等线索查找。为了满足利用者的不同需求和检索途径，必须按照这些特征组合文件。因此，把握文件的共同特征，分析文件的主要联系，并将其作为文件组合的客观依据，这不仅有利于维护文件之间的历史联系，而且便于文件的查找利用。

文件的特征通常包括作者、问题、时间、名称、通讯者、地区等特征，这些都是一般文件最基本的、能够说明文件面貌的共同点。

1. 按作者特征组合

即将同一作者制发的文件组合在一起。所谓作者，即发文机关，指制发文件的社会组织及其负责人。按作者特征组合，可以将同一作者工作活动的文件相对集中，便于反映作者工作状况的全貌，使利用者易于了解文件的作者来源，确定文件的重要程度和保存价值。例如：××大学的一个文件保管单位是“××省教育厅关于干部职工录用、转正、调资、离退休、职务聘任等问题的规定、办法、通知”，以“××省教育厅”为组合特征，反映出××大学与××省教育厅之间的工作联系，揭示出这类文件的作者来源。按作者特征组合有助于满足按照作者特征检索文件的需要。

2. 按问题特征组合

即将反映同一事件、案件、人物、问题、业务活动和同一工作性质的文件集中组合在一起。这里所指的“问题”是文件内容所反映的主题，包括事件、案件、人物的处理、具体问题的发生和解决、某项业务工作活动的开展等内容。按问题特征组合，可以系统地反映出某一问题或某一方面工作的具体情况和全貌，能够反映事物发生发展的过程，体现其自身所固有的联系性和特点，符合利用者按问题检索文件的需求。例如：“××公司、××设备厂等关于张××挪用巨额公款的调查、处理材料”即是按照同一内容进行组合的。

按问题特征组合文件时应注意适当把握“问题”的大小。由于对“问题”的理解不一，同一主题可以划分为宽窄不同的问题，例如：“职称评聘工作”这一主题，可以“职称评聘”为一大“问题”，也可以分解为“初级职称评聘”、“中级职称评聘”、“高级职称评聘”三个相对小一些的“问题”。一般来说，同类性质或同一主题的文件，可以根据文件数量的多少或重要程度等将其归纳或分解“大问题”或“小问题”。

3. 按时间特征组合

即将属于同一年度或同一时期的文件组合在一起。所谓时间特征，即文件形成的时间或文件内容所针对的时间。现行各类社会组织中，文件归档整理大多按自然年度（1月1日—12月31日）进行，基本上能体现出文件的“形成时间”与“文件内容针对时间”的一致性。但是，实际工作中也会出现文件的“形成时间”与“内容针对时间”不一致的现象，例如：本年度形成的针对上年度的工作总结或者针对下年度的工作计划等文件，在文件分类组合时这类文件往往不是看形成文件的时间，而是看文件内容所针对的时间，以便更好地保持文件的联系性。

按文件形成时期组合，是指按文件形成时间划分的若干阶段进行组合，会议纪要、会议记录、简报、统计报表等类型的文件材料适于按时间时期组合。

在现行各类社会组织，文件均是在同一个年度内进行分类组合整理，无积存文件，本年度初能够完成上一个自然年度文件材料的归档整理工作，此时，“年度”就不再作为时间特征，只需在“年”内寻求更加具体的“季度”、“月”等时间特征进行组卷。例如：“××局 2006 年 1—6 月行政办公会议记录”、“××厂 2007 年第一、二季度会计报表”等即是按这种方式组合文件的。按时间特征组卷，有利于保持具有同一时间特征的文件之间的联系，可以使利用者从“纵向联系（即历史联系）”中去认识、把握机关工作活动的发生、发展过程及其影响，便于以时间为线索检索文件。

4. 按名称特征组合

即将文件名称相同或性质作用相同、相近的文件集中组合在一起。文件名称，即文种，它概括地揭示出文件的性质与制发目的和要求。在我国，国家以法规的形式规定了通用文种，如命令、指示、请示、批复、报告等，还有适用于一些专门领域里的合同、协议书、会计报表、条例、办法、国书、照会等专用文种。按文件名称特征组合，可以反映出组织中不同职能活动方式，便于区分文件的不同价值。一般情况下，会议记录、计划、报告、总结、命令、指示、决议和合同、统计报表等都可以按名称特征组合。

在文件数量不多时，还可以灵活运用按名称特征的文件组合方法，即将名称相近、保存价值相近的文件合并在一起，如决议与决定；条例、规定、办法与章程等；指示、意见和指示性的通知；计划、安排、工作要点与规划；报告、总结、汇报与工作情况等。例如：“×××办公厅有关文书、档案工作的规定、办法等”。

使用文件名称特征立卷时，要注意“名”与“实”不相符的现象，即有的文件虽然名称相同，但其性质本质上是不同的。例如：

同是“通知”，“任免通知”与“会议通知”性质不同，“任免通知”与“决定”的效用相近，“会议通知”只是一般事务性的通知。前者对发文和收文单位（或被任免人个人）来说都应永久保存，而后者作短期保存即可。所以立卷时不能只根据文件上标明的文件名称判断文件的价值，还应注意“一名多用”的现象，具体分析文件的内容、性质和保存价值，更准确地表现出文件之间的类型特征，以满足人们从文件名称角度利用查找文件的需求。

5. 按通讯者特征组合

即将本单位与某一单位之间就某一个特定问题进行工作协商和联系而形成的来往文书集中归类组合。所谓“通讯者”，是指因处理工作问题而产生往复文件的双方机关。

按通讯者特征组合实质上仍是按作者特征组合，只不过是将作者限定在两个互发文件的单位之间，这种方法有利于将两个单位的问复性质的文件有机地组合在一起，其文件名称也可以使用一个特殊表达形式——“来往文书”。如“××工业局与××教育局关于职工培训、技术交流问题的来往文书”、“××大学与××部队关于学生军训问题的来往文书”等。特别要注意的是，不能将本单位与某一单位相互来往的全部文件按此方法组合。按通讯者特征组合主要针对具有问复性质的文件，由问文与复文组成。

6. 按地区特征组卷

即将内容涉及同一地区的文件组合在一起，又称地理特征，是指地区，如可以把文件内容涉及的一个省、一个市、一个县等的文件组合在一起。这种方法一般多用于上级机关针对下属机关的来文、调查统计材料和某些专门文件的组合。

按地区特征组合文件，便于反映同一地区的工作情况或有关该地区同一问题的处理情况。例如：“成都市粮棉增产计划、总结”这一组文件的主要特征是地区特征（成都市），文件内容针对的范围限于成都市而不是其他地区或单位。

需要注意的是，不要混淆地区特征与作者特征。有时二者是一致的，如上例中文件的作者所在地区与文件内容所针对的地区皆为成都市；有时二者又是不同的，如“国务院关于长江流域各省市共同发展经济的规划、方案、论证报告等”，作者是“国务院”，而内容所针对的地区是“长江流域各省市”。

除上述文件组合特征之外，还可以根据人物、文件载体等其他特征进行文件组合，如对一些著名学者、社会活动者、著名家族可以按人头或家族为单位组合文件材料。在实际工作中选用哪种方法要具体研究本机关、本单位文件的结构与成分，一般要求选择最能够维护文件之间有机联系、便于保管查找利用的组合方法。

三、归档文件分类计划

分类计划，是机关文书和档案部门针对本机关工作活动的实际情况预先制定的归档文件分类的方案。有了分类计划，可以将多次重复进行的文件分类工作，分解到日常文件处理和归卷管理中，当年终进行归档整理时，只需在特定类别内调整整理即可。因此，文件分类计划的编制，可以使现行机关平时的文件管理工作有条不紊，使文件的整个运行过程得到有效控制，促进机关文件管理的程序化和规范化。同时，文件分类计划的编制也有助于档案部门预先了解归档文件的情况，做到“心中有数”地指导、监督文书处理部门的收集整理工作，从而保证归档文件的质量。

在编制文件分类计划之前，首先要明确的是文件的归档范围。

（一）明确归档范围

任何机关在其职能活动中都会形成许多文件。或是自身工作中制作的，或是外机关发来的；或是要求办理的，或是只需了解的；或是重要的，或是一般事务性的，等等。这些文件在处理或承办完毕之后，对日后工作具有查考利用价值的仍需保存，已失去查考利用价值的则应剔出。可见，机关所有文件并非都需要归档保存，因而，准确划分文件归档范围，可以确保归档文件的质量，避免“有文必档”或重复、遗漏文件，或反复拆卷重整的现象发生；可以保留文件的精华，突出重点，以防“玉石不分”、浪费人力、物力和时间。可以使有价值的文件得到良好的保管，剔出无价值的文件，以免鱼目混珠，也便于文件处理部门、档案部门的整理、管理、利用等各项工作的顺利开展。

一般来说，凡是反映本机关工作活动、已经办理完毕、具有查考利用价值的文件材料均需立卷保存。所谓“办理完毕”是指文书处理程序的结束，并不是指文件完成了现行效用，例如：法规类文件，只要文书处理程序结束即可立卷，不能等文件所规定的五年、十年、二十年效用期满后才考虑立卷。“查考利用价值”是指文件对本机关的凭证、参考价值和对国家经济建设与历史研究的长远利用价值。“文件材料”不仅仅指纸质文件，还包括不同载体、不同形式和各种途径形成的一切反映机关活动历史面貌的材料总和，如照片文件、音像文件、缩微胶片文件、光盘文件等等。

归档文件整理工作的重点，应以反映本组织主要职能活动和基本历史面貌的文件材料为主，对各类社会组织在自身职能活动过程中形成的这部分文件，如果本机关不对其收集整理归档或归档不齐全完整，往往很难从其他机关中获得补替材料。因为每一个社会组织的职能都是相对独立的，在其履行职责实现职能的过程中所形成的文件材料也是相对独立的，只有本单位清楚其形成过程、用途、价值和联系，它们客观真实地展现的也只是本组织的主要工作职能和历史面貌，为本组织的各项工作提供凭证和依据，对本机关是最有价值的，其他不相关的组织不会刻意去保存，这些文件也就以其内容的真实性、凭证性和唯一性成为本组织归档整理的重点。

为便于各级组织正确界定文件材料归档范围，准确划分档案保管期限，使所保存的文件既能反映机关主要职能活动情况，维护其历史面貌，又便于保管和利用，依照《中华人民共和国档案法》、《中华人民共和国档案法实施办法》，国家档案局在《机关文件材料归档范围和文书档案保管期限规定》中明文规定了机关文件材料整理归档的范围。

机关文件材料的归档范围的主要内容如下：

(1) 反映本机关主要职能活动和基本历史面貌的，对本机关工作、国家建设和历史研究具有利用价值的文件材料。主要包括：本机关制定的法规政策性文件材料；本机关召开重要会议、举办重大活动等形成的主要文件材料；本机关职能活动中形成的重要业务文件材料；本机关关于重要问题的请示与上级机关的批复、批示，重要的报告、总结、综合统计报表等；本机关机构演变、人事任免等文件材料；本机关职能活动中形成的一般性业务文件材料；本机关召开会议、举办活动等形成的一般性文件材料；本机关人事管理工作形成的一般性文件材料；本机关一般性事务管理文件材料；本机关关于一般性问题的请示与上级机关的批复、批示，一般性工作报告、总结、统计报表等。

（2）机关工作活动中形成的在维护国家、集体和公民权益等方面具有凭证价值的文件材料。主要包括：本机关房屋买卖、土地征用重要的合同协议、资产登记等凭证性文件材料。

（3）本机关需要贯彻执行的上级机关、同级机关的文件材料；下级机关报送的重要文件材料。主要包括：上级机关制发的属于本机关主管业务的重要文件材料；上级机关制发的属于本机关主管业务的一般性文件材料；上级机关和同级机关制发的非本机关主管业务但要贯彻执行的文件材料；同级机关、下级机关关于重要业务问题的来函、请示与本机关的复函、批复等文件材料。同级机关、下级机关关于一般性业务问题的来函、请示与本机关的复函、批复等文件材料；下级机关报送的年度或年度以上计划、总结、统计、重要专题报告等文件材料。

（4）其他对本机关工作具有查考价值的文件材料。

此外，机关形成的人事、基建、会计及其他专门文件材料的归档范围按国家有关规定执行。

根据国家档案局的有关规定，机关文件材料不归档范围包括：

（1）上级机关的文件材料中，普发性不需本机关办理的文件材料，任免、奖惩非本机关工作人员的文件材料，供工作参考的抄件等。

（2）本机关文件材料中的重份文件，无查考利用价值的事务性、临时性文件，一般性文件的历次修改稿、各次校对稿，无特殊保存价值的信封，不需办理的一般性人民来信、电话记录，机关内部互相抄送的文件材料，本机关负责人兼任外单位职务形成的与本机关无关的文件材料，有关工作参考的文件材料。

（3）同级机关的文件材料中，不需贯彻执行的文件材料，不需办理的抄送文件材料。

（4）下级机关的文件材料中，供参阅的简报、情况反映，抄报或越级抄报的文件材料。

归档范围是文件归档整理工作的依据，直接影响文件归档整理的质量，以及日后档案工作的正常运作。各个机关确定文件归档范围时要特别注意以下几个方面：

（1）将文件置于机关工作整体中考察，从本机关的职权范围、社会地位和作用等角度确定其立卷范围及保存价值。例如：国务院与县政府的法定地位、法定身份、法定的职权范围的不同，决定了二者形成的同是“长期”保存的文件，其价值却大小各异。

（2）加强内部文件的收集，保持应立卷归档文件的完整齐全，尤其是未经过机关文书处理登记的一些“账外”文件。机关内部计划、总结、简报、各种记录、合同、调查报告，外出开会或者从其他机关带回的需要办理的重要文件等，均真实地记载了本机关的重要活动，应划入归档范围。

（3）区分文件与资料。文件是在机关工作活动中形成的具有法定效用和规范体式的信息记录，具有法定的权威和执行效用；资料是机关为了工作参考而编写或收集的其他机关的材料，据此借鉴、参考别的机关经验，查阅各种重要数据，如文件汇编、资料汇编、统计数字、刊物和有关书籍等等，这些材料应与文件分开保存，不应划入归档范围之中。

（4）制定出科学合理的机关文件归档范围，需要机关文书部门与档案部门相互协作共同研究，以发挥文书处理部门了解文件运转过程、档案部门熟悉归档整理技术、要求的优势，确保文件归档范围的实用性和针对性。

（5）在归档范围中应明确，应归档电子文件的元数据、背景信息等要进行相应归档；应归档纸质文件材料中，有文件发文稿纸、文件处理单的，应与文件正本、定稿一并归档；机关联合召开会议、联合行文所形成的文件材料原件由主办机关归档，其他机关将相应的复制件或其他形式的副本归档。

（二）制定分类计划

在现行机关，应根据上述文件的归档范围，运用一定的分类方法，结合本机关主要职能、内部组织机构分布、文件形成的数量等情况，编制本单位的文件分类计划。分类计划作为预先编制的归档文件整理的条目，是保持一个机关内文件整理连续性、稳定性和客观性的重要的指南。

分类计划主要有分类方案和文件分类表两种形式。

1. 分类方案

分类方案，又称案卷条目、归卷条目。它是机构预先编制的文件归卷的条目。这些“条目”代表一组具有某种共同特征和联系的文件。它是在机关内实际文件尚未形成以前，根据机关以往工作活动情况和文件形成的规律，对一年内可能产生的文件按照文件整理的要求和方法预先编制的文件分类体系。

文件分类方案的条款分类一般应和档案室的档案分类相一致。文书处理部门制定文件分类方案时，必须要与档案部门联系与合作，有些单位直接由档案部门负责起草制定。初稿拟定后，还应广泛征求业务人员的意见，他们最熟悉机关业务，可以预测文件的产生，也清楚文件彼此之间的关系，能提出切合实际的意见。之后，由综合办公部门（文件运转中枢部门）审定，由掌握全局工作活动的领导批准，文件分类方案便可付诸实施。

一般来说，各个机关都应编制分类方案，大中型机关尤应如此。对于一些发文数量很少的机关或者刚刚建立、无规可循的机关，往往很难编制立卷类目，不妨准备一些卷宗，根据一般机关工作规律和本单位的主要职能，预设若干条款，作为平时归卷的依据，随着工作的发展，再不断增删修改。通常，编制一个科学、适用的分类方案要经过深入调查研究、制订设计方案框架、适当修订完善等步骤。

(1) 深入调查研究

编制一个文件分类方案，必须因地制宜，要与本机关的利用需求、文件状况相适应，而且一旦制定就往往成为今后文件分类归卷工作长期凭借的依据，因此要进行充分的调查了解，需要掌握以下情况：机关的组织情况，包括内部机构的数量、层次、职能分工、办公地点等；机关工作情况，包括工作性质和内容、主要和次要的业务活动等；机关文件情况，包括常用文种、文件数量、利用频率、与其他机关的行文关系以及文件的来源、价值、归档范围、文书工作情况等。应对以上情况加以认真研究，因为它们直接关系到分类系统的规模和层次的确定、各种类目划分标准的选择、各类别关系的确定和类名的选择等一系列问题的正确处理，它们是编制文件分类方案的基本依据。

（2）制订设计方案框架

其主要工作包括：确定类别，拟定类别条款，类别和条款的排列编目。

第一步，确定类别。

类别的确定需按照一定的标准进行划分。一般情况下，常用的文件分类标准如下：主题，即“问题”、“内容”，是指文件所针对的特定的内容，如一件事、一项工作、一个专题、一个人物等；机构，是指文件的主办机构；作者，指制发文件的机关或机关的法定代表人；时间，指文件的成文时间；文种，指文件的名称，如请示、报告等；地区，指文件内容所针对的地理区域；通讯者，指相互行文的特定作者；价值，指文件的保存价值；载体形态，指文件的物质载体，如纸张、磁盘、胶片等。以上几种文件特征，常被人们用于建立文件之间联系的依据。但是由于各种文件产生的机关工作情况不同，文件状况也就各异，因此，选用时要根据本机关情况来正确判断和选择、取舍，不应机械地套用。在现行机关，使用频率最高的是按照主题、机构特征来划分类别的方法，从而形成了两种具有代表性的模式：

按“主题”分类，即以文件的“主题”特征作为第一层次类别的划分依据；然后再以文件更小的主题或其他特征作为第二层次类别的划分依据。这种分类方法是按文件内容本身所说明和反映的问题之间的逻辑联系，在一定的范围内推导出的主题（问题）题目，它本身并不完全是自然形成的、相互联系的、不可分割的文件实体。因此，这一模式适用于内部机构过于简单且不稳定，或内部机构分工不明确且文件数量较少的机关。例如：某单位按主题设类为：综合类、组织类、宣传教育类、统战类、财经类、行政事务类等。

按“机构”分类，即以文件的“机构”特征为第一层次类别的划分依据；再以文件的“主题”特征来进行第二层次的划分；如需要还可再根据第二层次的不同情况，分别选择其他分类依据，继续划分出下一层次的类目。这种分类实际上是按机关内部机构来设置类别，机构的名称即是类别的名称，每一个类别的文件均是每一个组织机构单独形成的、反映本部门职能活动的“自己的”文件。每一类别之下可视需要或文件的实际情况采用按问题或来源或时间或名称等特征设属类、小类。这种分类模式主要适用于内部组织机构稳定、分工明确且文件数量较多的机关。例如：某大学的立卷类目的第一级类别有校长办公室（党办、政办合一）、组织部、宣传部、人事处、总务处、学生处、审计处、财务处、基建处等等。

第二步，拟定类别条款。

类别条款，就是在类别名称下预拟的一组文件的标题。它是分类方案最主要的构成部分。类别条款必须清楚地反映出该条款内的文件是由谁制发的、什么内容的何种文件，使查找、阅读文件者能一目了然地了解该条款的基本情况。条款的基本格式如下：

责任者（作者）——问题（内容）——文件名称（文种）

例如：“国务院关于职工下岗及其培训、再就业工作的指示、通知”，人们一看便知此条款是国务院（作者）制发的有关职工下岗及其培训、再就业问题（内容）的指示、通知（文件名称）。

拟写条款要求粗细得当，简明扼要，切忌过于简单笼统，如只写出文种“通知”、“决定”或仅指出问题，如“宣传教育问题”、“各种往来文书”等，同时也反对那种罗列文件标题、繁杂冗长的条款。

在确定分类方案的条款时，要注意文件的价值，尽可能将相同价值的文件列入同一条款，不同价值的文件分别列入不同条款。有的单位在条款后标注文件的保管期限，这样可以更直观地了解每一条款的保管期限，不用在组卷时专门去查阅文件的保管期限表，使用更方便。

第三步，类别和条款的排列编目。

类别和条款的排列，原则上是按彼此之间的联系结合重要程度进行系统排列，即尽量保持类别与类别之间、条款与条款之间的联系；根据重要程度分清主次；条款内容大体相近的要尽量排列到一起。具体的排列方法有两种：

按主题（问题）排列，即按主题（问题）把整个机关文件分成若干类别，类别按问题的重要程度排列。通常情况下，总是从综合到具体地排列，如领导指导性、综合性文件（如综合类）在前，一般具体问题（如组织类、宣传类等）在后。类别中各属类的排列也是如此。

按组织机构排列，即按组织机构的名称（即类别名称）排列。通常按党务、政务、工会、团委的顺序排列，或者把综合办公部门排在前面，而后再排其他业务部门。在各类之下中，先排全面性的领导指导性的条款，再按重要程度将其他条款分几组排列。例如：某单位的分类方案的第一层次的排列如下：党委办公室、组织部、宣传部……行政办公室、人事处、财务处、总务处、审计处……工会、团委。在以上各类别之下的属类条款的排列，又可按其重要程度排列，如人事处类别下可先排有关干部任免、人员调配、人事统计等条款，然后再排工资福利等方面需贯彻的规章、办法等内容的条款。

类别与条款的位置确定之后，需对其进行编目，即编制类别与条款顺序号。

所谓类别与条款顺序号，是指类别与条款经过系统排列后，依次给予每一类别和条款的顺序号。编号的目的，是为了固定每一条款的排列顺序。文书处理时使用的文书处理号即是类别与条款顺序号，因而，它们又是平时归卷、随时查阅与管理文件的代号。

在拟制分类方案时，一个单位内应将机关档案室的档案分类大纲、档案保管期限表、文件立卷范围等几个方面的内容综合考虑，统筹兼顾，制订出一份统一的综合的分类方案，使之既可以为文书部门和业务部门进行文件分类整理提供依据，又可以指导机关档案室档案的分类。

（3）适当修订完善

分类方案是归档文件整理的依据，具有稳定性和长期性，过于频繁的修订，对整个文书立卷和档案工作都是不利的。因此，在制定分类方案时应该具有前瞻意识，充分考虑到今后可能的变化，尽量使之具有较长的适应性。但是分类方案也并非一成不变的，当使用一段时间后，发现确有某些缺陷，或者因机关机构设置、工作内容发生变化而不相适应时，就应适时予以修订，使之日趋完善。

分类方案的修订必然引起检索工具和文件实体的一些变动。为了把变化所引起的调整控制在局部范围内，可以采取“不溯既往”的方法，即修订后的新的分类方法适用于实施后产生的新文件，这之前的文件根据旧的分类方案编排的实体和检索工作依然维持原有的面貌。这种方法的优点在于：避免了反复修订或重新编制检索工具和排列文件实体，减少人、财、物、时间的大量投入，有助于提高立卷的效率和效益；避免随意打乱文件原有的顺序，便于保持文件、案卷之间的联系，方便文件的查找和利用。

各个机关单位在编制分类方案时应注意如下问题：

第一，文件类别的确定必须基于文件工作活动的实践经验，即类别必须确定和建立在经验证明确属必要的基础之上，要以本机关职能活动为基础，不得根据尚未产生的文件内容主观臆测，凭空杜撰，设置一些根本不可能存在的类别。

第二，掌握类目延展限度，详略得当。立卷类目的各级条款不应过于简单笼统或者过于繁琐冗杂，应以能够准确表达文件组合的内容、及时查找到文件为基准。

第三，条款的拟制应力求反映出文件的立卷特征，不要只标出问题或名称，而应根据条款的构成成分写出作者、问题、名称，或者在必要时，在三者之间的适当位置加上时间、通讯者、地区等其他立卷特征。条款拟写得准确具体，可以更充分地发挥其对文件分类的指导作用。

第四，注意调整和修订。分类方案是机关工作活动的反映，而机关工作随着形势的发展不断向前发展，因而，对分类方案也就需要定期或不定期地加以修订以适应这种发展、变化，保证其时效性，适应现代机关文书工作与档案工作的需要。

2. 文件分类表

文件分类表是揭示文件内容的一组规范的词或词组（即类名）。它是通过概念之间的从属、并列等关系构成的一个概念系统。

文件分类表的结构一般由类目体系、类号、注释组成。

(1) 类目体系

在文件分类系统中，赋予每一类文件一个相应的名词，这个名词即称为类名。这些类名之间从属与并列的关系罗织成一个有机的体系。类目体系就是由若干纵向延伸的类别和横向展开的类别所构成的概念系统。类目体系是文件分类表的主干部分。例如："办公室→综合→会议→党代表会议"，就是一组纵向类别系列。

(2) 类号

类号是每个类名的代码。由于类目体系是一个有机的整体，因此，各类号之间也相应地构成了一个有机的编号系统，它们起着固定和揭示文件类目体系的作用。

根据目前机关文件状况和管理特点，文件分类表一般采用多重编号法，例如：

1 · 2 · 1
（办公室） （秘书工作） （工作计划、总结）

该编号表示"办公室"类别的、"秘书工作"这一属类中形成的"工作计划、总结"类材料。

上述分类号的多重编号法的优点在于：

一是层次关系清楚。这种分层编号使每一层编号代表着特定的一层类，各层编号之间的排列顺序直接代表各位类（不同层次的类别）之间的从属关系，可以直观地看出各类目之间特定的等级层次关系。

二是扩充性能强。由于每层级之间用标识符号间隔，各类别中均可各自重新按顺序编号，各横向类别的编号不受纵向类别编号顺序的制约；各纵向类别如需向下延伸，亦不受各横向类别编号的限制，纵横向延伸自由、灵活。

三是便于文件的平时管理。将多重编号作为文件处理号使用，使文件的分类号与保管号合二为一，即相当于将保管设备与工具进行了分类，人们不用翻阅目录，只要记住分类号，到装有特定类别的文件架上就能够直接找出所需要的文件卷夹（盒），便于文件的查找利用。

（3）注释

注释，即对整个文件分类表的解释和说明。它有利于理解类目体系和编号体系。主要有总注和附注两种形式：

总注，一般以序言的形式，对类目体系的分类与编排原则和方法、类目体系结构、类号编制方法、分类表的使用方法以及一些注意事项等诸方面问题所作的总的说明。这是文件分类表不可缺少的组成部分，是使用分类表的钥匙。

附注，是对分类体系中各具体类目的解释说明，主要用来解释下列内容：一是对不易理解的类名作出定义，例如：对“简报”的注释为“以连续反映某方面或某项工作的发展状况为主，并以定期或不定期形式系列印刷的文件”。二是列举类别内所包括的文件，帮助人们了解某些类别内应归入哪些具体的文件，例如：对“自筹自建项目”的附注是“土地征用、工程预决算放入此类”。三是表示“互见”，如分类中两个类下面都需设相同的类目，而该类目文件不宜分散在不同的上位类下，这时，便可将该类文件集中归入某一个最合适的上位类内，然后，在另一个上位类下设一虚类，并在其后加以注释，指出这些文件实体去处。例如：一份“休学通知”应归入“学籍管理”和“学生管理”，为避免重复，可以归入“学籍管理”，在“学生管理”下设虚类，以“见×·×·×”的形式加以注释。四是表示“互参”，当某两类名相近或相似时，可以用“参见×·×·××”编号的形式提醒人们注意。

附注的位置，如果注释的文字较多，可作后注；如文字较少，可直接作夹注，用圆括号将注释文字括起来，例如：工作计划、总结（全局性、结合性的）。

文件分类表的格式一般分为两种形式：即文字式和框图式。文字式，即用文字表述的形式来揭示分类体系的内容，基本格式如表9—1；框图式，是以图表的形式来反映文件分类表的体系类目，一般格式见图 9—1。

表 9—1　　　　　　　　××机关文件分类表

一、序言

包括：类目体系的分类与编排原则、基本结构介绍、编号和使用方法以及其他需引起注意的问题等。

二、主表（类目体系）

1. 办公室

1.1　会议

1.1.1　党代表大会（议程、会议记录等）

1.1.2　党委会议

1.2　信访（人民群众以来信或访问形式，向机关提出要求、反映或咨询情况的行为）

1.2.1　建议信

1.2.2　检举信

1.2.3　××××

1.2.4　××××

……

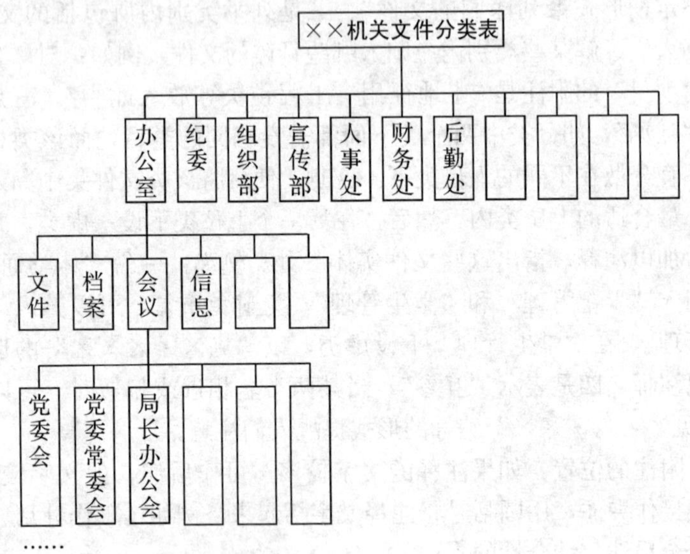

图 9—1　文件分类表框图

以上两种形式，文字式比较详细，层次较多，涉及的内容比较广泛，表述清楚，容易理解，便于分类操作；框图式直观简明，容易理解记忆，但对各类别中归档文件的具体内容和保管期限的表达不明确，操作时需要查阅更详细的分类方案。不同形式的两种分类计划可适应不同的需要，也可结合使用，各机关可根据具体情况选用。大中型机关机构层次复杂、文件数量多，可以文字式为主，再以简明直观框图式作为补充，结合使用效果较好，或者将文件分类表印发给各内部机构，或将表中某一部分印发给相关的机构以指导其文件管理工作。作为小型机关，机构单一，文件少，也可以直接采用框图式，将其贴在墙上，方便使用。

在编制本机关或本系统文件材料分类计划时，应全面分析和鉴别本机关或本系统文件材料的现实作用和历史作用，准确界定文件材料的归档范围和划分档案保管期限。各机关应根据国家档案局《机关文件材料归档范围和文书档案保管期限规定》的规定以及本系统的相关规定，结合本机关职能和各部门工作实际，编制本机关的文件材料分类计划，经同级档案行政管理部门审查同意后执行。如有垂直领导关系的中央、国家机关编制本系统的文件材料归档范围和文书档案保管期限表，应结合本系统工作实际制定，并经国家档案局审查同意后执行。

四、文件平时归卷

分类计划制定完毕之后，应根据分类计划中的有关条款，做好平时分类归卷工作，并在此基础上调整定卷，确定归档整理的结果。

1. 平时归卷

平时归卷，指机关文书工作人员在立卷计划的指导下，将处理完毕的文件随时或定期收集集中，初步分类，放入相关卷盒、卷夹等装具进行妥善保管的活动。文件的平时归卷是保证文件收集齐全、提高归档整理质量的有效措施，有利于平衡和协调整个机关文书工作，便于文件的平时利用查找和日常保管。文件的平时归卷是巩固和健全文书处理部门立卷归档制度的关键。

平时归卷的实质，就是把文件的分类整理工作分解到平时来做，使机关各部门及其人员能在日常工作中依照文件分类计划的指导有目的地收集、积累文件，分门别类地管理文件，这不仅便于机关日常工作中对现行文件的查找利用，同时也可为年终归档整理调整工作打下良好的基础。

平时归卷工作的一般程序如下：

第一步，做好归卷的准备工作。文书人员根据本机关的文件分类规划中的条款，在上年底或下年初，为每一条款设置一个或几个卷盒，事先在卷盒盒脊上写明条款名称、类别、属类、条款顺序号或者分类号，然后将其排列在文件柜里，对平时办理完毕的文件，随时“对号入座”地归入相应的卷夹里。

为了便于平时查阅文件，对归卷的文件除编上条款顺序号（即文书处理号）之外，还可将该号写在收发文登记簿和内部转文簿上。查阅文件时，只要查到收发文登记簿上文件的条款顺序号，即可在文件柜中找到相应的卷夹，进而查到所需的文件。

第二步，收集文件。收集积累是整理文件的前提，平时归卷工作的实质就是进行文件的收集。要做好收集工作，文书人员应了解本单位的职能，并根据归档范围中的条目进行收集。

收集时应尽量做到保持文件的齐全完整。注意收集：对外对内发文的定稿和正本（一般一至二份）归卷，对收文还可以结合催办工作做好平时归卷；把好文件的运转关，建立、健全文书登记、传阅、催办、清退、归档等制度，堵塞散失文件的漏洞；注意收集“账外”文件，如领导开会带回的会议文件、领导的发言稿、合同、协议书等履行文书处理登记程序的文件等。在平时归卷中还要注意文书人员、承办人员、档案人员的协同配合，促进文件收集工作的顺利开展。

第三步，归入卷盒。文件收集集中到文书部门（立卷部门或承办部门等）后，最好能够随即归入相应的条款卷盒之中，进行分类保管；如果时间不允许，也可以采取一周或一月一次定期归卷的办法，文书部门可视情况而自定。同时，要注意平时定期检查已归卷文件是否有遗漏或错放的情况，及时发现问题，有利于采取补救措施，使条款中的文件完整齐全。

在平时归卷的过程中，一些相对独立的工作处理完毕后形成了相对独立的一组文件，估计不会再产生需要归档的文件时，便可进行归档整理，确定文件排序和编制相应文件目录。可以采用此种提前整理归档方法的文件类型有：

大型会议文件。如党代会、职代会、教代会等，会议结束即可整理归档。

专题系列材料。如专题调查材料，调查报告写出就可及时收集调查过程中形成的材料进行整理归档。

可定期收集组卷的文件。如一些定期性的、有连号的工作简报或情况反映、参阅文件等，可设专门卷宗积累，可视数量多少每月、每季或按期号整理归档。

自身独立成册的文件。例如机关的各类介绍信存根。会议记录、值班记录等独自成册的，用完即可将一册或数册作为一个保管单位整理归档。

2. 年终调整

年终调整，即文书处理部门（或人员）在档案部门（或人员）的指导与帮助下，对已收集归卷的文件，于本年年底或次年年初进行全面的检查、调整与加工，最后确定归档整理成果的工作活动。

在实行平时归卷处理的组织中，各条款中的文件已分门别类地集中起来，调整工作仅仅是在局部范围内，只需要对各个条款内的文件稍作调整后即可确定归档文件的类别、排序等工作，能有效保证文件的齐全完整和归档整理的效率。

年终调整工作的具体内容包括：

第一，检查归卷文件是否齐全完整。根据本机关划定的归档范围，检查归卷文件是否完整无缺。如发现问题，应及时做好补齐、修复等工作。对归卷文件中夹杂的一些没有保存价值的文件应坚决剔除，但必须认真对待本机关自身形成的文件，正确运用“弹性鉴定原则”（即鉴定文件应有一定的回旋余地）来判定其价值和取舍，因为这部分文件一旦剔除销毁就再也无法补救。

第二，检查归卷文件的质量。即检查归卷文件是否保持了文件之间的联系，保管期限是否准确恰当。在归卷过程中，文件一份份地积累起来，这种“自然生长”的过程有其内在的有机联系，但有时也会因利用文件或放置时的失误，错放或混放了卷夹，打乱了文件之间的联系；有时也由于初拟的保管期限不准确，需要修改等情况，在调整工作中应注意解决以上问题。

第三，部门领导复查签字。一般来说，部门领导对本部门的工作统观全局，由他们审阅调整后的案卷，往往可以发现那些未能收集到的重要文件，缺什么，补什么，从而进一步保证应归档文件的齐全完整。签字，以示领导人对案卷质量负责。

总之，现行各类社会组织原则上都应制定归档文件分类规划，并依照分类规划做好平时归卷和年终调整工作，以提高现行文件的管理水平，充分发挥现行文件的效用，实现制作文件的目的，同时也为档案工作奠定坚实的基础。

第四节　归档制度

归档，是指各类社会组织将其管理活动中形成的、处理完毕的、具有一定保存价值的文件材料，由文书处理部门或承办部门按照整理（立卷）的原则和方法进行有序化整理，定期向机关档案室移交，并由档案室进行集中统一保管的活动。文件归档是一个承上启下的重要环节，做好这一工作具有重要的意义。

一、归档制度的意义

在我国，归档是国家明文规定的一项制度。《中华人民共和国档案法》第 10 条规定，对国家规定的应当立卷归档的材料，必须按照规定，定期向本单位档案机构或档案工作人员移交，集中管理，任何个人不得据为己有。国家档案局《机关文件材料归档范围和文书档案保管期限规定》指出，凡属机关归档范围的文件材料，必须按有关规定向本机关负责档案工作的部门移交，实行集中统一管理，任何个人不得据为己有或拒绝归档。可见，归档制度以法律的形式予以规范，各单位应根据相关法律法规的要求制定本单位的归档制度，并切实贯彻执行。

建立健全归档制度，对于文书工作和档案工作均具有十分重要的意义。

首先，归档表明文书工作流程的结束，同时也意味着档案业务管理流程的开始，归档为文书工作找到了归宿，同时也为档案工作奠定了基础。归档是文件转化为档案的重要标志。没有归档工作，文件积累便失去了依据，档案及档案工作也就成了“无源之水”，失去了赖以存在和发展的物质基础。因此，各级各类组织必须建立健全归档制度，顺利地实现文件到档案的价值转变，从而促进档案工作的健康蓬勃发展。

其次，归档是积累文件档案财富的重要手段。党和国家各级机关在其工作活动中形成的文件，客观地反映了党和国家真实的历史面貌，通过归档，将这些文件转化成档案，由机关档案部门集中统一地科学管理，便于文件在机关各项工作中的利用。同时，机关的档案部门又是国家综合档案馆的基础，是各级各类国家综合档案馆的馆藏档案的主要来源。如果没有归档，也就没有机关档案的积累和集中，更谈不上国家各级各类综合档案馆的馆藏档案的不断充实和日益丰富。因此，归档是联系文书工作和档案工作的不可缺少的重要环节，更是保存党和国家重要的历史记录的重要手段。

二、归档制度的内容

归档制度的主要内容包括：归档范围、归档时间、归档要求。

（一）归档范围

归档范围，是指需要转化为档案保存的文件的范围。各级各类社会组织在划定归档范围时，应按照 2006 年 12 月 28 日国家档案局 8 号令发布的《机关文件材料归档范围和文书档案保管期限规定》的要求，结合本单位的实际情况制定出符合自身实际的归档范围，以保证应归档文件的齐全完整。

此外，国家规定不得归档的材料，禁止擅自归档。

（二）归档时间

归档时间，指文书处理部门向档案部门移交应归档文件的时间。根据《机关档案工作业务建设规范》的规定，文书部门或业务部门一般应在次年 6 月底以前向档案部门移交案卷。

机关形成的人事、基建、会计及其他专门文件材料的归档时间，按国家有关规定执行。一些单位、个别业务单位、驻地分散的单位可另行规定切合实际的归档时间。

（三）归档要求

根据国家档案局的有关规定，文书处理部门或业务部门向档案部门移交归档文件时必须遵循如下规定：

（1）归档的文件材料应齐全、完整。

（2）文件和电报按其内容的联系，应合并整理、立卷。

（3）归档的文件材料，必须保持它们之间的历史联系，区分不同价值，便于保管和利用。

根据以上要求，文书部门在向档案部门移交文件材料时应注意：

（1）归档整理的联系性和系统性。凡归档文件必须收集齐全完整，分类准确，排列合理系统；要注意区分文件的不同价值，把具有不同保存价值的文件分开整理；党委与行政文件应单独分开整理；秘密文电与普遍文电在不破坏其固有联系的基础上要分开整理；归档文件整理的成果要正确反映本机关的主要职能和业务活动的情况，便于保管和利用。一般情况下档案部门不接收未经整理的零散文件。对不符合要求者，档案部门有权退回文书部门，要求其重新整理。

（2）归档文件要便于保管。卷内文件应除去钉针，编制页（件）号、归档文件目录和备考表；卷内或盒内文件应保持整齐、美观；依据保管期限表准确注明案卷的保管期限；装具封面或背脊各项目的标识要规范、清楚。档案部门在归档整理时，应尽早派人到文书部门对预立的案卷进行审查、指导，指出问题，使不符要求的案卷能及时得到纠正，避免交接检查不合格后的重新返工。

（3）已编制完整的移交目录。有的单位还要求在移交目录编好后，编制归档文件情况说明，将当年收集和整理文件的情况及本单位的主要工作、机构、人员变动情况作简要说明，为以后档案部门编写立档单位和全宗历史考证等工作提供依据和基础。

（4）应当履行归档手续。归档文件交接检查无误后，即可办理具体移交手续。归档文件移交目录（清单）要一式三份，写明归档文件的总数、移交人、接收人、交接时间等项目。文书部门与档案部门双方交接清点无误后，双方均应在移交目录上履行签字手续。三份清单，一份留存在文书部门或承办部门备查，另两份存档案部门，其中一份可以作为检索工具使用，另一份可以归入全宗卷保存。

对于归档文件数量较少的小机关，可由档案部门统一编制案卷目录，移交案卷时由档案部门开据案卷移交凭据，各部门不必再单独编写移交目录。对于文书、档案工作“一肩挑”的机关，不必办理归档手续，但在文书（档案）人员调动工作时，必须依据上述办法办理文件档案的交移手续。

思考与练习

1. 文书部门立卷具有哪些优越性？
2. 简述归档文件整理原则的主要内容。
3. 简述归档文件整理工作的重点。
4. 简述机关文件归档范围的主要内容。
5. 编制分类方案时，需要做哪些调查研究工作？

第十章　文件归档整理方法

学习要点

通过本章的学习，掌握案卷级整理、文件级整理的主要程序及其要求和操作方法；掌握电子文件归档整理的主要程序及其要求和方法；能够运用案卷级、文件级整理和电子文件归档整理的原则、要求和方法解决纸质和电子文件归档整理中的实际问题。

本章第一、二节主要介绍纸质文件的归档整理，第三节介绍电子文件整理归档的变迁和相应要求。

第一节　案卷级整理

一、分类组卷

案卷是一组有密切联系的文件组合体，一向被视为保管文件的基本单位。案卷级整理是指将具有密切联系的文件组成一个个案卷，并将案卷排列成具有密切联系的文件系统，通过案卷的有序排列保持案卷与案卷之间、案卷内文件与文件之间的有机联系，为归档文件的利用和保管奠定良好的基础。

对归档文件进行分类是文件整理的基础。目前，常用方法有年度分类法、组织机构分类法、问题分类法、保管期限分类法。对归档文件分类之后，需要将“同类”文件中的各份文件按其共同特征和主要联系组合成一个个文件组合体，使文件整体分类的结果以有序保管实体的形式固定下来，即进行文件的组合。

通常，文件经过平时归卷，基本上已按照文件分类方案进行了分类整理，在年终文件归档整理时只需要对同一类别中的文件进行局部调整，数量不多的类别组合成一个案卷，数量比较多的类别可以划分成两组或者两组以上相对独立的文件，组成两个或者两个以上案卷。调整、确定卷内文件后，需对案卷内的文件进行系统的排列和编目工作。卷内文件的排列与编目工作是系统化整理、组合案卷的重要的基础工作。

二、排列卷内文件

排列卷内文件，是指通过对卷内文件进行认真分析，仔细研究，寻找出它们之间的主要联系并按照其主要联系排序，从而固定每份文件在卷内文件中的位置。卷内文件排列的目的是为了使杂乱无章的文件变成有序的互相联系的有机整体。

卷内文件系统排列的方法，应根据卷内文件的实际情况来具体确定。通常，文件组合案卷是按照文件的作者、问题、时间、地区、通讯者、名称、重要程度、载体形态等特征进行的，因而文件的排列也应根据这些特征进行排序，常常还同时采用几个特征相结合的方法进行，如按问题——时间（文件重要程度）、名称——时间（文件重要程度）、作者——时间（文件重要程度）、地区——时间（文件重要程度）、通讯者——时间（文件重要程度）等进行排列，由上可见，按文件的成文时间的先后顺序或重要程度排列的方法是卷内文件排列的主要方法。

（一）按文件的成文时间的先后顺序排列

这种方法适用于严格按照作者、地区、名称或某一具体问题等特征进行组合案卷的情况。时间特征必须与其他组卷特征结合使用，一般不单独使用。通常情况下，对已完成分类的一组文件，按照作者、问题、名称等特征分成小类，然后每一小类中再按文件形成时间的先后顺序排列。例如：国家教育部、××省教育厅有关加强学生思想教育工作的一组文件，先按“国家教育部”、“××省教育厅”（作者特征）分开排列，然后，在两个作者形成的文件中，各自再按其文件的成文时间顺序排列。

（二）按文件的重要程度排列

这种方法适用于按各种特征组成的案卷。重要的文件排在前面，次要的文件排在后面。具体来说，领导指导性文件在前，业务性文件在后；复文在前，问文在后，批复在前，请示在后；正件在前，附件在后；正本在前，定稿及重要文件的历次修改稿在后；非诉讼案件结论、决定、判决性文件材料在前，依据性、证明性材料在后。排在前面的文件一般是关涉问题的结论性、关键性文件，是今后查找利用频率较高的文件，这样排列，有助于使重要的密不可分的文件排列在一起，方便日后的查找利用。

有关专门文件的卷内文件排列方法按有关国家有关部门的规定执行。

三、编制页（件）号

卷内文件经过系统化排列之后，为了固定其顺序，便于文件保护、统计和检索，应按照排定顺序依次为每份文件编写页号或件号。

凡以“卷”为单位装订成册的卷内文件均需编写页号，统一标注在文件正面的右上角、背面的左上角，凡有图文的页面均需编写页号（空白页不编页号）。不装订的案卷，应在卷内每份文件材料的首页右上方加盖档号章，并逐件编写件号；对自身就已编好页号的单份文件，如印刷的多页文件正本等，可不再编件内页号，但对未成册的单份文件或几份文件组合成一件的文件均应编写件内页号，以免掉页遗失，也可方便保管和利用；不规则的图表或不同载体的声像材料等也应在图表题处、装具上或声像材料背面逐件编号。

编写页（件）号必须保证卷（件）内页码的唯一性，避免漏页或重页，如在已装订完毕的案卷中发现这类问题应在卷内备考表加以注明。

编号时页号应使用阿拉伯数字表达。

四、填写卷内文件目录

卷内文件目录，是揭示卷内文件内容与成分的一览表，置于案卷卷首，其主要功能是便于查阅、统计卷内文件。卷内文件目录主要包括以下项目：

顺序号：指每件文件在卷内文件系统中的排列顺序号，即件号。有多少件文件就编至多少号，编一条流水号。如卷内共 30 件文件，其顺序号即按1号～30号依次逐件编写。

文号：文件的发文字号。例如：国办发〔2008〕5号。归卷文件有文号的，原文号照录；没有文号者不必填写。切忌生造文号或者为了省事随意改写文号，如将上例的文号写为“〔2008〕5号”或“国办发（2008）5”或“（08）5号”等错误形式。

责任者：又称作者，即对文件内容进行创造或负有责任的团体或个人，亦即文件的署名者。注意：文件的撰稿人不一定是文件的责任者，如机关秘书人员虽拟写文件，但非责任者。只有当撰稿者是法定代表人时，撰稿者与责任者才是等同的。文件的责任者一般标识于文头与落款处。

题名：即文件的标题。每份文件都应有题名，填写时不要随意更改或简化，一般应照实抄录。有的文件没有题名或虽有题名但无实质内容，不能揭示文件的内容与成分，在这种情况下都应重新拟写题名。重新撰拟的题名，外加“〔 〕”号。例如：对一份“通知”重新拟写的标题抄录格式应为：通知〔××省教育局关于表彰李××等先进教育工作者的通知〕。

日期：即文件的成文时间。填写时，可以省略“年”、“月”、“日”字样，而用8位阿拉伯数字表示，例如：“二〇〇八年十月一日”可以表示为：“20081001”。

页号：指卷内文件所在页的编号，是立卷人为案卷中所有文件编写的统一大流水号。一个案卷的卷内文件页号可以简写：前面每件文件只填写第一页所在的号码，最后一件写出文件的起止页号。如是单份装订的案卷应逐件加盖档号章。档号章的位置在每件文件首页的右上角或者上方的空白处。

备注：留待对卷内文件变化时作说明之用。例如：某件文件取走或遗失，可在备注中说明，以便日后其他人员了解卷内文件的变化。

填写卷内文件目录时还应注意：对于一些没有责任者或成文日期的文件材料要设法考证清楚，填写时外加“[ ]”号；凡会议记录应填写每次会议的时间、议题，不能统一拟写为“会议记录”，以免给查找带来困难。

填写卷内文件目录，可以手工填写，要求字迹工整；也可以使用计算机制作，打印输出多份目录。卷内文件目录可以一式三份，一份装在案卷中，一份留在立卷部门备查，一份可制成全宗文件目录，写上案卷的档号，装订成册，作为查找文件的一种检索工具，机关档案室比较适合使用这种文件目录（见表10—1）。

表10—1　　卷内文件目录

顺序号	责任者	文号	题名	日期	页号	备注

五、填写卷内备考表

卷内备考表，置于卷内文件之后，用以注明卷内文件及其立卷的状况，以备文件、档案人员和利用者日后查考。卷内备考表包括以下内容：

本卷文件情况说明。用以填写卷内文件缺损、修改、补充、移出、销毁等情况。立卷归档后在管理过程中出现或发现的问题应由文书人员（归档后由档案人员）填写，并签名、标注时间。

立卷人：立卷者签名，明确责任。

检查人：由案卷质量审核者签名。

立卷时间：完成立卷的时间。

通常情况下，有关卷内文件材料的说明，都应逐项填写在备考表中，若无情况说明，也必须将立卷人、检查人的姓名和立卷时间填写清楚，以示对案卷负责。

卷内备考表的外形格式见表10—2。

表 10—2　　备考表格式

<table>
<tr><td>卷内文件情况说明

立卷人：
检查人：
立卷时间：</td></tr>
</table>

六、拟写案卷题名

案卷题名，又称案卷标题，用以概括揭示卷内文件的主要内容与成分，是检索文件的重要标记，也是案卷编目和编制各种检索工具的重要依据。案卷题名的拟写，通常是由立卷人将分类方案中条款名称或文件分类表的终端类名进行技术处理而成。处理过程中应遵循一定的规范。

拟写案卷题名的具体要求是：

（1）主题明确。拟写案卷题名时，针对的不再是一份文件，而是一组文件，要能够清晰准确地揭示出这一组文件的共同主题精神，反映文件的主要内容和成分，目的在于使案卷的管理者和利用者能从案卷题名中直截了当地抓取到该案卷的主要内容信息。

（2）文字表达准确精练。案卷题名是对卷内诸多文件的概括揭示，应言简意赅，文字应尽量控制在五十字内，最好能用二三十字概括标出；并列成分之间使用顿号，题名后不用标点符号。不能罗列堆砌文件标题，同时也不能使案卷题名过于抽象、笼统，使人读后无法准确判定卷内文件的具体内容和成分，给查找利用卷内文件带来困难。

（3）基本结构力求完整。

案卷题名的基本结构是：作者（责任者）——内容（问题）——名称（文种）。

例如：

××市教委、××大学关于进一步提高教学质量的
作者部分　　　　　　内容部分

意见、办法、通知
名称部分

当文件内容涉及一定地区或特定的时间或通讯者等立卷特征时也应予以标出，形成如下格式：

(地区)作者(或通讯者)——(时间)(地区)内容——名称

例如：

××省属各高等院校 200×年 干部统计 报表
地区　作者　时间　内容　名称

根据上述要求，具体撰写案卷题名时，应注意各部分的拟写要求。其基本结构中三个主干部分的表达要求如下：

(1) 作者：标明作者旨在说明文件由谁制成。必须用全称或规范化简称，不得简称为“本部”、“本局”、“本委”等，例如：“中华人民共和国人事部”，简称“国家人事部”。

如果卷内文件作者不多，应全部一一标出；如果作者较多，并且又属于同一系统或同一地区的可以使用统称，如“教育部所属各院校”涵盖了国家教育部所属的所有大学、学院。如果作者较多又难以使用统称，可以选择 2～4 个主要作者标出，其他以“等”字代替。文件作者是领导者个人时，应标明该领导的姓名及职务全称。

文件的作者项一般位于案卷题名的开首。

(2) 内容：用于标明卷内文件的主要内容，是案卷题名的核心部分。对卷内文件内容的概括要全面、确切、具体、简洁。既不可罗列文件的标题，也不能过于笼统使人看不出问题。

内容的表达，往往借助于介词“关于”、“对”和助词“的”构成一个介词词组“关于（对、有关）……的……”来表达。如：“国务院、××省人民政府关于搞好粮食贮藏工作的决定、通知等”；“××局对所属单位 2008 年财务预算报告的批复”。

但是，并非所有案卷题名都要用这种格式来表达，应根据卷内文件具体内容而定，使“关于”、“对”的使用符合语法规则。例

如："××局关于对公交系统所属单位学徒工转正、学徒工工资问题的规定、通知等"中的"关于"、"××纪委关于××厂对擅自挪用基建款发放奖金的通报及调查材料"中的"对"均使用不当，应删去。

内容（问题）的表述还应注意：如果卷内文件的内容涉及问题较多时，同类性质的可以概括，如性质不同，可选主要的列出，其他以"等"字代替；会议文件和综合性的工作计划、工作报告，因涉及问题较多，具体会议内容可不标出；有些问题的名称太长，可用通用的简称，如"有理想、有道德、有文化、有纪律"的公民即可用"四有"公民代称。

（3）名称：文件的名称即文种，通常反映出文件的性质和价值，正确地标明文件的名称很重要。按名称特征组卷时，必须标明文种。即使不按名称特征立卷，也应标出卷内的主要文种2～3个，其他以"等"字代替，并将其按重要程度排列，同时兼顾不同性质的文种。例如：一个案卷中有十种文种，可以表达为："××部、××局关于××工作的命令、决定、通知等"。

此外，有些案卷题名的名称部分可以按规定使用"文件"、"材料"、"来往文书"、"案卷"等专用术语来表达。

"文件"：专指会议活动中形成的一系列文件。由于会议形成的文件名称较多，无法一一标明，可用"文件"概括。例如："××机床厂第三届职工代表大会文件"。

"材料"：指正式文件以外的辅助材料，主要是形成某一正式文件时的原始性、参考性材料。例如：上马一项工程的"请示"就附有可行性论证、地质说明、资金预算等参考性材料，立卷时，可以"材料"来表达众多的文种。例如："××大学关于科研大楼建设项目的文件材料"。

"来往文书"：只适用于不同机构之间商洽某项特定工作而形成的问文和复文，这类案卷通常皆按通讯者特征立卷。例如："××部队与××街道关于……问题的来往文书"。

"案卷"：只适用于围绕某一案件、事件或对某人的某方面问题的调查处理形成的所有文件材料。这些材料前后相承，紧密相连，构成了一个不可分割的整体，不需一一标出文件的名称，而用“案卷”概称。例如“××局关于张××挪用公款的调查处理案卷”。

上述各专用名称只限用于特定的范围，不属于适用情况的不得滥用。

七、填写案卷封面

案卷封面一般包括以下项目：全宗名称、类目名称、案卷题名、时间、保管期限、件（页）数、归档号、档号。其填写方法如下：

全宗名称，即立档单位名称。有的机关事先已将机关名称印好，有的是临时填写。但无论哪种填制方法都必须用立档单位的全称或规范化简称。例如：全宗名称为“中国共产党四川省委员会”，也可以写简称“中共四川省委”。

类目名称，指全宗内分类方案的第一层级类目名称。如果是按组织机构划分第一级类目，就填写组织机构名称，如“组织部”、“人事处”等；如以“问题”来划分第一级类目的写“问题”类名称，如“信息管理类”、“文书档案类”等。

案卷题名，填写在案卷封面的中间位置，一般由立卷人拟制、填写。案卷题名起首空两个汉字位置，回行顶格书写。

时间，指卷内文件的起止年月。用阿拉伯数字表示。

保管期限，即归档整理时划定的案卷的保管期限，一般由立卷人填写。分为永久、长期、短期三种。

件（页）数，卷内文件装订成卷的填写卷内文件的总页数，不装订的填写本卷（盒）内文件的总件数。

归档号，即分类计划中的条款顺序号或类号，又称文书处理号，由立卷人填写。

档号，包括全宗号、目录号、案卷号。全宗号是档案馆给予立档单位的编号。目录号是全宗内案卷目录的编号，同一个立档单位不能有重复的案卷目录号。案卷号，即目录中案卷顺序的编号，一册案卷目录内不能有重复的案卷号。档号，一般由机关档案室统一编制，但有的立卷部门产生的文件多，案卷数量大，也可以由文书处理部门完成归档整理后自行编制案卷号，这既可保持案卷自成一体，也便于归档移交。

案卷封面各项目应按规范要求填写清楚、齐全。填写各项目应使用毛笔或钢笔书写，或其他利于长久保存的字迹书写材料，要工整清晰，易于识读，便于查找文件。一些单位在印刷档案卷皮时将一些相对固定的项目直接印制在卷皮上，这也有助于提高案卷封面的填写效率。

案卷封面的格式见表 10—3。

表 10—3　　　　案卷封面格式

<table>
<tr><td colspan="5">（全宗名称）</td></tr>
<tr><td colspan="5">（类目名称）</td></tr>
<tr><td colspan="5">（案卷题名）</td></tr>
<tr><td colspan="2">自　年　月至　年　月</td><td colspan="2">保管期限</td><td></td></tr>
<tr><td colspan="2">本卷共　件　页</td><td colspan="2">归档号</td><td></td></tr>
<tr><td rowspan="2"></td><td>全宗号</td><td colspan="2">目录号</td><td>案卷号</td></tr>
<tr><td></td><td colspan="2"></td><td></td></tr>
</table>

八、装订案卷

装订案卷，是为了使卷内文件避免散失和损坏，对文件起到固定和保护作用。文件装订，有以卷为单位装订的，也有以件为单位装订的。同一机构内，应规定文件装订的统一形式，例如：规定行政管理类文书按卷装订，科技文件按件装订。装订文件前应检查案卷各部分是否齐全，其排列格式为：案卷封面——卷内文件目录——文件——卷内备考表——封底。

装订案卷的具体步骤如下：

（1）确定装订线。根据文件图文区的情况和纸型的大小，确定案卷装订的位置。现行文件一般均为横写横排，因而案卷皆采取左侧装订的方法。

（2）去除金属物。即把文件上的钉书针、回形针、大头针等金属物一律除去，否则年久生锈将腐蚀文件。清除时注意不要撕裂或污损文件。

（3）整齐文件。一是补贴加边，即对没有预留装订线位置的文件或在装订线内侧写有领导批示等其他文件办理标记的文件需补贴加边；对破损的文件要进行修复，修复时应使用无字的白纸，以保持文面的整洁。二是折叠对齐，即对纸型大小不一，长短不齐的文件，装订时应以下齐（地脚齐）、右齐（翻口齐）为准，订口或天头过长者，应适当折叠，对小幅面纸张可以对折，对大幅面的文件应采用“手风琴”式的折叠方法。

（4）棉线装订。采用三孔一线装订的方法。即在左侧打三个孔眼，孔间相距 7cm 左右，线结打在背面，不得压住字迹。按件装订的小卷，可使用缝纫机线或手工细线装订。

专门文件的装订按国家有关规定办理。

九、编制案卷移交目录

卷内文件经过系统化排列与编目之后，还需要在此基础上，把所有案卷进一步组织成有序的更大的文件信息系统，并最终形成一个揭示各案卷之间有机联系的案卷目录，用于文秘部门向档案部门移交归档文件时的移交清册。编制案卷移交目录，首先要做好案卷排列工作。

排列案卷，是根据一定的规则，将案卷系统化地排列成一个有机联系的整体。排列案卷的实质是为了保持案卷之间的联系，便于文件的查找利用和保管。通常情况下，案卷的排列顺序在各单位的分类方案或文件分类表中已经排定，排列案卷时只需按照分类计划中有关本部门或者本类别文件的顺序依次排列案卷即可。

根据排定的案卷顺序依次编制案卷目录。文书立卷部门的案卷移交目录可以与档案部门的案卷目录结合起来，可以实现一次登记两个部门共同使用，避免了档案部门接收档案案卷后再次重复编制案卷目录。

案卷目录，即案卷的名册，在案卷经过系统化排列后，对其逐一编号登记成册。案卷目录的作用在于：固定案卷排列顺序，使整理成果最终得以固定下来；概括地介绍案卷的内容与成分，也为档案工作各环节的展开奠定基础。案卷目录是归档文件移交的凭据，同时也是文书处理部门和档案部门查找文件的检索工具。

案卷目录主要包括：案卷号、案卷题名、卷内文件起止日期、页数、保管期限和备注等项目。按照每个案卷排列先后次序编制案卷号，将案卷题名誊录到目录表格的固定位置上，标明案卷封面上著录的基本项目。

案卷目录格式见表 10—4。

表 10—4　　案卷目录格式

案卷号		案卷题名	年度	页数	保管期限	备注
档案室编	档案馆编					

完成上述工作后，文书处理部门的案卷级文件整理工作就基本结束，只需按照规定时间向档案部门进行归档即可。

第二节　文件级整理

2000 年 12 月 6 日国家档案局发布了中华人民共和国档案行业标准《归档文件整理规则》（DA/T22—2000，以下简称《规则》），并于 2001 年 1 月 1 日起实施。该规则适应了办公自动化和文件、档案管理现代化的需要，在借鉴传统立卷方法合理性的基础上，为简化过去较为繁琐的立卷方式，对归档文件整理工作的原则和具体方法做出了新的规定，即按照文件级方法进行归档文件的整理工作。

一、“件”的含义

《归档文件整理规则》规定：件是归档文件的整理单位。一般以每份文件为一件，文件正本与定稿为一件，正文与附件为一件，原件与复制件为一件，转发文与被转发文为一件，报表、名册、图册等一册（本）为一件，来文与复文可为一件。

文件级整理方法的主要特点在于：借助计算机管理将实体文件以“件”为单位进行整理，简化纸质文件整理以“卷”为单位的做法；分类方法固定为年度、保管期限、机构（问题）三种，并允许各单位视具体情况组合及简化分类层次；装订以“件”为单位进行，对装订材料不做统一规定；整理文件的步骤规定为“以件为单位进行装订、分类、排列、编号、编目、装盒”等六个步骤。此种方法较之于传统的案卷级整理方法，更容易学习掌握，操作起来也更加灵活简便，整理文件的效率也更高。

二、“件”的装订

文件级整理的基本单位为“自然件”，即单份文件，即以“件”为整理单位，进行归档文件的整理。“一件”是指文件在实体上是装订在一起的，作为一个保管单位，编目时也只体现为一个条目。

在现实工作中，大多数文件是以单体自然件存在的，“一份”文件也就是“一件”，一个保管单位。此外，实际工作中有些“件”是由“两份或者两份以上”的具有密切联系的文件组成，利用者查用这类文件时往往需要其相互补充和印证，因此实体不宜分散，以保持“组合体”状态为宜，仍作为“一件”来整理。

两份或两份以上关联性很强的文件作为“一件”来整理的情况主要包括：文件的正本与其不同的稿本；正文与附件（如附带的图表、统计数字，正文批转、转发或批准发布的作为附件的各种法规性文件等等）；正文及其文件处理单；就同一问题的来函与复函；原件与复制件；单一问题的请示与批复，工作报告及其相关批示；系列报表、名册、图册等。

装订文件是从实体上最终确定“件”的形态，可以起到固定文件页次，防止文件张页丢失，便于归档后保管和利用的作用。

一份文件作为一件的，直接装订；多份文件作为一件的，装订前首先必须对它们进行排序。一般来说其排列顺序如下：正本在前，定稿在后；正文在前，附件在后；原件在前，复制件在后；转发文在前，被转发文在后；复文在前，来文在后。汉文本在前，少数民族文字文本在后。不同文字的文本，无特殊规定的，中文本在前，外文本在后。有文件处理单的，可放在最前面，这样可以作为首页加盖归档章，从而更好地保护正本的原始面貌。

装订前应将“件”内的各页按一定方式对齐，便于将来翻阅利用。一般来说，采用左上角装订的，应将左、上侧对齐；采用左侧装订的，应将左、下侧对齐。一般选用线装，也可以使用缝纫机在文件左上角或左侧轧边，较厚的“件”也可利用专门的文件装订机在文件左上角或左侧打空装订。

三、归档文件分类

文件分类，即将归档文件按其来源、时间、内容和形式等方面的异同，分成若干类别和层次，构成逻辑清楚、密切联系的文件系统的活动。合理选择分类方法，很大程度上决定了分类的质量。文件分类的方法很多，《规则》中明确规定选择年度、组织机构（问题）和保管期限作为通用的文件分类方法。

关于分类方法，《规则》中有以下新变化：

(1) 取消了原有的按针对年度归类的做法，统一规定为按文件签发日期（即落款日期）判定文件所属年度，以进一步简化分类中的概念和操作。例如：2005 年形成的《2006—2010 年工作规划》，原有的分类方法一般要求归入规划所针对的第一年，即 2006 年，而按照《规则》的规定则应归入文件形成年度，即 2005 年度。

(2) 设置了“机构与问题”两种分类方法的选择。在检索手段现代化的情况下，不宜也不必过多设置分类层次，一般设 2～3 个层次即可。在一个单位，组织机构分类法与问题分类法不能在同一层次上同时采用，而应根据各类社会组织归档文件的实际情况选择其中一种。一旦选定一种方法就应固定下来，保持其相对的稳定性。

(3) 明确规定将保管期限直接作为一种必选的分类标准。年度、组织机构、问题和保管期限四种方法中，对分类方法的可选择性作出了规定：年度、保管期限是必选项，机构和问题作为选择项。不限定年度、保管期限、机构和问题分类方法组合成复式分类法时的先后顺序，如年度——组织机构——保管期限、年度——问题——保管期限、保管期限——年度——组织机构、保管期限——年度——内容等复式分类方法，各单位可以根据本单位实际自主组配和选择。

四、归档文件排列

文件排列，是指在分类方案的最低一级类目内，根据一定的方法确定归档文件先后次序的活动。归档文件应按事由原则、在分类方案的最低一级类目内，按事由结合时间、重要程度等排列。

按“事由原则”排列，即同一事由的相关文件应当排列在一起。此处的“事由”是一个比较原则性的概念，可以是指一件具体的事，或一个具体的问题，或一段较紧密的工作过程等等。例如：一次请示，批复收到后，就可视为一个事项办理完毕；一项工程、一次活动或一次会议，可以视为一个事由；一项工作如果办理时间长需要跨年度，为了及时归档，也可以按不同阶段分为几个事由；一次会议，也可以分为筹备、开幕、不同议程、闭幕等几个事由。通过界定“事由”，使密切相关、参照性强的文件在实体上相对集中，可以进一步体现出最低一级类目内归档文件之间的有机联系，可以客观地反映出某一事由的发生、发展、结束的全过程。

归档文件应在分类方案的“最低一级类目内，按事由结合时间、重要程度等排列。”这里的“最低一级类目”，是指分类时所确定的类目体系中设在最低一级的类目，在此最低一级类目中再按照事由排列，在每一事由之中再根据文件成文时间的先后顺序或者文件重要、次重要程度进行排列。例如：某单位的文件是按照“年度——组织机构——保管期限”进行分类的，也就是说，首先，此单位的文件按照年度标准分为不同年度的文件类别，每一个年度内的文件又按照组织机构分类，每一个组织机构内的文件再按照保管期限永久、定期进行分类，“保管期限”即为最低一级类目。在安排最低一级类目保管期限内永久、定期的文件排列顺序时，先按同一保管期限的同一事由的文件相对集中，每一事由之中可以再行按照成文时间的先后顺序或者内容的重要程度进行系统排列。

此外，会议文件、统计报表等成套性文件可集中排列。“成套性”是指某些有着较密切联系的系列文件，如会议文件、统计报表、内部刊物等一般都是由连续的多份文件材料组成。例如：一次会议往往包括许多事由，它们形成的文件在时间上可能跨度很大，但表现出较强的内容上的关联性和系统性，以及利用时的相互参照、印证和补充作用，集中排列同一事由的会议文件更方便查找利用。

归档文件的排列直接影响到目录检索和实体存取工作。即使通过计算机检索，如果归档文件无序排列，也许可以“查到”，但进行族性检索时的查全率和查准率则难以保证。

不同类别归档文件之间的排列、档案盒的排架等不适用此排列方法。

五、归档文件编号

编号是指将归档文件在全部文件中的位置标识为符号，并以归档章的形式在归档文件上注明。编号是编目工作的起点和基础，其目的是反映分类、排列这些系统化工作的成果。通过编号，使归档文件在全宗中的位置得以确定，并为后续的编目工作以及将来查找利用时的实体存取提供了条件。

编号应以分类方案和文件排列顺序依次进行，同时在文件首页上端的空白位置加盖归档章，并填写相关内容。归档章设置必备项和选择项，必备项目包括全宗号、年度、保管期限和件号。选择项为机构（问题）项。其中的必备项是根据归档文件整理和管理工作的基本需要设置的，编号时必须编制；选择项则可根据单位实际需要选择使用。

（一）编号的必备项目

1. 全宗号

全宗号是档案馆对其接收范围内各立档单位所编制的代号。全宗号往往由各级档案馆按照进馆计划给定，有些新组建单位或暂未列入档案馆接收计划的单位，可将此项空置，留待同级档案馆给定全宗号后再行填写。

2. 年度

年度指归档文件的形成年度，即形成和处理归档文件的年度。形成年度的判定方法具体可参照年度分类法部分的有关内容。填写此项时，应采用公元纪年，以 4 位阿拉伯数字表示。如二〇〇八年表示为“2008”，不能简化为“08”。

3. 保管期限

保管期限是文件保管久暂的时间期限，是文件价值的重要体现。各单位应依照国家档案局制定的现行机关通用的档案保管期限表制定本单位的档案期限表（分为永久、定期），并应按照本单位档案保管期限表给归档整理范围内的归档文件划定保管期限。

4. 件号

件号即文件的排列顺序号，它是反映归档文件在全宗中的位置、固定归档文件的排列先后顺序的重要标识。件号分为室编件号和馆编件号两种。

室编件号，即归档文件在分类方案的最低一级类目内的排列顺序号，按文件排列顺序从“1”开始标注。如采用“年度——组织机构——保管期限”进行分类，室编件号应在同一年度内、同一组织机构的一个保管期限内从“1”开始逐件流水编号。例如：2008 年人事处形成的永久、30 年、10 年三个保管期限的归档文件，编号后形成三条流水号，即永久的从“1”开始编一条流水件号，30 年期的从“1”开始编一个流水件号，10 年期的也从“1”开始编一个流水件号。

馆编件号，是档案馆在接受档案室移交进馆档案时，对其重新编制的件号。为了避免重新盖章或更换档案盒，整理文件时预先设置了馆编件号项，并在归档章和档案盒盒脊等处预留位置，供需要时直接填写。

（二）编号的选择项目

机构（问题）项为选择项。对于文件数量少或内部机构简单的机关，只选择年度、保管期限两种分类法即可满足整理工作的需要，无须再分机构（问题）。但对大多数组织来说，选择机构（问题）进行分类还是必要的，在编号时也必须相应编制机构（问题）项。

填写机构项时，应按照分类方案，填写分类方案中作为第一层次分类条款（类目）的机构名称。如机构名称太长，可使用规范简称。

填写问题项时，则可根据分类方案，直接填写“党群”、“行政”、“业务”等类别的名称。

编号项目确定后，要以归档章的形式逐件标识在归档文件上，以明确归档文件在全宗中的“坐标”，保证归档文件借阅后的正确归位。归档章包括全宗号、保管期限、机构（问题）等项目，有条件的单位可以直接刻在归档章上进行加盖，以减少填写项目的工作量。

归档章的规格为长 45mm，宽 16mm，分为均匀的 6 格，设置的项日主要为编号项目中的必备项，同时，也为机构（问题）项预留了位置。在填写这些项目时，应严格按照顺序进行，各项在归档章中的位置不得打乱，以适应标准化管理的需要。

归档章的格式见表 10—5、10—6。

表 10—5　　归档章的项目格式

全宗号	年度	室编件号
* 机构或问题	保管期限	馆编件号

* 号表示可选择的项目

表 10—6　　归档章的项目格式示例

234	2008 年	78
人事处	永久	

注：此归档章编号表示：234 号全宗单位的人事处形成的、2008 年的、永久保管类的第 78 份归档文件

机关单位根据各自的不同情况，可能需要在归档章上增加其他选择项目，这时可在归档章的右侧按 8mm×15mm 增加空格填写如收文日期、收文号等，或填入归档章中机构（问题）或馆编件号等已明确空置而不用的空格位置中。

归档章一般应加盖在归档文件首页上端居中的空白位置；如果领导批示或收文章等占用上述位置，可将归档章盖在首页的其他空白位置，但以上端为宜。归档章尽量不要压住文件字迹，也不宜与批示文字等交叉。

六、归档文件编目

编目是指编制归档文件目录。编目应按照分类、排列的结果，逐类、逐件编制，以系统、全面地揭示归档文件的全貌。编目应以“件”为单位进行，在目录中一件也只体现为一个条目。针对由两份或两份以上密切相关的文件作为一件保管的情况，也只编写排列在首位的文件目录，如来文与复文作为一件时，在归档文件目录中只对复文进行编目，通过检索复文来实现对相应来文的查找。

归档文件目录包括件号、责任者、文号、题名、日期、页数和备注等项目。这些项目基本包括了构成一份文件的主要要素，概括了归档文件内容和形式方面的各种特征，能够为利用者提供较完备的检索渠道。

目录中各项目的具体填写要求如下：

（一）件号

件号包括室编件号和馆编件号两种，归档文件目录中设置的“件号”项，是指室编件号，应与档案室整理体系相吻合。档案进馆时再按进馆要求编制馆编件号并填入件号栏中，此时的件号指馆编件号。

（二）责任者

责任者是指制发文件的组织或个人，即文件的发文机关或署名者。责任者可以是一个机关或机关内部的一个机构，也可以是几个机关，或者是一个人或若干人。它是文件的组成部分之一，也是检索利用档案的重要途径。填写责任者项时一般应使用全称或通用简称。

（三）文号

文号即发文的字号，是由发文机关按发文次序编制的顺序号。发文字号一般由机关代字、年度、顺序号组成，如国办〔2008〕88号，即国务院办公厅2008年第88号文件。填写文号项时，应照实抄录，机关代字、年度、顺序号都不能省略，也不可颠倒位置，否则将给查找和利用带来困难。

（四）题名

题名即文件标题，它直接表达文件内容和中心主题，是了解归档文件内容的主要检索点。完整的题名结构由作者、问题、文种三个部分组成。

文件题名应按照原样抄录下来，没有标题或标题不规范的，可以自拟标题，外加“〔 〕”号。

（五）日期

日期即文件的形成时间。它是文件的重要特征之一，反映文件产生的时代背景，是查找档案的常用途径。文件的形成时间即发文时间（文件的落款时间）。

具体填写日期项时应以8位阿拉伯数字标注年、月、日，如2008年8月16日，标注为20080816。有的文件上未注明日期，编目时应根据文件内容加以考证并填写。实际填写目录时，为避免日期项占用的列宽过长，影响其他项目的填写，可将表示月、日的数字回行填写为两行。

除单份文件作为一件的情况外，由几份文件作为一件时，“件”的日期应以装订时排在首位的文件的成文日期为准。如正本与定稿为一件，以正本为准；正文与附件为一件，以正文为准；转发文与被转发文为一件，以转发文为准；来文与复文为一件，以复文为准。

（六）页数

页数项要求填写一件文件的总页数，用于统计和核对。计算页数时，以文件中有图文（指与文件内容相关的文字、图画等）的一个页面为一页，空白页不计。大幅纸型的文件或图表折叠后，仍按未折叠前有图文的页面数计算页数。来文与复文、正本与定稿等多份文件作为一件时，其页数应为构成该“件”的所有文件的页数之和。

（七）备注

备注项用于填写归档文件需要补充和说明的情况，包括密级、缺损、修改、补充、移出、销毁等等。如果有些条目须说明的情况较多，可将其具体内容填入备考表中。

归档文件目录的格式，包括目录表头、目录表格形式、各项目在目录中的位置等。归档文件目录见表10—7。

表10—7　　归档文件目录

件号	责任者	文号	题名	日期	页数	备注

填写归档文件目录各项目时，应使用符合档案文件保护要求的字迹材料，如碳素墨水等，禁止使用圆珠笔、铅笔、纯蓝墨水等不耐久的书写材料进行填写。已采用档案计算机文档管理系统的单位，可直接使用相关软件自动生成并打印出目录。

归档文件目录应单独装订成册，并编制封面。归档文件目录封面的格式应与目录的编制方式一致，设置全宗名称、年度、保管期限、机构（问题）等项目。其中全宗名称栏应使用全称或规范化简称填写立档单位的名称。归档文件目录封面见表10—8。

表 10—8　　归档文件目录封面格式

归档文件目录
* 全宗名称＿＿＿＿＿
* 年　　度＿＿＿＿＿
* 保管期限＿＿＿＿＿
* 机　　构 （问题）＿＿＿＿＿

七、归档文件装盒

装盒是将归档文件按件号顺序装入档案盒、填写备考表、编制档案盒封面及盒脊项目的系列工作。档案盒只是归档文件的装具，不具备保管单位的作用。

归档文件应严格按照件号的先后顺序装入档案盒，与归档文件目录中相应条目的排列顺序相一致，保证检索到文件条目后能对应地找到文件实体。文件利用完毕后归位时，同样要注意将其按归档章中的件号顺序装入相应档案盒中。

装盒时，应按照分类方法的不同，将不同类别的归档文件装入不同的档案盒中。这是因为实体查找时是由归档文件目录条目对应到档案盒的盒脊项目，再由盒脊项目对应到盒内文件归档章上的项目，因此盒脊项目的设置必须与盒内文件归档章的项目一一对应，反映出归档文件的存址。

（一）装盒的原则

通常情况下，归档文件装盒要遵循如下原则：

一是按照排列的先后顺序依次装盒。即按顺序装入，一盒装满后，顺次装入下一盒即可，并不要求同一事由的归档文件必须装在同一档案盒内。

二是不同类别文件分开装盒。即不同形成年度的归档文件不应放入同一档案盒；不同保管期限的归档文件不应放入同一档案盒；分机构（问题）的情况下，不同机构（问题）形成的归档文件不应放入同一档案盒。

三是文件装盒数量适中。即可以视文件的厚度选择厚度适宜的档案盒，尽量做到文件装盒后与档案盒形成一个整体，竖立放置时不至于使文件弯曲受损。

档案盒的摆放方式可以分为竖式和横式。同一机关的档案部门，只能选用一种档案盒摆放方式，以保持档案盒上架后整体的整齐、美观。

（二）填写档案盒封面

全宗名称，应使用全称或规范化简称标明（即立档单位名称）。

全宗号，一般全宗号暂未给定的可先空置；无进馆任务的单位（如某些企事业单位），可以不印制全宗号一栏。

年度，应填写盒内文件的形成年度，具体填写方法参见“编号”部分有关内容。

保管期限，填写盒内文件所属保管期限，如“永久”、“30年”、“10年”等。

机构（问题），填写分类方案中相应机构（问题）的类目名称，具体填写方法参见“编号”部分有关内容；不按机构（问题）分类的单位，盒脊上可以不印制机构（问题）项。

起止件号，填写盒内排列最前和排列最后的归档文件的件号，其间用“—”号连接。起止件号分为室编和馆编两栏，归档文件整理阶段须填写的是起止件号中的室编栏，馆编件号栏供进馆前再鉴定、整理后再行填写。

盒号，指档案盒的排列顺序号。盒号一般按照档案盒上架排列后的顺序流水编制，可以每年一断号，也可以 4 位数为限几年一断号。

档案盒的盒脊可以根据机关单位的实际需要与归档章项目相协调，增编其他项目。档案盒的盒脊项目、归档文件目录项目、归档文件上的归档章主要项目之间应始终保持一致。

档案盒的盒脊项目格式见表 10—9。

表 10—9　档案盒的盒脊项目

<table>
<tr><td colspan="2"></td></tr>
<tr><td colspan="2">全宗号</td></tr>
<tr><td colspan="2">年度</td></tr>
<tr><td colspan="2">保管期限</td></tr>
<tr><td colspan="2">机构（问题）</td></tr>
<tr><td rowspan="2">起止件号</td><td>室</td></tr>
<tr><td>馆</td></tr>
<tr><td colspan="2">盒号</td></tr>
<tr><td colspan="2"></td></tr>
</table>

（三）备考表

备考表放在盒内所有归档文件之后，用以对盒内归档文件进行必要的注释说明。备考表是机关档案部门对归档文件进行动态管理的有效措施。备考表上设置的项目包括盒内文件情况说明、整理人、检查人和日期。

第三节　电子文件整理归档

电子文件是指在数字设备及环境中生成，以数码形式存储于磁带、磁盘、光盘等载体，依赖计算机等设备阅读、处理，并可在通信网络上传送的文件。随着信息技术的不断发展，电子政务和电子商务的不断推进，电子文件正在成为各种组织普遍使用的一种高效、经济的管理工具，成为反映和记录各项管理活动过程的重要材料。为此，国家档案局等部门针对具有参考和凭证价值并作为档案保存的电子文件的整理归档工作，制发了一系列制度规范，对电子文件的收集积累、鉴定归类和归档整理等提出了明确的要求，作出了具体规定，这为做好电子文件归档整理工作奠定了良好的基础。

一、电子文件的收集

电子文件是处于动态的数字文件，位置并非始终不变，与信息内容和载体比较稳定的纸质文件相比较，电子文件的收集积累工作面临更多的工作内容，需要明确收集范围，按照更多收集规范和要求切实做好收集积累工作。

（一）电子文件的归档范围

电子文件的归档范围应与纸质文件是一致的，均应按照国家档案局《机关文件材料归档范围和文书档案保管期限规定》等制度规范进行收集积累，凡是反映本单位工作活动、具有查考利用价值的电子文件均应归档保存。但是，由于电子文件的生成、运转、处理、归档等技术环境的特点，各单位电子文件的归档范围还应依据《电子文件归档与管理规范》（GB/T18894—2002）、《公务电子邮件归档与管理规则》（DA/T32—2005）等标准规范，将反映本单位主要职能活动的、具有保存和利用价值的文本文件、图像文件、图形文件、影像文件、声音文件、数据库文件等各种类型的电子文件纳入归档范围。

在制订电子文件归档范围时，特别应注意将以下类型电子文件纳入归档范围：

（1）记录本单位核心业务和重要工作成果的数码照片、影像文件以及纸质文件扫描获得的图像文件；

（2）本单位内部管理、政务信息资源共享建设以及综合统计工作活动中形成的数据库文件；

（3）本单位公务活动中形成的具有保存和利用价值的电子邮件；

（4）本单位办公系统、业务系统和各类数据库系统的管理软件以及其他确保电子文件可读取的专用软件；

（5）与电子文件相对应的元数据和背景信息。

（二）电子文件的收集要求

1. 电子文件的背景信息收集要齐全

背景信息是指描述生成电子文件的职能活动，电子文件的作用、办理过程、结果、上下文关系以及对其产生影响的历史环境等信息。如一些记录了重要文件的主要修改过程和办理情况，有查考价值的电子文件及其电子版本的定稿均应被保留。

正式文件是纸质文件的，如果保管部门已开始进行向计算机全文的转换工作，则与正式文件定稿内容相同的电子文件应当保留。

2. 电子文件的元数据收集要全面

元数据是指反应电子文件数据属性的数据，包括文件的格式、编排结构、硬件和软件环境、文件处理软件、字处理和图形工具软件、字符集等数据。它是电子文件正常使用和阅读的基本保障。

对用文字处理技术形成的文字型电子文件，收集时应以 XML、RTF、TXT、PDF 为通用格式，并注明文件存储格式、文字处理工具等，必要时同时保留文字处理工具软件。

对用扫描仪等设备获得的采用非通用文件格式的扫描型图像电子文件，收集时应将其转换成 JPEG、TIFF 等通用格式，如无法转换，则应将相关软件一并收集。

对用计算机辅助设计或绘图等设备获得的图形电子文件，收集时应注明其软硬件环境和相关数据。

对用视频或多媒体设备获得的文件以及用超媒体链接技术制作的文件，应以 MPEG、AVl 为通用格式，并同时收集其非通用格式的压缩算法和相关软件。

对用音频设备获得的声音文件，应以 WAV、MP3 为通用格式，同时收集其属性标识、参数和非通用格式的相关软件。

对通用软件产生的电子文件，应同时收集其软件型号、名称、版本号和相关参数手册、说明资料等。专用软件产生的电子文件原则上应转换成通用型电子文件，如不能转换，收集时则应连同专用软件一并收集。

对计算机系统运行和信息处理等过程中涉及的与电子文件处理有关的参数、管理数据等应与电子文件一同收集。

对套用统一模板的电子文件，在保证能恢复原形态的情况下，其内容信息可脱离套用模板进行存储，被套用模板作为电子文件的元数据保存。

3. 电子文件的暂存收集环境要安全

在强有力的信息技术支撑环境中，各种电子文件仍然需要注意当公务或其他事务处理过程产生电子文件时，应采取严格的安全措施，保证电子文件不被非正常改动、非法访问、复制以及非法删除。同时，还应随时或定期对电子文件进行备份，存储于能够脱机保存的载体上，避免系统故障造成文件信息的损毁或丢失。

对在网络系统中处于流转状态，暂时无法确定其保管责任的电子文件，应采取捕获措施，集中存储在符合安全要求的电子文件暂存存储器中，以防散失。

二、电子文件的鉴定

在电子文件归档整理过程中，也需要对归档文件进行严格的鉴定工作，去粗取精，去伪存真，将有价值的电子文件材料保存下来，提高电子文件档案管理的效率。因此，各单位应依据国家档案局有关文件保管期限的规定制定文件鉴定制度，按照电子文件的保存和利用价值确定其保管期限，并采取有效措施，保证电子文件的真实性、完整性和有效性。

（一）电子文件鉴定的内容

电子文件的鉴定工作应包括对电子文件的真实性、完整性、有效性的鉴定及归档文件密级、归档范围和保管期限的鉴定工作。

1. 鉴定电子文件的真实性、完整性、有效性

电子文件归档移交前，文件形成单位应按照规定的项目对电子文件的真实性、完整性和有效性进行检验，并由负责人签署审核意见，检验和审核结果填入《电子文件交接登记表》（见表10—10）。如果文件形成单位采用了某些技术方法来保证电子文件的真实性、完整性和有效性，则应将其技术方法和相关软件一同移交给接收单位。

表 10—10　　　　　　　　电子文件交接登记表

移交单位				
移交时间			移交人	
移交文件件数			文件起始日期	
文件载体	数量		备份数	
	类型		型号	
操作系统				
数据库系统				
相关软件（文字处理工具、浏览器、压缩或解密软件等）				
记录字符、图形、音频、视频文件格式				
检验项目	移交单位		接收单位	
载体外观检验				
病毒检验				
真实性检验				
完整性检验				
有效性检验				
技术方法与相关软件说明登记表、软件、说明资料检验				
检验人				
接收单位				
接收时间			接收人	

2. 鉴定电子文件是否属于归档范围

电子文件的归档范围应参照国家关于纸质文件材料归档的有关规定执行，并应包括相应的背景信息和元数据。

3. 鉴定电子文件保管期限和密级划分是否正确

电子文件保管期限和密级应参照国家关于纸质文件材料密级和保管期限的有关规定执行。电子文件的背景信息和元数据的保管期限应当与内容信息的保管期限一致。应在电子文件的机读目录上逐件标注保管期限的标识。

（二）电子文件鉴定的具体要求

电子文件鉴定工作的具体要求表现在：

（1）真实性要求，是指确认电子文件的内容、结构和背景信息与其形成时的原始状况一致。即可靠地保证电子文件自最终形成时起，其内容、结构、元数据和背景信息保持完整，未被更改；当电子文件的归档格式与其生成、发送或者接收的格式相同或不相同时，保证能够准确表现、读取原来生成、发送或者接收的内容；保证记录电子文件形成、处理、归档过程中的各类凭证信息真实、可靠；对电子文件的形成、积累、鉴定、归档实行有效监控，保证管理工作的连续性；能够识别电子文件的发送、接收的人员和时间。

（2）完整性要求，是指确认电子文件的内容、结构、背景信息和元数据等无缺损。即确保应归档的电子文件全部归档；电子文件同时存在相应的纸质或其他载体形式的文件时，电子文件与纸质或其他载体形式的文件一并归档，并保证其在内容、格式及相关说明和描述上完全一致。

（3）有效性要求，是指保证有效地表现电子文件所载内容，并使其可供随时调取查用；保证存储归档电子文件的载体长期有效，随着软硬件升级换代，及时对电子文件进行迁移作业。

三、电子文件的归档

电子文件经过有序化整理后应向档案部门移交归档，由于载体形态和技术环境的差异，电子文件归档具有自身的特点和要求。

（一）归档要求

文件形成部门或信息管理部门应定期把经过鉴定符合归档条件的电子文件向档案部门移交，并按档案管理要求的格式将其存储到符合保管期限要求的脱机载体上。在归档过程中必须符合电子文件的归档要求。

1. 内容信息符合归档要求

归档前文件形成单位已按照归档原则和相关规定对电子文件的归档范围和保存价值进行了认真鉴定，其归档范围、保管期限以及密级划定正确，符合归档文件的内容要求。

电子文件的归档范围参照国家关于纸质文件材料归档的有关规定执行，保管期限和密级的划分参照国家关于纸质文件材料密级和保管期限的有关规定执行。

归档电子文件同时具有相应的纸质或其他载体形式的文件时，应在内容、相关说明及描述上保持一致；电子文件的背景信息和元数据的保管期限应当与内容信息的保管期限一致。

2. 技术条件符合归档要求

归档前文件形成单位已按照规定将电子文件内容、背景信息和元数据等收集齐全完整，并具有与之相适应的技术保障软件、参数等各种技术条件资料。归档电子文件业经检测符合电子文件真实性、完整性、有效性的要求。如果文件形成单位采用了某些专业技术方法保证电子文件的真实性、完整性和有效性，则应将该技术方法和相关软件一同移交给接收单位。

在鉴定归档电子文件时要特别关注保证电子文件真实性、完整性和有效性的一系列技术保障措施是否完备，如登记处理过程中相互衔接的各类责任者（如起草者、修改者、审核者、签发者等）、各类操作者（打字者、发文者、收文者、存储管理者等）、各种责任凭证信息（批示、签名、印章、代码等），传递和交接过程中的各种标识的技术保证，电子文件各类操作者可靠的身份识别与权限控制系统，随时自动记录实施操作的人员、时间、设备、项目、内容等的操作日志以及专门防错漏和防调换的标记和防止非法使用电子签章、数字签署的技术系统等等。此外，鉴定电子文件时还应高度关注针对自然灾害、非法访问、非法操作、病毒侵害等情况采取与系统安全和保密等级要求相符合的网络设备安全保证、数据安全保证、操作安全保证、身份识别方法等，以确保归档电子文件信息的安全。

3. 归档交接材料清单清楚

电子文件的形成部门归档前应将所有需要归档移交的电子文件进行登记，形成《电子文件目录》（见表 10—11），并同时填写《电子文件交接登记表》的相应栏目，移交单位负责人应在《电子文件交接登记表》上签署审核意见。

表 10—11 **电子文件目录**

文件编号	题名	形成部门	形成日期	文件类别	载体编号	载体型号	载体类型	密级	保管期限	备注

每份电子文件均应在《电子文件目录》中登记，以便于日后的管理和检索利用。电子文件目录应与电子文件一同保存，不管电子文件目录是电子表格还是打印的纸质表格。凡永久保存的电子文件，其电子文件目录的电子版表格应附有纸质拷贝件，并与相应的电子文件拷贝一起保存。

（二）归档方式

电子文件归档方式分为逻辑归档和物理归档两种方式。

逻辑归档，是指在计算机网络上进行，不改变原存储方式和位置而实现的将电子文件的管理权限向档案部门移交的过程。即使是实时进行的逻辑归档，档案部门应先做逻辑归档，然后定期完成物理归档。档案部门应特别关注具有永久和长期保存价值的电子文件，定期进行脱机保存。

物理归档，是指把电子文件集中下载到可脱机保存的载体上，向档案部门移交的过程。归档电子文件的载体形式选择按优先顺序依次为：只读光盘、一次写光盘、磁带、可擦写光盘、硬磁盘等。不允许使用软磁盘、优盘等移动存储设备作为电子文件长期保存的载体。

归档时，应充分考虑电子文件的技术环境、相关软件、版本、数据类型、格式、被操作数据、检测数据等技术因素。归档完毕，电子文件形成部门应将存有归档前电子文件的载体保存至少 1 年。

各单位归档电子文件应符合相应文本的通用格式要求。对于采取技术手段对内容进行加密的电子文件，应在解密后进行脱机保存。压缩文件应在解压缩后进行归档。

（三）归档时间

电子文件的归档时间根据其归档方式可以有所区别。逻辑归档可实时进行，物理归档可按照纸质文件的规定定期完成。

各单位电子文件形成部门一般于次年6月底之前将上年度形成的电子文件经鉴定后向本单位档案部门移交脱机保管的载体进行归档。有条件的单位，电子文件形成部门可以在电子文件形成后3个月内向本单位档案部门进行在线归档。

（四）归档移交

归档电子文件的移交和接收必须在确保信息安全的前提下进行。

1. 移交方法

网络移交。通过网络进行交接的，移交方首先填写《电子文件交接登记表》中相关内容，并随同电子文件、电子文件目录一并移交。档案部门对接收的电子文件检验合格后，填写《电子文件交接登记表》中相应内容，并将登记表送达电子文件移交单位进行确认。

载体移交。使用脱机载体进行交接的，其装具或载体上应当加贴档案部门制发的统一标签，注明反映其内容的检索标识。检索标识一般包括载体序号、全宗号、类别号、保管期限、存入日期等项目。存储涉及国家秘密的电子文件的载体或装具上还应注明相应的密级和保密期限，并按照国家保密法律法规的有关规定进行管理。

脱机保存的归档电子文件应移交一式三套。一套封存保管，一套供查阅使用，一套异地保存。

2. 交接检验

在接收电子文件时，文件形成单位和档案部门均应对每套文件的载体及其技术环境进行逐一检验，合格率达到100%方可交接。对检验不合格者，应退回形成单位重新制作，并于下次交接时再次对其进行检验。

通过网络实施交接的检验项目包括：核实归档电子文件的真实性、完整性、有效性及审核手续；核实登记表、软件、说明资料等是否齐全；对特殊格式的电子文件，应核实其相关的软件、版本、操作手册等是否完整；采用脱机载体实施交接的检验项目还应包括载体有无划痕，是否清洁；有无病毒感染等等。

3. 交接手续

交接双方验收合格后，填写《电子文件交接登记表》相应项目，移交双方人员签字或盖章，以表示对移交行为的确认。电子文件交接登记表一式两份，一份交电子文件形成单位，一份由档案保管部门自存，以方便双方日后查阅。

思考与练习

1. 如何按照重要程度排列案卷内文件？

2. 与案卷级整理方法相比较，文件级整理方法具有哪些主要特点？

3. 如何理解文件级整理中归档文件排列应在最低一级类目内按事由结合时间、重要程度等排列？

4. 归档文件装盒应遵循哪些原则？

5. 简述电子文件的归档方式与归档要求。

6. 案例分析：修改下列案卷题名。

（1）公费医疗改革通知、决定、函

（2）××县人事局、××地区人事局有关工程技术人员、档案图书情报人员、医务人员、会计人员等职称评定中古代汉语、外语、计算机考试的通知、办法

（3）××科技公司与××大学关于共同开发远程教育网络系统的各种商洽文件

附　　录

附录1 《中国共产党机关公文处理条例》

（经中共中央批准中共中央办公厅一九九六年五月三日印发）

第一章 总 则

第一条 为适应中国共产党机关（以下简称党的机关）工作的需要，实现党的机关公文处理工作的科学化、制度化、规范化，制定本条例。

第二条 党的机关的公文，是党的机关实施领导、处理公务的具有特定效力和规范格式的文书，是传达贯彻党的路线、方针、政策，指导、布置和商洽工作，请示和答复问题，报告和交流情况的工具。

第三条 公文处理是包括公文拟制、办理、管理、立卷归档在内的一系列衔接有序的工作。

第四条 公文处理应当坚持实事求是、按照行文机关要求和公文处理规定进行的原则，做到准确、及时、安全、保密。

第五条 党的机关的办公厅（室）主管本机关的公文处理工作，并对下级机关的公文处理工作进行业务指导。

第六条 党的机关的办公厅（室）应当设立秘书部门或者配备秘书人员具体负责公文处理工作，并逐步改善办公手段，努力提高工作效率和质量。秘书人员应当具有较高的政治和业务素质，工作积极，作风严谨，遵守纪律，恪尽职守。

第二章 公文种类

第七条 党的机关公文种类主要有：

（一）决议 用于经会议讨论通过的重要决策事项。

（二）决定 用于对重要事项作出决策和安排。

（三）指示 用于对下级机关布置工作，提出开展工作的原则和要求。

（四）意见　用于对重要问题提出见解和处理办法。

（五）通知　用于发布党内法规、任免干部、传达上级机关的指示、转发上级机关和不相隶属机关的公文、批转下级机关的公文、发布要求下级机关办理和有关单位共同执行或者周知的事项。

（六）通报　用于表彰先进、批评错误、传达重要精神、交流重要情况。

（七）公报　用于公布发布重要决定或者重大事件。

（八）报告　用于向上级机关汇报工作、反映情况、提出建议，答复上级机关的询问。

（九）请示　用于向上级机关请求指示、批准。

（十）批复　用于答复下级机关的请示。

（十一）条例　用于党的中央组织制定规范党组织的工作、活动和党员行为的规章制度。

（十二）规定　用于对特定范围内的工作和事务制定具有约束力的行为规范。

（十三）函　用于机关之间商洽工作、询问和答复问题，向无隶属关系的有关主管部门请求批准等。

（十四）会议纪要　用于记载会议主要精神和议定事项。

第三章　公文格式

第八条　党的机关公文由版头、份号、密级、紧急程度、发文字号、签发人、标题、主送机关、正文、附件、发文机关署名、成文日期、印章、印发传达范围、主题词、抄送机关、印制版记组成。

（一）版头　由发文机关全称或者规范化简称加“文件”二字或者加括号标明文种组成，用套红大字居中印在公文首页上部。联合行文，版头可以用主办机关名称，也可以并用联署机关名称。在民族自治地方，发文机关名称可以并用自治民族的文字和汉字印制。

（二）份号　公文印制份数的顺序号，标注于公文首页左上角。秘密公文应当标明份号。

（三）密级　公文的秘密等级，标注于份号下方。

（四）紧急程度　对公文送达和办理的时间要求。紧急文件应当分别标明“特急”、“加急”，紧急电报应当分别标明“特提”、“特急”、“加急”、“平急”。

（五）发文字号　由发文机关代字、发文年度和发文顺序号组成，标注于版头下方居中或者左下方。联合行文，一般只标明主办机关的发文字号。

（六）签发人　上报公文应当在发文字号右侧标注“签发人”，“签发人”后面标注签发人姓名。

（七）标题　由发文机关名称、公文主题和文种组成，位于发文字号下方。

（八）主送机关　主要受理公文的机关。主送机关名称应当用全称或者规范化简称或者同类型机关的统称，位于正文上方，顶格排印。

（九）正文　公文的主体，用来表达公文的内容，位于标题或者主送机关下方。

（十）附件　公文附件，应当置于主件之后，与主件装订在一起，并在正文之后、发文机关署名之前注明附件的名称。

（十一）发文机关署名　应当用全称或者规范化简称，位于正文的右下方。

（十二）成文日期　一般署会议通过或者领导人签发日期；联合行文，署最后签发机关领导人的签发日期；特殊情况署印发日期。成文日期应当写明年、月、日，位于发文机关署名右下方。决议、决定、条例、规定等不标明主送机关的公文，成文日期加括号标注于标题下方居中位置。

（十三）印章　除会议纪要和印制的有特定版头的普发性公文外，公文应当加盖发文机关印章。

（十四）印发传达范围　加括号标注于成文日期左下角。

（十五）主题词　按上级机关的要求和《公文主题词表》标注，位于抄送机关上方。

（十六）抄送机关　指除主送机关以外的其他需要告知公文内

容的上级、下级和不相隶属机关。抄送机关名称标注于印制版记上方。

（十七）印制版记　由公文印发机关名称、印发日期和份数组成，位于公文末页下端。

第九条　公文的汉字从左至右横排；少数民族文字按其书写习惯排印。公文用纸幅面规格可采用16开型（长260毫米，宽184毫米），也可采用国际标准A4型（长297毫米，宽210毫米）。左侧装订。

第十条　党的机关公文版头的主要形式及适用范围：

（一）《中共××文件》用于各级党委发布、传达贯彻党的方针、政策，作出重要工作部署，转发上级机关的文件，批转下级机关的重要报告、请示。

（二）《中国共产党××委员会（××）》用于各级党委通知重要事项、任免干部、批复下级机关的请示、向上级机关报告、请示工作。

（三）《中共××办公厅（室）文件》、《中共××办公厅（室）（××）》用于各级党委办公厅（室）根据授权，传达党委的指示，答复下级党委的请示，转发上级机关的文件，批转下级机关的报告、请示、发布有关事项，向上级机关报告、请示工作。

（四）《中共××部文件》、《中共××部（××）》用于除办公厅（室）以外的党委各部门发布本部门职权范围内的事项，向上级机关报告、请示工作。

第四章　行文规则

第十一条　行文应当确有需要、注重实效、坚持少而精。可发可不发的公文不发，可长可短的公文要短。

第十二条　党的机关的行文关系，根据各自的隶属关系和职权范围确定。

（一）向上级机关行文，应当主送一个上级机关；如需其他相关的上级机关阅知，可以抄送。不得越级向上级机关行文，尤其不得越级请示问题；因特殊情况必须越级行文时，应当同时抄送被越过的上级机关。

（二）向下级机关的重要行文，应当同时抄送发文机关的直接上级机关。

（三）党委各部门在各自职权范围内可以向下级党委的相关部门行文。党委办公厅（室）根据党委授权，可以向下级党委行文；党委的其他部门，不得对下级党委发布指示性公文。部门之间对有关问题未经协商一致，不得各自向下行文。

（四）同级党的机关、党的机关与其他同级机关之间必要时可以联合行文。

（五）不相隶属机关之间一般用函行文。

第十三条 受双重领导的机关向上级机关行文，应当写明主送机关和抄送机关，由主送机关负责答复其请示事项。上级机关向受双重领导的下级机关行文，应当抄送其另一上级机关。

第十四条 向上级机关请示问题，应当一文一事，不应当在非请示公文中夹带请示事项。

请示事项涉及其他部门业务范围时，应当经过协商并取得一致意见后上报；经过协商未能取得一致意见时，应当在请示中写明。除特殊情况外，请示应当送上级机关的办公厅（室）按规定程序处理，不应直接送领导者个人。

党委各部门应当向本级党委请示问题。未经本级党委同意或授权，不得越过本级党委向上级党委主管部门请示重大问题。

第十五条 对不符合行文规则的上报公文，上级机关的秘书部门可退回下级呈报机关。

第五章 公文起草

第十六条 起草公文应当做到：

（一）符合党的路线、方针、政策和国家的法律、法规及上级机关的指示，完整、准确地体现发文机关的意图，并同现行有关公文相衔接。

（二）全面、准确地反映客观实际情况，提出的政策、措施切实可行。

（三）观点明确，条理清晰，内容充实，结构严谨，表述准确。

（四）开门见山，文字精练，用语准确，篇幅简短，文风端正。

（五）人名、地名、时间、数字、引文准确。公文中汉字和标点符号的用法符合国家发布的标准方案，计量单位和数字用法符合国家主管部门的规定。

（六）文种、格式使用正确。

（七）杜绝形式主义和繁琐哲学。

第十七条 起草重要公文应当由领导人亲自动手或亲自主持、指导，进行调查研究和充分论证，征求有关部门意见。

第六章 公文校核

第十八条 公文文稿送领导人审批之前，应当由办公厅（室）进行校核。公文校核的基本任务是协助机关领导人保证公文的质量。公文校核的内容是：

（一）报批程序是否符合规定；

（二）是否确需行文；

（三）内容是否符合党的路线、方针、政策和国家的法律、法规及上级机关的指示精神，是否完整、准确地体现发文机关的意图，并同现行有关公文相衔接；

（四）涉及有关部门业务的事项是否经过协调并取得一致意见；

（五）所提措施和办法是否切实可行；

（六）人名、地名、时间、数字、引文和文字表述、密级、印发传达范围、主题词是否准确、恰当，汉字、标点符号、计量单位、数字的用法及文种使用、公文格式是否符合本条例的规定。

第十九条 文稿如需作较大修改，应当与原起草部门协商或请其修改。

第二十条 已经领导人审批过的文稿，在印发之前应再作校核。校核的内容同第十八条（六）款。经校核如需作涉及内容的实质性修改，须报原审批领导人复审。

第七章　公文签发

第二十一条　公文须经本机关领导人审批签发。重要公文应当由机关主要领导人签发。联合发文，须经所有联署机关的领导人会签。党委办公厅（室）根据党委授权发布的公文，由被授权者签发或者按照有关规定签发。领导人签发公文，应当明确签署意见，并写上姓名和时间。若圈阅，则视为同意。

第八章　公文办理和传递

第二十二条　公文办理分为收文办理和发文办理。收文办理包括公文的签收、登记、拟办、请办、分发、传阅、承办和催办等程序。公文经起草、校核和领导审批签发后转入发文办理，发文办理包括公文的核发、登记、印制和分发等程序。

（一）签收　收到有关公文并以签字或盖章的方式给发文方以凭据。签收公文应当逐件清点，如发现问题，应当及时向发文机关查询，并采取相应的处理措施。急件应当注明签收的具体时间。

（二）登记　公文办理过程中就公文的特征和办理情况进行记载。登记应当将公文标题、密级、发文字号、发文机关、成文日期、主送机关、份数、收发文日期及办理情况逐项填写清楚。

（三）拟办　秘书部门对需要办理的公文提出办理意见，并提供必要的背景材料，送领导人批示。

（四）请办　办公厅（室）根据授权或有关规定将需要办理的公文注请主管领导人批示或者主管部门研办。对需要两个以上部门办理的，应当指明主办部门。

（五）分发　秘书部门根据有关规定或者领导人批示将公文分送有关领导人和部门。

（六）传阅　秘书部门根据领导人批示或者授权，按照一定的程序将公文送有关领导人阅知或者批示。办理公文传阅应当随时掌握公文去向，避免漏传、误传和延误。

（七）承办　主管部门对需要办理的公文进行办理。凡属承办部门职权范围内可以答复的事项，承办部门应当直接答复呈文机关；凡涉及其他部门业务范围的事项，承办部门应当主动与有关部门协商办理；凡须报请上级机关审批的事项，承办部门应当提出处理意见并代拟文稿，一并送请上级机关审批。

（八）催办　秘书部门对公文的承办情况进行督促检查。催办贯穿于公文处理的各个环节。对紧急或者重要公文应当及时催办，对一般公文应当定期催办，并随时或者定期向领导人反馈办理情况。

（九）核发　秘书部门在公文正式印发前，对公文的审批手续、文种、格式等进行复核，确定发文字号、分送单位和印制份数。

（十）印制　应当做到准确、及时、规范、安全、保密。秘密公文应当由机要印刷厂（或一般印刷厂的保密车间）印制。

第二十三条　公文处理过程中，应当使用符合存档要求的书写材料。需要送请领导人阅批的传真件，应当复制后办理。

第二十四条　秘密公文应当通过机要交通（或机要通信）传递、密电传输或者计算机网络加密传输，不得密电明传、明电密电混用。

第九章　公文管理

第二十五条　党的机关公文应当发给组织，由秘书部门统一管理，一般不发给个人。秘书部门应当切实做好公文的管理工作，既发挥公文效用，又有利于公文保密。

第二十六条　党的机关秘密公文的印发传达范围应当按照发文机关的要求执行，下级机关、不相隶属机关如需变更，须经发文机关批准。

第二十七条　公开发布党的机关公文，须经发文机关批准。经批准公开发布的公文，同发文机关正式印发的公文具有同等效力。

第二十八条　复制上级党的机关的秘密公文，须经发文机关批准或者授权。翻印件应当注明翻印机关名称、翻印日期和份数；复印件应当加盖复印机关戳记。复制的公文应当与正式印发的公文同样管理。

第二十九条　汇编上级党的机关的秘密公文，须经发文机关批准或者授权。公文汇编本的密级按照编入公文的最高密级标注并进行管理。

第三十条 绝密级公文应当由秘书部门指定专人管理，并采取严格的保密措施。

第三十一条 秘书部门应当按照规定对秘密公文进行清理、清退和销毁，并向主管机关报告公文管理情况。

销毁秘密公文，必须严格履行登记手续，经主管领导人批准后，由二人监销，保证不丢失、不漏销。个人不得擅自销毁公文。

第三十二条 机关合并时，全部公文应当随之合并管理。机关撤销时，需要归档的公文立卷后按照有关规定移交档案部门，其他公文按照有关规定登记销毁。工作人员调离工作岗位时，应当将本人保管、借用的公文按照有关规定移交、清退。

第十章 公文立卷归档

第三十三条 公文办理完毕后，秘书部门应当按照有关规定将公文的定稿、正本和有关材料收集齐全，进行立卷归档。个人不得保存应当归档的公文。

第三十四条 两个以上机关联合办理的公文，原件由主办机关立卷归档，相关机关保存复制件。机关领导人兼任其他机关职务的，在履行其所兼职务过程中形成的公文，由其兼职的机关立卷归档。

第十一章 公文保密

第三十五条 公文处理必须严格遵守《中华人民共和国保守国家秘密法》及有关保密法规，遵守党的保密纪律，确保党和国家秘密的安全。

凡泄露或出卖党和国家秘密公文的，依照有关法律、法规的规定进行处理。

第三十六条 党内秘密公文的密级按其内容及如泄露可能对党和国家利益造成危害的程度划分为“绝密”、“机密”、“秘密”。不公开发表又未标注密级的公文，按内部公文管理。

第三十七条 发文机关在拟制公文时，应当根据公文的内容和工作需要，严格划分密与非密的界限；对于需要保密的公文，要准确标注其密级。公文密级的变更和解除由发文机关或其上级机关决定。

第十二章 附 则

第三十八条 本条例适用于中国共产党各级机关。

第三十九条 本条例由中共中央办公厅负责解释。

第四十条 本条例自发布之日起施行。

附录2 《国家行政机关公文处理办法》①

第一章 总 则

第一条 为使国家行政机关（以下简称行政机关）的公文处理工作规范化、制度化、科学化，制定本办法。

第二条 行政机关的公文（包括电报，下同），是行政机关在行政管理过程中形成的具有法定效力和规范体式的文书，是依法行政和进行公务活动的重要工具。

第三条 公文处理指公文的办理、管理、整理（立卷）、归档等一系列相互关联、衔接有序的工作。

第四条 公文处理应当坚持实事求是、精简、高效的原则，做到及时、准确、安全。

第五条 公文处理必须严格执行国家保密法律、法规和其他有关规定，确保国家秘密的安全。

第六条 各级行政机关的负责人应当高度重视公文处理工作，模范遵守本办法并加强对本机关公文处理工作的领导和检查。

第七条 各级行政机关的办公厅（室）是公文处理的管理机构，主管本机关的公文处理工作并指导下级机关的公文处理工作。

第八条 各级行政机关的办公厅（室）应当设立文秘部门或者配备专职人员负责公文处理工作。

第二章 公文种类

第九条 行政机关的公文种类主要有：

---

① 国发〔2000〕23号，国务院2000年8月24日颁发，自2001年1月1日起施行。

（一）命令（令）

适用于依照有关法律公布行政法规和规章；宣布施行重大强制性行政措施；嘉奖有关单位及人员。

（二）决定

适用于对重要事项或者重大行动做出安排，奖惩有关单位及人员，变更或者撤销下级机关不适当的决定事项。

（三）公告

适用于向国内外宣布重要事项或者法定事项。

（四）通告

适用于公布社会各有关方面应当遵守或者周知的事项。

（五）通知

适用于批转下级机关的公文，转发上级机关和不相隶属机关的公文，传达要求下级机关办理和需要有关单位周知或者执行的事项，任免人员。

（六）通报

适用于表彰先进，批评错误，传达重要精神或者情况。

（七）议案

适用于各级人民政府按照法律程序向同级人民代表大会或人民代表大会常务委员会提请审议事项。

（八）报告

适用于向上级机关汇报工作，反映情况，答复上级机关的询问。

（九）请示

适用于向上级机关请求指示、批准。

（十）批复

适用于答复下级机关的请示事项。

（十一）意见

适用于对重要问题提出见解和处理办法。

（十二）函

适用于不相隶属机关之间商洽工作，询问和答复问题，请求批准和答复审批事项。

（十三）会议纪要

适用于记载、传达会议情况和议定事项。

第三章　公文格式

第十条　公文一般由秘密等级和保密期限、紧急程度、发文机关标识、发文字号、签发人、标题、主送机关、正文、附件说明、成文日期、印章、附注、附件、主题词、抄送机关、印发机关和印发日期等部分组成。

（一）涉及国家秘密的公文应当标明密级和保密期限，其中，“绝密”、“机密”级公文还应当标明份数序号。

（二）紧急公文应当根据紧急程序分别标明“特急”、“急件”。其中电报应当分别标明“特提”、“特急”、“加急”、“平急”。

（三）发文机关标识应当使用发文机关全称或者规范化简称；联合行文，主办机关排列在前。

（四）发文字号应当包括机关代字、年份、序号。联合行文，只标明主办机关发文字号。

（五）上行文应当注明签发人、会签人姓名。其中，“请示”应当在附注处注明联系人的姓名和电话。

（六）公文标题应当准确简要地概括公文的主要内容并标明公文种类，一般应当标明发文机关。公文标题中除法规、规章名称加书名号外，一般不用标点符号。

（七）主送机关指公文的主要受理机关，应当使用全称或者规范化简称、统称。

（八）公文如有附件，应当注明附件顺序和名称。

（九）公文除“会议纪要”和以电报形式发出的以外，应当加盖印章。联合上报的公文，由主办机关加盖印章；联合下发的公文，发文机关都应当加盖印章。

（十）成文日期以负责人签发的日期为准，联合行文以最后签发机关负责人的签发日期为准。电报以发出日期为准。

（十一）公文如有附注（需要说明的其他事项），应当加括号标注。

（十二）公文应当标注主题词。上行文按照上级机关的要求标注主题词。

（十三）抄送机关指除主送机关外需要执行或知晓公文的其他机关，应当使用全称或者规范化简称、统称。

（十四）文字从左至右横写、横排。在民族自治地方，可以并用汉字和通用的少数民族文字（按其习惯书写、排版）。

第十一条 公文中各组成部分的标识规则，参照《国家行政机关公文格式》国家标准执行。

第十二条 公文用纸一般采用国际标准 A4 型（210mm×297mm），左侧装订。张贴的公文用纸大小，根据实际需要确定。

第四章 行文规则

第十三条 行文应当确有必要，注重效用。

第十四条 行文关系根据隶属关系和职权范围确定，一般不得越级请示和报告。

第十五条 政府各部门依据部门职权可以相互行文和向下一级政府的相关业务部门行文；除以函的形式商洽工作、询问和答复问题、审批事项外，一般不得向下一级政府正式行文。

部门内设机构除办公厅（室）外不得对外正式行文。

第十六条 同级政府、同级政府各部门、上级政府部门与下一级政府可以联合行文；政府与同级党委和军队机关可以联合行文；政府部门与相应的党组织和军队机关可以联合行文；政府部门与同级人民团体和具有行政职能的事业单位也可以联合行文。

第十七条 属于部门职权范围内的事务，应当由部门自行行文或联合行文。联合行文应当明确主办部门。须经政府审批的事项，经政府同意也可以由部门行文，文中应当注明经政府同意。

第十八条 属于主管部门职权范围内的具体问题，应当直接报送主管部门处理。

第十九条 部门之间对有关问题未经协商一致，不得各自向下行文。如擅自行文，上级机关应当责令纠正或撤销。

第二十条 向下级机关或者本系统的重要行文，应当同时抄送直接上级机关。

第二十一条　“请示”应当一文一事；一般只写一个主送机关，需要同时送其他机关的，应当用抄送形式，但不得抄送其下级机关。

“报告”不得夹带请示事项。

第二十二条　除上级机关负责人直接交办的事项外，不得以机关名义向上级机关负责人报送“请示”、“意见”和“报告”。

第二十三条　受双重领导的机关向上级机关行文，应当写明主送机关和抄送机关。上级机关向受双重领导的下级机关行文，必要时应当抄送其另一上级机关。

第五章　发文办理

第二十四条　发文办理指以本机关名义制发公文的过程，包括草拟、审核、签发、复核、缮印、用印、登记、分发等程序。

第二十五条　草拟公文应当做到：

（一）符合国家的法律、法规及其他有关规定。如提出新的政策、规定等，要切实可行并加以说明。

（二）情况确实，观点明确，表述准确，结构严谨，条理清楚，直述不曲，字词规范，标点正确，篇幅力求简短。

（三）公文的文种应当根据行文目的、发文机关的职权和与主送机关的行文关系确定。

（四）拟制紧急公文，应当体现紧急的原因，并根据实际需要确定紧急程度。

（五）人名、地名、数字、引文准确。引用公文应当先引标题，后引发文字号。引用外文应当注明中文含义。日期应当写明具体的年、月、日。

（六）结构层次序数，第一层为“一、”，第二层为“(一)”，第三层为“1.”，第四层为“（1)”。

（七）应当使用国家法定计量单位。

（八）文内使用非规范化简称，应当先用全称并注明简称。使用国际组织外文名称或其缩写形式，应当在第一次出现时注明准确的中文译名。

（九）公文中的数字，除成文日期、部分结构层次序数和在词、词组、惯用语、缩略语、具有修辞色彩语句中作为词素的数字必须使用汉字外，应当使用阿拉伯数字。

第二十六条 拟制公文，对涉及其他部门职权范围内的事项，主办部门应当主动与有关部门协商，取得一致意见后方可行文；如有分歧，主办部门的主要负责人应当出面协调，仍不能取得一致时，主办部门可以列明各方理据，提出建设性意见，并与有关部门会签后报请上级机关协调或裁定。

第二十七条 公文送负责人签发前，应当由办公厅（室）进行审核。审核的重点是：是否确需行文，行文方式是否妥当，是否符合行文规则和拟制公文的有关要求，公文格式是否符合本办法的规定等。

第二十八条 以本机关名义制发的上行文，由主要负责人或者主持工作的负责人签发；以本机关名义制发的下行文或平行文，由主要负责人或者由主要负责人授权的其他负责人签发。

第二十九条 公文正式印制前，文秘部门应当进行复核，重点是：审批、签发手续是否完备，附件材料是否齐全，格式是否统一、规范等。

经复核需要对文稿进行实质性修改的，应按程序复审。

第六章 收文办理

第三十条 收文办理指对收到公文的办理过程，包括签收、登记、审核、拟办、批办、承办、催办等程序。

第三十一条 收到下级机关上报的需要办理的公文，文秘部门应当进行审核。审核的重点是：是否应由本机关办理；是否符合行文规则；内容是否符合国家法律、法规及其他有关规定；涉及其他部门或地区职权的事项是否已协商、会签；文种使用、公文格式是否规范。

第三十二条 经审核，对符合本办法规定的公文，文秘部门应当及时提出拟办意见送负责人批示或者交有关部门办理，需要两个以上部门办理的应当明确主办部门。紧急公文，应当明确办理时限。对不符合本办法规定的公文，经办公厅（室）负责人批准后，可以退回呈报单位并说明理由。

第三十三条 承办部门收到交办的公文后应当及时办理，不得延误、推诿。紧急公文应当按时限要求办理，确有困难的，应当及时予以说明。对不属于本单位职权范围或者不宜由本单位办理的，应当及时退回交办的文秘部门并说明理由。

第三十四条 收到上级机关下发或交办的公文，由文秘部门提出拟办意见，送负责人批示后办理。

第三十五条 公文办理中遇有涉及其他部门职权的事项，主办部门应当主动与有关部门协商；如有分歧，主办部门主要负责人要出面协调，如仍不能取得一致，可以报请上级机关协调或裁定。

第三十六条 审批公文时，对有具体请示事项的，主批人应当明确签署意见、姓名和审批日期，其他审批人圈阅视为同意；没有请示事项的，圈阅表示已阅知。

第三十七条 送负责人批示或者交有关部门办理的公文，文秘部门要负责催办，做到紧急公文跟踪催办，重要公文重点催办，一般公文定期催办。

第七章　公文归档

第三十八条 公文办理完毕后，应当根据《中华人民共和国档案法》和其他有关规定，及时整理（立卷）、归档。

个人不得保存应当归档的公文。

第三十九条 归档范围内的公文，应当根据其相互联系、特征和保存价值等整理（立卷），要保证归档公文的齐全、完整，能正确反映本机关的主要工作情况，便于保管和利用。

第四十条 联合办理的公文，原件由主办机关整理（立卷）、归档，其他机关保存复制件或其他形式的公文副本。

第四十一条 本机关负责人兼任其他机关职务，在履行所兼职务职责过程中形成的公文，由其兼职机关整理（立卷）、归档。

第四十二条 归档范围内的公文应当确定保管期限，按照有关规定定期向档案部门移交。

第四十三条 拟制、修改和签批公文，书写及所用纸张和字迹材料必须符合存档要求。

第八章 公文管理

第四十四条 公文由文秘部门或专职人员统一收发、审核、用印、归档和销毁。

第四十五条 文秘部门应当建立健全本机关公文处理的有关制度。

第四十六条 上级机关的公文，除绝密级和注明不准翻印的以外，下一级机关经负责人或者办公厅（室）主任批准，可以翻印。翻印时，应当注明翻印的机关、日期、份数和印发范围。

第四十七条 公开发布行政机关公文，必须经发文机关批准。经批准公开发布的公文，同发文机关正式印发的公文具有同等效力。

第四十八条 公文复印件作为正式公文使用时，应当加盖复印机关证明章。

第四十九条 公文被撤销，视作自始不产生效力；公文被废止，视作自废止之日起不产生效力。

第五十条 不具备归档和存查价值的公文，经过鉴别并经办公厅（室）负责人批准，可以销毁。

第五十一条 销毁秘密公文应当到指定场所由二人以上监销，保证不丢失、不漏销。其中，销毁绝密公文（含密码电报）应当进行登记。

第五十二条 机关合并时，全部公文应当随之合并管理。机关撤销时，需要归档的公文整理（立卷）后按有关规定移交档案部门。

工作人员调离工作岗位时，应当将本人暂存、借用的公文按照有关规定移交、清退。

第五十三条 密码电报的使用和管理，按照有关规定执行。

第九章　附　则

第五十四条　行政法规、规章方面的公文，依照有关规定处理。外事方面的公文，按照外交部的有关规定处理。

第五十五条　公文处理中涉及电子文件的有关规定另行制定。统一规定发布之前，各级行政机关可以制定本机关或者本地区、本系统的试行规定。

第五十六条　各级行政机关的办公厅（室）对上级机关和本机关下发公文的贯彻落实情况应当进行督促检查并建立督查制度。有关规定另行制定。

第五十七条　本办法自 2001 年 1 月 1 日起施行。1993 年 11 月 21 日国务院办公厅发布，1994 年 1 月 1 日起施行的《国家行政机关公文处理办法》同时废止。

附录3 《国家行政机关公文格式》

(GB/T9704—1999)①

1 范围

本标准规定了国家行政机关公文通用的纸张要求、印刷要求、公文中各要素排列顺序和标识规则。

本标准适用于国家各级行政机关制发的公文。其他机关公文可参照执行。

使用少数民族文字印制的公文，其格式可参照本标准按有关规定执行。

2 引用标准

下列标准所包含的条文，通过在本标准中引用而构成为本标准的条文。本标准出版时，所示版本均为有效。所有标准都会被修订，使用本标准的各方应探讨使用下列标准最新版本的可能性。

GB/T 148—1997 印制、书写和绘图纸幅面尺寸

3 定义

本标准采用下列定义。

3.1 字 word

标识公文中横向距离的长度单位。一个字指一个汉字所占空间。

3.2 行 line

标识公文中纵向距离的长度单位。本标准以3号字高度加3号字高度7/8倍的距离为一基准行。

4 公文用纸主要技术指标

公文用纸一般使用纸张定量为$60g/m^2$～$80g/m^2$的胶版印刷纸

① 国家质量技术监督局1999年12月27日批准，2000年1月1日实施。

或复印纸。纸张白度为85%～90%，横向耐折度≥15次，不透明度≥85%，pH值为7.5～9.5。

5 公文用纸幅面及版面尺寸

5.1 公文用纸幅面尺寸

公文用纸采用GB/T 148中规定的A4型纸，其成品幅面尺寸为：210mm×297mm，尺寸的允许偏差见GB/T 148。

5.2 公文页边与版心尺寸

公文用纸天头（上白边）为：37mm±1mm

公文用纸订口（左白边）为：28mm±1mm

版心尺寸为：156mm×225mm（不含页码）

6 公文中图文的颜色

未作特殊说明公文中图文的颜色均为黑色。

7 排版规格与印刷装订要求

7.1 排版规格

正文用3号仿宋体字，一般每面排22行，每行排28个字。

7.2 制版要求

版面干净无底灰，字迹清楚无断划，尺寸标准，版心不斜，误差不超过1mm。

7.3 印刷要求

双面印刷；页码套正，两面误差不得超过2mm。黑色油墨应达到色谱所标BL100%，红色油墨应达到色谱所标Y80%，M80%。印品着墨实、均匀；字面不花、不白、无断划。

7.4 装订要求

公文应左侧装订，不掉页。包本公文的封面与书芯不脱落，后背平整、不空。两页页码之间误差不超过4mm。骑马订或平订的订位为两钉钉锯外订眼距书芯上下各1/4处，允许误差+4mm。平订钉锯与书脊间的距离为3mm～5mm；无坏钉、漏钉、重钉，钉脚平伏牢固；后背不可散页明订。裁切成品尺寸误差±1mm，四角成90°，无毛茬或缺损。

8 公文中各要素标识规则

本标准将组成公文的各要素划分为眉首、主体、版记三部分。置于公文首页红色反线（宽度同版心，即156mm）以上的各要素统称眉首；置于红色反线（不含）以下至主题词（不含）之间的各要素统称主体；置于主题词以下的各要素统称版记。

8.1　眉首

8.1.1　公文份数序号

公文份数序号是将同一文稿印制若干份时每份公文的顺序编号。如需标识公文份数序号，用阿拉伯数码顶格标识在版心左上角第1行。

8.1.2　秘密等级和保密期限

如需标识秘密等级，用3号黑体字，顶格标识在版心右上角第1行，两字之间空1字；如需同时标识秘密等级和保密期限，用3号黑体字，顶格标识在版心右上角第1行，秘密等级和保密期限之间用“★”隔开。

8.1.3　紧急程度

如需标识紧急程度，用3号黑体字，顶格标识在版心右上角第1行，两字之间空1字；如需同时标识秘密等级与紧急程度，秘密等级顶格标识在版心右上角第1行，紧急程度顶格标识在版心右上角第2行。

8.1.4　发文机关标识

由发文机关全称或规范化简称后加“文件”组成；对一些特定的公文可只标识发文机关全称或规范化简称。发文机关标识上边缘至版心上边缘为25mm。对于上报的公文，发文机关标识上边缘至版心上边缘为80mm。

发文机关标识推荐使用小标宋体字，用红色标识。字号由发文机关以醒目美观为原则酌定，但一般应小于22mm×15mm。

联合行文时应使主办机关名称在前，“文件”二字置于发文机关名称右侧，上下居中排布；如联合行文机关过多，必须保证公文首页显示正文。

8.1.5　发文字号

发文字号由发文机关代字、年份和序号组成。发文机关标识下空2行，用3号仿宋体字，居中排布；年份、序号用阿拉伯数码标识；年份应标全称，用六角括号“〔 〕”括入；序号不编虚位（即1不编为001），不加“第”字。

发文字号之下4mm处印一条与版心等宽的红色反线。

8.1.6 签发人

上报的公文需标识签发人姓名，平行排列于发文字号右侧。发文字号居左空1字，签发人姓名居右空1字；签发人用3号仿宋体字，签发人后标全角冒号，冒号后用2号楷体字标识签发人姓名。

如有多个签发人，主办单位签发人姓名置于第1行，其他签发人姓名从第2行起在主办单位签发人姓名之下按发文机关顺序依次顺排，下移红色反线，应使发文字号与最后一个签发人姓名处在同一行并使红色反线与之的距离为4mm。

8.2 主体

8.2.1 公文标题

红色反线下空2行，用2号小标宋体字，可分一行或多行居中排布；回行时，要做到词意完整，排列对称，间距恰当。

8.2.2 主送机关

标题下空1行，左侧顶格用3号仿宋体字标识，回行时仍顶格；最后一个主送机关名称后标全角冒号。如主送机关名称过多而使公文首页不能显示正文时，应将主送机关名称移至版记中的主题词之下、抄送之上，标识方法同抄送。

8.2.3 公文正文

主送机关名称下一行，每自然段左空2字，回行顶格。数字、年份不能回行。

8.2.4 附件

公文如有附件，在正文下空一行左空2字用3号仿宋体字标识“附件”，后标全角冒号和名称。附件如有序号使用阿拉伯数码（如“附件：1. ×××××”）；附件名称后不加标点符号。附件应与公文正文一起装订，并在附件左上角第1行顶格标识“附件”，有序号时标识序号；附件的序号和名称前后标识应一致。如附件与公文正文不能一起装订，应在附件左上角第1行顶格标识公文的发文字号并在其后标识附件（或带序号）。

8.2.5　成文时间

用汉字将年、月、日标全；“零”写为“○”；成文时间的标识位置见8.2.6。

8.2.6　公文生效标识

8.2.6.1　单一发文印章

单一机关制发的公文在落款处不署发文机关名称，只标识成文时间。成文时间右空4字；加盖印章应上距正文2mm～4mm，端正、居中下压成文时间，印章用红色。

当印章下弧无文字时，采用下套方式，即仅以下弧压在成文时间上；

当印章下弧有文字时，采用中套方式，即印章中心线压在成文时间上。

8.2.6.2　联合行文印章

当联合行文需加盖两个印章时，应将成文时间拉开，左右各空7字；主办机关印章在前；两个印章均压成文时间，印章用红色。只能采用同种加盖印章方式，以保证印章排列整齐。两印章间互不相交或相切，相距不超过3mm。

当联合行文需加盖3个以上印章时，为防止出现空白印章，应将各发文机关名称（可用简称）排在发文时间和正文之间。主办机关印章在前，每排最多排3个印章，两端不得超过版心；最后一排如余一个或两个印章，均居中排布；印章之间互不相交或相切；在最后一排印章之下右空2字标识成文时间。

8.2.6.3　特殊情况说明

当公文排版后所剩空白处不能容下印章位置时，应采取调整行距、字距的措施加以解决，务使印章与正文同处一面，不得采取标识“此页无正文”的方法解决。

8.2.7　附注

公文如有附注，用3号仿宋体字，居左空2字加圆括号标识在成文时间下一行。

8.3 版记

8.3.1 主题词

“主题词”用3号黑体字，居左顶格标识，后标全角冒号；词目用3号小标宋体字；词目之间空1字。

8.3.2 抄送

公文如有抄送，在主题词下一行；左空1字用3号仿宋体字标识“抄送”，后标全角冒号；抄送机关用顿号隔开，回行时与冒号后的抄送机关对齐；在最后一个抄送机关后标句号。如主送机关移至主题词之下，标识方法同抄送机关。

8.3.3 印发机关和印发时间

位于抄送机关之下（无抄送机关在主题词之下）占1行位置；用3号仿宋体字。印发机关左空1字，印发时间右空1字。印发时间以公文付印的日期为准，用阿拉伯数码标识。

8.3.4 版记中的反线

版记中各要素之下均加一条反线，宽度同版心。

8.3.5 版记的位置

版记应置于公文最后一页（封四），版记的最后一个要素置于最后一行。

9 页码

用4号半角白体阿拉伯数码标识，置于版心下边缘之下一行。数码左右各放一条4号一字线，一字线距版心下边缘7mm。单页码居右空1字，双页码居左空1字。空白页和空白页以后的页不标识页码。

10 公文中表格

公文如需附表，对横排A4纸型表格，应将页码放在横表的左侧，单页码置于表的左下角，双页码置于表的左上角，单页码表头在订口一边，双页码表头在切口一边。

公文如需附A3纸型表格，且当最后一页为A3纸型表格时，封三、封四（可放分送，不放页码）应为空白，将A3纸型表格贴在封三前，不应贴在文件最后一页（封四）上。

11　公文的特定格式

11.1　信函式格式

发文机关名称上边缘距上页边的距离为30mm，推荐用小标宋体字，字号由发文机关酌定；发文机关全称下4mm处为一条武文线（上粗下细），距下页边20mm处为一条文武线（上细下粗），两条线长均为170mm。每行居中排28个字。发文机关名称及双线均印红色。两线之间各要素的标识方法从本标准相应要素说明。

11.2　命令格式

命令标识由发文机关名称加“命令”或“令”组成，用红色小标宋体字，字号由发文机关酌定。命令标识上边缘距版心上边缘20mm，下边缘空2行居中标识令号；令号下空2行标识正文：正文下一行右空4字标识签发人签名章，签名章左空2字标识签发人职务；联合发布的命令或令的签发人职务应标识全称。在签发人签名章下一行右空2字标识成文时间。分送机关标识方法同抄送机关。其他要素从本标准相关要素说明。

11.3　会议纪要格式

会议纪要标识由“××××××会议纪要”组成。其标识位置同8.1.4，用红色小标宋体字，字号由发文机关酌定。会议纪要不加盖印章。其他要素从本标准相关要素说明。

12　式样

A4型公文用纸页边及版心尺寸见图附3—1；公文首页版式见图附3—2；上报公文首页版式见图附3—3；公文末页版式见图附3—4；联合行文公文末页版式1见图附3—5；联合行文公文末页版式2见图附3—6。

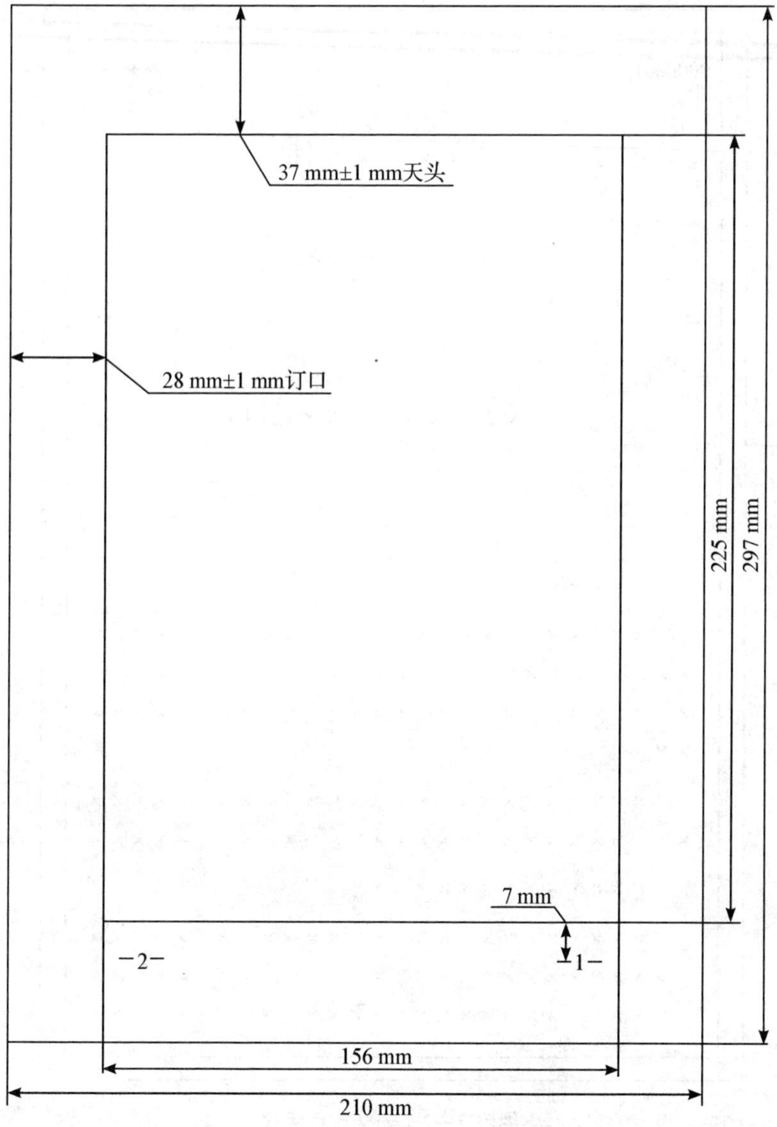

图附 3—1　A4 型公文用纸页边及版心尺寸

0000001 机密★一年

特 急

×××××文件

×××〔2000〕1号

关于×××××××通知

××××××××:

××××××××××××××××××××××××××
××××××××××××××××××××××××××××
××××××××××××××××××××××××××××
××××

××××××××××××××××××××××××××
××××××××××××××××××××××××××××

××××××××××××

××××××××××××××××××××××××××
××××××××××××××××××××××××××××
××××××××××××××××××××××××××××

— —

图附 3—2 公文首页版式

注：版心实线框仅为示意，在印制公文时并不印出。

秘　密
特　急

×××××文件

×××〔2000〕×号　　　　　　　　签发人：×××
×××

×××××请示

××××：

××××××××××××××××××××××××××
××××××××××××××××××××××××××××
××××××××××××××××××××××××××××
××××××××××××××××××××××××××××
××××××××××××××××××××××××××××

——

图附 3—3　上报公文首页版式

注：版心实线框仅为示意，在印制公文时并不印出。

××××××××××××××××。

附件：1.××××××××××××××

2.××××××××××××××

二○○○年一月一日

（×××××）

主题词：××　××　××

抄送：×××××××××，×××××××××，×××××，××××××。

××××××××××　　2000年×月××日印发

图附 3—4　公文末页版式

注：版心实线框仅为示意，在印制公文时并不印出。

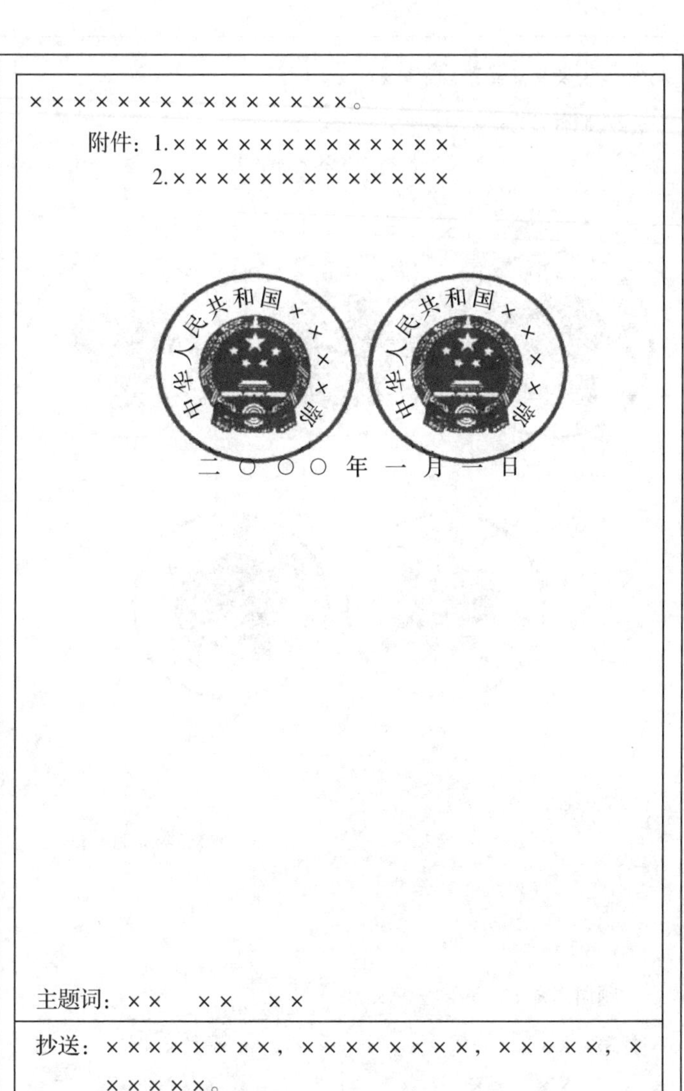

图附 3—5　联合行文公文末页版式 1

注：版心实线框仅为示意，在印制公文时并不印出。

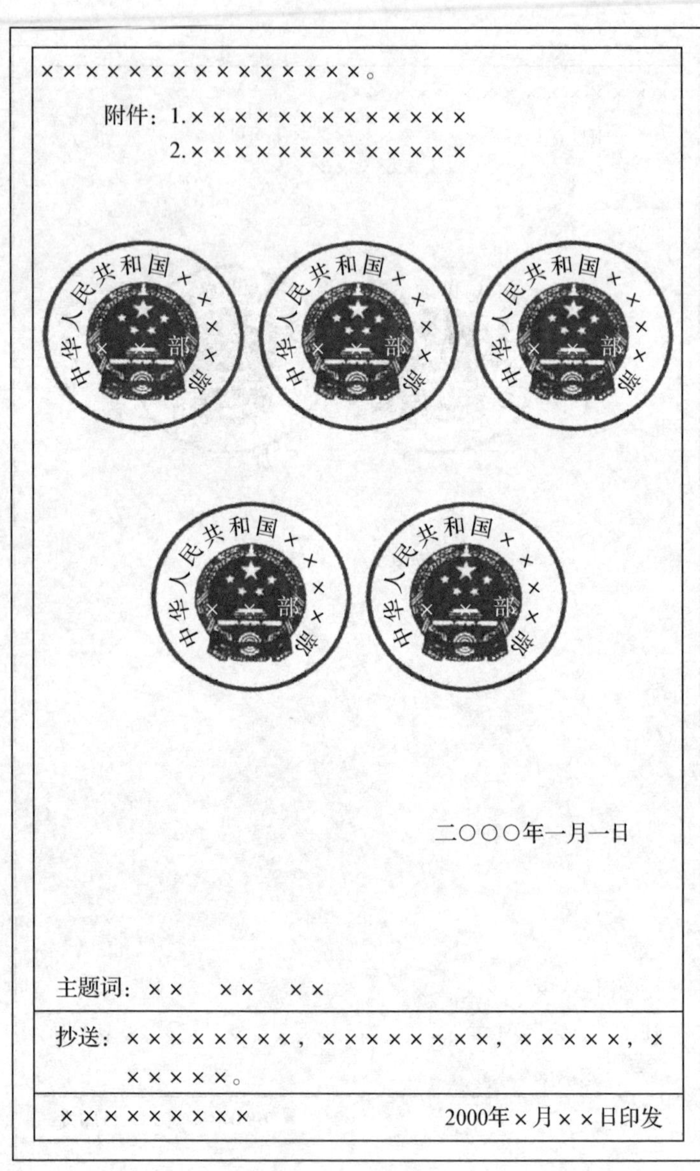

××××××××××××××××。

附件：1.××××××××××××××

2.××××××××××××××

二〇〇〇年一月一日

主题词：××　××　××

抄送：×××××××××，×××××××××，×××××，××××××。

×××××××××　　2000年×月××日印发

图附 3—6　联合行文公文末页版式 2

注：版心实线框仅为示意，在印制公文时并不印出。

附录4 《归档文件整理规则》

(DA/T22—2000)①

1 范围

本标准规定了归档文件整理的原则和方法。

本标准适用于各级机关、团体和其他社会组织。

2 定义

本标准采用下列定义。

2.1 归档文件

立档单位在其职能活动中形成的、办理完毕、应作为文书档案保存的各种纸质文件材料。

2.2 归档文件整理

将归档文件以件为单位进行装订、分类、排列、编号、编目、装盒，使之有序化的过程。

2.3 件

归档文件的整理单位。一般以每份文件为一件，文件正本与定稿为一件，正文与附件为一件，原件与复制件为一件，转发文与被转发文为一件，报表、名册、图册等一册（本）为一件，来文与复文可为一件。

3 整理原则

遵循文件的形成规律，保持文件之间的有机联系，区分不同价值，便于保管和利用。

4 质量要求

4.1 归档文件应齐全完整。已破损的文件应予修整，字迹模糊或易褪变的文件应予复制。

4.2 整理归档文件所使用的书写材料、纸张、装订材料等应

---

① 中华人民共和国档案行业标准。

符合档案保护要求。

5　整理方法

5.1　装订

归档文件应按件装订。装订时，正本在前，定稿在后；正文在前，附件在后；原件在前，复制件在后；转发文在前，被转发文在后；来文与复文作为一件时，复文在前，来文在后。

5.2　分类

归档文件可以采用年度—机构（问题）—保管期限或保管期限—年度—机构（问题）等方法进行分类。同一全宗应保持分类方案的稳定。

5.2.1　按年度分类

将文件按其形成年度分类。

5.2.2　按保管期限分类

将文件按划定的保管期限分类。

5.2.3　按机构（问题）分类

将文件按其形成或承办机构（问题）分类（本项可以视情况予以取舍）。

5.3　排列

归档文件应在分类方案的最低一级类目内，按事由结合时间、重要程度等排列。会议文件、统计报表等成套性文件可集中排列。

5.4　编号

归档文件应依分类方案和排列顺序逐件编号，在文件首页上端的空白位置加盖归档章并填写相关内容。归档章设置全宗号、年度、保管期限、件号等必备项，并可设置机构（问题）等选择项。（见图附4—1。图示中“*”号栏为选择项，不选用时无须设置。以下同）。

5.4.1　全宗号：档案馆给立档单位编制的代号。

5.4.2　年度：文件形成年度，以四位阿拉伯数字标注公元纪年，如1978。

5.4.3　保管期限：归档文件保管期限的简称或代码。

5.4.4　件号：文件的排列顺序号。

件号包括室编件号和馆编件号，分别在归档文件整理和档案移交进馆时编制。室编件号的编制方法为：在分类方案的最低一级类目内，按文件排列顺序从“1”开始标注。馆编件号按进馆要求标注。

5.4.5 机构（问题）：作为分类方案类目的机构（问题）名称或规范化简称。

5.5 编目

归档文件应依据分类方案和室编件号顺序编制归档文件目录。

5.5.1 归档文件应逐件编目。来文与复文作为一件时，只对复文进行编目。归档文件目录设置件号、责任者、文号、题名、日期、页数、备注等项目（见图附 4—2）。

5.5.1.1 件号：填写室编件号。

5.5.1.2 责任者：制发文件的组织或个人，即文件的发文机关或署名者。

5.5.1.3 文号：文件的发文字号。

5.5.1.4 题名：文件标题。没有标题或标题不规范的，可自拟标题，外加“[ ]”号。

5.5.1.5 日期：文件的形成时间，以 8 位阿拉伯数字标注年月日，如 19990909。

5.5.1.6 页数：每一件归档文件的页数。文件中有图文的页面为一页。

5.5.1.7 备注：注释文件需说明的情况。

5.5.2 归档文件目录用纸幅面尺寸采用国际标准 A4 型（长×宽为 297mm×210mm）。

5.5.3 归档文件目录应装订成册并编制封面。归档文件目录封面可以视需要设置全宗名称、年度、保管期限、机构（问题）等项目（见图附 4—3）。其中全宗名称即立档单位的名称，填写时应使用全称或规范化简称。

5.6 装盒

将归档文件按室编件号顺序装入档案盒，并填写档案盒封面、盒脊及备考表项目。

5.6.1 档案盒

5.6.1.1 档案盒封面应标明全宗名称。档案盒的外形尺寸为

310mm×220mm（长×宽），盒脊厚度可以根据需要设置为 20mm、30mm、40mm 等（见图附 4—4（a））。

5.6.1.2　档案盒应根据摆放方式的不同，在盒脊或底边设置全宗号、年度、保管期限、起止件号、盒号等必备项，并可设置机构（问题）等选择项（见图附 4—4（b）、图附 4—4（c））。其中，起止件号填写盒内第一件文件和最后一件文件的件号，中间用“—”号连接；盒号即档案盒的排列顺序号，在档案移交进馆时按进馆要求编制。

5.6.1.3　档案盒应采用无酸纸制作。

5.6.2　备考表

备考表置于盒内文件之后，项目包括盒内文件情况说明、整理人、检查人和日期（见图附 4—5）。

5.6.2.1　盒内文件情况说明：填写盒内文件缺损、修改、补充、移出、销毁等情况。

5.6.2.2　整理人：负责整理归档文件的人员姓名。

5.6.2.3　检查人：负责检查归档文件整理质量的人员姓名。

5.6.2.4　日期：归档文件整理完毕的日期。

归档文件目录、档案盒、归档章及备考表图示

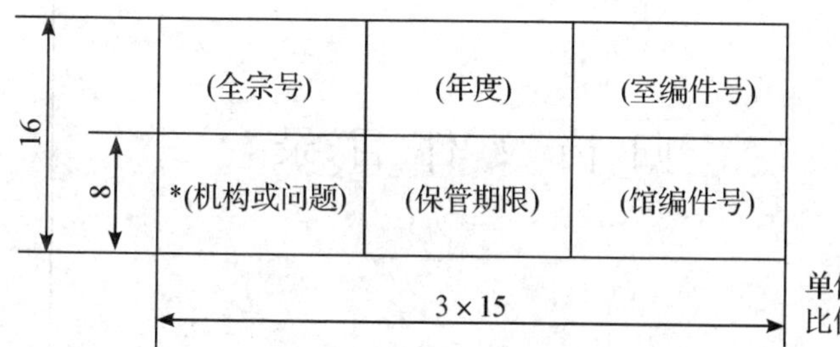

单位：mm
比例：1:1

注：标有“*”号的为选择项，下同。

图附 4—1　归档章式样

件号	责任者	文号	题名	日期	页数	备注

图附 4—2　归档文件目录式样

归 档 文 件 目 录

* 全宗名称 ______________

* 年　　度 ______________

* 保管期限 ______________

* 机构(问题) ______________

图附 4—3　归档文件目录封面式样

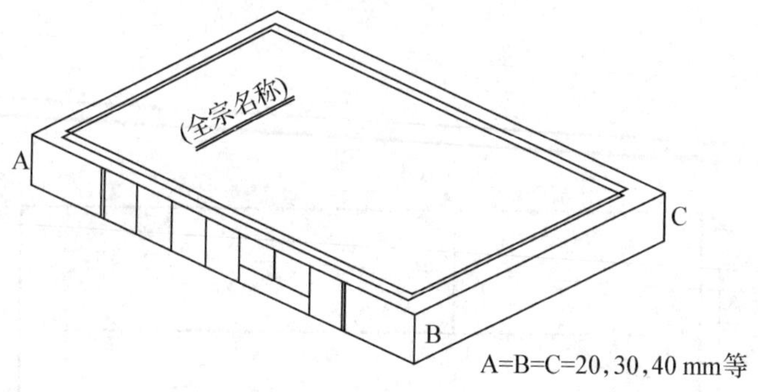

（a）档案盒封面式样及规格

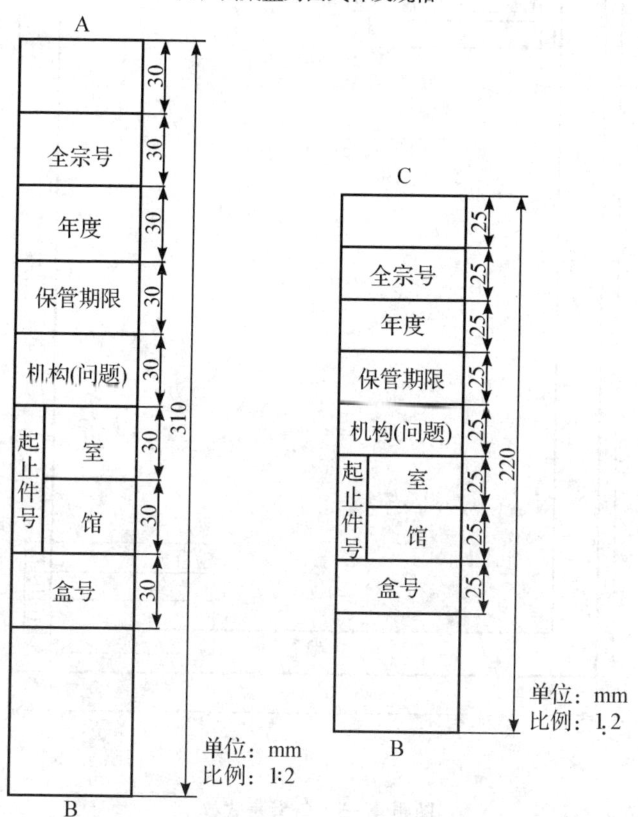

（b）档案盒盒脊式样　　（c）档案盒底边式样

图附4—4　档案盒式样

297
36
20
备考表
30
盒内文件情况说明
10
55
15
15
委评人：
检查人：
年　月　日
10
10
10
60
15
210
单位：mm
比例：1:2

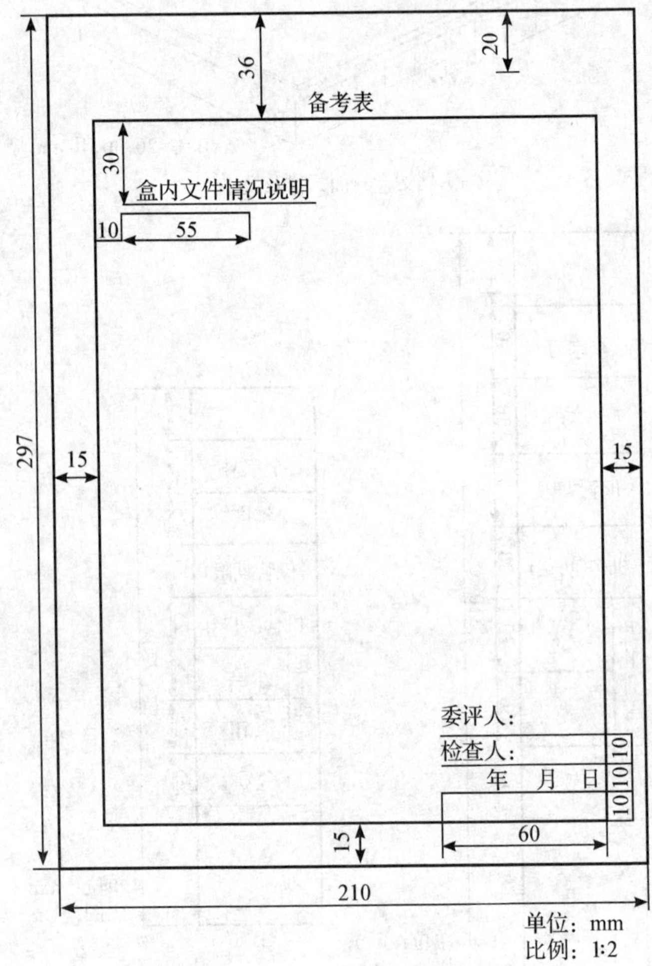

图附 4—5　备考表式样

附录 5 《机关文件材料归档范围和文书档案保管期限规定》

国家档案局令

第 8 号

第一条 为便于各级党政机关和人民团体（以下统称机关）正确界定文件材料归档范围，准确划分档案保管期限，使所保存的档案既能反映机关主要职能活动情况，维护其历史面貌，又便于保管和利用，根据《中华人民共和国档案法》、《中华人民共和国档案法实施办法》，制定本规定。

第二条 本规定中的机关文件材料是指机关在其工作活动过程中形成的各种门类和载体的历史记录。

第三条 机关文件材料归档范围是：

（一）反映本机关主要职能活动和基本历史面貌的，对本机关工作、国家建设和历史研究具有利用价值的文件材料；

（二）机关工作活动中形成的在维护国家、集体和公民权益等方面具有凭证价值的文件材料；

（三）本机关需要贯彻执行的上级机关、同级机关的文件材料；下级机关报送的重要文件材料；

（四）其他对本机关工作具有查考价值的文件材料。

第四条 机关文件材料不归档范围是：

（一）上级机关的文件材料中，普发性不需本机关办理的文件材料，任免、奖惩非本机关工作人员的文件材料，供工作参考的抄件等；

（二）本机关文件材料中的重份文件，无查考利用价值的事务性、临时性文件，一般性文件的历次修改稿、各次校对稿，无特殊保存价值的信封，不需办理的一般性人民来信、电话记录，机关内部互相抄送的文件材料，本机关负责人兼任外单位职务形成的与本机关无关的文件材料，有关工作参考的文件材料；

（三）同级机关的文件材料中，不需贯彻执行的文件材料，不需办理的抄送文件材料；

（四）下级机关的文件材料中，供参阅的简报、情况反映，抄报或越级抄报的文件材料。

第五条 凡属机关归档范围的文件材料，必须按有关规定向本机关负责档案工作的部门移交，实行集中统一管理，任何个人不得据为己有或拒绝归档。

第六条 机关文书档案的保管期限定为永久、定期两种。定期一般分为30年、10年。

第七条 永久保管的文书档案主要包括：

（一）本机关制定的法规政策性文件材料；

（二）本机关召开重要会议、举办重大活动等形成的主要文件材料；

（三）本机关职能活动中形成的重要业务文件材料；

（四）本机关关于重要问题的请示与上级机关的批复、批示，重要的报告、总结、综合统计报表等；

（五）本机关机构演变、人事任免等文件材料；

（六）本机关房屋买卖、土地征用，重要的合同协议、资产登记等凭证性文件材料；

（七）上级机关制发的属于本机关主管业务的重要文件材料；

（八）同级机关、下级机关关于重要业务问题的来函、请示与本机关的复函、批复等文件材料。

第八条 定期保管的文书档案主要包括：

（一）本机关职能活动中形成的一般性业务文件材料；

（二）本机关召开会议、举办活动等形成的一般性文件材料；

（三）本机关人事管理工作形成的一般性文件材料；

（四）本机关一般性事务管理文件材料；

（五）本机关关于一般性问题的请示与上级机关的批复、批示，一般性工作报告、总结、统计报表等；

（六）上级机关制发的属于本机关主管业务的一般性文件材料；

（七）上级机关和同级机关制发的非本机关主管业务但要贯彻执行的文件材料；

（八）同级机关、下级机关关于一般性业务问题的来函、请示与本机关的复函、批复等文件材料；

（九）下级机关报送的年度或年度以上计划、总结、统计、重要专题报告等文件材料。

第九条 机关形成的人事、基建、会计及其他专门文件材料的归档范围和档案保管期限，按国家有关规定执行。

第十条 机关对应归档电子文件的元数据、背景信息等要进行相应归档。

机关应归档纸质文件材料中，有文件发文稿纸、文件处理单的，应与文件正本、定稿一并归档。

第十一条 机关联合召开会议、联合行文所形成的文件材料原件由主办机关归档，其他机关将相应的复制件或其他形式的副本归档。

第十二条 各机关应根据本规定，结合本机关职能和各部门工作实际，编制本机关的文件材料归档范围和文书档案保管期限表，经同级档案行政管理部门审查同意后执行。

有垂直领导关系的中央、国家机关应依据本规定，结合本系统工作实际，编制本系统的文件材料归档范围和文书档案保管期限表，并经国家档案局审查同意后执行。

第十三条 在编制本机关或本系统文件材料归档范围和文书档案保管期限表时，应全面分析和鉴别本机关或本系统文件材料的现实作用和历史作用，准确界定文件材料的归档范围和划分档案保管期限。

第十四条 本规定适用于各级党政机关和人民团体。军队系统、民主党派、企业事业单位可参照执行。

第十五条 本规定自颁布之日起施行，1987 年颁发的《国家档案局关于机关档案保管期限的规定》和《机关文件材料归档和不归档的范围》同时废止。

附件：《文书档案保管期限表》

附件：

文书档案保管期限表

1　本级党的代表大会、人民代表大会、政治协商会议，工会、共青团、妇联代表大会的文件材料

1.1　请示、批复、通知、名单、议程、报告、领导人讲话、选举结果、讨论通过的文件、决议、纪要、公报、主席团会议记录等文件材料　永久

1.2　大会发言，人大代表建议和意见、人大议案及答复，政协委员提案及办理结果，简报，快报　永久

1.3　重要的贺信、贺电，筹备工作、选举过程中形成的文件，小组会议记录、会议服务机构的计划、总结等文件材料　30 年

1.4　讨论未通过的文件　10 年

2　本级党委、人民代表大会、政治协商会议、纪律检查委员会、共青团、工会、妇联的常委会、执委会、主席团、全体委员会会议，政府常务会、办公会议的文件材料

2.1　公报、决议、决定、记录、纪要、议程、领导人讲话、讨论通过的文件、参加人员名册　永久

2.2　讨论未通过的文件　10 年

3　本机关党组（或实行党委制的党委）会议和行政办公会的纪要、会议记录　永久

4　本机关召开工作会议、专题会议的文件材料

4.1　请示、批复、通知、名单、日程、报告、讲话、总结、决议、决定、纪要　永久

4.2　典型材料、代表发言材料、交流材料、简报　30 年

5　机关联合召开会议的文件材料

5.1　本机关为主办的

5.1.1　请示、批复、通知、名单、日程、报告、讲话、

总结、决议、决定、纪要　永久
5.1.2　典型材料、代表发言材料、交流材料、简报　30年
5.2　本机关为协办的
5.2.1　请示、批复、通知、名单、日程、报告、讲话、总结、决议、决定、纪要的复制件或副本　30年
5.2.2　典型材料、代表发言材料、交流材料、简报的复制件或副本　10年
6　本机关承办国际性会议、大型展览会、博览会的文件材料
6.1　请示、批复、申办和筹办组委会主要活动安排、议程、名单、主报告（原文及译文）、辅助报告（原文及译文），上级领导人贺辞、题词、讲话，会徽设计　永久
6.2　代表发言材料、交流材料、简报、新闻报道　30年
6.3　委员会、分会会议和学术会的讨论记录，会议代表登记表、接待安排　10年
7　上级机关、上级领导检查、视察本地区、本机关工作时形成的文件材料
7.1　重要的　永久
7.2　一般的　30年
7.3　本地区、本机关工作汇报材料　30年
8　本机关业务文件材料
8.1　本机关制定的方针政策性、法规性、普发性业务文件，中长期规划、纲要等文件材料　永久
8.2　本机关的请示与上级机关的批复、批示
8.2.1　重要业务问题的　永久
8.2.2　一般业务问题的　30年
8.3　同级机关、下级机关的来函、请示与本机关的复函、批复等文件材料
8.3.1　重要业务问题的　永久
8.3.2　一般业务问题的　30年
8.4　本机关代上级机关起草并被采用的重要法规性文件、

专项业务文件的最后草稿　30 年

8.5　机关联合行文的文件材料

8.5.1　本机关为主办的

8.5.1.1　重要业务问题的　永久

8.5.1.2　一般业务问题的　30 年

8.5.2　本机关为协办的

8.5.2.1　重要业务问题的　30 年

8.5.2.2　一般业务问题的　10 年

8.6　本机关编辑、编写的文件材料

8.6.1　大事记、组织沿革等　永久

8.6.2　简报、情况反映、工作信息等　10 年

8.7　行政管理、执法活动中形成的文件材料

8.7.1　行政管理工作制度、程序、规定等文件材料　永久

8.7.2　执法检查情况汇总、通报，整改通知等　永久

8.7.3　行政管理工作中形成的审批、审查、核准等文件材料

8.7.3.1　固定资产投资、科技计划等项目的审批（核准）、管理、验收（评估）等文件材料　永久

8.7.3.2　不动产、自然资源的所有权、使用权确认的文件材料　永久

8.7.3.3　20 年（含）以上有效或未注明有效期的许可证、执照、资质证、资格证等的审批、管理文件材料　永久

8.7.3.4　20 年以下有效的许可证、执照、资质证、资格证等的审批、管理文件材料　30 年

8.7.4　行政管理工作中形成的备案文件材料　10 年

8.7.5　行政处罚、处分、复议、国家赔偿等工作中形成的文件材料

8.7.5.1　重要的　永久

8.7.5.2　一般的　30 年

8.8　计划、总结、统计、调研等方面的文件材料

8.8.1　年度和年度以上的计划、总结、统计材料　永久
8.8.2　年度以下的计划、总结、统计材料　10年
8.8.3　重要职能活动的总结、重要专题的调研材料　永久
8.8.4　一般活动的总结、一般问题的调研材料　10年
8.9　出国或出境访问考察、参加国际会议，接待来访等外事活动形成的文件材料
8.9.1　发表的公报，签订的协议、协定、备忘录，重要的会谈记录、纪要等　永久
8.9.2　出国审批手续、执行日程、考察报告、一般性会谈记录　30年
9　本机关机构编制、干部人事、党、团、纪检、工会、保卫、信访工作文件材料
9.1　机构设置、机构撤并、名称更改、组织简则、人员编制、印信启用和作废等文件材料　永久
9.2　人事工作制度、规定、办法等文件　30年
9.3　人事任免文件　永久
9.4　先进单位、劳动模范、先进工作者的文件材料
9.4.1　受县级（含）以上表彰、奖励的　永久
9.4.2　受县级以下表彰、奖励的　30年
9.5　对本机关有关人员的处分材料
9.5.1　受到警告（不含）以上处分的　永久
9.5.2　受到警告处分的　30年
9.6　职工录用、转正、聘任、调资、定级、停薪留职、辞职、离退休、死亡、抚恤等文件材料　永久
9.7　人事考核、职称评审工作文件材料　永久
9.8　职工调动工作的行政、工资、党团组织关系的介绍信及存根　永久
9.9　职工名册　永久
9.10　党、团、工会工作活动中形成的文件材料
9.10.1　工作报告、总结，换届选举结果　永久
9.10.2　重要专项活动的报告、总结等　永久

9.10.3　党团员、工会会员名册，批准加入党团、工会组织的文件材料　永久

9.10.4　情况反映、工作简报　10年

9.11　纪检、监察工作中形成的综合性报告、调查材料

9.11.1　重要的　永久

9.11.2　一般的　30年

9.12　保卫部门的安全检查、调查记录　10年

9.13　本机关处理人民来信来访的文件材料

9.13.1　有领导重要批示和处理结果的　永久

9.13.2　其他有处理结果的　30年

10　本机关事务管理文件材料

10.1　房产、土地所有权和使用权的文件材料　永久

10.2　与有关单位签订的合同、协定、协议、议定书等文件材料

10.2.1　重要的　永久

10.2.2　一般的　10年

10.3　接待工作的计划、方案

10.3.1　重要的　30年

10.3.2　一般的　10年

10.4　机关财务预算　30年

10.5　机关物资（办公设备及用品、机动车等）采购计划、审批手续、招标投标、购置等文件材料，机动车调拨、保险、事故、转让等文件材料　30年

10.6　国有资产管理（登记、统计、核查清算、交接等）文件材料

10.6.1　重要的　永久

10.6.2　一般的　10年

10.7　职工承租、购置本单位住房的合同、协议和有关手续　永久

10.8　职工住房分配、出售的规定、方案、细则，职工住房情况统计、调查表、职工住房申请　30年

11　上级机关制发的文件材料

11.1　上级机关制发的属于本机关主管业务的文件材料

11.1.1　重要的　永久

11.1.2　一般的　10年

11.2　上级机关制发的非本机关主管业务但要贯彻执行的文件材料　10年

11.3　上级机关制发的关于本机关机构设置、领导人任免、人员编制等文件材料　永久

12　同级机关制发的非本机关主管业务但要贯彻执行的文件材料　10年

13　下级机关报送的文件材料

13.1　重大问题的专题报告　30年

13.2　年度和年度以上的计划、总结、统计材料　10年

附录6 《电子文件归档与管理规范》

（GB/T18894—2002）

1 范围

本标准规定了在公务活动中产生的，具有保存价值的电子文件的形成、积累、归档、保管、利用、统计的一般方法。

本标准适用于党政机关产生的电子文件的归档与管理，其他社会组织的电子文件管理可参照本标准。

2 规范性引用文件

下列文件中的条款通过本标准的引用而成为本标准的条款。凡是注日期的引用文件，其随后所有的修改单（不包括勘误的内容）或修订版均不适用于本标准，然而，鼓励根据本标准达成协议的各方研究是否可使用这些文件的最新版本。凡是不注日期的引用文件，其最新版本适用于本标准。

DA/T18　档案著录规则

DA/T 22　归档文件整理规则

3 术语和定义

下列术语和定义适用于本标准。

3.1　电子文件 electronic records

指在数字设备及环境中生成，以数码形式存储于磁带、磁盘、光盘等载体，依赖计算机等数字设备阅读、处理，并可在通信网络上传送的文件。

3.2　归档电子文件 archival electronic records

指具有参考和利用价值并作为档案保存的电子文件（3.1）。

3.3　背景信息 context

指描述生成电子文件（3.1）的职能活动、电子文件的作用、办理过程、结果、上下文关系以及对其产生影响的历史环境等信息。

3.4　元数据 metadata

指描述电子文件（3.1）数据属性的数据，包括文件的格式、编排结构、硬件和软件环境、文件处理软件、字处理和图形工具软件、字符集等数据。

3.5 逻辑归档 logical filing

指在计算机网络上进行，不改变原存储方式和位置而实现的将电子文件（3.1）的管理权限向档案部门移交的过程。

3.6 物理归档 physical filing

指把电子文件（3.1）集中下载到可脱机保存的载体上，向档案部门移交的过程。

3.7 真实性 authenticity

指对电子文件（3.1）的内容、结构和背景信息（3.3）进行鉴定后，确认其与形成时的原始状况一致。

3.8 完整性 integrity

指电子文件（3.1）的内容、结构、背景信息（3.3）和元数据（3.4）等无缺损。

3.9 有效性 utility

指电子文件（3.1）应具备的可理解性和可被利用性，包括信息的可识别性、存储系统的可靠性、载体的完好性和兼容性等。

3.10 捕获 capture

指对电子文件（3.1）进行实时收集和存储的方法与过程。

3.11 迁移 migration

指将源系统中的电子文件（3.1）向目的系统进行转移存储的方法与过程。

4 总则

4.1 电子文件自形成时应有严格的管理制度和技术措施，确保其真实性、完整性和有效性。

4.2 应对电子文件的形成、收集、积累、鉴定、归档等实行全过程管理与监控，保证管理工作的连续性。

4.3 应明确规定电子文件归档的时间、范围、技术环境、相关软件、版本、数据类型、格式、被操作数据、检测数据等要求，保证归档电子文件的质量。

4.4 归档电子文件同时存在相应的纸质或其他载体形式的文

件时，应在内容、相关说明及描述上保持一致。

4.5 具有永久保存价值的文本或图形形式的电子文件，如没有纸质等拷贝件，必须制成纸质文件或缩微品等。归档时，应同时保存文件的电子版本、纸质版本或缩微品。

4.6 应保证电子文件的凭证作用，对只有电子签章的电子文件，归档时应附加有法律效力的非电子签章。

5 电子文件的真实性、完整性和有效性保证

5.1 应建立规范的制度和工作程序并结合相应的技术措施，从电子文件形成开始不间断地对有关处理操作进行管理登记，保证电子文件的产生、处理过程符合规范。

5.1.1 登记处理过程中相互衔接的各类责任者（如起草者、修改者、审核者、签发者等）。

5.1.2 登记处理过程中的各类操作者（打字者、发文者、收文者、存储管理者等）。

5.1.3 登记处理过程中产生的责任凭证信息（批示、签名、印章、代码等）。

5.1.4 登记电子文件传递、交接过程中的其他标识。

5.2 应采取可靠的安全防护技术措施，保证电子文件的真实性。

5.2.1 建立对电子文件的操作者可靠的身份识别与权限控制。

5.2.2 设置符合安全要求的操作日志，随时自动记录实施操作的人员、时间、设备、项目、内容等。

5.2.3 对电子文件采用防错漏和防调换的标记。

5.2.4 对电子印章、数字签署等采取防止非法使用的措施。

5.3 应建立电子文件完整性管理制度并采取相应的技术措施采集背景信息和元数据。

5.4 应建立电子文件有效性管理制度并采取相应的技术保证措施。

5.5 电子文件的处理和保存应符合国家的安全保密规定，针对自然灾害、非法访问、非法操作、病毒侵害等采取与系统安全和保密等级要求相符的防范对策，主要有：网络设备安全保证；数据

安全保证；操作安全保证；身份识别方法等。

6　电子文件的收集与积累

6.1　收集积累要求

6.1.1　记录了重要文件的主要修改过程和办理情况，有查考价值的电子文件及其电子版本的定稿均应被保留。正式文件是纸质的，如果保管部门已开始进行向计算机全文的转换工作，则与正式文件定稿内容相同的电子文件应当保留，否则可根据实际条件或需要，确定是否保留。

6.1.2　当公务或其他事务处理过程只产生电子文件时，应采取严格的安全措施，保证电子文件不被非正常改动。同时应随时对电子文件进行备份，存储于能够脱机保存的载体上。

6.1.3　对在网络系统中处于流转状态，暂时无法确定其保管责任的电子文件，应采取捕获措施，集中存储在符合安全要求的电子文件暂存存储器中，以防散失。

6.1.4　对用文字处理技术形成的文本电子文件，收集时应注明文件存储格式、文字处理工具等，必要时同时保留文字处理工具软件。文字型电子文件以 XML、RTF、TXT 为通用格式。

6.1.5　对用扫描仪等设备获得的采用非通用文件格式的图像电子文件，收集时应将其转换成通用格式，如无法转换，则应将相关软件一并收集。扫描型电子文件以 JPEG、TIFF 为通用格式。

6.1.6　对用计算机辅助设计或绘图等设备获得的图形电子文件，收集时应注明其软硬件环境和相关数据。

6.1.7　对用视频或多媒体设备获得的文件以及用超媒体链结技术制作的文件，应同时收集其非通用格式的压缩算法和相关软件。视频和多媒体电子文件以 MPEG、AVI 为通用格式。

6.1.8　对用音频设备获得的声音文件，应同时收集其属性标识、参数和非通用格式的相关软件。音频电子文件以 WAV、MP3 为通用格式。

6.1.9　对通用软件产生的电子文件，应同时收集其软件型号、名称、版本号和相关参数手册、说明资料等。专用软件产生的电子文件原则上应转换成通用型电子文件，如不能转换，收集时则应连同专用软件一并收集。

6.1.10　计算机系统运行和信息处理等过程中涉及的与电子文件处理有关的参数、管理数据等应与电子文件一同收集。

6.1.11　对套用统一模板的电子文件，在保证能恢复原形态的情况下，其内容信息可脱离套用模板进行存储，被套用模板作为电子文件的元数据保存。

6.1.12　定期制作电子文件的备份。

6.2　电子文件的登记

6.2.1　每份电子文件均应在《电子文件登记表》中登记（见附录6—A的表附6A—1和表附6A—2）。

6.2.2　电子文件登记表应与电子文件同时保存。

6.2.3　电子文件登记表如果制成电子表格，应与电子文件一同保存，永久保存的电子表格应附有纸质等拷贝件并与相应的电子文件拷贝一起保存。

6.2.4　电子文件稿本代码：M——草稿性电子文件；U——非正式电子文件；F——正式电子文件。

6.2.5　电子文件类别代码：T——文本文件；I——图像文件；G——图形文件；V——影像文件；A——声音文件；O——超媒体链结文件；P——程序文件；D——数据文件。

7　电子文件的归档

7.1　归档要求

文件形成部门或信息管理部门应定期把经过鉴定符合归档条件的电子文件向档案部门移交，并按档案管理要求的格式将其存储到符合保管期限要求的脱机载体上。

7.2　鉴定

7.2.1　电子文件的鉴定工作，应包括对电子文件的真实性、完整性、有效性的鉴定及确定密级、归档范围和划定保管期限。

7.2.2　归档前应由文件形成单位按照规定的项目对电子文件的真实性、完整性和有效性进行检验，并由负责人签署审核意见，检验和审核结果填入《归档电子文件移交、接收检验登记表》（见附录6—A的表附6A—3）。如果文件形成单位采用了某些技术方法保证电子文件的真实性、完整性和有效性，则应把其技术方法和相关软件一同移交给接收单位。

7.2.3　电子文件的归档范围参照国家关于纸质文件材料归档的有关规定执行，并应包括相应的背景信息和元数据。

7.2.4　电子文件保管期限和密级的划分工作，参照国家关于纸质文件材料密级和保管期限的有关规定执行。电子文件的背景信息和元数据的保管期限应当与内容信息的保管期限一致。应在电子文件的机读目录上逐件标注保管期限的标识。

7.3　归档时间

逻辑归档可实时进行，物理归档应按照纸质文件的规定定期完成。

7.4　检测

在进行电子文件归档工作时，应对归档电子文件的基本技术条件进行检测，检测内容包括：硬件环境的有效性，软件环境的有效性及其信息记录格式、有无病毒感染等。

7.5　归档

电子文件的归档，按照鉴定标识进行。电子文件的归档可分两步进行，对实时进行的归档先做逻辑归档，然后定期完成物理归档。归档时，应充分考虑电子文件的技术环境、相关软件、版本、数据类型、格式、被操作数据、检测数据等技术因素。

7.5.1　逻辑归档

将电子文件的管理权从网络上转移至档案部门，在归档工作中，存储格式和位置暂时保持不变。

7.5.2　物理归档

7.5.2.1　凡在网络中予以逻辑归档的电子文件，均应定期完成物理归档。

7.5.2.2　把带有归档标识的电子文件集中，拷贝至耐久性好的载体上，一式3套，一套封存保管，一套供查阅使用，一套异地保存。对于加密电子文件，则应在解密后再制作拷贝。

7.5.2.3　本标准推荐采用的载体，按优先顺序依次为：只读光盘、一次写光盘、磁带、可擦写光盘、硬磁盘等。不允许用软磁盘作为归档电子文件长期保存的载体。

7.5.2.4　存储电子文件的载体或装具上应贴有标签，标签上应注明载体序号、全宗号、类别号、密级、保管期限、存入日期等，归档后的电子文件的载体应设置成禁止写操作的状态。

7.5.2.5　特殊格式的电子文件，应在存储载体中同时存有相应的查看软件。

7.5.2.6　将相应的电子文件机读目录、相关软件、其他说明等一同归档，并附《归档电子文件登记表》（见附录 6—A 的表附 6A—4 和表附 6A—5）。

归档电子文件应以盘为单位填写《归档电子文件登记表》首页（见附录 6—A 的表附 6A—4），以件为单位填写续页（见附录 6—A 的表附 6A—5）。

7.5.2.7　对需要长期保存的电子文件，应在每一个电子文件的载体中同时存有相应的机读目录。

7.5.2.8　归档完毕，电子文件形成部门应将存有归档前电子文件的载体保存至少 1 年。

8　归档电子文件的整理

8.1　归档电子文件的整理按 DA/T22 规定的要求进行。

8.2　归档电子文件以件为单位整理。

8.3　同一全宗内的电子文件按照年度—保管期限—机构（问题）或保管期限—年度—机构（问题）等分类方案进行分类。

8.4　按电子文件类别代码相对集中组织存储载体。

8.5　电子文件的著录应参照 DA/T18 进行著录，同时按照保证其真实性、完整性和有效性的要求补充电子文件特有的著录项目和其他标识（参见本标准第 5 章中列举的责任者、操作者、背景信息、元数据等）。

8.6　将著录结果制成机读目录和纸质目录。

9　归档电子文件的移交、接收与保管

9.1　移交、接收与保管要求

对归档电子文件，应按有关规定进行认真检验。在检验合格后将其如期移交至档案馆等档案保管部门，进行集中保管。在已联网

的情况下，归档电子文件的移交和接收工作可在网络上进行，但仍需履行相应的手续。

9.2　移交、接收检验

9.2.1　文件形成单位在移交电子文件之前，档案保管部门在接收电子文件之前，均应对归档的每套载体及其技术环境进行检验，合格率达到100％时方可进行交接。

9.2.2　检验项目如下：

——载体有无划痕，是否清洁；

——有无病毒；

——核实归档电子文件的真实性、完整性、有效性检验及审核手续；

——核实登记表、软件、说明资料等是否齐全；

——对特殊格式的电子文件，应核实其相关的软件、版本、操作手册等是否完整。

检验结果分别由移交单位、接收单位填入《归档电子文件移交、接收检验登记表》（见附录6—A的表附6A—3）的相应栏目。

9.2.3　档案保管部门应按照要求及检验项目对归档电子文件逐一验收。对检验不合格者，应退回形成单位重新制作，并再次对其进行检验。

9.3　移交手续

档案保管部门验收合格，完成《归档电子文件移交、接收检验登记表》（见附录6—A的表附6A—3）的填写、签字、盖章环节。登记表一式2份，一份交电子文件形成单位，一份由档案保管部门自存。

9.4　保管要求

归档电子文件的保管除应符合纸质档案的要求外，还应符合下列条件：

a）归档载体应作防写处理。避免擦、划、触摸记录涂层。

b）单片载体应装盒，竖立存放，且避免挤压。

c）存放时应远离强磁场、强热源，并与有害气体隔离。

d）环境温度选定范围：17℃～20℃；相对湿度选定范围：

35％～45％。

归档电子文件在形成单位的保管，也应参照上述条件。

9.5　有效性保证

9.5.1　归档电子文件的形成单位和档案保管部门每年均应对电子文件的读取、处理设备的更新情况进行一次检查登记。设备环境更新时应确认库存载体与新设备的兼容性；如不兼容，应进行归档电子文件的载体转换工作，原载体保留时间不少于3年。保留期满后对可擦写载体清除后重复使用，不可清除内容的载体应按保密要求进行处置。

9.5.2　对磁性载体每满2年、光盘每满4年进行一次抽样机读检验，抽样率不低于10％，如发现问题应及时采取恢复措施。

9.5.3　对磁性载体上的归档电子文件，应每4年转存一次。原载体同时保留时间不少于4年。

9.5.4　档案保管部门应定期将检验结果填入《归档电子文件管理登记表》（见附录6—A的表附6A—6）。

9.6　迁移

随着系统设备更新或系统扩充，应及时对归档电子文件进行迁移操作，并填写《归档电子文件迁移登记表》（见附录6—A的表附6A—7）。

9.7　利用

9.7.1　归档电子文件的封存载体不应外借。未经批准任何单位或人员不允许擅自复制电子文件。

9.7.2　利用时应使用拷贝件。

9.7.3　利用时应遵守保密规定。对具有保密要求的归档电子文件采用联网的方式利用时，应遵守国家 或部门有关保密的规定，有稳妥的安全保密措施。

9.7.4　利用者对归档电子文件的使用应在权限规定范围之内。

9.8　归档电子文件的鉴定销毁

9.8.1　归档电子文件的鉴定销毁，参照国家关于档案鉴定销毁的有关规定执行，且应在办理审批手续后实施。

9.8.2　属于保密范围的归档电子文件，如存储在不可擦除载体上，应连同存储载体一起销毁，并在网络中彻底清除。不属于保密范围的归档电子文件可进行逻辑删除。

9.9 统计

档案保管部门应及时按年度对归档电子文件的接收、保管、利用和鉴定销毁情况进行统计。

附录 6—A

（规范性附录）登记表格式

表附 6A—1　　　　　　电子文件登记表（首页）

<table>
<tr><td rowspan="5">文件特征</td><td>形成部门</td><td colspan="5"></td></tr>
<tr><td>完成日期</td><td colspan="2"></td><td>载体类型</td><td colspan="2"></td></tr>
<tr><td>载体编号</td><td colspan="5"></td></tr>
<tr><td>通讯地址</td><td colspan="5"></td></tr>
<tr><td>电　　话</td><td colspan="2"></td><td>联系人</td><td colspan="2"></td></tr>
<tr><td rowspan="4">设备环境特征</td><td>硬件环境（主机、网络服务器型号、制造厂商等）</td><td colspan="5"></td></tr>
<tr><td rowspan="3">软件环境（型号、版本等）</td><td>操作系统</td><td colspan="4"></td></tr>
<tr><td>数据库系统</td><td colspan="4"></td></tr>
<tr><td>相关软件（文字处理工具、浏览器、压缩或解密软件等）</td><td colspan="4"></td></tr>
<tr><td rowspan="4">文件记录特征</td><td rowspan="2">记录结构（物理、逻辑）</td><td rowspan="2"></td><td rowspan="2">记录类型</td><td rowspan="2">□定长
□可变长
□其他</td><td>记录总数</td><td></td></tr>
<tr><td>总字节数</td><td></td></tr>
<tr><td>记录字符、图形、音频、视频文件格式</td><td colspan="5"></td></tr>
<tr><td>文件载体</td><td colspan="2">型号：
数量：
备份数：</td><td colspan="3">□一件一盘　□多件一盘
□一件多盘　□多件多盘</td></tr>
<tr><td rowspan="2">制表审核</td><td colspan="6">填表人（签名）
年　月　日</td></tr>
<tr><td colspan="6">审核人（签名）
年　月　日</td></tr>
</table>

表附 6A—2　　　　**电子文件登记表（续页）**

第　页

文件编号	题名	形成时间	文件稿本代码	文件类别代码	载体编号	保管期限	备注

表附 6A—3　　归档电子文件移交、接收检验登记表

<table>
<tr><td rowspan="2">检验项目</td><td colspan="2">单位名称</td></tr>
<tr><td>移交单位：</td><td>接收单位：</td></tr>
<tr><td>载体外观检验</td><td></td><td></td></tr>
<tr><td>病毒检验</td><td></td><td></td></tr>
<tr><td>真实性检验</td><td></td><td></td></tr>
<tr><td>完整性检验</td><td></td><td></td></tr>
<tr><td>有效性检验</td><td></td><td></td></tr>
<tr><td>技术方法与相关软件说明登记表、软件、说明资料检验</td><td></td><td></td></tr>
<tr><td>填表人（签名）</td><td>年　月　日</td><td>年　月　日</td></tr>
<tr><td>审核人（签名）</td><td>年　月　日</td><td>年　月　日</td></tr>
<tr><td>单位（印章）</td><td>年　月　日</td><td>年　月　日</td></tr>
</table>

表附 6A—4　　　　归档电子文件登记表（首页）

<table>
<tr><td rowspan="5">文件特征</td><td>形成部门</td><td colspan="6"></td></tr>
<tr><td>完成日期</td><td colspan="2"></td><td colspan="2">载体类型</td><td colspan="2"></td></tr>
<tr><td>载体编号</td><td colspan="6"></td></tr>
<tr><td>通讯地址</td><td colspan="6"></td></tr>
<tr><td>电　　话</td><td colspan="2"></td><td colspan="2">联系人</td><td colspan="2"></td></tr>
<tr><td rowspan="4">设备环境特征</td><td>硬件环境（主机、网络服务器型号、制造厂商等）</td><td colspan="6"></td></tr>
<tr><td rowspan="3">软件环境（型号、版本等）</td><td>操作系统</td><td colspan="5"></td></tr>
<tr><td>数据库系统</td><td colspan="5"></td></tr>
<tr><td>相关软件（文字处理工具、浏览器、压缩或解密软件等）</td><td colspan="5"></td></tr>
<tr><td rowspan="4">文件记录特征</td><td rowspan="2">记录结构（物理、逻辑）</td><td rowspan="2"></td><td rowspan="2">记录类型</td><td rowspan="2" colspan="2">□定长
□可变长
□其他</td><td>记录总数</td><td></td></tr>
<tr><td>总字节数</td><td></td></tr>
<tr><td>记录字符、图形、音频、视频文件格式</td><td colspan="6"></td></tr>
<tr><td>文件载体</td><td colspan="2">型号：
数量：
备份数：</td><td colspan="4">□一件一盘　□多件一盘
□一件多盘　□多件多盘</td></tr>
<tr><td rowspan="8">文件交接</td><td>送交部门</td><td colspan="6"></td></tr>
<tr><td>通讯地址</td><td colspan="6"></td></tr>
<tr><td>电　　话</td><td colspan="2"></td><td>联系人</td><td colspan="3"></td></tr>
<tr><td>送交人（签名）</td><td colspan="6">年　月　日</td></tr>
<tr><td>接收部门</td><td colspan="6"></td></tr>
<tr><td>通讯地址</td><td colspan="6"></td></tr>
<tr><td>电　　话</td><td colspan="2"></td><td>联系人</td><td colspan="3"></td></tr>
<tr><td>接收人（签名）</td><td colspan="6">年　月　日</td></tr>
</table>

表附 6A—5　　　　　　　　　归档电子文件登记表（续页）

第　页

文件编号	题名	形成时间	文件版本代码	文件类别代码	载体编号	保管期限	备注

表附 6A—6　　　　　　**归档电子文件管理登记表**

归档电子文件设备情况登记	
新设备兼容性检验	
磁性载体转存登记	

填表人（签名）　　　　　　　　　　　　　　年　月　日

审核人（签名）　　　　　　　　　　　　　　年　月　日

单位（盖章）　　　　　　　　　　　　　　　年　月　日

表附 6A—7　　归档电子文件迁移登记表

<table>
<tr><td rowspan="4">源系统
设备情况</td><td>硬件系统：</td></tr>
<tr><td>系统软件：</td></tr>
<tr><td>应用软件：</td></tr>
<tr><td>存储载体：</td></tr>
<tr><td rowspan="4">目标系统
设备情况</td><td>硬件系统：</td></tr>
<tr><td>系统软件：</td></tr>
<tr><td>应用软件：</td></tr>
<tr><td>存储载体：</td></tr>
<tr><td rowspan="3">被迁移归档
电子文件情况</td><td>记录数：　　　　　　字节数：</td></tr>
<tr><td>迁移时间：</td></tr>
<tr><td>操作者：</td></tr>
</table>

填表人（签名）　　　　　　　　　　　　年　月　日

审核人（签名）　　　　　　　　　　　　年　月　日

单位（盖章）　　　　　　　　　　　　　年　月　日

附录7 《出版物上数字用法的规定》

(GB/T15835—1995)

1 范围

本标准规定了出版物在涉及数字（表示时间、长度、质量、面积、容积等量值和数字代码）时使用汉字和阿拉伯数字的体例。

本标准适用于各级新闻报刊、普及性读物和专业性社会人文科学出版物。

自然科学和工程技术出版物亦应使用本标准，并可制定专业性细则。

本标准不适用于文学书刊和重排古籍。

2 引用标准

下列标准所包含的条文，通过在本标准中引用而构成为本标准的条文。本标准出版时，所示版本均为有效。所有标准都会被修订，使用本标准的各方应探讨使用下列标准最新版本的可能性。

GB/T 7408—94 数据元和交换格式 信息交换 日期和时间表示法

GB 3100—93 国际单位制及其应用

GB 3101—93 有关量、单位和符号的一般原则

GB 7713—87 科学技术报告、学位论文和学术论文的编写格式

GB 8170—87 数值修约规则

3 定义

本标准采用下列定义。

物理量 physical quantity

用于定量地描述物理现象的量，即科学技术领域里使用的表示长度、质量、时间、电流、热力学温度、物质的量和发光强度的量。使用的单位应是法定计量单位。

非物理量　non-physical quantity

日常生活中使用的量，使用的是一般量词。如 30 元、45 天、67 根等。

4　一般原则

4.1　使用阿拉伯数字或是汉字数字，有的情形选择是唯一而确定的。

4.1.1　统计表中的数值，如正负整数、小数、百分比、分数、比例等，必须使用阿拉伯数字。

示例：48　302　－125.03　34.05％　63％～68％　1/4　2/5　1∶500

4.1.2　定型的词、词组、成语、惯用语、缩略语或具有修辞色彩的词语中作为语素的数字，必须使用汉字。

示例：一律　一方面　十滴水　二倍体　三叶虫　星期五　四氧化三铁　一〇五九（农药内吸磷）　八国联军　二〇九师　二万五千里长征　四书五经　五四运动　九三学社　十月十七日同盟　路易十六　十月革命　“八五”计划　五省一市　五局三胜制　二八年华　二十挂零　零点方案　零岁教育　白发三千丈　七上八下　不管三七二十一　相差十万八千里　第一书记　第二轻工业局　一机部三所　第三季度　第四方面军　十三届四中全会

4.2　使用阿拉伯数字或是汉字数字，有的情形，如年月日、物理量、非物理量、代码、代号中的数字，目前体例尚不统一。对这种情形，要求凡是可以使用阿拉伯数字而且又很得体的地方，特别是当所表示的数目比较精确时，均应使用阿拉伯数字。遇特殊情形，或者为避免歧解，可以灵活变通，但全篇体例应相对统一。

5 时间（世纪、年代、年、月、日、时刻）

5.1　要求使用阿拉伯数字的情况

5.1.1　公历世纪、年代、年、月、日

示例：公元前 8 世纪　20 世纪 80 年代　公元前 440 年　公元

7年　1994年10月1日

5.1.1.1　年份一般不用简写。如：1990年不应简作“九〇年”或“90年”。

5.1.1.2　引文著录、行文注释、表格、索引、年表等，年月日的标记可按GB/T 7408－94的5.2.1.1中的扩展格式。如：1994年9月30日和1994年10月1日可分别写作1994-09-30和1994-10-01，仍读作1994年9月30日、1994年10月1日。年月日之间使用半字线“-”。当月和日是个位数时，在十位上加“0”。

5.1.2　时、分、秒

示例：4时　15时40分（下午3点40分）　14时12分36秒

注：必要时，可按GB/T 7408－94的5.3.1.1中的扩展格式。该格式采用每日24小时计时制，时、分、秒的分隔符为冒号“:”。

示例：04:00（4时）　15:40（15时40分）　14:12:36（14时12分36秒）

5.2　要求使用汉字的情况

5.2.1　中国干支纪年和夏历月日。

示例：丙寅年 十月十五日　腊月二十三日　正月初五　八月十五中秋节

5.2.2　中国清代和清代以前的历史纪年、各民族的非公历纪年。

这类纪年不应与公历月日混用，并应采用阿拉伯数字括注公历。

示例：秦文公四十四年（公元前722年）　太平天国庚申十年九月二十四日（清咸丰十年九月二十日，公元1860年11月2日）　藏历阳木龙年八月二十六日（1964年10月1日）　日本庆应三年（1867年）

5.2.3　含有月日简称表示事件、节日和其他意义的词组。

如果涉及一月、十一月、十二月，应用间隔号“·”将表示月和日的数字隔开，并外加引号，避免歧义。涉及其他月份时，不用间隔号，是否使用引号，视事件的知名度而定。

示例1：“一·二八”事变（1月28日）“一二·九”运动（12月9日）“一·一七”批示（1月17日）“一一·一〇”案件（11月10日）

示例2：五四运动　五卅运动　七七事变　五一国际劳动节　“五二〇”声明　“九一三”事件

6　物理量

物理量量值必须用阿拉伯数字，并正确使用法定计量单位。小学和初中教科书、非专业科技书刊的计量单位可使用中文符号。

示例：8 736.80km（8 736.80 千米）　600g（600 克）　100kg～150kg（100 千克～150 千克）　12.5m²（12.5 平方米）　外形尺寸是 400mm×200mm×300mm（400 毫米×200 毫米×300 毫米）　34℃～39℃（34 摄氏度～39 摄氏度）　0.59A（0.59 安〔培〕）

7　非物理量

7.1　一般情况下应使用阿拉伯数字。

示例：21.35 元　45.6 万元　270 美元　290 亿英镑　48 岁　11 个月　1 480 人　4.6 万册　600 幅　550 名

7.2　整数一至十，如果不是出现在具有统计意义的一组数字中，可以用汉字，但要照顾到上下文，求得局部体例上的一致。

示例1：一个人　三本书　四种产品　六条意见　读了十遍　五个百分点

示例2：截至 1984 年 9 月，我国高等学校有新闻系 6 个，新闻专业 7 个，新闻班 1 个，新闻教育专职教员 274 人，在校学生 1 561 人。

8　多位整数与小数

8.1　阿拉伯数字书写的多位整数和小数的分节。

8.1.1　专业性科技出版物的分节法：从小数点起，向左和向右每三位数字一组，组间空四分之一个汉字（二分之一个阿拉伯数字）的位置。

示例：2 748 456　3.141 592 65

8.1.2　非专业性科技出版物如排版留四分空有困难，可仍采用传统的以千分撇“,”分节的办法。小数部分不分节。四位以内的整数也可以不分节。

示例：2，748，456　3.1415926　8703

8.2　阿拉伯数字书写的纯小数必须写出小数点前定位的“0”。小数点是齐底线的圆黑点“．”。

示例：0.46 不得写成 .46 和 0 · 46

8.3　尾数有多个“0”的整数数值的写法。

8.3.1　专业性科技出版物根据 GB 8170－87 关于数值修约的规则处理。

8.3.2　非科技出版物中的数值一般可以“万”、“亿”作单位。

示例：三亿四千五百万可写成 345，000，000，也可写成 34，500万或 3.45 亿，但一般不得写作 3 亿 4 千 5 百万。

8.4　数值巨大的精确数字，为了便于定位读数或移行，作为特例可以同时使用“亿、万”作单位。

示例：我国 1982 年人口普查人数为 10 亿 817 万 5 288 人；1990 年人口普查人数为 11 亿 3 368 万 2 501 人。

8.5　一个用阿拉伯数字书写的数值应避免断开移行。

8.6　阿拉伯数字书写的数值在表示数值的范围时，使用浪纹式连接号“～”。

示例：150 千米～200 千米　－36℃～－8℃　2 500 元～3 000 元

9　概数和约数

9.1　相邻的两个数字并列连用表示概数，必须使用汉字，连用的两个数字之间不得用顿号“、”隔开。

示例：二三米　一两个小时　三五天　三四个月　十三四吨　一二十个　四十五六岁　七八十种　二三百架次　一千七八百元　五六万套

9.2　带有“几”字的数字表示约数，必须使用汉字。

示例：几千年　十几天　一百几十次　几十万分之一

9.3　用“多”、“余”、“左右”、“上下”、“约”等表示的约数一般用汉字。如果文中出现一组具有统计和比较意义的数字，其中既有精确数字，也有用“多”、“余”等表示的约数时，为保持局部体例上的一致，其约数也可以使用阿拉伯数字。

示例1：这个协会举行全国性评奖十余次，获奖作品有一千多件。协会吸收了约三千名会员，其中三分之二是有成就的中青年。另外，在三十个省、自治区、直辖市还设有分会。

示例2：该省从机动财力中拿出1 900 万元，调拨钢材3 000多吨、水泥2万多吨、柴油1 400 吨，用于农田水利建设。

10　代号、代码和序号

部队番号、文件编号、证件号码和其他序号，用阿拉伯数字。序数词即使是多位数也不能分节。

示例：84062部队　国家标准GB 2312—80　国办发［1987］9号文件　总3147号　国内统一刊号CN11-1399　21/22次特别快车　HP-3000型电子计算机　85号汽油　维生素B_{12}

11　引文标注

引文标注中版次、卷次、页码，除古籍应与所据版本一致外，一般均使用阿拉伯数字。

示例1：列宁：《新生的中国》，见《列宁全集》，中文2版，第22卷，208页，北京，人民出版社，1990。

示例2：刘少奇：《论共产党员的修养》，修订2版，76页，北京，人民出版社，1962。

示例3：李四光：《地壳构造与地壳运动》，载《中国科学》，1973（4），400～429页。

示例4：许慎：《说文解字》，影印陈昌治本，126页，北京，中华书局，1963。

示例5：许慎：《说文解字》，四部丛刊本，卷六上，九页。

12　横排标题中的数字

横排标题涉及数字时，可以根据版面的实际需要和可能作恰当的处理。

13 竖排文章中的数字

提倡横排。如文中多处涉及物理量，更应横排。竖排文字中涉及的数字除必须保留的阿拉伯数字外，应一律用汉字。必须保留的阿拉伯数字、外文字母和符号均按顺时针方向转 90 度。

示例一：

雪花牌BCD188型家用电冰箱容量是一百八十八升，功率为一百二十五瓦，市场售价两千零五十元，返修率仅为百分之零点一五。

示例二：

海军J 12号打捞救生船在太平洋上航行了十三天，于一九九〇年八月六日零时三十分返回基地。

14 字 体

出版物中的阿拉伯数字，一般应使用正体二分字身，即占半个汉字位置。

附录8 《中华人民共和国法定计量单位使用方法》

一、总　则

1. 中华人民共和国法定计量单位（简称法定单位）是以国际单位制单位为基础，同时选用了一些非国际单位制的单位构成的。法定单位的使用方法以本文件为准。

2. 国际单位制是在米制基础上发展起来的单位制。其国际简称为SI。国际单位制包括SI单位、SI词头和SI单位的十进倍数与分数单位三部分。

按国际上的规定，国际单位制的基本单位、辅助单位、具有专门名称的导出单位以及直接由以上单位构成的组合形式的单位（系数为1）都称之为SI单位。它们有主单位的含义，并构成一贯单位制。

3. 国际上规定的表示倍数和分数单位的16个词头，称为SI词头。它们用于构成SI单位的十进倍数和分数单位，但不得单独使用。质量的十进倍数和分数单位由SI词头加在“克”前构成。

4. 本文件涉及的法定单位符号（简称符号），系指国务院1984年2月27日命令中规定的符号，适用于我国各民族文字。

5. 把法定单位名称中方括号里的字省略即成为其简称。没有方括号的名称，全称与简称相同。简称可在不致引起混淆的场合下使用。

二、法定单位的名称

6. 组合单位的中文名称与其符号表示的顺序一致。符号中的乘号没有对应的名称，除号的对应名称为“每”字，无论分母中有几个单位，“每”字只出现一次。

例如：比热容单位的符号是J/(kg·K)，其单位名称是“焦耳每千克开尔文”而不是“每千克开尔文焦耳”或“焦耳每千克每开尔文”。

7. 乘方形式的单位名称，其顺序应是指数名称在前，单位名称在后，相应的指数名称由数字加“次方”二字而成。

例如：断面惯性矩的单位 m^4 的名称为“四次方米”。

8. 如果长度的 2 次和 3 次幂是表示面积和体积，则相应的指数名称为“平方”和“立方”，并置于长度单位之前，否则应称为“二次方”和“三次方”。

例如：体积单位 dm^3 的名称是“立方分米”，而断面系数单位 m^3 的名称是“三次方米”。

9. 书写单位名称时不加任何表示乘或除的符号或其他符号。

例如：电阻率单位 Ω·m 的名称为“欧姆米”而不是“欧姆·米”、“欧姆—米”、“[欧姆][米]”等。

例如：密度单位 kg/m^3 的名称为“千克每立方米”而不是“千克/立方米”。

三、法定单位和词头的符号

10. 在初中、小学课本和普通书刊中有必要时，可将单位的简称（包括带有词头的单位简称）作为符号使用，这样的符号称为“中文符号”。

11. 法定单位和词头的符号，不论拉丁字母或希腊字母，一律用正体，不附省略点，且无复数形式。

12. 单位符号的字母一般用小写体，若单位名称来源于人名，则其符号的第一个字母用大写体。

例如：时间单位“秒”的符号是 s。

例如：压力、压强的单位“帕斯卡”的符号是 Pa。

13. 词头符号的字母当其所表示的因数小于 10^6 时，一律用小写体，大于或等于 10^6 时用大写体。

14. 由两个以上单位相乘构成的组合单位，其符号有下列两种形式：

N·m　Nm

若组合单位符号中某单位的符号同时又是某词头的符号，并有可能发生混淆时，则应尽量将它置于右侧。

例如：力矩单位“牛顿米”的符号应写成 Nm，而不宜写成 mN，以免误解为“毫牛顿”。

15. 由两个以上单位相乘所构成的组合单位，其中文符号只用一种形式，即用居中圆点代表乘号。

例如：动力粘度单位“帕斯卡秒”的中文符号是“帕·秒”而不是“帕秒”、“［帕］［秒］”、“帕·［秒］”、“帕—秒”、“（帕）（秒）”、“帕斯卡·秒”等。

16. 由两个以上单位相除所构成的组合单位，其符号可用下列三种形式之一：

kg/m^3　$kg \cdot m^{-3}$　kgm^{-3}

当可能发生误解时，应尽量用居中圆点或斜线（/）的形式。

例如：速度单位“米每秒”的法定符号用 $m \cdot s^{-1}$ 或 m/s，而不宜用 ms^{-1}，以免误解为“每毫秒”。

17. 由两个以上单位相除所构成的组合单位，其中符号可采用以下两种形式之一：

千克/米^3　　千克·米$^{-3}$

18. 在进行运算时，组合单位中的除号可用水平横线表示。

例如：速度单位可以写成$\frac{m}{s}$或$\frac{米}{秒}$。

19. 分子无量纲而分母有量纲的组合单位即分子为 0 的组合单位的符号，一般不用分式而用负数幂的形式。

例如：波数单位的符号是 m^{-1}，一般不用 1/m。

20. 在用斜线表示相除时，单位符号的分子和分母都与斜线处于同一行内。当分母中包含两个以上单位符号时，整个分母一般应加圆括号。在一个组合单位的符号中，除加括号避免混淆外，斜线不得多于一条。

例如：热导率单位的符号是 W/(K·m)，而不是 W/K·m 或 W/K/m。

21. 词头的符号和单位的符号之间不得有间隙，也不加表示相乘的任何符号。

22. 单位和词头的符号应按其名称或者简称读音，而不得按字母读音。

23. 摄氏温度的单位“摄氏度”的符号℃，可作为中文符号使用，可与其他中文符号构成组合形式的单位。

24. 非物理量的单位（如：件、台、人、圆等）可用汉字与符号构成组合形式的单位。

四、法定单位和词头的使用规则

25. 单位与词头的名称，一般只宜在叙述性文字中使用，单位和词头的符号，在公式、数据表、曲线图、刻度盘和产品铭牌等需要简单明了表示的地方使用，也可用于叙述性文字中。

应优先采用符号。

26. 单位的名称或符号必须作为一个整体使用，不得拆开。

例如：摄氏温度单位“摄氏度”表示的量值应写成并读成“20摄氏度”，不得写成并读成“摄氏20度”。

例如：30 km/h应读成“三十千米每小时”。

27. 选用SI单位的倍数单位或分数单位，一般应使量的数值处于0.1—1000范围内。

例如：1.2×10^4 N可以写成12kN。

0.003 94m可以写成3.94mm。

11 401Pa可以写成11.401kPa。

3.1×10^{-8} s可以写成31ns。

某些场合习惯使用的单位可以不受上述限制。

例如：大部分机械制图使用的长度单位可以用“mm（毫米）”；导线截面积使用的面积单位可以用“mm^2（平方毫米）”。

在同一个量的数值表中或叙述同一个量的文章中，为对照方便而使用相同的单位时，数值不受限制。

词头h、da、d、c（百、十、分、厘），一般用于某些长度、面积和体积的单位中，但根据习惯和方便也可用于其他场合。

28. 有些非法定单位，可以按习惯用SI词头构成倍数单位或分数单位。

例如：mCi、mGal、mR 等。

法定单位中的摄氏度以及非十进制的单位，如平面角单位“度”、“[角] 分”、“[角] 秒”与时间单位“分”、“时”、“日”等，不得用 SI 词头构成倍数单位或分数单位。

29. 不得使用重叠的词头。

例如：应该用 nm，不应该用 mμm，应该用 am，不应该用 μμm，也不应该用 nμm。

30. 亿（10^8）、万（10^4）等是我国习惯用的数词，仍可使用，但不是词头。习惯使用的统计单位，如万公里可记为“万 km”或“10^4 km”；万吨公里可记为“万 t · km”或“10^4 t · km”。

31. 只是通过相乘构成的组合单位在加词头时，词头通常加在组合单位中的第一个单位之前。

例如：力矩的单位 kN · m，不宜写成 N · km。

32. 只通过相除构成的组合单位或通过乘和除构成的组合单位在加词头时，词头一般应加在分子中的第一个单位之前，分母中一般不用词头。但质量的 SI 单位 kg，这里不作为有词头的单位对待。

例如：摩尔内能单位 kJ/mol 不宜写成 J/mmol。

例如：比能单位可以是 J/kg。

33. 当组合单位分母是长度、面积和体积单位时，按习惯与方便，分母中可以选用词头构成倍数单位或分数单位。

例如：密度的单位可以选用 g/cm^3。

34. 一般不在组合单位的分子分母中同时采用词头，但质量单位 kg 这里不作为有词头对待。

例如：电场强度的单位不宜用 kV/mm，而用 mV/m；质量摩尔浓度可以用 mmol/kg。

35. 倍数单位和分数单位的指数，指包括词头在内的单位的幂。

例如：$1cm^2=1\ (10^{-2}m)^2=1\times10^{-4}m^2$，而 $1cm^2\neq10^{-2}m^2$。$1\mu s^{-1}=(10^{-6}s)^{-1}=10^6s^{-1}$。

36. 在计算中，建议所有量值都采用 SI 单位表示，词头应以相应的 10 的幂代替（kg 本身是 SI 单位，故不应换成 10^3g）。

37. 将 SI 词头的部分中文名称置于单位名称的简称之前构成中文符号时，应注意避免与中文数词混淆，必要时应使用圆括号。

例如：旋转频率的量值不得写成 3 千秒$^{-1}$。

如表示“三每千秒”，则应写为“3（千秒）$^{-1}$”（此处“千”为词头）；

如表示“三千每秒”，则应写为“3 千（秒）$^{-1}$”（此处“千”为数词）。

例如：体积的量值不得写为“2 千米^3”。

如表示“二立方千米”，则应写为“2（千米）^{3}”（此处“千”为词头）；

如表示“二千立方米”，则应写为“2 千（米）^{3}”（此处“千”为数词）。

附录9 《校对符号及其用法》

(GB/T14706－93)

1 主题内容与适用范围

本标准规定了校对各种排版校样的专用符号及其用法。

本标准适用于中文（包括少数民族文字）各类校样的校对工作。

2 引用标准

GB 9851 印刷技术术语

3 术 语

3.1 校对符号 proofreader's mark

以特定图形为主要特征的、表达校对要求的符号。

4 校对符号及用法示例

编号	符号形态	符号作用	符号在文中和页边用法示例	说　　明
一、字符的改动				
1		改正	增高出版物质量。（提） 改革开攻（放）	改正的字符较多，圈起来有困难时，可用线在页边画清改正的范围 必须更换的损、坏、污字也用改正符号画出

续前表

编号	符号形态	符号作用	符号在文中和页边用法示例	说　　明
2		删除	提高出版物物质质量	
3		增补	要搞好校工作。对	增补的字符较多，圈起来有困难时，可用线在页边画清增补的范围
4		改正上下角	16=42 2 H2SO4 4 尼古拉费欣 · 0.25+0.25=0·5 . 举例:2×3=6 : X:Y=1∶2 :	
二、字符方向位置的移动				
5		转正	字符颠倒要转正。	
6		对调	认真经验总结。 认真验结经总。	用于相邻的字词 用于隔开的字词
7		接排	要重视校对工作， 提高出版物质量。	
8		另起段	完成了任务。明年……	
9		转移	校对工作，提高出 版物质量要重视。 ”。以上引文均见中文新版《 列宁全集》。 编者　年　月 …… 各位编委:	用于行间附近的转移 用于相邻行首末衔接字符的推移 用于相邻页首末衔接行段的推移

续前表

编号	符号形态	符号作用	符号在文中和页边用法示例	说　明
10	或	上下移	序号 名称 数量 01 显微镜 2	字符上移到缺口左右水平线处 字符下移到箭头所指的短线处
11	或	左右移	要重视校对工作，提高出版物质量。 3 4 欢呼 5 6 歌 5 唱	字符左移到箭头所指的短线处 字符左移到缺口上下垂直线处 符号画得太小时，要在页边重标
12		排齐	校对工作非常重要 必须提高印刷质量，缩短印制周期。 国家标准	
13		排阶梯形	RH_2	
14		正图		符号横线表示水平位置，竖线表示垂直位置，箭头表示上方

三、字符间空距的改动

编号	符号形态	符号作用	符号在文中和页边用法示例	说　明
15	∨ ＞	加大空距	一、校对程序 校对胶印读物、影印书刊的注意事项：	表示在一定范围内适当加大空距 横式文字画在字头和行头之间

续前表

编号	符号形态	符号作用	符号在文中和页边用法示例	说　明
16	∧ ＜	减小空距	二、校对程∧序　∧ 校对胶印读物、影印 ＜书刊的注意事项：　＜	表示不空或在一定范围内适当减小空距 横式文字画在字头和行头之间
17	# ǂ ǂ ǂ	空 1 字距 空 1/2 字距 空 1/3 字距 空 1/4 字距	第一章校对职责和方法 1.责任校对 ……	多个空距相同的，可用引线连出，只标示一个符号
18	Y	分开	Goodmorning!	用于外文

四、其他

编号	符号形态	符号作用	符号在文中和页边用法示例	说　明
19	△	保留	认真搞好校对工作。	除在原删除的字符下画△外，并在原删除符号上画两竖线
20	○=	代替	○色的程度不同，从淡○色到深○色具有多种层次，如天○色、湖○色、海○色、宝○色…… ○=蓝	同页内有两个或多个相同的字符需要改正的，可用符号代替，并在页边注明
21	○○○	说明	第一章　校对的职责 改黑体	说明或指令性文字不要圈起来，在其字下画圈，表示不作为改正的文字。如说明文字较多时，可在首末各三字下画圈

5 使用要求

5.1 校对校样，必须用色笔（墨水笔、圆珠笔等）书写校对符号和示意改正的字符，但是不能用灰色铅笔书写。

5.2 校样上改正的字符要书写清楚。校改外文，要用印刷体。

5.3 校样中的校对引线要从行间画出。墨色相同的校对引线不可交叉。

［思考与练习答案要点］

第一章　绪　论

1. 如何理解文书的形成条件?

（1）文字的形成是文书产生的必要条件；

（2）社会组织的形成是文书产生的充分条件。

2. 如何理解文书、公文与文件的相互关系?

文书是人们在社会实践活动中为处理各种事情的需要，以文字的方式，在特定载体上形成的具有一定效用的信息记录。公文是指社会组织在公务活动中形成的具有法定效力和规范体式的凭证性信息记录。文件则有狭义、广义之分，狭义型的文件通常有两种限定角度：一种是专指公务文件，另一种是专指现行文件。广义型的文件定义又称为泛指型的定义。

文书、公文和文件三者内涵之间没有本质的区别，都是人类社会实践活动中为处理某种事务的需要而直接形成的信息记录。但是，三者在外延上有一定的区分，按从大到小的顺序，有如下关系：广义文件 ＞ 文书＞ 公文＞狭义文件。

3. 简述文书学的学科体系构成。

目前，我国文书学的学科体系已发展成为四个较为成熟的科目，即文书工作发展史、古文书学、机关文书处理和专门文书处理，它们共同构成文书学的骨干内容。

4. 简述商朝文书工作特色。

第一，史官分工明确化，文书机构专门化，太史寮是我国最早的专门化的国家文书机构；

第二，文书形式多样化，如甲骨文书、钟鼎文书、简牍文书等；

第三，文种表达复杂化，誓（公布性）、诰、命（下行文）、训（上行文）等；

第四，形成过程制度化，如甲骨文的前辞、命辞、占辞、验辞结构完整；又如开始形成严格的签名制度（签名既意味着权限又意味着责任）。

第二章　公务文书

1. 简述公务文书的特点。

（1）由法定作者制发；

（2）有法定权威和现实执行效用；

（3）具有规范体式；

（4）具有特定处理程序。

2. 如何理解公务文书的功能？

公文的基本功能表现为两个方面：

（1）公务管理的工具。

（2）社会沟通的手段。

公文的基本功能是通过每一份公文，在特定公务管理活动中发挥的各自具体作用得以实现的。公文的具体作用包括：法律和行为规范作用；书面领导与指导作用；联系与处理公务作用；宣传教育作用；凭证依据作用。

3. 简述公务文书现行效用的范围。

公务文书现行效用的范围包括四个方面：

（1）时间范围；

（2）空间范围；

（3）机构范围；

（4）人员范围。

4. 简述公务文书的分类方法及主要类别。

（1）按形成和作用的公务活动领域分类可以分为正式通用公文、内部通用公文和专用公文。

（2）按物质载体分类可以分为纸质文书、感光介质文件、磁介质文件和电子文件等。

（3）按内容性质分类可以分为规范类文书、领导指导类文书、报请类文书、知照类文书、契约类文书、会议文书等。

（4）按涉密程度分类可将公文的涉密程度分为绝密、机密、秘密、内部、限国内公开和对外公开六个等级。

（5）按行文方向分类可以分为上行文、平行文和下行文三类行文。

（6）按办理时限分类可以分为特急件、急件、平件三种。

（7）按授受活动分类可以分为发文（内部发文、对外发文）和收文。

（8）按处理方式分类可以分为阅知件（阅件）、阅办件（办件）。

（9）按公文稿本分类可以分为草稿、定稿、正本、副本等。

5. 简述电子文件的特点。

电子文件的特点主要表现在编码形式和载体特征两个方面。

编码形式特点表现在：

（1）非人工识读性；

（2）对系统的依赖性；

（3）多媒体集成性；

（4）信息的集散性；

（5）信息的易更改性。

载体特点表现在：

（1）信息的可转载性；

（2）载体的不稳定性。

6. 怎样正确选用公文文种？

（1）根据发文目的；

（2）根据行文关系；

（3）根据发文权限；

（4）根据国家的统一规定。

第三章　文书工作概述

1. 简述文书工作的基本原则。

文书工作的基本原则可以概括为准确原则、及时原则、安全原则、精简原则。

2. 简述文书工作的概念、特性与作用。

文书工作是指围绕文书的撰制、传递、处理和管理而展开的一系列活动的总称。从广义上来讲，它是包括从文书形成直至办理完毕，单位的领导人、文书人员及其他有关的业务人员、秘书人员等都共同参与的一系列工作；从狭义上来讲，文书工作专指由文书人员所从事的技术性和事务性工作。

文书工作具有政治性、服务性、技术性和时效性。

文书工作具有助手作用、纽带作用、积累作用。

3. 如何理解文书工作的基本内容？

文书工作的基本内容包括文书的撰制、传递、办理、处置和管理等，具体工作环节有：（1）文书的撰制，包括拟稿、核稿、签发、缮印、校对、用印（签署）等环节。（2）文书的传递，包括接收登记、分装、投送及其渠道的选择等环节。（3）文书的办理，包括拟办、批办、承办、注办等环节。（4）文书的处置，包括立卷归档、清退、暂存、销毁等环节。（5）文书的管理，包括加工编辑、组织传阅、催办、查办、各环节的登记以及对文书的日常管理、提供利用等环节。

4. 简述行文规则的主要内容。

（1）根据机关之间的工作关系确立行文方向；

（2）选择适宜的行文方式，一般不得越级行文；

（3）正确选择主送机关与抄送机关；

（4）坚持党政文件分开的原则；

（5）联合行文时作者应是“同级”机关，并在行文前就有关问题协商一致；

（6）严格控制公文数量，简化行文手续。

5. 案例分析：请指出下列公文在行文关系中的错误之处，并分析错误的原因。

××县商业局关于增设社会商业股的请示

党中央、国务院：

为加强对我县副食、饮食、理发、日杂、粮运队等集体企业的领导和管理，经研究，拟增设××县商业局社会商业股，所需人员在本局现有人员中调剂解决。是否可行，请批复。

××县商业局

二〇〇七年六月九日

抄送：××县政府及各乡政府

（1）越级行文。该公文内容为县属商业局向上级机关请示成立县商业局内部机构事宜，应该行文至直属上级领导机关县政府，而不应该行文至党中央和国务院。

（2）多头主送。请示行文时一般只能主送一个上级机关，其他上级如确有必要可以抄送。多头主送很可能造成相互推诿，影响行政工作效率。

（3）不符合党政文件分开的原则。该文件应报送上级行政领导机关，不宜向上级党组织行文。

（4）抄送机关错误。按照行文规则，请示不得在上报的同时抄送下级机关，而这份请示同时抄送该县所属的各乡政府，显然是错误的。

6. 案例分析：根据行文规则分析××县人民政府的下述做法是否妥当？为什么？

因为突发洪涝灾害，人民生命财产遭受严重威胁，所以××县人民政府直接向国务院紧急报送请示，同时将请示抄送××省人民政府主管农业工作的副省长×××同志。

××县人民政府越级请示的做法虽然有一定的合理性，但也有违背行文规则的不妥之处。

首先，本案例符合行文规则越级的必要条件：情况特别紧急，如逐级上报会延误时机造成重大损失，因而可以越级请示；

其次，抄送对象首先应是被越过的其直属上级机关××市人民政府，而该文未抄送××市人民政府；

再次，抄送对象不应该是个人，按照行文规则，除上级机关负责人直接交办的事项外，不得以机关名义向上级机关负责人报送“请示”、“意见”和“报告”。

7. 简述文书工作组织形式的类型与确定依据。

文书工作组织形式有集中式、分散式、复合式三种类型。选择和确定文书工作组织形式，主要取决于中心机构能否直接控制各专门机构和分支机构文书工作的状况。这种状况的维系，受到社会组织的规模、社会组织内部机构的驻地状况、社会组织收发文书的数量等因素的制约。

8. 简述文书工作人员的层次与素质要求。

文书工作人员的层次可以划分为三层：文书工作的控制层、文书工作的执行层、文书工作的操作层。

文书工作人员的层次与素质要求包括思想品德要求和知识能力要求，文书人员还必须具备健康的心理和体魄，形成文书人员思想品德、知识能力和心理体魄“三位一体”的素质要求。实现“三种转变”：由技能型向谋略型的转变、由静态型向动态型的转变、由单一型向复合型的转变。

9. 简述文书工作标准化的含义、特性和基本原理。

文书工作标准化是指对文书工作中反复使用的概念、循环往复的处理程序及其他规律性的管理活动，通过制定、实施标准，以获得文书工作的最佳效能的活动过程。

文书工作标准化的原理可以归纳为：简化原理、统一原理、协调原理、优化原理。

文书工作标准化具有管理性、广泛性和一定的强制性的特性。

10. 简述文书工作现代化的含义、动因和基本模式。

文书工作现代化是指将处于领先地位的科学管理理念、方法和技术手段应用于文书工作，使文书工作不断达到先进的科学技术水平。

文书工作现代化的动因主要来自内外两个方面：信息技术革命是外在动力，提高文书工作效能是内在需求。

文书工作现代化的基本模式包括前端控制、全程管理、信息共享。

第四章　公文的体式

1. 如何理解公文是一种特殊的应用文体？

（1）公文是以语体文为原则的应用文体。

（2）公文写作通常兼用说明、叙述、议论三种表达方式。

2. 如何理解公文格式的含义及其特点？

公文格式是指公文的文面各项要素的构成及其编排规范。

公文格式具有规范性、相对的固定性和稳定性的特点。

3. 公文格式中各要素是如何划分的？分别包括哪些要素？

为便于理解和记忆，《国家行政机关公文格式》国家标准将组成公文的各要素划分为眉首、主体、版记三个板块。

眉首要素包括：公文份数序号、秘密等级和保密期限、紧急程度、发文机关标识、发文字号、签发人。

主体要素包括：公文标题、主送机关、正文、附件、成文时间、印章、特殊情况说明、附注。

版记要素包括：主题词、抄送机关、印发机关和印发时间。

4. 案例分析：请指出下述做法是否正确，并说明理由。

韩秘书在对一份发文进行排版时，发现公文正文结束后已不能容下印章的位置，只能在下一页盖章。为保证公文的完整性、有效性，韩秘书在加盖公章的页面左上角标注“（此页无正文）”。

韩秘书的做法是错误的。

根据《国家行政机关公文格式》标准的规定，当公文排版后所剩空白处不能容下印章位置时，应采取调整行距、字距的措施加以解决，务使印章与正文同处一面，不得采取“此页无正文”的方法解决。目的是使印章与正文务必同处一页，不留任何空白，堵住变造公文的漏洞。

5. 格式设计：××市政府 2007 年制发的第一份公文是就××问题向××省政府报送的请示，请为这份公文设计首页格式（题目中未给出的具体内容可用“×××”代替）。

答案略。

第五章　公务文书撰拟通则

1. 简述公文撰拟的基本要求。

（1）公文的内容应准确无误、讲求实效；

（2）公文的语言应严谨周密、简明精练、庄重得体；

（3）公文的文面应符合规范、整齐划一。

2. 公文标题结构有哪些表达形式？

（1）“标准式”标题；

（2）由发文机关名称和文种构成的标题；

（3）由公文主题（事由）和文种构成的标题；

（4）只标明文种的标题；

（5）题注式标题（附加括号式标题）；

（6）由发文机关和被批转（转发、印发）文件的标题和文种构成的标题；

（7）由会议名称和文种组成的标题；

（8）新闻式标题。

3. 简述确定公文标题的要求。

从总体上讲，公文的标题要做到显旨、简洁和得体。

4. 一般在哪几种情形下使用模糊语言撰写公文?

（1）表达对象不能准确表述时，即客观事实本身呈模糊状态；

（2）旨在使问题阐述有回旋余地，具有一定的灵活性；

（3）不必或不宜精确表态。

5. 分析下列公文标题的错误及病因，并予修改。

（1）中共××铁路分局纪委关于×××播放淫秽录像错误处理的通报

病因：主题概括不准确、不精炼；语义表达不明确，容易产生歧义。

修改：中共××铁路分局纪委关于处理××所犯错误的通报

（2）××省人民政府办公厅关于印发××副省长就整顿乡镇企业中问题的来信

病因：成分残缺，没有体现文种。

修改：××省人民政府办公厅关于印发××副省长就整顿乡镇企业中问题的来信的通知

（3）中共××厂党委关于认真学习中发〔2002〕2号文件的通知

病因：发文机关名称不准确；在标题中不应该引用发文字号，应该引用公文标题。

修改：中共××厂委员会关于认真学习中共中央×××（被引公文的标题）的通知

或者：中国共产党××厂委员会关于认真学习中共中央×××（被引公文的标题）的通知

6. 案例分析：分析下列公文语句的不当之处。

（1）请与会代表携带有关文件，于7月24日前来报到。

“于7月24日前来报到”表述有歧义，因为对于报到时间可做两种理解：其一，7月24日这一天“前来”报到；其二，“7月24日前”的某一个时间来报到。

（2）我们一行人（工作队）由王工带队，月初进厂，首先整建班子，接着整建规章……

语意不明确，表意不清楚，过于口语化。应改为：我们工作队

××人（数量）由工程师王××带队，×月×日进驻××厂。第一步工作是……第二步工作是……

（3）在前段教学工作中，由于我们重视课堂教学，因而忽视自学辅导工作。

不合逻辑。因为“重视课堂教学”并不能成为“忽视自学辅导工作”的原因。应修改为：在前段教学工作中，我们虽然重视课堂教学，但忽视了自学辅导工作。

（4）××年春夏之交，南方洪涝灾害导致许多地方一片汪洋，几成泽国；而北方的旱灾又导致许多地方赤地千里，禾亩枯焦，颗粒无收。

采用描述性、抒情性语言，不符合公文语言特色，应修改为说明性、叙述性语言。

（5）他们每天都要接待大批来信来访。

搭配不当。应修改为“处理大量来信，接待大批来访”。

（6）这个地区天气温和，雨量充沛，适宜各种农作物的生长。

“天气”一词小词大用，应改为“气候”等。

第六章　公文撰写举要

1. 简述规范类文书的特点。

（1）制定主体具有广泛性和限定性；

（2）效用具有约束性和多层级性；

（3）总体构成具有规范性和严密性；

（4）生效周期具有相对稳定性；

（5）制定具有程序性和特殊性。

2. 简述规范类文书的撰写要求。

（1）以法律法规为依据；

（2）体现较强的操作性；

（3）坚持备案审查制度；

（4）检查监督执行情况；

（5）及时清理，适时修改，适应发展；

（6）高度重视立法技术。

3. 简述通报的特点及类型。

通报的特点：（1）导向性；（2）典型性；（3）普发性；（4）时效性。

通报的类型：（1）表扬性通报；（2）批评性通报；（3）情况通报。

4. 案例分析：指出《滨海市物价局关于同意××经费收费标准的批复》的错误之处。

滨海市物价局关于同意××经费收费标准的批复

滨海物价财字（2006）24 号

市劳动局：

同意你局关于××经费收费标准的意见，请于 10 月 1 日起执行。

二〇〇六年八月一日

滨海市物价局

（1）市物价局与劳动局是同级机关，应当用复函而不用批复；

（2）发文字号中的年份应当用六角括号；

（3）收文机关应明确标明"海滨市劳动局"；

（4）正文起首应退后两格；

（5）生效标识域中发文机关名称与发文日期位置颠倒。

5. 简述请示的撰写要求。

（1）不得滥用请示文种；

（2）一文一事；

（3）请示的理由应具体、充分；

（4）应在请示中提出本单位的可行性建议；

（5）一般不得越级行文；不应多头主送；除领导人交办者外，请示不应主送领导者个人；

（6）在正本上应有签发人标志。

6. 简述报告的适用范围与类型。

报告用于向上级机关汇报工作、反映情况、提出意见或建议、答复上级机关的询问。

报告的类型有：

（1）按照性质划分，有专题报告和综合报告之分；

（2）按照制发周期划分，有定期报告和不定期报告之分；

（3）按照内容划分，可分为工作报告、总结报告、调查报告等。

7. 案例分析：指出下列请示文稿存在的问题并予改正。

请示

因工作需要，我县急需购买小轿车一辆，请批准调拨经费×××××元。

另：我县尚缺专业对口技术人员××名，请在制定明年人员编制时一并考虑。

上述意见与要求如无不妥，请批复。

此致

敬礼！

××县人民政府

××县财政局

06年6月

（1）违反行文规则。一是请示内容应“一文一事”，而文中同时涉及有两件事情。二是落款处，县政府与县财政局是上下级，违反联合行文应当是同级单位的规定。

（2）没有主送机关。

（3）成文日期不完整，且应当用汉字写全年月日。

（4）“上述意见与要求如无不妥”用语不当，应为“妥否，请批复”。

（5）应去掉“此致”和“敬礼”字样。

8. 简述函的种类与撰写要求。

种类：（1）按照行文目的，有问函与复函之分；（2）按照函的形式划分，有正式公函与便函两种。

撰写要求：（1）内容单一；（2）用语得体；（3）行文郑重。

9. 阐述简报的特点。

（1）快捷性；（2）简明性；（3）新颖性；（4）连续性。

10. 案例分析：指出下列通知文稿在内容与格式上存在的问题并予改正。

××市工业总公司文件

公司发〔2007〕×号

关于加强自检，坚决杀住企业吃喝风的通知

各厂矿、工厂：

总公司财经纪律检查组本次年底大检查，发现各单位年底宴请频繁，名目繁多的请客送礼，导致很大浪费，广大工人同志对企业干部这种腐败现象极为不满，广大党员对此极为不满。各单位要为了加强廉政建设，维护企业利益，所以总公司办公会议研究决定，各单位必须成立纪检小组。通过加强自检，并在一个月内，将自检报告上报给公司。

特此通知。

××市工业总公司

二〇〇七年×月×日

主题词：××　××　××　××

（1）标题中有错字，“杀住”应为“刹住”。

（2）根据文种“通知”的写作要求，通知应当有具体事项。该文具体安排事项不够明确，不便于开展工作。例如：成立自检小组，在什么时间，开展自检，又在什么具体时间内完成？“一个月”，有些模糊。自检查哪些具体问题？

（3）句子有语病：

“宴请频繁，名目繁多的请客送礼”，句子中的“宴请”和“请客”概念重复。

“导致很大浪费”句中动宾不搭配，应改为“造成很大浪费”。

“各单位要为了加强廉政建设，维护企业利益，所以总公司办公会议研究决定，各单位必须成立纪检小组”。该句子句式杂糅。应删去“各单位要”。

（4）主送单位“各厂矿、工厂”语义重复。删去后面的“工厂”。

（5）标点多处错误。

11. 简述会议记录的结构。

包括：（1）标题：可由召开会议的机关或组织的名称加文种（会议记录）构成；（2）正文：写明会议的组织情况；记录会议过程及相关内容；（3）文尾，视会议结束或休会等情况，标注“散会”、“休会”字样；亦可将时间一并标入。

12. 阐述会议纪要的特点与撰写要点。

特点：（1）往往形成于会议后期乃至会议结束之后；（2）多元性；（3）是对整个会议内容的撮要，是对会议情况进行提炼、浓缩、系统归纳的产物；（4）从不单独向外发出，而是作为“通知”等文种的附件传递给受文者。

撰写要点：（1）纪实；（2）纪要；（3）系统化、条理化。

第七章　公文处理

1. 简述收文处理的一般程序。

（1）收文的接收：签收、收文审核、退文和分办（分发）；

（2）收文的办理：拟办、批办、承办、注办；

（3）收文的管理：登记、信息加工、组织传阅、对内催办等。

2. 简述发文处理的一般程序。

（1）发文定稿的形成：拟稿、会商、审核、签发、复核；

（2）发文的制作：注发、缮印、校对、用印或签署；

（3）发文的管理：分装（含发文登记、装封）、发出（传递）、公布、对外催办等。

3. 结合实际阐述公文处理的程序化管理所体现出的特性及其对于实际工作的重要指导意义。

(1) 稳定性是设计公文处理程序的基本前提。

(2) 有序性符合公文处理程序的客观规律。

(3) 适应性要求公文处理程序不断改进和发展。

(4) 规范性奠定公文处理现代化的坚实基础。

4. 阐述几种重要的公文处理制度及其内容(公文撰写制度、公文审核签发制度、公文保密制度、公文传递制度、公文生效失效制度、公文公布制度、公文加工利用制度等)。

(1) 公文撰写制度:公文撰写应遵循的原则、技术规则和操作程序的规定。

(2) 公文审核签发制度:为保证公文质量和效用在审核签发时应遵循的各种规定。

(3) 公文保密制度:严守公文中涉及的党和国家的秘密、商业秘密、个人信息以及组织管理中的工作秘密的规定。

(4) 公文传递制度:社会组织之间传递公文的操作规则、发文程序及手续的规定。

(5) 公文生效、失效制度:各类公文生效、失效要件、范围及程序方面的规定。

(6) 公文公布制度:公文公布的范围、操作程序和手续等方面的规定。

(7) 公文加工利用制度:是对公文编辑加工和提供利用的规定和要求。

5. 阐述领导群体在公文处理中重要责任的具体体现。

(1) 对整个公文处理负有总体决策和把关职责。

(2) 对重要文件负有参与起草或亲自撰拟的职责。

(3) 对公文处理中几个关键环节,如批办、审核和签发负有具体操作和把关责任。

6. 案例分析:请代某机关即将离任的办公室主任向新上任的办公室主任交代工作。作为一个办公室主任在本机关公文处理工作中应该负责哪些工作？

办公室是机关公文处理的管理机构，办公室主任属于文书工作人员控制层，要直接负责领导该机关公文处理工作。具体体现在：

(1) 经常向本机关领导人介绍公文处理工作的情况，争取领导的重视、支持和配合。

(2) 组织制定本机关公文处理的各项规章制度以及相应的工作标准。

(3) 负责充实配备文件工作人员。

(4) 负责公文处理设备器材的准备工作。

(5) 负责部分公文的撰写、审核、拟办、批办甚至签发等具体职责。

(6) 负责组织和领导对于所属下级单位公文处理的业务指导。

7. 阐述公文处理的领导与业务指导的关系。

无论是党政军各大系统还是一个社会组织的公文处理工作，均应实行集中统一的组织管理体制，领导与业务指导关系体现在以下方面：

(1) 全国范围公文处理的统一指导。集中统一体现在由中共中央办公厅和国务院办公厅分别负责指导党政系统的公文处理工作，针对公文处理发布法规规章或规范性文件，负责召开有关的业务工作会议等。

(2) 各社会组织公文处理的领导指导。各社会组织公文处理的管理机构及其负责人承担了本组织公文处理工作的领导责任，以及对所属下级公文处理工作的指导职责。

(3) 档案部门对于公文处理的业务指导。档案部门对于公文处理的业务指导范围除了对本单位立卷归档管理一贯的指导、监督外，目前已经扩大到文件制发、处理阶段。

第八章　公文处理的要求与方法

1. 简述分办环节的工作要求。

(1) 确定分办依据。应主要依据公文性质、重要程度、涉密程度、紧急程度、内容所涉及的职责范围、各职能部门或领导人的职责分工及其他人员分工、有关办文办事的程序、规定或惯例进行。

（2）遵循分办原则。公文分办原则是主要的、重要的、紧急的、需要直接办理的收文应该优先处理。按照这一原则，分办应分类进行。

（3）形成分办程序。

（4）制定工作制度。①分办交接登记制度。②限时分办制度。③退文制度。

2. 简述批办制度的具体内容。

（1）统一负责、合理分工的批办制度。

（2）批办意见的办理和反馈制度。

（3）分类批办制度。

（4）一次性批办制度。

（5）代行批办制度。

（6）圈阅批办制度。

3. 如何根据不同具体情况选择适合的承办方式？

根据公文内容和批办要求的不同选择不同承办方式：

一是办公室或部门（人员）承办。对于不需回复公文，承办方式包括：发文（批转、转发）贯彻、开会传达、当面协商、电话联系、实地调研、现场办公、督促检查等。对于需回复公文，采用（1）发文回复。（2）原件批回。（3）电话答复。

二是领导人承办。凡由领导人批示不再办理的公文，由文书工作机构（人员）注明办结情况，作为办毕公文处置。

三是转办。（1）原文转办。（2）面告转办。（3）电话转办。

四是退回不办。

4. 简述组织传阅中阅件的传阅要求及方式。

（1）以文书人员为中心点组织传阅。

（2）合理规划传阅顺序。

5. 收文加工编辑有哪些主要方式？

（1）划出公文“文眼”。（要求能够针对实际文例操作）

（2）撰写公文提要。

（3）汇编公文摘报、摘要。

（4）编写综合信息。

6. 简述做好公文催办工作的重要性及工作要求。

催办在公文处理程序中具有监督、反馈功能。

操作要领如下：

（1）区分对内催办和对外催办两个方面。

（2）划分催办范围，突出重点。

（3）选择相应催办方式。

（4）遵循操作程序。

（5）加强领导并注意工作方法。

7. 简述形成发文定稿的主要工作环节的工作要求。

包括会商、审核、签发和复核等。

8. 阐述公文公布的意义与方式。

（1）公文公布的意义。

其一，有利于实施依法治国方略。其二，有利于国家机关转变工作作风，提高办事效率。其三，适应了建设社会主义市场经济体制的需求。

（2）公文公布的方式。

公报公布；报刊公布；网上公布；广播电视公布；定点公布；其他公布。

9. 案例分析：阅读分析以下材料，回答问题。

某机关一份上报国务院的重要请示，内容涉及其他四个有关部委的职权范围但却没有会商意见。国务院办公厅在收到该请示后将其转交给四个有关部委协商、征求意见。过了将近三个月，这些部委才提出会商解决意见，重新报送到国务院审批。

（1）如何根据公文处理有关规定对本案例中这份请示的办理程序进行改革？

（2）按照目前公文处理中的收文审核规则、退文制度等有关规定，国务院办公厅在收到这份未经会商的请示后应该如何处理？

（1）对于请示性文件，一是在收文程序中列入对内催办范围，督促其办理；二是拟办、批办都应该明确承办部门和办理时限，要求限时处理，重要的还要列入查办范围，监督反馈其办理情况；三是国务院办公厅在该文转交给四个有关部委办理时，应该由其负责对外催办，督促四部委及时会商、会签，提高工作效率。

（2）按照收文审核规则、退文制度等有关规定，国务院办公厅收到这份请示后，首先需要进行办件的收文审核，审核内容包括：涉及其他部门或地区的职权范围的事项是否协商、会签，这份文件显然不符合规定，经办公厅（室）负责人批准以后，可以退回呈报单位并说明理由。

10. 分析上海市教育局下列文书哪些属于未办毕的文书？

A. 收到上海市政府关于××问题的通知，正按照批办意见承办；

B. 本局关于×项目问题的请示，正本已发上海市政府；

C. 上海市政府关于×项目问题的批复，本局收文已承办完毕；

D. 本局关于召开2006年全市成人教育工作会议的通知，正本已发各单位；

E. 2006年全市成人教育工作会议的会议纪要，正本已发与会单位；

F. 本局关于同意作为××活动主办单位之一的复函，正本已发团市委。

答案略。

11. 网络环境中公文流转有哪些特点？

与纸质文件流转相比较，网络环境中公文流转具有以下主要特点：

（1）公文处理标准化程度更高；

（2）公文信息资源共享更加便捷；

（3）公文流转不受时空限制；

（4）公文处理成本更经济；

（5）公文流转对网络环境的依赖性更强。

12. 简述网络环境中公文处理流程重组的方式。

（1）环节前置。

（2）环节后延。

（3）环节叠交。

第九章　文件归档整理概述

1. 文书部门立卷具有哪些优越性？

（1）有利于充分发挥文件的使用价值。

（2）有利于提高归档整理工作的质量。

（3）有利于档案部门各项业务的顺利开展。

2. 简述归档文件整理原则的主要内容。

归档文件整理原则包括联系原则和便于保管与利用原则。

（1）联系原则，是指立卷时要遵循文件材料的自然形成规律和特点，维护文件之间的有机联系。

（2）便于保管与利用原则，是指归档文件整理的结果——组成的文件系统必须要便于文件的安全保管，便于为现行机关以及今后的科学研究提供经济高效的利用服务。

3. 简述归档文件整理工作的重点。

归档文件整理工作的重点，应以反映本组织主要职能活动和基本历史面貌的文件材料为主，如果本机关不对这些文件材料收集整理归档或归档不齐全完整，往往很难从其他机关中获得补替。

4. 简述机关文件归档范围的主要内容。

（1）反映本机关主要职能活动和基本历史面貌的，对本机关工作、国家建设和历史研究具有利用价值的文件材料。

（2）机关工作活动中形成的在维护国家、集体和公民权益等方面具有凭证价值的文件材料。

（3）本机关需要贯彻执行的上级机关、同级机关的文件材料；下级机关报送的重要文件材料。

（4）其他对本机关工作具有查考价值的文件材料。

5. 编制分类方案时，需要做哪些调查研究工作？

机关的组织情况，包括内部机构的数量、层次、职能分工、办公地点等；

机关工作情况，包括工作性质和内容、主要和次要的业务活动等；

机关文件情况，包括常用文种、文件数量、利用频率、与其他机关的行文关系以及文件的来源、价值、归档范围、文书工作情况等。

第十章　文件归档整理方法

1. 如何按照重要程度排列案卷内文件？

（1）领导指导性文件在前，业务性的文件在后；

（2）复文在前，问文在后，批复在前，请示在后；

（3）正件在前，附件在后；

（4）正本在前，定稿及重要文件的历次修改稿在后；

（5）非诉讼案件结论、决定、判决性文件材料在前，依据性、证明性材料在后。

2. 与案卷级整理方法相比较，文件级整理方法具有哪些主要特点？

（1）借助计算机管理，将文件按“件”进行整理，简化纸质文件整理的“卷”为单位的做法；

（2）分类方法固定为年度、保管期限、机构（问题）三种，并允许各单位视具体情况组合及简化分类层次；

（3）装订以“件”为单位进行，对装订材料不做统一规定；

（4）整理步骤规定为装订、分类、排列、编号、编目、装盒等六步骤；

（5）此种方法比案卷级整理方法更容易学习掌握，整理效率更高。

3. 如何理解文件级整理中归档文件排列应在最低一级类目内按事由结合时间、重要程度等排列？

最低一级类目，是指分类时所确定的类目体系中设在最低一级的类目，在此最低一级类目中再按照事由排列，在每一事由之中再根据文件成文时间的先后顺序或者文件重要、次重要等程度进行排列。

4. 归档文件装盒应遵循哪些原则？

（1）按照排列的先后顺序依次装盒。

（2）不同类别文件分开装盒；不同保管期限的归档文件不应放入同一档案盒；分机构（问题）的情况下，不同机构（问题）形成的归档文件不应放入同一档案盒。

（3）文件装盒数量适中。

5. 简述电子文件的归档方式与归档要求。

电子文件归档方式分为逻辑归档和物理归档两种方式。

归档要求：

（1）内容信息符合归档要求。

（2）技术条件符合归档要求。

（3）归档交接材料清单清楚。

6. 案例分析：修改下列案卷题名。

（1）公费医疗改革通知、决定、函

（2）××县人事局、××地区人事局有关工程技术人员、档案图书情报人员、医务人员、会计人员等职称评定中古代汉语、外语、计算机考试的通知、办法

（3）××科技公司与××大学关于共同开发远程教育网络系统的各种商洽文件

（1）××、××关于公费医疗改革的决定、通知、函

（2）××地区人事局、××县人事局关于专业技术人员职称考试的办法、通知

（3）××科技公司与××大学关于共同开发远程教育网络平台的往来文书

主要参考文献

1. 曹润芳．文件写作与处理．北京：中国档案出版社，2006

2. 杨戎．公务员公文写作与处理．成都：四川大学出版社，2006

3. 胡鸿杰，王协舟，陈祖芬．秘书学教程．北京：中共中央党校出版社，2005

4. 王健．文书学．北京：中国人民大学出版社，2005

5. 冯惠玲．政府电子文件管理．北京：中国人民大学出版社，2004

6. 王健．创新与拓展——档案管理 e 化之路．北京：中国档案出版社，2004

7. 杨霞．现代文件管理．北京：中国档案出版社，2003

8. 王健．电子时代机构核心信息资源管理——OA 环境中的文件、档案一体化管理战略．北京：中国档案出版社，2003

9. 郭建平．现代文书学．沈阳：辽宁大学出版社，2002

10. 叶黔达．应用写作．成都：四川人民出版社，2002

11. 周振华．文件学概论．兰州：甘肃人民出版社，2002

12. 柳新华．实用公文写作与处理．北京：中国人事出版社，2002

13. 郑先海．行政机关规范性文件的制定．北京：中国税务出版社，2002

14. 冯惠玲，张辑哲．档案学概论．北京：中国人民大学出版社，2001

15. 郭树银．归档文件整理工作指南．北京：中国大百科全书出版社，2001

16. 周旺生．规范性文件的起草．北京：中国民主法制出版

社，1998

17. 刘春生. 公务文书写作教程. 上海：复旦大学出版社，1998

18. 李孝华. 中国标准行政公文. 上海：复旦大学出版社，1997

19. 李欣. 公务文书写作概论. 上海：高等教育出版社，1996

20. 王光宇. 文书学研究与应用. 北京：中国档案出版社，1995

21. 赵国俊，魏娜，谢明，王健. 文件工作的科学管理. 北京：中国经济出版社，1993

22. 殷钟麒. 中国档案管理新论. 北京：中国人民大学，1958

《自学考试教材》后记

本教材根据全国高等教育自学考试委员会的要求编写而成。在继承“文书学”较为成熟的学科体系的基础上，增加了文书工作标准化、现代化和电子文件等新内容，力求适应现代办公环境和新的社会需求。编写过程中参考了一些文献资料，见“主要参考文献”；第七章所附文例及教材附录大都转录自出版物，有些在格式与内容上稍加变动，仅供考生学习时参考。

本教材由王健任主编，编写人员及其分工如下：

王健教授（中国人民大学信息资源管理学院）：前言，第二章第二节，第三章第二、五节，第四章，第六章第二、三、四、五节，附录，主要参考文献，《自学考试教材》后记等；

胡鸿杰教授（中国人民大学信息资源管理学院）：第一章，第三章第一、三、四节，第五章；

杨戎教授（四川大学信息与档案管理系）：第二章第一、三、四节，第六章第一节，第七章，第八章第一、二、三节；

杨霞副教授（首都师范大学中文系秘书专业）：第八章第四节，第九章，第十章。

全书由王健教授负责统编定稿。本教材于 2007 年 8 月由全国高等教育自学考试委员会组织审稿，参加审稿的专家有：

赵国俊教授：中国人民大学信息资源管理学院院长、国家公务员录用考试工作专家组成员、中国档案学会基础理论学术委员会委员、国际信息资源管理学会项目委员会委员；

张清明教授：原武汉大学副校长、全国高等教育自学考试指导委员会文史类委员会副主任；

杨解非处长：中共中央办公厅秘书局研究员、中国档案学会自动化委员会委员。

我们对各位审稿专家的敬业精神和高度负责的工作态度表示崇高的敬意，对在审稿过程中给予的充分肯定、大力支持和宝贵意见表示衷心的感谢。

在教材编前定位、编写指导和编后审定的过程中，得到了全国高等教育自学考试指导委员会以及全国高等教育自学考试指导委员会文史类专业委员会领导的全程指导和大力支持，使得教材编写工作顺利完成，特此致谢！

中国人民大学研究生叶晗同学为本书的资料采集和加工付出了辛勤劳动，一并致谢。

全国高等教育自学考试指导委员会

全国高等教育自学考试指导委员会文史类专业委员会

2007 年 8 月

附：

文书学自学考试大纲

全国高等教育自学考试指导委员会　制定

Ⅰ．课程性质与设置目的

《文书学》课程是全国高等教育自学考试秘书学、档案学等专业的必考课程。《文书学》以文书和文书工作为逻辑起点，以党和国家机关及其他各类社会组织的秘书人员、档案人员、行政管理人员等所有公职人员为讲授对象，是集理论性与应用性为一体的学科。

《文书学》教材内容共分四篇。基础篇主要阐述文书学的基础理论和基本概念框架；写作篇讲授公文写作的规则、方法与技巧；处理篇主要介绍文书处理程序、制度、要求与方法；归档篇讲授归档整理的基本原理与操作规程。全书在系统探讨相关理论的同时突出了内容的实用性、前沿性。本课程的另一个特点是与现实工作关系密切，与国家最新公文处理规范的出台同步更新内容。此外，在考试之日起6个月前，由全国人民代表大会和国务院颁布或修订的法律、法规都将列入相应课程的考试范围。凡大纲、教材内容与现行法律、法规不符的，应以现行法律法规为准。在自学考试命题中应充分体现本课程的性质和特点。

设置本课程的目的是：使自学应考者在全面了解文书、文书工作的历史、现状与发展趋势的基础上，系统掌握文书与文书工作的理论、方法、技术，具备在现代办公环境中撰制、处理、管理公文的实际技能，从而胜任各类机构的秘书工作、行政管理工作和档案工作。

本课程的重点和难点是：本课程的学习重点在于深刻理解公务文书的特点、功能、效用与类别，文书工作的范畴、特性、文书工作要则，文书工作的标准化与现代化，文书工作的基本理论；掌握公务文书的文体、格式要求和撰拟通则，能够撰拟常用文种；熟悉文书处理程序的特性，处理流程相关环节的工作内容与要求，了解网络环境中公文运转的特点与变迁，了解新型载体文件如电子文件及其类型与管理模式；在准确理解文书立卷基本原则、原理的基础上，掌握立卷的方法和以“件”为单位的实体整理方法。其中难点问题包括：文种的正确选择，行文规则的实际运用，文书工作标准化、现代化、电子文件、网络环境中的公文运转等较新内容的理解和掌握；公文格式的要素及其标识规范，拟写公文标题，准确运用公文的专用词语，撰写常用公文；文书处理程序的相关环节的工作规范；立卷类目的编制，案卷题名的拟写，电子文件的整理归档等。

学习本课程的要求是：自学应考者应紧密联系我国现行机构文书工作的实际情况，全面掌握文书学的基础理论、基本知识与相关技能，为在新世纪的办公环境中从事相应的工作奠定良好的理论基础和实践基础，能够熟练撰制和处理公文，能对本单位的文书工作予以科学的组织和有效的管理，从而提高机构管理活动的效能。

Ⅱ. 课程内容与考核目标

基础篇

第一章　绪　论

一、学习目的与要求

通过本章的学习，了解文书学的研究对象，理解文书的特点、作用以及文书、文件与公文的关系，重点了解文书学的产生与发展过程，了解文书学的体系及特征，掌握文书学的学习意义和方法。

二、课程内容

第一节　文书学的研究对象

（一）文书的形成

（二）文书、文件与公文

（三）文书的特点和作用

（四）文书与文书工作的演化历史

第二节　文书学的产生和发展

（一）文书学的形成

（二）文书学的体系及特征

（三）文书学的发展趋势

第三节　文书学的学习及研究方法

（一）学习和研究文书学的意义

（二）文书学的研究方法

三、考核知识点

（一）文书的含义及相关概念

（二）文书的特点和作用

（三）文书与文书工作的演化

（四）文书学的形成

（五）文书学的体系及特征

（六）文书学的学习及研究方法

四、考核要求

（一）文书的含义及相关概念

1. 识记：（1）文书的概念；（2）文书的形成条件；（3）文书发展与进化的表现形式。

2. 领会：文书同公文、文件的区别与联系。

（二）文书的特点和作用

1. 识记：（1）文书的特点；（2）文书的记录性；（3）文书的传递性。

2. 领会：文书的作用。

（三）文书与文书工作的演化

1. 识记：古代历朝文书和文书工作演化发展的历史。

2. 领会：文书工作演化发展的规律。

（四）文书学的形成

识记：（1）文书学的酝酿阶段；（2）文书学的形成阶段；（3）文书学的发展阶段。

（五）文书学的体系及特征

识记：文书学的基本特征。

（六）文书学的学习及研究方法

领会：学习文书学的意义。

第二章　公务文书

一、学习目的与要求

通过本章的学习，深刻理解公务文书的特点，了解公务文书的功能和效用，认识公务文书的种类，熟练掌握正确选择文种的方法，明确通用文种的范围及各文种特定的用途。

二、课程内容

第一节　公务文书的特点与功能

（一）公务文书的特点

（二）公务文书的功能

第二节　公务文书的效用

（一）公文的行政效用与历史效用

（二）公文现行效用的范围界定

（三）公文现行效用的等级划分

（四）公文现行效用的生成条件

第三节　公务文书的类别

（一）按应用领域分类

（二）按物质载体分类

（三）按内容性质分类

（四）按涉密程度分类

（五）按行文方向分类

（六）按办理时限分类

（七）按授受活动分类

（八）按处理方式分类

（九）按公文稿本分类

第四节 公务文书的文种

（一）建国后行政公文文种的发展

（二）公文文种及其选用规则

（三）通用公文文种及其适用范围

三、考核知识点

（一）公务文书的特点

（二）公务文书的功能

（三）公务文书的效用

（四）公务文书的分类方法及主要类别

（五）文种及其选用规则

四、考核要求

（一）公务文书的特点

1. 识记：(1) 公文的特点；(2) 法定作者的含义；(3) 公文现行效用的含义。

2. 领会：(1) 三种主要行文名义；(2) 公文的特定读者；(3) 公文的特定权威。

3. 简单应用：(1) 公文的生效标志；(2) 公文的发文名义；(3) 现行公文失效的条件；(4) 越权行文的判定。

（二）公务文书的功能

1. 识记：(1) 公文的基本功能；(2) 公文基本功能的表现形式；(3) 公文的具体作用。

2. 领会：(1) 公文功能的最大优势；(2) 公文凭证依据作用的体现和价值。

(三) 公务文书的效用

1. 识记：(1) 公文的现行效用；(2) 公文的历史效用；(3) 公文的现行效用生效条件。

2. 领会：(1) 公文现行效用的时间范围、空间范围、机构范围、人员范围；(2) 公文现行效用的等级。

3. 简单应用：判断公文是否具有现行效用。

(四) 公务文书的分类方法及主要类别

1. 识记：(1) 正式通用公文、内部通用公文和专用公文的概念；(2) 纸质文书、感光介质文件、磁介质文件、电子文件的概念；(3) 规范类文书、领导指导类文书、报请类文书、知照类文书、契约类文书、会议文书的概念；(4) 绝密件、机密件、秘密件的概念；(5) 上行文、平行文、下行文的概念；(6) 急件、特急件、平件的概念；(7) 发文、收文的概念；(8) 阅知件 (阅件)、阅办件 (办件) 的概念；(9) 草稿、定稿、正本、试行本、暂行本、修订本、副本、不同文字文本的概念；(10) 行政规范性文件的狭义概念。

2. 领会：(1) 结合实际掌握各类公文的划分方法和实际意义；(2) 判定公文密级的标准；(3) 特急件、急件与平件的时限要求；(4) 公文稿本之间的联系与区别；(5) 法律法规性文件的概念及组成；(6) 党内法规和党内制度的区别；(7) 会议文书的归类；(8) 电子文件的三要素及电子文件的主要种类。

3. 简单应用：上行文、下行文和平行文的判断和应用。

(五) 文种及其选用规则

1. 识记：(1) 文种选用规则的具体内容；(2) 下列文种的概念：条例、规定、办法；命令、决定、批复；议案、报告、请示；公告、通告、通知、通报、公函；意见、会议纪要。

2. 领会：(1) 国家党政军机关关于公文文种的主要规定；(2) 条例、规定、办法的准确使用；(3) 比较公告与通告、请示与报告、请示与请求批准的函等文种的异同。

3. 综合应用：(1) 结合实例正确选择公文文种；(2) 结合实例判断文种使用正误。

第三章 文书工作概述

一、学习目的与要求

通过本章的学习，明确文书工作的范畴、特性、作用，理解文书工作的组织及人员的层次与要求，重点掌握文书工作的基本原则，熟练掌握行文规则的具体运用。理解文书工作标准化的含义与意义，重点掌握文书工作标准化的特性与原理；理解文书工作现代化的含义、动因与相关要素，明确文书工作现代化的基本模式。

二、课程内容

第一节 文书工作的范畴、特性与作用

(一) 文书工作的范畴

(二) 文书工作的特性

(三) 文书工作的作用

第二节 文书工作要则

(一) 文书工作的基本原则

(二) 行文方向、行文关系与行文方式

(三) 行文规则

第三节 文书工作机构与组织形式

(一) 文书工作机构的类型

(二) 文书工作的组织形式

第四节 文书工作人员

(一) 文书工作人员的层次

（二）文书工作人员的素质要求

（三）文书工作人员的群体结构优化

第五节 文书工作的标准化与现代化

（一）文书工作标准化的含义

（二）文书工作标准化的意义

（三）文书工作标准化的特性

（四）文书工作标准化的原理

（五）文书工作现代化的含义

（六）文书工作现代化的动因

（七）文书工作现代化的相关要素

（八）文书工作现代化的基本模式

三、考核知识点

（一）文书工作的概念及基本内容

（二）文书工作的特性和作用

（三）文书工作的基本原则

（四）行文方向、行文关系与行文方式

（五）行文规则

（六）文书工作的机构类型与组织形式

（七）文书工作人员的层次及素质要求

（八）文书工作人员的群体结构优化

（九）文书工作标准化的含义与意义

（十）文书工作标准化的特性与原理

（十一）文书工作现代化的含义与动因

（十二）文书工作现代化的相关要素

（十三）文书工作现代化的管理模式

四、考核要求

（一）文书工作的概念及基本内容

1. 识记：文书工作的概念。

2. 领会：文书工作的基本内容。

（二）文书工作的特性和作用

1. 识记：（1）文书工作的技术性；（2）文书工作的时效性。

2. 领会：文书工作的作用。

（三）文书工作的基本原则

1. 识记：文书工作基本原则的含义。

2. 领会：文书工作基本原则的具体内容。

（四）行文方向、行文关系与行文方式

1. 识记：（1）行文方向；（2）行文关系；（3）行文方式；（4）多级行文的必要条件；

2. 领会：如何选择适宜的行文方式。

（五）行文规则

1. 识记：行文规则。

2. 领会：（1）遵守行文规则的意义；（2）行文规则的具体内容。

3. 简单应用：根据行文规则，判断行文正误。

4. 综合应用：运用行文规则分析公文写作与处理案例。

（六）文书工作的机构类型与组织形式

1. 识记：（1）中心机构；（2）专门机构；（3）分支机构；（4）集中式；（5）分散式；（6）复合式。

2. 领会：确定文书工作组织形式的依据。

（七）文书工作人员的层次及素质要求

1. 识记：（1）文书工作的控制层；（2）文书工作的执行层；（3）文书工作的操作层。

2. 领会：文书工作人员的素质要求。

（八）文书工作人员的群体结构优化

领会：文书工作人员的群体结构优化的具体内容及必要性。

（九）文书工作标准化的含义与意义

1. 识记：文书工作标准化的含义。

2. 领会：文书工作标准化的意义。

（十）文书工作标准化的特性与原理

1. 识记：（1）文书工作标准化的特性及其具体内容；（2）文书工作标准化的原理：简化原理、统一原理、协调原理、优化原理。

2. 领会：（1）文书工作标准化不同于其他领域标准化的特殊属性；（2）标准化原理在文书工作中的应用；（3）文书工作中需要简化的范畴；（4）文书工作中需要统一的范畴；（5）文书工作中需要协调的范畴；（6）运用优化原理的程序。

（十一）文书工作现代化的含义与动因

1. 识记：（1）文书工作现代化的定义；（2）文件、档案一体化管理的含义。

2. 领会：透过文书工作现代化的动因充分认识实现文书工作现代化的必要性。

（十二）文书工作现代化的相关要素

识记：文书工作现代化的相关要素的内容。

（十三）文书工作现代化的管理模式

1. 识记：（1）前端控制模式的含义；（2）全程管理模式的含义；（3）信息共享模式的含义。

2. 领会：（1）文书工作现代化的三个相关要素的具体内容及相互关系；（2）现代办公环境中文书工作的模式与传统的文书工作模式的区别。

写 作 篇

第四章　公文的体式

一、学习目的与要求

通过本章的学习，了解公文的体式包括文体与格式两个方面。掌握公文的文体特征以及说明、叙述、议论三种表达方式运用于公文的特殊要求；了解公文的格式特点，深刻理解遵循格式规范的重要性，重点掌握《国家行政机关公文格式》国家标准中各项格式要素的构成、含义、作用及其标识规范，并能熟练应用于写作实践。

二、课程内容

第一节　公文文体

（一）公文文体的基本属性

（二）公文文体的特殊属性

第二节　公文格式

（一）公文格式特点

（二）公文格式规范

（三）公文格式的要素及其标识规则

三、考核知识点

（一）公文的体式

（二）公文文体的特殊属性

（三）公文的基本表达方式及其运用

（四）公文格式的概念与特点

（五）公文格式要素及其标识规则

四、考核要求

（一）公文的体式

识记：公文的体式的含义。

（二）公文文体的特殊属性

1. 识记：公文的文体特征。

2. 领会：公文的文体不同于一般应用文的特殊属性。

3. 综合应用：根据公文文体特征撰拟公文。

（三）公文的基本表达方式及其运用

1. 识记：(1) 说明（表达方式）；(2) 叙述（表达方式）；(3) 议论（表达方式）。

2. 领会：(1) 说明（表达方式）在公文中的运用要求与方法；(2) 叙述（表达方式）在公文中的运用要求与方法；(3) 议论（表达方式）在公文中的运用特点与论证方法。

3. 简单应用：(1) 说明（表达方式）在公文中的运用；(2) 叙述（表达方式）在公文中的运用；(3) 议论（表达方式）在公文中的运用。

4. 综合应用：三种表达方式在不同文种写作中的综合运用。

（四）公文格式的概念与特点

1. 识记：公文格式的概念。

2. 领会：(1) 公文格式的特点；(2) 规范公文格式的意义。

（五）公文格式要素及其标识规则

1. 识记：(1) 公文格式眉首的要素组成；(2) 公文格式主体的要素组成；(3) 公文格式版记的要素组成；(4) 发文机关标识；(5) 发文字号；(6) 签发人；(7) 秘密等级与保密期限；(8) 紧急程度；(9) 公文份数序号；(10) 公文标题；(11) 主送机关；

（12）公文正文；（13）附件与附件说明；（14）附注；（15）成文时间；（16）公文生效标识；（17）签署；（18）主题词；（19）抄送机关；（20）印发机关和印发时间。

2. 领会：（1）公文格式各要素的作用及其标识规范；（2）确定成文日期的原则。

3. 简单应用：（1）拟写或修改公文标题；（2）正确编写发文字号。

4. 综合应用：遵照公文格式规范撰拟或修改公文。

第五章　公务文书撰拟通则

一、学习目的与要求

通过本章的学习，明确公文撰拟的要求与步骤，掌握正确撰拟公文标题的方法，掌握公文的主旨及表达手法，掌握公文的结构安排要求，熟练掌握公文语言的运用技巧。

二、课程内容

第一节　公文撰拟的要求与步骤

（一）内容要求

（二）语言要求

（三）文面要求

（四）撰拟步骤

第二节　公文的主旨

（一）公文主旨的基本特征

（二）公文主旨的作用

（三）公文主旨的表达

第三节　公文的结构

（一）公文的结构要求
（二）公文结构的内容

第四节　公文语言的运用

（一）公文专用词语
（二）公文常用修辞手法
（三）公文中常用数据的表达方法

三、考核知识点

（一）公文撰拟的要求
（二）公文撰拟的步骤
（三）公文主旨的基本特征及作用
（四）公文主旨的表达
（五）公文的结构要求与内容
（六）公文专用词语
（七）公文常用修辞手法
（八）公文中常用数据的表达方法

四、考核要求

（一）公文撰拟的要求
1. 识记：公文撰拟的基本要求。
2. 领会：公文语言的基本要求。
3. 简单应用：修改有语病的公文。
4. 综合应用：将公文撰拟的要求运用于公文写作。
（二）公文撰拟的步骤
识记：公文撰拟步骤的环节。
（三）公文主旨的基本特征及作用

1. 识记：公文的主旨及其确立要求。

2. 领会：公文主旨的作用。

（四）公文主旨的表达

1. 识记：（1）公文主旨的确立要求；（2）公文标题的拟写要求；（3）公文标题的结构。

2. 领会：（1）公文主旨的表达过程；（2）公文主旨的表达形式。

3. 简单应用：拟写或修改公文标题。

（五）公文的结构要求与内容

1. 识记：（1）公文开头与结尾的主要方式；（2）安排公文层次与段落的主要方式。

2. 领会：公文的结构要求。

（六）公文专用词语

简单应用：运用公文专用词语撰拟或修改公文。

（七）公文常用修辞手法

1. 识记：（1）消极修辞；（2）积极修辞。

2. 领会：公文中辞格的运用。

（八）公文中常用数据的表达方法

领会：公文中时间、空间、数量表达的特殊要求。

第六章　公文撰写举要

一、学习目的与要求

通过本章的学习，理解各类常用公文的种类、特点、结构和写作要求，熟练掌握常用公文的撰写与修改的方法、技巧，具备公文写作的实际技能。

二、课程内容

第一节　规范类文书的撰写

（一）规范类文书的特点

（二）撰写规范类文书的步骤和要求

（三）规范类文书的总体结构

（四）常用规范类文书及其撰写要点

第二节　领导指导类文书的撰写

（一）决定

（二）通报

（三）批复

（四）意见

第三节　报请类文书的撰写

（一）请示

（二）报告

第四节　知照类文书的撰写

（一）公函

（二）通知

（三）简报

第五节　会议文书的撰写

（一）会议记录

（二）会议纪要

三、考核知识点

（一）规范类文书的撰写

（二）领导指导类文书的撰写

（三）报请类文书的撰写

（四）知照类文书的撰写

（五）会议文书的撰写

四、考核要求

（一）规范类文书的撰写

1．识记：（1）条例、规定、办法的含义；（2）章程、准则、规程、规则、制度等的含义。

2．领会：（1）规范类文书的特点，规范类文书的效用等级及适用规则，规范类文书的总体构成具有特定规范和严格要求，生效周期具有相对稳定性，制定具有程序性和特殊性；（2）规范类文书的撰写步骤与要求；（3）规范类文书的公布形式。

3．简单应用：分析法律法规性文件的制定主体与行政规范性文件的制定主体的不同之处。

4．综合应用：（1）运用规范类文书总体结构的要求，分析评改有问题的规范类文书；（2）常用规范类文书（主要是规章制度类文件）的标题、发布标志（题注）、正文的正确写作。

（二）领导指导类文书的撰写

1．识记：（1）决定的种类及其用途；（2）通报的种类与特点；（3）批复的特点与种类；（4）意见的适用范围与特点。

2．领会：决定、通报、批复、意见的结构与写作要求。

3．综合应用：撰写奖惩类决定；撰写或修改通报、批复。

（三）报请类文书的撰写

1．识记：（1）请示的种类与特点；（2）报告的特点与种类。

2．领会：（1）请示与报告的异同；（2）请示、报告的结构与写作要求。

3．简单应用：（1）请示的格式；（2）请示的用语；（3）请示的行文规则。

4．综合应用：（1）撰写、修改请示；（2）撰写、修改报告。

（四）知照类文书的撰写

1. 识记：（1）公函的种类与特点；（2）通知的特点与种类；（3）简报的特点、格式与种类。

2. 领会：公函、通知、简报的结构与写作要求。

3. 简单应用：公函的用语特点。

4. 综合应用：（1）撰写公函、通知、简报；（2）修改公函、通知、简报。

（五）会议文书的撰写

1. 识记：（1）会议记录的特点；（2）会议纪要的特点。

2. 领会：（1）会议记录与会议纪要的区别；（2）会议记录、会议纪要的结构与写作要求。

3. 综合应用：在会议记录的基础上整理会议纪要。

处 理 篇

第七章　公文处理

一、学习目的与要求

通过本章的学习，明确公文处理程序的含义及特性，了解公文处理制度设计，理解领导与业务指导关系等。重点掌握公文处理程序化管理的特性及其对实际工作的指导意义；理解领导群体在公文处理中所担负的重要责任，以及公文处理的领导与业务指导关系的主要内容。

二、课程内容

第一节　公文处理程序

（一）公文处理程序的含义

（二）公文处理程序的特性

第二节　公文处理制度

（一）公文处理制度概述

（二）公文处理制度的种类与主要内容

第三节　公文处理的领导与业务指导

（一）领导群体在公文处理中的重要责任

（二）公文处理的领导与业务指导关系

三、考核知识点

（一）公文处理程序的含义

（二）公文处理程序的特性

（三）公文处理制度

（四）公文处理的领导与业务指导关系

四、考核要求

（一）公文处理程序的含义

1. 识记：（1）公文处理程序的含义；（2）收文处理的含义；（3）发文处理的含义。

2. 领会：发文处理、收文处理、办毕文书处置的工作内容。

3. 简单应用：根据机构公文处理情况设计《××机关公文处理程序示意图》。

（二）公文处理程序的特性

1. 领会：公文处理程序化管理的特性及其对实际工作的指导意义。

2. 简单应用：根据公文处理程序的特性分析案例。

（三）公文处理制度

1. 识记：公文处理制度。

2. 领会：（1）公文处理是一种具有特定法律后果的行为；（2）加强公文处理制度建设的重要性；（3）公文处理制度的主要内容（公文撰写制度、审核签发制度、公文保密制度、公文传递制度、公文生效失效制度、公文公布制度、公文加工利用制度等）。

（四）公文处理的领导与业务指导关系

领会：（1）领导群体在公文处理中重要责任的具体体现；（2）公文处理的领导与业务指导关系。

第八章　公文处理的要求与方法

一、学习目的与要求

通过本章的学习，了解传统公文处理程序中各环节的内容与要求；了解网络环境中公文流传的主要特点和要求。了解传统公文处理程序中公文处理的基本流程和工作步骤；重点掌握收发文工作中主要环节的基本概念、工作内容与规范性要求；掌握办毕公文的含义、界定原则及其主要处置方式的基本概念与工作要求。了解网络环境中公文流传的主要特点及公文处理流程重组的必要性与主要方式。

二、课程内容

第一节　收文处理

（一）收文的接收

（二）收文的办理

（三）收文的管理

第二节　发文处理

（一）发文定稿的形成

（二）发文的制作
（三）发文的管理

第三节　办毕公文的处置

（一）办毕公文的界定
（二）归档整理（立卷）
（三）办毕公文的清退
（四）办毕公文的销毁
（五）办毕公文的暂存

第四节　网络环境中的公文运转

（一）网络环境中公文流转的特点
（二）网络环境中公文处理流程重组

三、考核知识点

（一）收文的接收
（二）收文的办理
（三）收文的管理
（四）发文定稿的形成
（五）发文的制作
（六）发文的管理
（七）办毕公文的处置
（八）网络环境中公文流转的特点
（九）网络环境中公文处理流程重组

四、考核要求

（一）收文的接收

1. 识记：（1）签收的含义与作用；（2）收文审核的含义；（3）分办的含义与原则。

2. 领会：（1）分办环节的工作要求；（2）收文审核的重点；（3）时限制度；（4）退文制度。

3. 简单应用：判断接收流程的正误。

（二）收文的办理

1. 识记：（1）收文办理的含义；（2）拟办的含义与作用；（3）批办的含义与作用；（4）各类批办制度；（5）注办的含义及内容；（6）承办的含义与范围。

2. 领会：（1）批办范围的确定；（2）批办的统一负责、合理分工制度。

3. 综合应用：（1）针对行文的不同情况拟写拟办意见和批办意见；（2）根据承办范围和根据不同具体情况选择适合的承办方式；（3）分析某单位收文办理的实际案例，指出并纠正不当之处。

（三）收文的管理

1. 识记：（1）收文登记的作用；（2）登记的主要形式；（3）组织传阅的含义；（4）对外催办和对内催办。

2. 领会：（1）收文登记的范围；（2）组织传阅的要求及方式；（3）做好公文催办工作的重要性及工作要求。

3. 综合应用：能够对公文进行加工处理，标出公文“文眼”，编写公文提要，汇编公文信息、公文摘报、公文摘要等。

（四）发文定稿的形成

1. 识记：（1）会商的含义；（2）审核的含义、作用及审核重点；（3）签发的含义、作用及签发的类型；（4）“先核后签”原则。

2. 领会：分层签发制的具体内容。

3. 综合应用：运用“协商未果不得行文”、“先核后签”、“分层签发”等原则或规定分析案例。

（五）发文的制作

1. 识记：（1）注发的含义与作用；（2）对校法、折校法、读校法的含义；（3）用印与签署的含义与效用。

2. 领会：（1）注办；（2）用印要求；（3）签署要求。

3. 简单应用：正确运用校对符号修改文稿。

（六）发文的管理

1. 识记：（1）公文的主要传递渠道：普通邮寄，机要通信，机要交通；（2）公文交换的含义；（3）公文公布的含义；（4）查办的含义。

2. 领会：公文公布的意义、方式及公布中需要注意的问题。

（七）办毕公文的处置

1. 识记：（1）归档整理（立卷）的含义；（2）归档的含义；（3）清退的含义和范围；（4）销毁的含义和范围。

2. 领会：（1）完整意义上的归档整理（立卷）；（2）归档整理（立卷）的必要性；（3）办毕公文清退的具体方法；（4）暂存公文的利用方式；（5）借阅、汇编的要求和具体做法。

3. 简单应用：利用界定标准确定办毕公文。

（八）网络环境中公文流转的特点

领会：网络环境中公文流转的特点，与传统手工环境的主要区别。

（九）网络环境中公文处理流程重组

1. 识记：（1）公文处理流程重组；（2）流程重组的方式。

2. 领会：公文处理流程重组的必要性。

归档篇

第九章　文件归档整理概述

一、学习目的与要求

通过本章的学习，了解文件归档整理的组织方式、整理原则、分类与组合的方法、归档制度。理解归档文件整理的意义、负责归档整理的组织机构及业务指导机构以及文件整理的组织形式，领会归档文件整理的基本原则，明确文件归档范围、归档制度的基本内容，重点掌握分类与组合的基本方法和文件分类计划的编制方法。

二、课程内容

第一节　文件归档整理的组织

（一）文件归档整理的意义
（二）文件归档整理的组织机构
（三）文件归档整理的组织形式

第二节　文件归档整理的原则

（一）联系原则
（二）便于保管与利用原则

第三节　归档文件的分类与组合

（一）归档文件分类方法
（二）归档文件组合方法
（三）归档文件分类计划
（四）文件平时归卷

第四节　归档制度

（一）归档制度的意义
（二）归档制度的内容

三、考核知识点

（一）文件归档整理的意义
（二）文件归档整理的组织机构
（三）文件归档整理的组织形式
（四）文件归档整理的原则

（五）归档文件分类与组合的方法

（六）归档范围

（七）归档文件分类方案和文件分类表

（八）文件平时归卷

（九）归档制度

四、考核要求

（一）文件归档整理的意义

领会：文件归档整理的意义。

（二）文件归档整理的组织机构

1. 识记：（1）归档整理的组织机构；（2）文书处理部门的归档整理责任；（3）归档整理的业务指导与监督机构。

2. 领会：（1）文书处理部门负责归档整理工作的优越性；（2）归档整理业务指导的主要工作内容。

（三）文件归档整理的组织形式

1. 识记：（1）文件归档整理组织形式的含义；（2）文件归档整理的组织形式：集中整理形式、分散整理形式、复合整理形式的含义。

2. 领会：（1）三种归档整理组织形式的适用范围；（2）正确选择归档整理人员。

3. 简单应用：根据三种归档整理组织形式的适用范围，分析现行机关归档整理方式选择的案例。

（四）文件归档整理的原则

1. 识记：归档文件整理的基本原则的含义。

2. 领会：（1）归档文件整理的联系原则、保管与利用原则之间的关系；（2）文件之间“固有联系”的具体内容；（3）保管与利用原则的具体内容。

（五）归档文件分类与组合的方法

1. 识记：（1）归档文件整理的方法；（2）归档文件分类的主要方法；（3）归档文件组合的主要方法。

2. 领会：(1) 年度分类、组织机构分类、问题分类、保管期限分类的具体内容；(2) 文件分类方法结合使用的要求；(3) 文件分类过程中需要注意的问题；(4) 作者、问题、时间、名称、通讯者、地区等文件组合特征的具体内容；(5) 文件分类与文件组合的关系。

3. 简单应用：(1) 对一组文件进行分类；(2) 根据一组文件的内容和特点，找出文件组合的共同特征。

4. 综合运用：运用文件分类方法和组合方法，分析文件整理工作的具体案例。

(六) 归档范围

1. 识记：(1) 文件材料的归档范围；(2) 文件材料不归档范围。

2. 领会：(1) 划定文件归档范围时需注意的问题；(2) 一个单位或者组织中文件整理的工作重点。

3. 简单运用：根据提供的文件材料，判断文件是否属于归档范围。

(七) 归档文件分类方案和文件分类表

1. 识记：(1) 归档文件分类方案的含义；(2) 归档文件分类方案中常用的分类标准；(3) 文件分类表的含义。

2. 领会：(1) 归档文件分类方案的编制依据、步骤；(2) 制订归档文件分类方案的设计步骤与方法；(3) 编制归档文件分类方案的注意事项。

(八) 文件平时归卷

1. 识记：(1) 平时归卷的含义； (2) 平时归卷的作用；(3) 年终调整的含义。

2. 领会：(1) 平时归卷的一般程序；(2) 平时归卷的重要性；(3) 年终调整工作的具体内容。

(九) 归档制度

1. 识记：归档制度的含义。

2. 领会：(1) 建立、健全归档制度的意义；(2) 归档制度的具体内容；(3) 文书部门在向档案部门移交文件材料时应注意的问题。

3. 简单应用：分析归档案例。

第十章　文件归档整理方法

一、学习目的与要求

通过本章的学习，了解案卷级、文件级整理和电子文件归档整理的内容；掌握案卷级、文件级整理和电子文件归档整理的流程和操作要求，重点掌握文件级整理和电子文件归档整理的方法，能够运用所学知识从事文件的归档整理工作。

二、课程内容

第一节　案卷级整理

（一）分类组卷

（二）排列卷内文件

（三）编制页（件）号

（四）填写卷内文件目录

（五）填写卷内备考表

（六）拟写案卷题名

（七）填写案卷封面

（八）装订案卷

（九）编制案卷移交目录

第二节　文件级整理

（一）“件”的含义

（二）“件”的装订

（三）归档文件分类

（四）归档文件排列

（五）归档文件编号

（六）归档文件编目

（七）归档文件装盒

第三节　电子文件整理归档

（一）电子文件的收集

（二）电子文件的鉴定

（三）电子文件的归档

三、考核知识点

（一）分类组卷

（二）卷内文件的排列与编目

（三）案卷的排列与编目

（四）“件”的含义与整理方法

（五）电子文件的收集与鉴定

（六）电子文件的归档

四、考核要求

（一）分类组卷

识记：案卷的概念。

（二）卷内文件的排列与编目

1. 识记：（1）卷内文件目录；（2）卷内备考表。

2. 领会：（1）卷内文件排列的方法；（2）卷内文件目录的填写规范；（3）案卷题名的作用、结构、拟写要求；（4）案卷题名中名称部分的专用术语。

3. 简单应用：拟写或修改案卷题名。

（三）案卷的排列与编目

1. 识记：案卷目录。

2. 领会：（1）案卷排列的方法；（2）案卷目录的基本结构。

（四）“件”的含义与整理方法

1. 识记：（1）“件”的含义；（2）归档章；（3）件号、室编件号的含义和编制方法。

2. 领会：（1）归档文件的分类方法；（2）归档文件的排列方法；（3）归档文件目录的项目及其填写要求和方法；（4）装盒的要求与注意事项。

3. 简单应用：分析归档文件整理的实际案例。

（五）电子文件的收集与鉴定

1. 领会：（1）电子文件收集的要求；（2）电子文件鉴定的内容和要求。

2. 简单应用：分析电子文件收集与鉴定工作的实际案例。

（六）电子文件的归档

1. 领会：（1）电子文件的归档方式；（2）电子文件的归档要求；（3）电子文件归档移交检验的主要内容；（4）电子文件的归档手续。

2. 简单应用：分析电子文件整理归档的实际案例。

Ⅲ. 有关说明与实施要求

为了使本大纲的规定在个人自学、社会助学和考试命题中得到贯彻和落实，兹对有关问题作如下说明，并提出具体实施意见。

一、关于考核目标的说明

本大纲在列出考试内容的基础上，对各章规定了考核目标，包括考核知识点和考核要求。明确考核目标，可以使自学应考者进一步明确考试内容和要求，有目的地系统学习教材；使考试命题能够明确命题范围，准确地安排试题的知识能力层次和难易程度。

本大纲在考核目标中，按照识记、领会、简单应用和综合应用四个层次，规定应达到的能力层次要求。四个能力层次是递进关系。各能力层次的含义是：

识记：要求考生知道本课程中的名词、概念、原理、知识的含义，并能正确认识或识别。

领会：要求在识记的基础上，能把握本课程中的基本概念、基本原理和基本方法，掌握有关概念、原理、方法的区别与联系。

简单应用：要求在领会的基础上，运用本课程中的基本概念、基本原理和基本方法中的少量知识点，分析和解决一般的理论问题或实际问题。

综合应用：要求考生在简单应用的基础上，运用学过的本课程规定的多个知识点，综合分析和解决稍复杂的理论和实际问题。

二、关于自学教材

全国高等教育自学考试指导委员会组编本：《文书学》，王健主编，中国人民大学出版社，2007年版。

2000年前后，国家相继公布了一系列公文处理的新规范，均已收入本教材。比如：

1999年12月27日，国家质量技术监督局发布了国家标准《国家行政机关公文格式》（GB/T 9704—1999），2000年1月1日开始实施；1988年国家技术监督局发布的国家标准《国家机关公文格式》（GB/T 9704—1988）同时废止。

2000年8月24日，国务院重新发布了新的《国家行政机关公文处理办法》，2001年1月1日起正式施行；国务院办公厅1993年11月21日发布，1994年1月1日起施行的《国家行政机关公文处理办法》同时废止。

2000年12月6日，国家档案局发布了行业标准《归档文件整理规则》（DA/T22－2000），2001年1月1日起实施。

2002年，国家标准《电子文件归档与管理规范》（GB/T 18894－2002）颁布实施。

2006年12月，国家档案局发布第8号令，颁布《机关文件材料归档范围和文书档案保管期限规定》。

上述内容均已收入《文书学》教材2007年版。考核范围及考试内容以本大纲为准。

三、自学方法指导

1. 在全面系统学习的基础上掌握基本理论、基本知识、基本方法。本课程内容涉及文书工作理论与实践的各个方面，知识范围广泛，根据网络时代的变迁和电子文件的管理需求，从文书、档案一体化管理的角度出发，触角延伸至文书处理的后续工程——档案管理；针对计算机时代的办公环境，知识点涵盖了文书工作现代化所涉及的现代管理理论与技术手段；根据国家公布的一系列公文处理最新规范，及时补充了最新的知识内容。第一部分阐释了文书学的基本理论，文书与文书工作的发展历程、趋势与规律；第二部分、第三部分、第四部分分别阐述了公文撰制、处理、立卷的原则、方法和技术。自学应考者应该全面系统地学习教材各章节内容及补充教材的相关内容，认识各章之间的联系与区别，在此基础上有目的地深入学习重点章节的重点内容。

2. 文书学是一门应用性很强的课程，在学习过程中应注重理论与实践的有机结合，达到既掌握文书学的基本理论，又具备文书工作的实际技能的目的。

3. 重视理论联系实际，针对现代办公环境和新世纪的社会需求，注重提高全方位的素质。自学应考者在学习过程中应把课程的内容与现代文书工作的实践紧密联系起来，能够用所学到的理论基础知识指导实际工作、分析和解决实际工作中的问题。要求考生在继承文书工作传统精华的同时，掌握现代办公技术，不仅能够撰制和处理纸质公文，也能胜任新型载体文件的各项管理工作。

4. 本课程共 6 学分。

四、社会助学的要求

1. 社会助学者应根据大纲规定的考试内容和考核目标，认真钻研指定教材，明确本课程与其他课程的不同特点和学习要求，对自学应考者进行切实有效的辅导，引导他们防止、纠正自学中的各种偏向，把握社会助学的正确导向。

2. 正确处理基础知识和应用能力的关系，努力引导自学应考者将识记、领会同应用联系起来，把基础知识和理论转化为应用能力，在全面辅导的基础上，培养和提高自学应考者分析问题和解决问题的能力。

3. 正确处理一般和重点的关系。课程内容有一般和重点之分，二者互相联系，不是截然分开的。社会助学者应指导自学者全面系统地学习教材，掌握全部考试内容和考核知识点，在这些基础上再突出重点。总之，要把全面学习和重点学习结合起来，防止只抓重点、猜题和押题等不正确的做法。

五、关于命题考试的要求

1. 本课程考试采用闭卷笔试，考试时间为150分钟。

2. 本课程的命题考试，应根据本大纲所规定的学习目的和考试内容来确定范围和考核要求，不得任意扩大或缩小考试范围，也不得随意提高或降低考核要求。考试命题应覆盖到各章，并适当突出重点章节，体现本课程的内容重点。

3. 本课程在试卷中对不同能力层次要求的分数比例大致为：识记占20％，领会占30％，简单应用占30％，综合应用占20％。

4. 试题要合理安排难度结构。试题难易度可分为易、较易、较难、难四个等级。每份试卷中不同难度试题的分数比例一般为：2∶3∶3∶2。必须注意，试题的难易程度与能力层次不是一个概念，在各能力层次中都会存在不同难度的问题，切勿混淆。

5. 本课程考试试卷采用的题型，一般包括：单项选择题、多项选择题、名词解释题、简答题、论述题、案例分析题等。

6. 应根据课程内容要求和社会发展需要，注重应用能力、分析能力以及创新能力的考核。

附录　题型举例

一、单项选择题（在备选答案中只有一个是正确的，将其选出并把它的代码写在题后括号内，多选、错选均不给分。）

1. 公文格式眉首部分的数据项目有（　　）。

　A. 公文标题　　B. 主题词

　C. 紧急程度　　D. 主送机关

2. 归档文件整理应便于（　　）。

　A. 登记和积累　　B. 收集和积累

　C. 收集和整理　　D. 保管和利用

二、多项选择题（在备选答案中至少有两个是正确的，将其全部选出，并把代码写在题后括号内，错选或漏选均不给分。）

1. 确定公文文种应当根据（　　）。

　A. 收文机关级别高低　　B. 行文关系

　C. 行文目的　　D. 收文机关职权

　E. 发文机关职权

2. 属于收文处理的环节是（　　）。

　A. 承办　　B. 批办

　C. 签发　　D. 注办

　E. 查办

三、名词解释题

1. 拟办

2. 公文处理制度

四、简答题

1. 公务文书的特点。

2. 文书工作现代化的含义与动因。

五、论述题

1. 公文处理程序的特性。

2. 电子文件的归档要求。

六、案例分析题

1. 指出下列公文文稿的错误之处，并根据公文写作与处理的要求，将其改写为一份正确的公文。

请示报告

因工作需要，我县急需购买小轿车一辆，请批准调拨经费××元。

另：我县尚缺专业对口技术人员××名，请有制定明年的人员编制时一并考虑。

上述意见与要求如无不妥，请批复。

此致

敬礼

××县人民政府

××县财政局

06 年 6 月

2. 针对某单位文书处理的具体做法（略），指出文书处理环节中的不当之处，并提出改革方案。

《自学考试大纲》后记

《文书学自学考试大纲》是根据全国高等教育自学考试秘书学（独立本科段）专业考试计划的要求，由文史类专业委员会组织编写。

本大纲由中国人民大学王健教授主编，负责撰写“课程性质和设置目的要求”、“有关说明和实施要求”、后记等。“课程内容和考核目标”的编写人员及其分工如下：

胡鸿杰教授（中国人民大学信息资源管理学院）：第一章，第三章第一、三、四节，第五章；杨戎教授（四川大学信息与档案管理系）：第二章第一、三、四节，第六章第一节，第七章，第八章第一、二、三节；王健教授（中国人民大学信息资源管理学院）：第二章第二节，第三章第二、五节，第四章，第六章第二、三、四、五节；杨霞副教授（首都师范大学中文系秘书专业）：第八章第四节，第九章，第十章。

2007 年 8 月，全国高等教育自学考试委员会文史类专业委员会对本大纲组织审稿，参加审稿的专家有：

中国人民大学信息资源管理学院院长赵国俊教授，原武汉大学副校长、全国高等教育自学考试指导委员会文史类委员会副主任张清明教授，中共中央办公厅秘书局杨解非研究员。

审稿专家对本大纲给予了充分肯定并提出了宝贵的修改意见，特此致谢！

本大纲最后由王健教授根据审稿专家的建议修改、定稿。

全国高等教育自学考试指导委员会
全国高等教育自学考试指导委员会文史类专业委员会
2007 年 8 月